DES VÉRITÉS CHOQUANTES

"Voici un ouvrage bien informé et très précis sur la connaissance de l'islam et de ses pratiques. Il est fondé sur le Coran et sur la vie de Mahomet dont DAECH est la juste expression fondamentale et historique. C'est donc un ouvrage extraordinaire et indispensable, très profond et éclairant, utile pour mieux affronter l'ennemi. Les analystes de la lutte contre le terrorisme et les décideurs politiques feraient bien de le lire attentivement pour en tirer des leçons efficaces."

Robert Spencer, auteur du *New York Times* bestsellers *The Politically Incorrect Guide to Islam (and the Crusades)* et *The Truth about Muhammad*.

"J'ai lu le livre du Frère Rachid avec un réel engouement et un immense plaisir... J'admire son sang-froid qu'il maîtrise au cœur d'un cyclone qui extirpe les racines d'une nation toute entière... À cela s'ajoute sa compétence linguistique qui lui permet d'accéder facilement à l'esprit de son lecteur et de son auditeur, ainsi qu'aux tréfonds de son cœur..."

Wafaa Sultan, psychanaliste

"Une analyse rare et globale de l'idéologie du terrorisme. Aucun autre livre ne clarifie l'interaction entre Daech et les racines de l'islam mieux que celui-ci."

Hamed Abdelsamad, écrivain

"Ce livre lève le voile qui cache des vérités. Il s'appuie sur la sincérité et les vérités et ne flatte pas les sensibilités. Il choque certains lecteurs par sa franchise, mais l'auteur demeure crédible avec lui-même. Un livre digne d'être lu, notamment dans les temps qui courent."

Wajdi Thabet Gabriel, juriste

"Un livre pénible qui dévoile les sources du terrorisme islamique. Il m'aide, en tant que musulman engagé, dans la recherche d'une version humaniste de l'islam qui libère les musulmans du sang, pour contribuer au progrès de monde et pas à sa destruction."

Saïd Cheaïb, écrivain et chercheur

"Ce livre exceptionnel se révèle comme l'une des sources précoces qui traitent une préoccupation universelle contemporaine. Son auteur s'impose comme l'un des rares chercheurs qui associent l'authenticité et la sincérité dans leur action."

Issam Abdallah, écrivain

DAECH ET L'ISLAM

L'ANALYSE D'UN EX-MUSULMAN

FRÈRE Rachid

DAECH & L'ISLAM

L'ANALYSE D'UN EX-MUSULMAN

Traduit de l'Arabe par
MAURICE SALIBA

Titre de la version originale arabe
Da'ech wal-islâm, min manzhour muslim sâbiq
Water Life Publishing® 2016 © Copyright USA
ISBN 978-1-935577-57-7

© Copyright de la version française, 2017.
Water Life Publishing® et *Frère Rachid*
ISBN 978-1-935577-73-7

En application des articles L122-10 à L22-12 du code de la propriété intellectuelle, aucune partie de ce livre ne peut être reproduite ou transmise sous n'importe quelle forme, par n'importe quel moyen, électronique, mécanique, photocopie ou autre sans l'accord explicite de Water Life Publishing et Frère Rachid.

Dédicace

À mon père et ma mère, malgré notre désaccord!
À mon pays, bien que j'en sois privé!
À mes frères et sœurs qui ont souffert avec moi!
À mon épouse et mes enfants qui se sont sacrifiés avec moi!
À mes amis qui m'ont soutenu dans mon périple!
Aux amoureux de la liberté partout dans le monde!

À vous tous, je dédie ce livre!

Table de matières

Introduction	**17**
I. Au commencement était la haine	**25**
Par où commencer?	25
Les textes religieux et l'iniatiation à la haine	28
La haine dans la culture dominante	31
Le critère fondamental, c'est l'expérience de Mahomet	32
La théorie du complot dans les textes religieux	33
L'impact des textes religieux sur les débats et les médias	35
Les textes religieux identifient les ennemis des musulmans	37
La généralisation dans notre vision de l'autre	40
L'impact des textes sur notre vision des Américains	43
II. La haine des juifs et des chrétiens, une hostilité éternelle	**47**
L'impact de la théorie du complot sur les musulmans	47
Les textes nous interdisent d'avoir pour amis les juifs et les chrétiens	49
Les textes nous enseignent à haïr et à maudire les juifs et les chrétiens	51
Les terroristes ont été influencés par les textes	56
Les textes nous ont déchirés entre la haine de l'Occident et l'amour de sa civilisation	57
La dichotomie du discours dans les pays musulmans	60

III. Nous et l'Autre: Anges et démons — 63

Notre culture islamique craint l'Autre — 63
Notre culture islamique nous a appris à accuser l'Autre — 65
Diabolisation des juifs et des chrétiens dans les textes religieux — 66
Les textes présentent le juif comme un ennemi éternel — 68
Les textes décrivent les juifs et les chrétiens des épithètes les plus abjectes — 71
Les textes font porter aux juifs et aux chrétiens les calamités des musulmans — 74
Les textes sont la cause des attaques contre les symboles chrétiens et juifs — 75
La religion et la culture, deux facteurs fondamentaux dans l'hostilité anti-juive — 77

IV. "La meilleure nation créée pour le bien de l'humanité". L'islam et sa supériorité religieuse — 81

La religiosité et l'orgueil — 81
La religion, cause de notre mépris envers l'Occident — 82
Le sous-développement dans le monde musulman? — 84
"La meilleure nation" entre la religion et la réalité — 87
Les paradoxes et le rêve de l'État islamique — 89
Mise en garde contre toute dépendance à l'égard des juifs et des chrétiens — 90
Les textes religieux et le racisme — 92

V. Les chrétiens à la merci de l'islam. De Mahomet à Baghdadi — 97

Daech expulse les chrétiens de Mossoul — 97
Les textes justifient l'expulsion des Chrétiens — 99
Similitude entre la traque des juifs par Mahomet et celle des chrétiens par Daech — 103
Les textes incitant à la persécution des juifs et des chrétiens — 105

Table de matières — 11

Les fatwas religieuses s'appuient sur les textes	107
Mahomet est le modèle dans les relations avec les mécréants	108
Comment Mahomet et ses compagnons ont-ils traité les chrétiens?	110
L'islam a étouffé l'histoire de l'Afrique du Nord	114
Les textes qui incitent à s'opposer aux juifs et aux chrétiens	116
Daech égorge les chrétiens	118
D'autres spécimens de persécution des chrétiens	120
La responsabilité incombe aux textes	122

VI. *Al-takfîr*. Un mal islamique de Mahomet à Daech — 127

Le danger de l'expression "kâfir" (mécréant)	127
Qualités des mécréants dans le Coran	128
Le mécréant, ennemi du musulman et d'une valeur inférieure	131
Le "kâfir", une expression raciste	134
Les préceptes concernant le kâfir, apostat et combattant	137
Daech applique les textes relatifs au takfîr	139
Le takfîr depuis la naissance de l'islam	141
Le takfîr des groupes islamiques	142
Échantillons de takfîr dans l'histoire contemporaine	145

VII. Comment devenir mécréant. Les dix arguments annulatifs de l'islam — 151

Les réfutations de l'islam, une loi pour la "mécréanisation" (takfîr)	151
Première annulation: le polythéisme ou l'association dans l'adoration d'Allah	152
Deuxième annulation: Prendre des intermédiaires entre nous et Allah	156
Troisième annulation: Ne pas déclarer mécréant le mécréant	160
Quatrième annulation: Croire à une loi meilleure que celle de l'islam	161
Cinquième annulation: Détester une chose quelconque en islam	164
Sixième annulation: Se moquer d'une chose quelconque en islam	164
Septième annulation: La sorcellerie et tout ce qui y a trait	167

Huitième annulation: Secourir les mécréants contre les musulmans — 171
Neuvième annulation: La croyance à la liberté de croire — 172
Dixième annulation: L'indifférence envers l'islam — 173

VIII. Début de l'islam et début de Daech. Ressemblance et identification — 177

Le début de l'islam, un modèle pour les groupes islamistes — 177
Pourquoi les jeunes musulmans rejoignent-ils Daech? — 180
Le devoir d'exode du pays de la mécréance vers celui de l'islam — 183
Importance capitale des migrants dans les organisations islamistes — 188
Rôle des migrants au sein de Daech — 191
Rôle des ansârs au sein de Daech — 194

IX. Brigands et invasions. Les brigands de Mahomet et de Daech — 199

Motivations des invasions de Mahomet — 199
Motivations et épisodes de l'invasion de Badr — 203
Mahomet et la traite des captifs — 209
Daech et les captifs entre l'égorgement et la rançon — 211
Mahomet et les brigands — 219
Daech et les brigands — 221

X. Daech ressuscite le patrimoine islamique: Rapt, massacre, expulsion, destruction — 227

Daech et le massacre de Spyker — 227
Mahomet se débarrasse des tribus juives — 229
Mahomet égorge mes hommes les Banou Qorayza — 235
Daech imite Mahomet dans l'égorgement — 237
Mahomet et ses compagnons se partagent les femmes — 238
Daech imite Mahomet dans le rapt des femmes — 241
Mahomet, un envahisseur jusqu'à la dernière minute de sa vie — 248

XI. Daech et le djihad: l'invasion, un devoir islamique — 251
L'épée de Mahomet plus efficace que son Coran — 251
Le djihad, source de revenus en islam — 254
L'islam et la culture de la mort — 256
L'Occident et la culture de la vie — 259
L'islam dénigre la vie sur terre — 261
Rôle des séductions eschatologiques dans l'incitation au djihad — 264
Le djihad et le sexe — 268

XII. Le califat, un rêve devenu cauchemar — 271
La nostalgie du passé et le califat — 271
Les racines du califat et du conflit — 274
Les textes incitatifs au rétablissement du califat — 277
Daech et la déclaration du califat — 279
Les conditions requises pour un calife — 284
Le califat entre le passé et le présent — 285
Les régimes et les peuples musulmans face à l'obsession du califat — 289

XIII. Daech et Mahomet. L'égorgement et l'autodafé, un devoir sacré — 293
Y a-t-il un lien entre l'égorgement et l'islam? — 293
L'islam et la coupe des têtes — 297
Daech applique les châtiments de la charia (al-hodoud) — 299
Châtiment du voleur: amputation de la main — 301
Châtiment d'al-hirâba — 303
Châtiment de la flagellation — 305
Châtiment de la lapidation — 309
Châtiment terrible des homosexuels — 313
Châtiment de l'autodafé — 317
Invention de châtiments par Daech et Mahomet — 323

XIV. *"Je suis Charlie... Je suis Mahomet"* — **327**

Charlie Hebdo et la liste des cibles — 327

Textes islamiques exhortant à l'assassinat de quiconque critique Mahome — 330

Les États islamiques entre religion et hypocrisie politique — 332

Critiquer Mahomet est une ligne rouge. Le contrevenant est passible de la peine de mort. — 334

Consensus à propos de la condamnation à mort de celui qui "insulte le prophète" — 337

Interdiction de critiquer Mahomet sous prétexte des lois relatives à la diffamation des religions — 341

Terroriser quiconque critique le prophète de l'islam — 342

XV. *"Notre rendez-vous à Dâbiq"*. Daech et les derniers jours — **347**

Des prophéties islamiques régissent la conscience des musulmans — 347

Dâbiq et la grande épopée — 350

Dâbiq et le rêve de l'invasion de l'Occident — 352

Les textes des prophéties islamiques font partie de la propagande de Daech — 354

Les lionceaux du califat et le djihad — 356

XVI. Paris avant Rome. Les attentats suicides sont-ils licites ou illicites? — **361**

Le terrorisme frappe Paris — 361

Le communiqué de Daech à propos des attentats de Paris — 362

Paris avant Rome — 364

Les réactions des musulmans — 365

L'islam se répand-t-il davantage après chaque attentat terroriste? — 369

Des interrogations doctrinaires concernant les attentats-suicides — 370

Les auteurs des attentats de Paris et l'identité religieuse — 379

L'attentat de San Bernardino en Californie — 381

Les motivations de ces attentats entre religion et décence politique — 382

XVII. Croisement de routes. Justifications et solutions — **385**

- Un dieu sans cœur — 385
- Les bons musulmans et l'islam — 388
- Daech représente-t-il un milliard et demi de musulmans ? — 388
- Le bon diagnostic est le début des solutions — 389
- Le terrorisme et la théorie du choix rationnel — 390
- Forcer les États islamiques à respecter les droits de l'homme — 392
- Refonte des programmes d'enseignement dans les pays musulmans — 393
- Faire face à la politique ambivalente dans les pays musulmans — 394
- Encourager la réforme religieuse — 395
- Assainir l'information dans les pays musulmans — 395
- Incrimination du "takfîr" — 397
- L'intolérance avec les terroristes à cause de leur islam — 397
- Contrôle des fonds des associations musulmanes — 399
- Cesser de défendre l'islam — 399
- La vérification et le choix des migrants — 400

Mon conseil au lecteur musulman — **403**

Bibliographie — **407**

- Ouvrages en langue arabe — 407
- Ouvrages en langue anglaise — 410
- Articles et sites en arabe — 410
- Références en anglais — 422
- Liste des vidéos — 425
- Vidéos du Groupe de l'État Islamique — 426
- Youtube en arabe — 426

INTRODUCTION

J'ai vu le jour dans une famille musulmane. Mon éducation, mon encadrement se sont faits dans un milieu totalement musulman. Mon père et la plus grande partie de ma famille sont encore musulmans alors que je rédige ce livre. Je n'ai jamais cessé d'aimer ma famille, tout comme j'aime mon pays. Mais j'ai dû le quitter. Je ne l'ai pas quitté par plaisir, j'y ai été contraint. Je n'ai jamais cessé d'aimer les traditions orientales que nous avons reçues dans notre éducation, ni l'hospitalité qui pousse nos parents à égorger la dernière bête qu'ils possèdent ou à offrir leur dernière tranche de pain pour honorer l'hôte, quittes à souffrir de la faim durant les jours suivants. Je chéris toujours les liens qu'ont créés entre nous les relations familiales et sociales. Les fêtes et les occasions sont restées au fond de moi, et mes sentiments vibrent quand je les évoque. Mais à travers cet amour et cette nostalgie, que de questions qui se posent! Que de vérités difficiles il faut avoir le courage d'évoquer!

Quand je vois ces actes terroristes, ces massacres qui ensanglantent le monde, je me pose des questions et je me dis:

Mon père était l'imam de notre village. Sa vie était totalement consacrée à sa religion. Pour conduire la prière de l'aube, il se levait tôt chaque jour, même durant les nuits froides de l'hiver. Est-il possible de qualifier cet homme de terroriste uniquement parce qu'il est musulman?

Et ma mère musulmane est une simple villageoise qui ne cesse de prier de tout son cœur pour ses enfants. Son cœur est pris de compassion quand elle voit un mendiant sur la route. Elle s'efforce de l'aider alors qu'elle a peu de moyens. Elle pleure chaque fois qu'elle voit un malheureux, même si elle ne le connaît pas.

Qui pourrait qualifier de terroriste cette femme pleine de bonté et de tendresse, pour la seule raison qu'elle est musulmane? Seul pourra jamais l'accuser de terrorisme, celui que le fanatisme aveugle pousse à haïr tous les musulmans sans distinction.

En face, peut-on dire que les membres de Daech, al-Qaeda, Boko Haram, Taliban, et tant d'autres organisations islamistes - ne sont pas musulmans? N'attestent-ils pas qu'il n'y a de Dieu qu'Allah et que Mahomet est son messager? Ne font-ils pas la prière? Ne jeûnent-ils pas? N'appliquent-ils pas les préceptes que leur prescrit leur religion, des plus délicats aux plus atroces? Ne commettent-ils pas des massacres et des boucheries en criant: "*Allah Akbar*"? Est-ce que Daech n'a pas enregistré et diffusé des vidéos montrant des assassinats inhumains et les justifiant en citant des textes religieux? Ces gens-là meurent pour une cause, celle de leurs croyances religieuses. Dans ce cas, comment peut-on dire qu'ils ne sont pas des musulmans et qu'ils ne représentent pas l'islam?

Ce problème se pose à l'Orient comme à l'Occident. Il se pose aux médias, aux experts, aux hommes politiques et aux gens du commun. Mais pour être élus, les politiciens s'empressent d'innocenter l'islam chaque fois qu'une opération terroriste est commise en son nom. Après les attentats du 11 septembre, le président des États-Unis, alors George W. Bush, a innocenté l'islam en disant: "Le visage du terrorisme n'est pas la vraie foi de l'islam. Ce n'est pas l'islam. L'islam c'est la paix (salam). Ces terroristes ne représentent pas l'islam, mais le mal et la guerre[1]." Et Barack Obama a déclaré l'islam innocent du terrorisme de Daech, disant: "Daech n'est pas un groupe musulman. Il n'y a aucune religion qui approuve le meurtre des innocents[2]." Et François Hollande a innocenté

---

[1] Déclaration de l'ancien président des États-Unis, George W. Bush.
[2] À l'époque, cette déclaration sur la "non islamité" de Daech avait suscité un grand débat sur Twitter.

Introduction

l'islam du massacre de Charlie Hebdo, disant: "Les attentats de Paris n'ont rien à faire avec l'islam[3]."

En Occident, la majorité ne sait plus que penser quand elle les entend et qu'elle entend, en même temps, des extrémistes mettre tous les musulmans dans le même panier et les traiter tous de fanatiques et de terroristes.

Le pire, c'est quand les musulmans se mettent à défendre leur islam avec acharnement, et à l'absoudre de tout terrorisme, répétant: "*Les organisations terroristes ne représentent pas l'islam*".

Et l'on se demande: "*Qui représente donc l'islam? Si ces groupes ne le représentent pas, dites-nous alors qui le représente.*"

Les défenseurs de l'islam donnent de cette religion une vision très particulière. Selon eux, le djihad est un effort spirituel intérieur que doit faire le croyant. Selon eux, l'islam ne fait la guerre que quand il est agressé, et son nom dérive du mot *silm* qui signifie *pacifisme*. Selon eux, l'islam n'a été révélé que pour répandre la sécurité et la paix. Selon eux, des gens biaisés ou mal intentionnés ont défiguré l'image de l'islam à travers l'histoire.

Dans ce cas, que dire des conquêtes islamiques du premier siècle de l'islam (VIIe s.), qui ont abouti à la création de grands empires islamiques? Ces conquérants auraient ils mal compris l'islam? Quelle est cette religion qui s'est développée dans une incompréhension totale durant quatorze siècles, depuis son apparition jusqu'à nos jours? Si ce n'est pas là l'islam, qu'ils nous montrent une seule période de l'Histoire durant laquelle cette religion se serait manifestée dans tout son éclat et dans une clarté, et où elle aurait été bien comprise.

Et l'on fait taire ceux qui critiquent cette religion et ses croyants. On les traite d'islamophobes incitant à la haine et au racisme. Ainsi a-t-on curieusement mélangé la critique de l'islam en tant que religion et la haine des personnes (musulmanes), comme si l'islam représentait les musulmans.

Personne ne peut-il donc critiquer l'islam ou les comportements des musulmans sans être accusé de haine, d'agressivité ou d'islamophobie? Qu'en est-il alors de celui qui est né, a été éduqué, a été élevé dans l'islam, et a vécu longtemps dans cette croyance, qui aime les musulmans de tout son cœur, mais qui a choisi une autre voie dans sa vie? Sera-t-il lui

---

[3] Source: Arabia.net.

aussi taxé d'islamophobie, alors qu'il a passé la majeure partie de son temps à étudier l'islam en étant l'un des musulmans? Peut-il être qualifié d'islamophobe, tandis que ses proches les plus intimes sont demeurés musulmans?

De nos jours, il est difficile de dire la vérité sans être qualifié de belliqueux et d'islamophobe. C'est pourquoi j'ai décidé de briser le silence et de dire tout haut la vérité qui m'a été inculquée dès ma naissance, celle que j'ai apprise dans ma famille et ma société, celle que j'ai eu la chance, une fois adulte, d'étudier en profondeur. Cette vérité ne satisfera probablement pas beaucoup de monde, mais elle dissipera l'embarras et le doute chez ceux qui cherchent une réponse convaincante à leurs interrogations, mais n'exigent ni une défense intrépide de l'islam ni l'expulsion des musulmans ni leur extermination.

Cette vérité que je voudrais établir aidera à élucider le secret embarrassant qu'a exprimé un de mes interlocuteurs à la fin d'une de mes conférences: "Comment puis-je concilier ma vision de mon voisin musulman gentil, poli, créatif, et les actes terroristes et les destructions commises par des musulmans, que j'apprends quand j'ouvre un poste de radio ou de télévision? Comment concilier l'aimable salut que m'adresse chaque matin mon voisin musulman avec un beau sourire (que je ne trouve souvent pas sur les visages d'autres voisins non-musulmans), et la haine à laquelle appellent, ailleurs dans le monde, certains autres musulmans, notamment des imams?"

Ces questions sont le fond du problème, et le but de ce livre est de contribuer à débloquer ces contradictions embarrassantes.

A mes lecteurs musulmans je veux dire que l'objet de ce livre est de faire la lumière sur la cause de nos problèmes et de nos souffrances en tant que peuples musulmans. Car, culturellement, j'appartiens toujours à la nation islamique, même si un autre choix a changé ma vie. Je voudrais mettre le doigt sur la plaie. Si je fais cela, ce n'est parce que je hais le blessé, mais parce que je désire sa guérison. Mais le malade ne peut vouloir guérir s'il ne connaît pas son mal et s'il n'a pas la volonté d'y faire face, avec courage.

Et à mes lecteurs non-musulmans, je voudrais faire partager mon expérience d'un islam vu, respiré, vécu dans une famille conservatrice. Car si j'ai étudié cette religion durant plus de vingt ans, l'expérience que j'ai vécue demeure le fondement de mes études ultérieures. Il y a des choses que l'on vit mais que l'on n'étudie pas. L'islam en fait partie. Quoi que l'on fasse pour l'étudier, on ne le comprendra jamais comme celui qui l'a vécu, senti, cru et considéré comme étant un tout intégral dans sa vie. Vous ne comprendrez pas la mentalité de celui qui se fait exploser, si vous n'avez pas vécu cette expérience religieuse singulière. Vous ne pourrez pas deviner les comportements et la mentalité des moudjahidines si vous n'êtes pas de leur culture ou de l'ambiance dans laquelle ont été plongés de nombreux aspirants au djihad. Loin de tout compromis politique ou considération internationale, le musulman apprend spontanément des choses dans les hadiths (traditions orales rapportant les paroles et les actes de Mahomet), ou en écoutant les enseignements de sa mère, de son père, de ses voisins, ou les prêches du vendredi à la mosquée, ou dans des conversations privées. Ces informations s'impriment en lui, façonnent sa personnalité et lui donnent une idée de l'islam, comme les musulmans le sentent, le rêvent et le veulent. Les études académiques approfondies ressemblent aux recettes gastronomiques qui donnent un avant-goût de la cuisine orientale et de la manière de les préparer. Mais elles ne vous permettront pas de devenir nécessairement un cuisinier oriental : rien pour moi ne remplacera les plats de ma mère et leurs délices et leurs saveurs authentiques.

Pour toutes ces raisons, je voudrais dire aux présidents des pays du monde, avec tout le respect que je leur dois, notamment aux présidents américains et à ceux de l'Union européenne, qu'ils ne comprendront jamais l'islam comme je l'ai compris. Ils ne le connaîtront pas non plus, comme je l'ai vécu à l'instar des millions de musulmans. J'ai entendu la voix de l'*Adhan* (la psalmodie du Coran) avant que l'on ait prononcé mon nom ou avant qu'on m'ait fait entendre la première berceuse. Que les politiciens cessent de jouer aux maîtres d'école coranique et de nous enseigner, à nous qui avons été élevés dans l'islam, ce qu'est l'islam et ce qu'il n'est pas. Je veux leur dire à eux tous : "Ne vous attribuez pas le droit d'expliquer ni d'interpréter l'islam, alors que vous en savez si peu. Ni Obama ni Bush ni Hollande n'ont eu l'occasion de s'asseoir à côté de moi toute une journée devant mon père, grand érudit dans les versets du Coran. Aucun d'entre eux ne s'est levé tôt le matin pour faire ses ablutions et aller à la prière durant les dures journées d'hiver, pour être aptes à nous expliquer ce qu'est l'islam. Aucun d'entre eux n'a appris la guerre du Golfe comme nos médias l'ont racontée, et comme mes parents et mes amis musulmans l'ont commentée. Aucun d'entre eux n'a eu l'occasion de s'asseoir au milieu d'une mosquée, de lever ses bras vers le ciel, de répéter derrière l'imam les insultes contre les mécréants, les chrétiens et les juifs, invoquant le courroux d'Allah sur eux, avec une voix mêlée de larmes et de sentiments bouillonnants de colère et de rage, en récitant le Coran. Aucun d'eux n'a le droit de nous donner des leçons sur l'islam."

Je dis tout simplement à ces hommes politiques qu'ils peuvent condamner les terroristes, mais qu'ils laissent l'interprétation de l'islam à ceux qui sont qualifiés pour le faire. Jugez le terrorisme, mais ne condamnez pas l'islam et ne le dédouanez pas. Ce n'est ni votre rôle ni votre domaine de spécialisation. C'est une tâche qui incombe aux musulmans et à ceux qui sont nés, et ont été élevés et formés dans l'islam. Elle incombe aussi aux chercheurs et aux spécialistes. En revanche, si les musulmans veulent innocenter l'islam des massacres, des meurtres, de l'expulsion forcée des gens de leurs domiciles comme de leur pays, qu'ils veuillent bien le faire en se référant aux textes religieux et à ce que nos ancêtres, les connaisseurs de l'islam, de ses symboles et de ses chefs, ont vécu. Les musulmans doivent étayer leurs dires en racontant des actes, des preuves et des arguments sérieux, et non pas en répétant des paroles chimériques et des slogans creux qui ne servent qu'à défendre l'islam au détriment de la vérité.

Pour comprendre Daech ou le groupe de l'État islamique au Levant, il faut d'abord comprendre l'islam avant la politique et la géographie. Daech n'est pas une structure politique pure. Son essor fondamental est religieux. Sa doctrine de combat est également religieuse. Ceux qui ont été recrutés pour rejoindre Daech et ceux qui ont été incités à le faire, ont trouvé dans la religion un rôle déterminant pour s'en convaincre. La propagande à laquelle cette organisation se livre dans les réseaux sociaux, s'impose par son caractère purement religieux. Donc, tant que l'on ne comprendra pas l'islam en tant que doctrine et force stimulante pour les moudjahidines, l'on verra Daech comme un phénomène ambigu. Ceux qui cherchent à traiter avec ce groupe en vue de le combattre, se trompent. Prétendre que la religion n'est pas le fondement de Daech mais simplement un de ses facteurs, révèle la naïveté occidentale dans le traitement du terrorisme. Il est dommage que les responsables de ce dossier ne saisissent pas la gravité de cette option et n'y voient pas une fausse piste. Ils se trompent lourdement dans leur approche et se font ainsi les alliés, voire les complices du terrorisme, dont ils retardent la fin alors même qu'ils lui font la guerre. Ce faisant, ils aggravent sa situation

Introduction

au risque de la voir déborder de ses limites et devenir incontrôlable. La maladie ne sera pas guérie si l'on n'en trouve pas les causes. Tenter de combattre Daech sans comprendre l'islam, c'est comme tenter d'éradiquer l'épidémie d'Ebola sans diagnostiquer la nature de son virus ni la manière de sa transmission entre les humains.

> Le traducteur exprime sa profonde gratitude à tous ceux ou celles qui ont eu l'amabilité et la patience de relire certains chapitres de ce livre, de lui prodiguer de précieux conseils, de corriger des erreurs, et d'améliorer la présentation, notamment Lina Murr Nehmé, Jean Mathiot, Daniel Donzel, Sylvie Perrin et Dominique Gabard.

I

Au commencement était la haine

Par où commencer?

Nous qui sommes nés musulmans et avons été élevés en tant que tels, nous ne comprendrons jamais Daech et les autres groupes islamistes, tant que nous n'avons pas d'abord compris quelle haine a été plantée dans nos esprits envers les mécréants traditionnels.

Ce qu'il faut entendre par "mécréants traditionnels", ce sont les juifs et les chrétiens, car ils sont les deux principaux ennemis que l'islam a eus dans son berceau. Du moins est-ce ainsi que Mahomet les a perçus.

Cette hostilité - ou cette façon de voir - a commencé avec la naissance de l'islam, et elle dure encore. Voilà 1400 ans que nous considérons les juifs et les chrétiens comme nos principaux ennemis. De temps à autre, d'autres ennemis apparaissent. Nous les intégrons dans le groupe des "mécréants" ou des "apostats". Mais la grande part de cette hostilité, celle qui a été enracinée en nous par le biais des textes religieux et de ce qu'on répète dans nos milieux civils et religieux, a toujours eu pour cible les juifs et les chrétiens.

Cette hostilité a atteint chez nous un point tel que, même quand l'ennemi est clairement un autre personnage, nous accusons les juifs et les chrétiens d'être derrière lui. C'est même arrivé après les attentats du 11 septembre 2001. Il y avait alors eu des preuves qui désignaient l'organisation Al-Qaïda de façon irréfutable. Et pourtant, des musulmans ont accusé les juifs d'être derrière cette opération, avec la protection de l'Amérique chrétienne, leur but étant de justifier une attaque des pays musulmans et leur bombardement. Et la preuve, selon eux, est qu'aucun citoyen juif ne se trouvait dans les deux tours du World Trade Center, lors de leur destruction[1]. Car pour nous, l'ennemi, ce sont les juifs et les chrétiens, qui, d'après nous, intriguent pour nous attaquer et pour attaquer notre religion.

Daech égorge et tue des musulmans et des non-musulmans. Et pourtant, des rumeurs répercutées par des médias arabes, accusent Israël d'avoir créé Daech, et accusent Abou Bakr Bagdadi de n'être qu'un agent israélien appelé Eliot Shimon[2]. Selon eux, le Mossad israélien lui aurait enseigné l'art oratoire et les principes fondamentaux de l'islam. Et, toujours selon eux, les services de renseignement américains se cacheraient derrière Bagdadi, qui collaborerait avec le Mossad israélien dans le cadre d'un plan appelé *Nid de Frelons*[3]. Les objectifs de cette stratégie seraient d'abord de rassembler tous les terroristes dans une seule organisation afin d'atteindre plusieurs cibles à la fois: dégradation de l'image de l'Islam, propagation de l'anarchie au Proche-Orient pour qu'Israël demeure puissant, et pour que les Américains prennent ce prétexte pour justifier l'exploitation des richesses pétrolières de l'Irak et de la Syrie, et la division de ces deux pays en mini-États, pour qu'ils ne constituent pas de danger pour Israël par la suite…

La même théorie a été attribuée à Hillary Clinton. Certains médias arabes affirment ainsi qu'elle a dit cela dans son livre, alors que d'autres veulent qu'elle ait, dans des déclarations dont ils ne signalent pas la source, avoué que c'est l'Amérique qui a fabriqué Daech[4].

---

[1] Il se trouve des médias arabes et musulmans pour continuer à répercuter cela après qu'il ait été prouvé que c'était faux, disant que "le jour des attaques, 4005 juifs travaillant dans le World Trade Center n'étaient pas venus".
[2] *Al-Youm al-Sâbi'*: "Un site américain: L'émir de Daech est un agent israélien, il s'appelle Eliot Shimon." Cette information a également été diffusée par d'autres médias.
[3] Site du MBC. Un ministre saoudien déclare: "Daech exécute le plan Nid de Frelons… et les Kharijites ne sont pas "une plante issue des compagnons [de Mahomet]". Il s'agit là d'une déclaration officielle du ministre des Biens religieux, de la Prédication et de l'Orientation, Cheikh Saleh Âl Cheikh.
[4] *Annahar*: "Quel est le secret de l'invasion soudaine de la localité d'Arsal? Hilary Clinton: C'est nous qui avons créé Daech."

Cette théorie est un ensemble de contradictions qui ne tiennent pas. Mais elle montre que notre culture nous a appris à ne pas croire ce que nous voyons de nos yeux et ce que nous entendons de nos oreilles, si cela nous oblige à voir une réalité déplaisante. Il faut absolument que nous accusions l'Autre de tout ce qui arrive. Nous ne voulons même pas admettre que Daech est le résultat de la rencontre de l'instruction islamique, de l'éducation familiale islamique, des textes islamiques, de la presse islamique, avec les pétrodollars saoudiens — qui ont enraciné l'Islam wahhabite dans les esprits de la multitude. Tous ces facteurs se sont mélangés pour produire des terroristes prêts à aller partout où il y a de la tension. Ils leur ont donné la possibilité de décharger leur haine sur l'ennemi. Un ennemi de préférence chrétien ou juif ou ayant des relations directes ou indirectes avec les chrétiens ou les juifs, ou les aidant ou représentant leurs intérêts: cela permet d'évacuer la rancune et la haine dont nous avons été nourris, ou comme dit le Coran, pour "guérir nos poitrines"[5]. Au lieu d'admettre cela, il faut que nous accusions l'Autre. Et, bien sûr, quel meilleur candidat à accuser, sinon les deux ennemis farouches et traditionnels qui veulent détruire nos pays et notre religion - les juifs et les chrétiens? Avec la puissance d'Allah, Bagdadi devient donc un agent sioniste, alors même que nous savons que son sang est purement arabe. Les gens acceptent cette idée. Et il devient alors difficile de les convaincre du contraire ou de les démentir, même en présence de preuves.

Le même scénario s'est produit après l'attentat terroriste contre Charlie Hebdo le 7 janvier 2015 à Paris. La plupart des commentateurs dans les médias arabes que j'ai eu l'occasion de lire sur les pages Internet et sur les sites d'information, ont attribué ce crime aux services de renseignements français[6]. L'objectif discret de cet attentat serait, selon eux, de stopper la poussée de l'islam et la déformation de son image, après que les Européens se soient convertis à l'islam en masse. Et ce, en dépit de la présence de caméras de surveillance, et en dépit du fait que les terroristes ont alors crié devant les caméras *"Allah Akbar! On a vengé le Prophète! On a tué Charlie Hebdo!"* Tout cela apparaît, au regard de la majorité des jeunes

---

[5] *"Combattez-les. Allah par vos mains, les châtiera, les couvrira d'ignominie, vous donnera la victoire sur eux et guérira les poitrines des croyants."* (Le Coran 9,14)

[6] *Hespress*: "Les doutes des internautes concernant la vérité du "massacre en France.""

musulmans, comme une simple comédie ou pièce de théâtre conçue par les services de renseignements français.

Pourquoi toute cette hostilité et d'où vient-elle? Pourquoi croyons-nous qu'il y a un complot tramé par l'Occident mécréant et par les Juifs sionistes?

Les textes religieux et l'iniatiation à la haine

À l'origine de cette façon de penser, il y a les textes islamiques sacrés. Car c'est l'islam qui définit notre identité culturelle et historique. C'est aussi l'islam qui a conditionné notre éducation à la maison, nos études à l'école coranique traditionnelle comme à l'école publique. L'islam influe sur notre information, sur nos livres et sur les matières que nous lisons. Rien n'a échappé à l'influence islamique dans nos pays musulmans. Il est évident que notre méthode de réflexion revient aux textes qui se sont accumulés dans notre culture durant quatorze siècles, jusqu'à devenir partie intégrante de notre formation, sinon de l'air que nous respirons et de l'eau que nous buvons.

En tant que musulmans, nous croyons que l'être humain est à l'origine musulman. Tout bébé dans le monde naît musulman. Ce sont ses parents qui font de lui un adepte d'une autre religion, notamment celle des juifs et des chrétiens, qui le *judaïsent* ou le *christianisent*[7].

Je suis né dans une famille non pas musulmane traditionnelle, mais conservatrice. Ma mère m'a raconté que juste après ma naissance, mon père m'a pris dans ses bras et a crié l'appel de la prière dans mon oreille comme s'il allait diriger la prière à la mosquée. Il imitait ainsi le prophète Mahomet qui avait fait cela avec son petit fils Hussein[8]. Par l'appel à la prière, l'homme récite la *chahada* qui est le pilier essentiel de l'islam: "J'atteste qu'il n'y a de divinité à part Allah et que Mahomet est son messager." Réciter la chahada revient à nous déclarer innocents de toute religion autre que l'islam, et de toute divinité autre qu'Allah.

Mon père m'a donné ma première leçon religieuse – comment faire la prière - à quatre ans. Ma mère affirme qu'étant à l'âge d'apprendre à marcher, déjà, j'essayais d'imiter mon père dans la prière. Je me tenais à côté de lui et je tentais de faire les mêmes gestes. Comme n'importe quel

---

[7] Un hadith dit: "Tout nouveau-né vient au monde musulman par nature. Ce sont ses parents qui font de lui un juif, un chrétien ou un zoroastrien." (Bukhari, 1:454, Livre des Funérailles: "Si un enfant meurt, peut-on prier sur lui? Peut-on lui proposer l'islam?")

[8] Un hadith rapporté par Abdallah ibn Abi Râfih, dit: "Le Prophète a récité le Coran dans l'oreille de son petit fils Hassan fils de Ali quand Fatima l'a mis au monde." (Musnad Ahmad, 7:537)

enfant, j'étais évidemment fier de mon père et je le prenais pour modèle. Je voulais l'imiter en tout, y compris dans le domaine de la prière. Mais je me rappelle un cas, dans mon enfance, où mon père m'a ordonné de baisser mon caleçon pour qu'il m'apprenne comment on se lave après avoir uriné ou déféqué. J'ai eu honte et j'ai refusé, alors il s'est mis à me battre.

Puis il m'a appris la prière, malgré le fait que l'islam n'ordonne aux parents d'initier les enfants à la prière qu'à l'âge de sept ans, et de les battre s'ils refusent de la faire à l'âge de dix ans[9]. Mon père était l'imam de la mosquée et un des hommes que le village prenait pour exemple en matière de piété et de religiosité. Il se voulait plus pointilleux que les autres en ce qui concernait mon apprentissage. Il l'avait commencé alors que j'étais en très bas âge.

Une des premières sourates qu'apprend l'enfant est celle de la *Fatiha*, qui est aux musulmans ce qu'est le *Notre Père* aux chrétiens. Aucun musulman ne peut commencer sa prière avant d'avoir récité la Fatiha. La prière n'a aucune valeur sans la Fatiha. C'est la première sourate qu'on trouve quand on ouvre le Coran. Dans le monde musulman, les grands et les petits la connaissent par cœur. Et dans cette sourate, nous disons: *"Guide-nous dans la voie droite, la voie de ceux que tu* [Allah] *as comblés de bienfaits, et non de ceux qui ont encouru ta colère, ni celle des égarés[10]."* Quand j'ai grandi, mon père m'a expliqué que ceux dont il est question dans l'expression "ceux qui ont encouru ta colère" dans cette sourate, ce sont les juifs, car Allah est en colère contre eux et les a maudits. Quant aux "égarés", ce sont les chrétiens, car ils se sont égarés après la venue de Jésus, ils l'ont divinisé et ils ont falsifié leur religion, et ils ont suivi une voie qui n'était pas la voie droite.

Si seulement cette opinion n'avait été que celle de mon père! Mais j'ai entendu cela de la bouche de mon grand-père, qui connaissait le Coran par cœur. Et j'ai également entendu ma mère parler ainsi. J'ai même entendu mes camarades à l'école le faire. Les enseignants à l'école nous l'ont répété plusieurs fois. Devenu adulte, j'ai lu le Hadith et l'exégèse du Coran, et j'ai vu que cette explication s'y trouvait[11].

---

[9] Un hadith dit: "Ordonnez à vos enfants de faire la prière une fois qu'ils ont sept ans, battez-les s'ils ne la font pas alors qu'ils ont dix ans, et séparez-les dans les couches." (Musnad Ahmed, 2:376)

[10] Le Coran 1,6 et 7.

[11] Dans Musnad Ahmad, il est dit qu'un homme vint voir Mahomet et lui demanda: "Envoyé d'Allah! Qui sont "ceux qui ont encouru la colère"? Il désigna les juifs. L'homme dit: "Qui sont ceux-là?" Il lui dit: "Ceux-là qui sont égarés — c'est-à-dire les chrétiens"." (Musnad Ahmad 6:76). Voir aussi l'exégèse que fait Tabari

Récemment, j'ai épluché les programmes scolaires en vigueur au Maroc, pour voir si cette doctrine s'y trouvait encore aujourd'hui ou non. Je l'ai trouvée dans l'une des matières enseignées dans le système scolaire public.

Ceci ne se trouve pas seulement au Maroc, mais dans tout le monde musulman, et même la télévision *PeaceTV*, qui a diffusé le 17 octobre 2006 un prêche de l'imam malaisien, Hussein Ye, diffusé par le site Memri. L'imam explique que lorsqu'Allah parle de "ceux qui ont encouru sa colère"… ou lorsqu'il évoque la colère, il parle des Juifs. Et lorsqu'il dit: "les égarés", ou quand il parle de l'égarement, il désigne les Chrétiens. Puis Hussein Ye pose la question de savoir pourquoi le Coran ne mentionne pas les hindous. Il dit à ses auditeurs qu'il faut connaître la réponse à cette question, car nous lisons ces versets tous les jours. Et il explique: "C'est parce que les Juifs ont été excessifs dans la désobéissance aux ordres d'Allah. Ils ont commis des actes extrêmes. Les juifs sont la nation la plus extrémiste de la terre. Lorsqu'on parle de l'extrémisme ou des extrémistes, cela s'applique aux Juifs et non aux musulmans. Les juifs sont les extrémistes du monde… Et pourquoi les chrétiens sont-ils appelés *les égarés*? C'est parce qu'ils manipulent tout le monde, tout le temps[12].

Telle est la situation qui prévaut dans le monde musulman, du Maroc à la Malaisie. Nous autres, musulmans, nous croyons tous que les juifs sont ceux qui ont mérité la colère d'Allah, et que les chrétiens sont les égarés. Chaque musulman pieux doit prier cinq fois par jour. Cela implique qu'il répète ces versets au moins dix-sept fois par jour. Ainsi, nous nous rappelons à nous-mêmes chaque jour que les juifs ont encouru la colère divine, et que les chrétiens sont des égarés.

Qu'est-ce qui passe par la tête d'un petit enfant lorsque vous lui enseignez qu'Allah est en colère contre les juifs et qu'ils méritent sa colère, et que les chrétiens ne sont pas mieux qu'eux, car ils se sont égarés dans une fausse voie?

Ainsi s'est imprimée dans mon esprit l'existence de deux ennemis – une sorte de peur de deux ennemis dangereux: les juifs et les chrétiens. Pas un jour je n'ai oublié qu'ils étaient des ennemis, car je me répétais cela à moi-même dix-sept fois par jour. N'est-ce pas là ce qu'on appelle lavage

---

du verset 1, 6-7: "Dans la sourate al-Fatiha, le verset 6: "Ceux qui ont encouru la colère" sont les Juifs… Les chrétiens sont "les égarés"."

[12] MEMRI TV, "Malaysian Cleric Hussein Ye Explains why the Jews…"

de cerveau? Il n'existe pas une institution musulmane officielle dans le monde musulman qui ne sache pas que cette sourate vise les juifs et les chrétiens. L'université de théologie islamique Al-Azhar enseigne cela. Les écoles et les universités saoudiennes aussi l'enseignent. On trouve cela sur leurs sites Internet et dans toutes les vidéos que diffusent les oulémas sur *Youtube*.

La haine dans la culture dominante

Et le phénomène ne s'arrête pas là. Dans nos conversations de tous les jours, en effet, nous avons toujours l'impression que l'Occident complote sans arrêt pour porter atteinte à nos pays et à notre islam. Quand j'avais douze ans, j'ai été confronté pour la première fois à une pensée et à une religion différentes des miennes. J'écoutais alors sur la station de radio internationale Radio-Monte-Carlo Doualiya (RMC), l'histoire du Christ selon la version de l'Évangile. C'était la première fois que j'étais confronté à des idées qui différaient totalement – qui contredisaient – ce que j'avais appris dans le Coran. J'étais furieux parce que l'émission était en langue arabe, et venait d'un pays étranger où on ne parle pas l'arabe. Il était clair, pour moi, que cette France chrétienne (qui avait occupé le Maroc durant des décennies), voulait maintenant nous envahir intellectuellement après que nous l'ayons chassée de chez nous. N'ayant pas réussi à nous envahir militairement une deuxième fois, elle avait fait apprendre l'arabe à quelques-uns de ses citoyens, et elle avait orienté ses stations radio vers nous pour nous pousser à changer de religion. Pourquoi? C'est parce qu'ils sont jaloux de nous à cause de notre belle religion sans pareille, et parce qu'ils sont jaloux de nous à cause du Coran, et à cause de notre Prophète, et parce que nous sommes *"la meilleure nation suscitée pour les hommes"*.

C'est ainsi que j'avais alors vu la chose.

Je n'étais pas seul à penser ainsi. Mes camarades à l'école me disaient la même chose. Et à la maison, j'ai entendu toutes les personnes qui ont contribué à mon éducation ou ont eu de l'influence sur ma vie, dire cela souvent et de façons diverses.

J'ai évidemment appris par la suite combien je me trompais: les journalistes de RMC étaient des chrétiens du Proche-Orient - du Liban et d'Égypte - qui croyaient qu'il était de leur devoir d'évangéliser le monde arabe. Pour diffuser des programmes vers l'Afrique du Nord et le Moyen-Orient, ils louaient une heure de temps d'écoute par jour à une radio internationale. Mais à cette époque, il m'était évidemment plus facile de croire à la théorie du complot. Et la question est: qui, chez nous, a inventé cette théorie du complot? Pourquoi nous croyons-nous ciblés en permanence en tant que Oumma (nation) musulmane? Pourquoi croyons-nous que nos ennemis les chrétiens (représentés par l'Europe et l'Amérique), et les juifs (représentés par Israël) sont ceux qui complotent contre nous?

Nous trouverons la réponse à ces questions dans nos racines, dans les textes du Coran qui sont pour nous sacrés, et qui se sont fondus dans notre culture et sont devenus nos sentiments.

Le critère fondamental, c'est l'expérience de Mahomet

Au début de sa mission, Mahomet a subi une opposition très forte de la part de sa tribu et de la population de la Mecque. C'est ce que nous disent la plus ancienne biographie qui nous soit parvenue de lui, mais aussi le Hadith et les plus anciennes exégèses coraniques. Il était alors bon, doux avec les chrétiens et les juifs, d'autant plus qu'il se réclamait du Dieu des juifs et des chrétiens, et qu'il parlait souvent des prophètes d'Israël. Les biographies de Mahomet racontent que sa femme a d'abord cherché conseil à son sujet auprès du prêtre chrétien Waraqa ben Naufal[13]. Ils racontent aussi que la première chose que Mahomet a faite lorsque ses disciples ont été persécutés, a été de leur demander de fuir dans l'Éthiopie chrétienne sur laquelle régnait le négus, disant: "Si vous allez en Éthiopie, vous trouverez un roi bon, juste, qui n'opprime personne. C'est une terre de droiture. Restez-y jusqu'à ce qu'Allah vous délivre de la situation dans laquelle vous vous trouvez[14]."

Les choses ont changé lorsque Mahomet est allé à Médine (Yathrib). Il espérait que les juifs et les chrétiens le reconnaîtraient pour leur prophète, mais ils refusèrent de le faire. Alors, il passa de l'état de trêve à l'hostilité totale envers les gens du Livre. Il combattit leurs Écritures, leurs croyances et même leur présence. Il soumit les tribus voisines juives ou chrétiennes qu'il put soumettre. Il déporta les juifs et les chrétiens qu'il put déporter. Et il tua ceux d'entre eux qu'il put tuer. Plusieurs guerres avaient opposé Mahomet et ses voisins chrétiens et juifs. Si l'on

---

[13] Ibn Hicham *al-Sira al-nabawiya* (Sira ou La biographie du Prophète), 1:407, Khadija informe Waraqa ibn Nawfal au sujet du messager d'Allah. [Pour plus de détails sur Waraqa, voir Joseph Azzi, *Le Prêtre et le Prophète*, Paris, Maisonneuve & Larose, 2001]

[14] Ibn Hicham, op. cit., 2:90, la première émigration en Ethiopie.

en croit les textes musulmans, ils auraient cru que l'islam était la véritable religion, mais ils auraient refusé d'y adhérer par jalousie[15], et ils auraient conspiré contre les musulmans et les auraient espionnés.

Dans la littérature islamique, ce conflit entre Mahomet et ses voisins est présenté comme étant typique, et comme si l'expérience de Mahomet avec un petit groupe de son entourage était le critère à appliquer pour juger *tous les juifs et tous les chrétiens en tout temps et en tout lieu*. Nombre d'oulémas qui en parlent sur les plateaux des télévisions satellitaires ou dans leurs livres, jugent donc les juifs et les chrétiens en général sur la base de ce qu'en dit le Coran, et ils les mettent tous dans le même sac, disant: *"les juifs"* et *"les chrétiens"*.

La théorie du complot dans les textes religieux

Voici un de ces textes qui accusent les communautés juive et chrétienne de comploter contre les musulmans. Il s'agit d'un passage de la sourate de la Vache qui, pensent ces derniers, a été révélée à Mahomet juste après qu'il soit allé s'installer à Médine. On y lit: *"Beaucoup de gens du Livre aimeraient, par pure jalousie, pouvoir faire de vous des mécréants après que vous ayez cru, et après que la vérité se soit manifestée à eux*[16].*"*

Tabari, l'un des plus anciens exégètes du Coran (VIIIe-IXe s.), considère que ce verset veut dire que "les Gens du Livre vous jalousent à cause de la prospérité qu'Allah vous a accordée[17]." Un autre exégète, Ibn Kathir[18], né et éduqué en Syrie (XIVe s.), écrit: "Après avoir constaté que Mahomet est le messager d'Allah – chose qu'ils ont trouvée écrite dans l'Évangile et la Torah — ils ont été mécréants par jalousie et par injustice, car Mahomet n'était pas des leurs[19]."

Ces paroles ne restent évidemment pas consignées dans les livres: elles se propagent. Ces versets et leur exégèse sont enseignés aux jeunes générations comme des vérités absolues dans les conversations de tous les jours, dans les leçons données à la mosquée et les prêches du vendredi, dans les écoles et les émissions de télévision et de radio. On leur dit que les juifs et les chrétiens de tous les temps, de tous les lieux et en toutes circonstances, ont désiré ramener les musulmans à la mécréance, car ils

---

[15] Le Coran, 3,71: *"Ô gens du Livre! Pourquoi mélangez-vous la vérité au mensonge et dissimulez-vous la vérité alors que vous la connaissez?"*
[16] Le Coran, 2,109.
[17] Tabari, *Jami` al-bayan fi Tafsir al-Qur'an* (Exégèse du Coran), 1:385. Explication du verset 2,109.
[18] Né et éduqué en Syrie, élève d'Ibn Taymiya, le père du salafisme,
[19] Ibn Kathir, *Tafsir al-qur'an al-azim* (Exégèse du grand Coran), 1:264. Explication du verset 2,109

sont mus par la jalousie et par rien d'autre. Allah ayant dit cela dans son livre dans lequel il n'y a pas de mensonge, sa parole demeurera actuelle tout au long des siècles. Les orateurs, les hommes de religion, les livres islamiques citent le colonialisme, les croisades, l'invasion américaine de l'Afghanistan et de l'Irak, l'occupation israélienne de la Palestine et l'ingérence américaine dans les affaires du Proche-Orient, comme autant de preuves de l'authenticité de ces versets. Et si vous demandez pourquoi ils font cela, on vous répond: "Parce qu'ils ne seront jamais satisfaits du monde musulman, tant qu'ils ne l'auront pas rendu à la mécréance." La logique islamique nous enseigne que ces événements ne sont que des preuves de la véracité du Coran et de ce qu'il a dit des juifs et des chrétiens des tribus voisines de Mahomet. Et que ce jugement demeure valide au sujet de tous les juifs et de tous les chrétiens, jusqu'au jour de la résurrection.

Ces versets du Coran que nous récitons, sont répétés à nos oreilles à la maison, dans la prière et partout. Quelle peut être votre réaction si, enfant, vous avez entendu dire tous les jours autour de vous, que les Juifs et les Chrétiens intriguent en permanence pour vous forcer à changer de religion, car ils sont "jaloux de la grâce de l'Islam". Et dans quel état d'esprit allez-vous grandir? Comment se forme la personnalité d'un enfant qui s'imagine chaque jour que les juifs et les chrétiens n'ont rien d'autre à faire que de tramer des complots contre lui, afin de le rendre mécréant, et que l'Amérique déteste l'islam et trame des intrigues contre lui, et qu'Israël fait la même chose?

Chez nous, le facteur fondamental, c'est la religion: nous donnons peu de valeur aux facteurs politiques. Pour nous, l'Amérique n'intervient pas seulement pour ses intérêts politiques et géostratégiques, mais aussi parce qu'elle déteste l'Islam. C'est ce que nous croyons, même lorsqu'elle intervient militairement en notre faveur. Elle fit cela par exemple lors de la guerre du Golfe en 1990, lorsqu'elle protégea nos pays musulmans de la folie de Saddam Hussein, ou quand elle intervint en Libye à la tête de l'OTAN pour protéger les Libyens de la répression de Kadhafi, ou quand elle intervint en Bosnie. Tout cela, on l'oublie vite et on n'y accorde aucune importance. Pourquoi? Parce que nous sommes convaincus que l'Amérique hait notre Islam et nous hait, et qu'elle ne nous aide pas pour nos beaux yeux ni par amour ni par pitié, mais parce qu'elle a des intérêts et qu'elle les sert. Car elle ne fait pas cela pour l'amour d'Allah. Donc son ingérence en notre faveur la sert. Nous avons toujours su que l'Amérique nous hait et qu'elle le fera toujours. Allah l'a dit dans son Coran. Et Allah est plus crédible que l'Amérique et sa politique étrangère.

Dans la même sourate, un autre verset ressemble à celui que je viens de citer:

> *Ni les juifs ni les chrétiens ne seront jamais satisfaits de toi, jusqu'à ce que tu suives leur religion. Dis: "Certes, c'est la direction d'Allah qui est la vraie direction. Mais si tu suis leurs passions après ce que tu as reçu de connaissance* [religieuse], *tu n'auras devant Allah ni défense ni secours*[20]*".*

Le sens qu'on doit donner à ce verset ne vient pas de moi, mais des exégètes coraniques qui ont du poids aux yeux des musulmans. Un des grands parmi eux, Tabari, écrit à propos de ce verset: *"Ô Mahomet! Ni les juifs ni les chrétiens ne seront jamais satisfaits de toi. Laisse donc de côté ce qui les satisfait et les arrange*[21]*."*

Il ne s'agit pas là d'un simple fait historique que le musulman lit et dont il tire un enseignement qui ne serait pas valable aujourd'hui. Absolument pas! C'est un texte sacré qui présente une vérité concernant les juifs et les chrétiens de partout et de tous temps. Jamais les musulmans ne trouveront grâce à leurs yeux. Les juifs et les chrétiens ne seront jamais satisfaits d'un musulman tant qu'il n'adhèrera pas à leur religion.

L'impact des textes religieux sur les débats et les médias

Que de fois ai-je entendu les accusations que je viens de citer! Dans les débats télévisés, qu'on commente les informations ou une déclaration américaine, il se trouve toujours quelqu'un pour se lever et réciter ce verset coranique. Le verset cité comme preuve, tous se taisent. Personne ne peut plus répondre, car une réponse reviendrait à démentir le Coran et à s'opposer à Allah lui-même. Si on dit ainsi qu'Israël et Arafat sont parvenus à un accord, il y aura toujours quelqu'un pour dire: "Les juifs ne respecteront pas l'accord, ils le violeront, car Allah a dit: *"Ni les juifs ni les chrétiens ne seront jamais satisfaits de toi, tant que tu ne suivras pas leur religion."* Car il n'existe pas de concessions capables de satisfaire les juifs et les chrétiens, sauf celle de renoncer à notre religion. Donc, il ne faut rien attendre des négociations. Le djihad est le seul moyen de combattre Israël. Allah avait raison dans la description qu'il a faite des juifs et de l'Amérique mécréante.

---

[20] Le Coran 2,120.
[21] Tabari, 1:411. Explication du verset 2,120.

C'est ainsi que se déroulent les débats publics. Et telle est la logique qui les domine.

C'est pour cette raison que je souris de la naïveté occidentale lorsque j'entends certains analystes nous expliquer notre religion, décrivant leur voyage dans un endroit ou un pays musulman, et considérant le bon accueil qu'ils y ont reçu comme une preuve d'amour du monde musulman envers l'Occident.

Ces gens, en effet, ne se sont jamais assis avec moi à table pendant que mon père discutait avec mon oncle en citant ce verset. Ils n'ont jamais écouté les dignitaires religieux rassemblés pour débattre des questions d'actualité, où chacun d'entre eux confirme son point de vue en se référant aux versets coraniques et aux hadiths.

Ils n'ont jamais été avec moi à l'école ou à l'université, pour voir comment les enseignants et les étudiants exposaient les photos des victimes et des enfants morts dans la guerre menée par les États-Unis en Irak, et dans celle d'Israël contre les Palestiniens, en récitant les versets coraniques cités plus haut.

Croient-ils vraiment que les milliers d'élèves et d'étudiants ne vont pas être profondément émus et impactés, que leur personnalité ne sera pas façonnée par ces répétitions qu'on entend dans tout le monde musulman, du Maroc à la Malaisie?

On entend souvent l'écho de ce verset dans les fatwas diffusées sur Internet. Voici le commentaire de ce verset par Mohammad Ben Saad Choua'ir [22] tel qu'on le lit dans *Majallat al-abhath al-islamiya* diffusée sur le site officiel du Royaume d'Arabie Saoudite:

"Pour cette raison, les juifs demeureront en premier lieu, puis les chrétiens seront mobilisés dans leur combat contre cette religion [l'islam], des conspirateurs contre ses enfants, avec des buts et des moyens divers leur permettant d'atteindre leurs objectifs. Ils sont fanatiques pour leur croyance et très soucieux d'y attirer les gens. Pour y parvenir, ils dépensent des fonds énormes et investissent beaucoup d'efforts. Ils n'hésitent pas à faire couler du sang, à détruire des maisons et des biens, pour réaliser leur objectif, qui consiste à éloigner les gens de la religion d'Allah[23]."

Choua'ir est très influent. Que dire du nombre de ses disciples?

---

[22] Détenteur d'un doctorat de l'université d'Al-Azhar au Caire, ancien conseiller du mufti de l'Arabie Saoudite Ibn Baz, et aussi de l'actuel mufti général Abd Al-Aziz Àl Cheikh.

[23] *Majallat al-abhath al-islamiya* (Revue des recherches islamiques): "Les juifs et les chrétiens ne seront jamais satisfaits de toi".

L'Arabie Saoudite n'a pas le monopole de ce genre d'enseignement qui ne doit surtout pas être attribué à sa doctrine wahhabite. Car on le trouve au Maroc "modéré", où l'on appartient à l'école malikite et non à l'école hanbalite. Sur le site officiel du Ministère marocain des Biens Religieux, les mêmes versets sont cités dans un article sur "L'avenir de l'Islam au Maroc". Son auteur le commente ainsi:

> Notre vie moderne n'est qu'un épisode dans ce dangereux conflit entre le vrai et le faux, la lumière et l'obscurité, la croyance et le paganisme, même si les circonstances internationales actuelles ont introduit dans le conflit intellectuel de nouveaux éléments qui apparaissent aussitôt dans les publications et les médias, comme dans le rapprochement temporel et géographique, de telle sorte que les différentes parties du globe terrestre se trouvent beaucoup plus rapprochées et mieux connectées qu'autrefois[24].

Ainsi notre conflit avec les juifs et les chrétiens est présenté comme un conflit entre le vrai et le faux, entre la lumière et les ténèbres. Et ce, quels que soient les conditions ou les moyens utilisés pour faire cette guerre.

Les textes religieux identifient les ennemis des musulmans

Voici un autre verset de ce genre: *"Tu trouveras certainement que les juifs et les polythéistes* [les chrétiens] *sont les ennemis les plus acharnés des croyants*[25]*."* Il vient de la sourate de la Table, autre sourate médinoise venue à une période plus tardive de la vie de Mahomet, quand il avait une armée et une forte bande de combattants.

(Je laisse pour le moment la suite de ce verset de côté, car elle contient un genre de camouflage que je dévoilerai plus tard.)

Donc, cette première partie du verset avoue que *les juifs sont les ennemis les plus acharnés des croyants* (c'est-à-dire les musulmans). Le Coran n'a pas visé certains juifs, ou ceux qui étaient les voisins de Mahomet, les tribus juives avec lesquelles il avait des problèmes, mais les Juifs, c'est-à-dire tous les juifs de tous temps et de tous lieux. J'aurais voulu que cette conclusion soit une erreur ou une injustice commise par moi à l'égard du texte. Car si je m'étais trompé, il n'y aurait pas eu ce fanatisme islamique à l'encontre des juifs, lequel cause chez nous une hémorragie lente, après avoir décimé des générations de musulmans.

---

[24] *Da'wat al-haqq* (La prédication de la vérité): "L'avenir de l'islam au Maroc".
[25] Le Coran 5,82.

Mais mon explication n'est pas fausse. On la trouve chez les grands exégètes de l'islam. Ibn Kathir, commente ainsi ce même verset: "Cela s'est produit parce que la mécréance des juifs est une mécréance d'entêtement, d'abjuration, de diffamation de la vérité, de mépris des gens et d'amoindrissement de la valeur des hommes de science. C'est pourquoi ils ont tué de nombreux prophètes. Ils ont tenté, plus d'une fois, de tuer l'envoyé d'Allah. Ils l'ont ensorcelé. Ils ont ameuté contre lui leurs semblables parmi les polythéistes [chrétiens et autres]. Que les malédictions successives d'Allah les poursuivent jusqu'au jour de la résurrection[26]."

Ainsi Ibn Kathir croit que la mécréance et l'abjuration sont deux caractéristiques essentielles, qui sont inhérentes à l'espèce juive. Elles étaient en eux autrefois, et ils avaient tué les prophètes avant l'arrivée de Mahomet. Et cela n'avait pas changé au temps de Mahomet, qu'ils avaient également tenté de tuer. (Les musulmans croient en effet qu'une femme juive de la localité de Khaybar a introduit du poison dans une brebis afin de tuer Mahomet. Une autre fois, Mahomet s'était imaginé que les juifs de la tribu de Nadir avaient projeté de jeter une grande pierre sur lui à partir du toit d'une de leurs maisons.) Ces caractéristiques resteront inhérentes aux juifs jusqu'au jour de la résurrection. C'est pour cela que les musulmans imploreront sur eux la malédiction d'Allah jusqu'au jour de la résurrection.

Voilà une image stéréotypée des juifs qu'on trouve dans tous les pays musulmans: dans leurs médias gouvernementaux, dans leurs programmes scolaires, sur leurs sites Internet. Elle se répète dans les conversations quotidiennes entre oulémas, dans les prêches et les discours. Elle est ainsi part de notre conscient et de notre inconscient, au point que nous regardons tout juif avec méfiance, peur et dédain à la fois. Il m'est arrivé, après avoir quitté l'islam et vécu plusieurs années dans la foi en Jésus-Christ, d'être sur les nerfs lorsque j'ai rencontré une fois un juif dans une assemblée. Apprenant qu'il était juif, j'ai ressenti une peur intérieure, une certaine phobie, en lui tendant la main pour le saluer. Sans ma prise de conscience que cette réaction était due à mon éducation et à des résidus psychiques restés dans mon inconscient, je n'aurais pas pu surmonter ce complexe.

---

[26] Ibn Kathir, op. cit., 3:152. Explication du verset 5,82

Ceci n'est ni dû au hasard ni une réaction personnelle. C'est un état présent dans tout le patrimoine islamique sans exception. Voici par exemple ce qu'on lit dans le revue *Da'wat al-haqq*:

> La guerre entre Israël et les pays arabes n'est que la conséquence de la haine religieuse ignoble du peuple juif héritée des pères et des ancêtres. Pour prouver cela, nous aimons nous rappeler en résumé l'attitude hostile des juifs face au noble messager d'Allah, de l'islam, du Coran et des musulmans, et ce, depuis le noble envoi du glorieux prophète jusqu'au poison qu'une juive hypocrite a mis pour lui dans l'épaule d'une brebis[27].

Le conflit israélo-arabe n'est pas un conflit à propos d'un territoire, comme certains analystes le présentent, mais il était à mon avis – et il l'est toujours dans l'optique des musulmans telle qu'elle apparaît dans leurs livres et leurs médias – un conflit chronique qui a commencé du temps de Mahomet et se perpétue jusqu'à nos jours car les juifs, dans la vision des musulmans, sont pétris d'hostilité pour nous. Notre haine pour les juifs est un dogme religieux, avant d'être d'ordre politique.

Maintenant nous revenons à la suite du verset cité ci-dessus. Elle est en apparence une louange à l'adresse des chrétiens:

> *Et tu trouveras certes que les plus disposés à aimer les croyants sont ceux qui disent: 'Nous sommes chrétiens'. C'est qu'il y a parmi eux des prêtres et des moines, et qu'ils ne s'enflent pas d'orgueil*[28].

Nombreux sont ceux qui se laissent leurrer par cette partie de verset. Elle loue apparemment les chrétiens, mais si on la lit dans son contexte, on s'aperçoit qu'elle ne loue qu'un groupe particulier d'entre eux. J'ai souvent lu et entendu des chrétiens et des musulmans se référer à ce verset pour établir un dialogue ou pour prétendre que le Coran apprécie les chrétiens. Il s'agit en fait, soit d'une mauvaise interprétation du texte, soit d'une falsification consistant à tirer un extrait de son contexte, sans en revenir aux explications des interprètes accrédités officiellement dans le monde musulman.

Car ce texte ne loue nullement des chrétiens qui ont décidé de rester chrétiens, mais seulement ceux qui ont accepté la foi islamique et vont devenir officiellement musulmans. On lit en effet dans le verset qui suit:

---

[27] *Da'wat al-haqq*: "L'attitude belliqueuse des juifs à l'encontre du messager d'Allah."
[28] Le Coran, 5,82.

> *Et quand ils entendent ce qui a été révélé au Messager* [Mahomet], *tu vois leurs yeux déborder de larmes, parce qu'ils ont reconnu la vérité. Ils disent: "Ô notre Seigneur! Nous croyons: inscris-nous donc parmi ceux qui témoignent"*[29].

Il est clair que les yeux de ces chrétiens débordent de larmes quand ils entendent le Coran. Puis ils disent qu'il est la vérité et ajoutent: "Nous y avons cru" et demandent à être inscrits parmi les musulmans. Dans ce cas comment pouvons-nous dire que ce verset loue les chrétiens? Il s'agit simplement de gens qui étaient chrétiens et qui ont abandonné leur foi chrétienne, puisqu'il est impossible de prétendre qu'ils puissent embrasser à la fois les deux croyances, l'islam et le christianisme, ou qu'ils deviennent mécréants et croyants à la fois.

La généralisation dans notre vision de l'Autre

Un de nos maux dans le monde musulman, c'est la généralisation. Nous n'avons pas appris la logique dans les écoles, et nous n'avons pas appris à démasquer les entorses à la logique. Durant toute ma scolarité, en fait, je n'ai pas appris la réflexion critique de façon rationnelle, sauf quand je suis devenu étudiant dans une université occidentale. Auparavant, dans mes études, il n'y avait pas de cours traitant de la réflexion critique. Car notre système d'enseignement est fondé sur la mémorisation et sur la mémoire, non sur la force de l'analyse critique. Nos écoles encouragent l'élève à mémoriser dès son plus jeune âge. Et elles l'examinent sur ce que sa mémoire a emmagasiné. Ceci est également dû à l'islam, car le "savant" dans notre monde musulman n'est pas celui qui possède une aptitude à l'analyse, à la critique et à la déduction scientifique et logique, mais celui qui a la capacité de retenir et de mémoriser les textes. En islam, l'autorité supérieure est celle du texte. Il faut le mémoriser comme les textes juridiques. Ce type d'enseignement nous a conduits à dépasser toutes les limites possibles en matière d'aberrations, au point que le manque de logique est devenu la norme, il est même devenu la preuve et non l'inverse. L'une de ces falsifications les plus destructrices est la généralisation, la standardisation de toute une partie humaine. Nous avons ainsi façonné un cliché standard sur les juifs et les chrétiens, et il ne disparaîtra de nos sociétés que lorsque nous remettrons tout en question, de l'éducation reçue au sein de la famille, jusqu'aux médias

---

[29] Le Coran, 5,83.

et aux publications, en passant par l'école et le système d'enseignement supérieur.

Voici, entre autres, ce verset coranique: *"Ni les mécréants parmi les gens du Livre, ni les polythéistes n'aiment qu'on fasse descendre sur vous un bienfait de la part de votre Seigneur*[30].*"*

Ce verset nous apprend que les mécréants parmi les gens du Livre (sauf ceux d'entre eux qui ont embrassé l'islam) ainsi que les païens polythéistes ne veulent pas de bien aux musulmans. Ils leur souhaitent toujours le mal. Ainsi Tabari – pourtant l'un des premiers exégètes coraniques – explique ce texte selon le même principe que nous au Maroc au XXIᵉ siècle, alors que onze siècles nous séparent de lui. Voici ce qu'il dit:

> On trouve dans ce verset une preuve évidente qu'Allah a interdit aux croyants de se fier à leurs ennemis parmi les gens du Livre et les polythéistes, d'écouter leur parole ou d'accepter quelque chose de ce qu'ils offrent, y compris les conseils qu'ils leur prodiguent. Sa bonté divine informe ses fidèles de ce que les gens du Livre et les polythéistes leur cachent comme rancune et jalousie, même s'ils manifestent dans leur discours le contraire de ce qu'ils cachent[31].

Tabari incite ainsi les musulmans à se méfier totalement des conseils des mécréants, au rang desquels figurent les chrétiens, les juifs et les polythéistes, même si ces conseils sont, dans leur apparence, bons pour les musulmans, car dans le fond, ils ne sont de leur part qu'hypocrisie et ruse. Pourquoi? Parce qu'Allah connaît les recoins de leurs âmes et sait qu'ils veulent du mal aux musulmans, même s'ils montrent l'inverse.

Tout cela ne s'applique pas aux juifs, aux chrétiens et aux polythéistes du temps de Mahomet seulement, mais aussi à ceux du temps de Tabari, trois siècles environ après la mort de Mahomet, et à ceux qui vivent de notre temps. Pour m'en assurer, j'ai vu le site du Dr. Safar Hawâli, ouléma saoudien contemporain, qui a donné une conférence intitulée *Cette religion*. Il a évidemment cité plusieurs versets, y compris celui dont nous parlons. Ensuite, il a dit: "Les versets sont très nombreux, et le temps ne nous permet pas de les citer tous ni de les expliquer. Tout cela montre que le monde occidental hait cette Oumma [la nation musulmane][32]."

Certes, certains musulmans rejettent cette connexion sous prétexte que Hawâli n'est qu'un simple prédicateur saoudien wahhabite, et donc qu'il

---

[30] Le Coran, 2,105.
[31] Tabari, op. cit., 1:375. Explication du verset 2,105
[32] Safar Hawâli, conférence: *"C'est la religion."*

est normal qu'il adopte de telles interprétations. Le problème est que les gens qui ont cette opinion n'effectuent jamais un bilan complet des publications des pays musulmans, ni de leurs programmes scolaires, pour apprendre la vérité. Il suffit qu'une voix discordante clame que "ce n'est pas l'islam", pour qu'aussitôt les médias en Occident lui ouvrent leurs ondes et leurs plateaux de télévision. L'Occident oublie que l'individu dont il est question ne représente en réalité que lui-même. Il cherche simplement à vendre une copie embellie de l'islam que la majorité écrasante des musulmans ignore. Car les musulmans dans leur majorité ont été nourris depuis des siècles des textes coraniques devenus une partie intégrante de leurs livres, de leur patrimoine et de leur culture.

À l'ouest du monde musulman, au Maroc, un auteur analyse plus en détail la conception actuelle sur un site en s'appuyant sur le verset précité. C'est un musulman engagé, Zhoul-Fiqâr Belouaydi, qui évoque la question de l'intervention militaire française au Mali en tenant compte du fait que la France est considérée chrétienne, et que le Mali est un pays musulman. Selon lui, les musulmans voient dans cette intervention une confirmation de ce qui est dit dans le Coran. Il dit dans son article :

> Certes, la France dans sa guerre contre les musulmans a toujours été comme l'omniscient expert [Allah] avait dit : *"Ni les mécréants parmi les gens du Livre ni les polythéistes n'aiment qu'on fasse descendre sur vous un bienfait de la part de votre Seigneur*[33].*"* C'est la France qui s'est alliée en 1900 avec les Espagnols, des gens du Livre, pour se partager le Sahara occidental. La France s'est emparée de ce qu'on a appelé la Mauritanie, cependant que l'Espagne prenait ce qu'on a appelé le Sahara occidental. Puis en 1904, la France s'est arrangée avec les Anglais, qui font aussi partie des gens du Livre, pour que l'Angleterre laisse toute liberté à la France au Maroc. En contrepartie, la France devait accorder à l'Angleterre une liberté d'action en Égypte[34].

Ce journal électronique n'est même pas une publication islamiste : il est ouvert et publie des sujets divers. Si son lecteur n'avait pas été disposé à accepter ce genre de paroles, l'auteur ne les aurait pas écrites. C'est là le genre d'analyse superficielle qu'on trouve dans tout le monde musulman, tant dans un pays fondamentaliste comme l'Arabie Saoudite, que dans un pays musulman ouvert comme le Maroc. Cette haine se trouve dans des textes nombreux. J'ai choisi au début de me concentrer sur ceux qui citent

---

[33] Le Coran, 2,105.
[34] *Hespress*, "L'intervention française au Mali entre le retour du colon et la bassesse de celui qui appelle au secours".

la théorie du complot, car il s'agit là d'une des idées qui ont enraciné le principe de la haine et en ont fait une partie intégrante de notre structure mentale, de la méthode que nous utilisons pour analyser les questions politiques, économiques, ce qui concerne les relations extérieures et aussi tout ce qui se déroule autour de nous. La religion de l'islam est le prisme à travers lequel nous regardons le monde. Aucun analyste politique ne peut fermer les yeux sur le rôle de cette religion dans la structuration mentale de nos peuples, ni ignorer son impact dans notre perception du monde et nos relations avec l'Autre.

L'impact des textes sur notre façon de voir les Américains

Le 11 septembre 2001, je me trouvais au domicile d'un ami américain qui vivait à Casablanca et m'avait invité ce jour-là. Nous parlions de choses et d'autres quand un appel téléphonique lui apprit ce qui était arrivé. Il alluma le poste de télévision pour que nous voyions les événements qui se déroulaient en direct sous nos yeux. Chacun de nous était choqué, mais mon ami l'était plus que moi. Il me regardait avec des yeux interrogatifs, alors que nous ne savions pas encore qu'un deuxième avion avait heurté la tour sud. Je lui dis aussitôt, sans même réfléchir: "Je ne crois pas que ce soit un accident. Je pense que c'est un attentat perpétré par des terroristes musulmans."

Nous tentâmes de suivre les événements à partir d'Internet, car les chaînes de télévision locales ne donnaient pas assez de détails.

Quelque temps après la collusion du second avion avec la seconde tour, mon intuition se révéla juste. Mon ami me dit, la peur dans les yeux: "Que dois-je faire? Est-ce que je peux sortir aujourd'hui ou faut-il que je reste à la maison? Crois-tu que je serai en sécurité?" Pour atténuer l'impact du choc, je lui répondis: "Je ne crois pas que tu seras en danger, tu es dans l'un des pays les plus sécurisés au monde actuellement." Je n'avais pas dit ces paroles parce que je pouvais garantir le comportement des gens envers un Américain mécréant, mais parce que je connaissais la poigne de fer exercée par le gouvernement au Maroc. Personne ne peut bouger, la police et les services de sécurité maîtrisent la situation, parce qu'ils ne veulent pas avoir de problèmes avec l'Amérique. Mais si ces services venaient à faire défaut au Maroc, je ne pourrais pas garantir la vie de cet ami ni la mienne. Car l'hostilité à l'encontre de l'Autre est là. Elle émergera chaque fois que l'occasion le permettra.

Ce qui est arrivé en Libye confirme. Ainsi, l'Amérique avait aidé les Libyens à se délivrer de leur dictateur, et pourtant, les premiers étrangers qui furent massacrés dans ce pays étaient américains: quatre personnes avaient été tuées, et parmi elles, l'ambassadeur Christopher Stevens. Celui-ci aurait, selon le Daily Mail, envoyé quelques jours plus tôt un message à sa hiérarchie pour l'informer que l'ambassade américaine à Benghazi se trouvait en danger, car les militaires libyens qui assuraient la garde de l'ambassade avaient menacé de se retirer à cause de la politique américaine. Le président américain avait d'abord attribué l'assassinat des Américains à la colère suscitée par un film qui faisait du tort à Mahomet. Mais l'enquête a confirmé ultérieurement que ce film n'avait rien à avoir avec le crime, qui avait été préparé depuis longtemps. C'est l'organisation *Ansâr al-charia* (les défenseurs de la charia) qui avait planifié l'attentat avec la complicité de combattants islamistes, dont le Libyen Ahmed Abou Khatâlah, qui sera capturé en juin 2014. À supposer qu'il se soit vraiment agi, en Libye, de protester contre un film faisant du tort de Mahomet, comment est-il possible d'oublier aussi vite les bienfaits des Américains, et de leur en vouloir à cause d'un film que l'État américain n'avait pas produit? Bien qu'il soit l'œuvre d'un citoyen de ce pays, ce film n'avait obtenu ni l'autorisation ni l'approbation du gouvernement. Et pourtant, la responsabilité de ce film a été imputée à toute l'Amérique.

D'autres attaques contre des intérêts américains eurent lieu à la même époque au Caire aussi, sans perte humaine, grâce à la protection assurée par l'armée et les forces de sécurité. Comment les Libyens pouvaient-ils donc attaquer l'ambassade américaine au Caire, alors que ce n'était pas l'Amérique qui avait produit le film?

A-t-on vu un cheikh ou un journaliste déclarer qu'il ne fallait pas imputer à l'État américain un acte commis par l'un de ses citoyens? Évidemment pas, car le peuple musulman est conditionné pour généraliser, - à cause de cette vision standardisée imprimée dans nos esprits – que nous soyons Libyens, Égyptiens ou de n'importe quel autre pays musulman.

L'ambassadeur Christopher Stevens et trois de ses collègues de l'ambassade n'étaient pas les seuls Américains à avoir été tués. Un autre Américain, l'enseignant Rony Smith, avait été assassiné en décembre 2013. Rony Smith aimait le peuple libyen. J'ai suivi sur Twitter les commentaires des gens au sujet de son assassinat. J'ai lu des commentaires de musulmans disant qu'il n'éduquait pas les Libyens parce qu'il les aimait, mais parce qu'il était un missionnaire envoyé par son Église basée au Texas. Ils ont ainsi justifié le crime en disant que Rony Smith le méritait, car il était en train de christianiser les musulmans, faisant semblant de les instruire.

Rony Smith avait été tué par traîtrise, alors qu'il faisait du sport au quartier *Fouwayhat* à Benghazi. Il laissait un enfant en bas âge et une veuve, Anita. Interrogée par des médias arabes, Anita Smith a déclaré en arabe: "Je veux que le peuple libyen sache ceci: je vous aime, et vous me manquez beaucoup. Quant à ceux qui ont tué mon mari, je leur pardonne au nom du Christ. Car notre Seigneur, le Christ, nous a appris à aimer tout le monde, même nos ennemis[35]." Elle a prononcé ces mots en surmontant les larmes et en luttant contre les sanglots.

Il y a beaucoup de différence entre ce que nous, musulmans, avons appris dans notre enfance, et ce qu'Anita a appris dans la sienne, et qui l'a rendue capable de surmonter sa colère et de pardonner à tout le monde, même aux assassins de son mari qui ont fait de son enfant un orphelin. Car nous, dans notre enfance, nous avons appris que l'Occident chrétien, quoi qu'il fasse pour nous aider, nous hait au fond de lui-même. Nous avons grandi empoisonnés par des idées qui nous rendent incapables d'accepter l'Autre, croyant toujours que ses motivations sont mauvaises, même quand elles sont bonnes. Nous ne sommes plus capables de rien lui pardonner.

Ceux qui se sont joints à Daech ne sont pas devenus terroristes du jour au lendemain. Ils ont subi, dès leur enfance, le même martelage d'idées, le même lavage de cerveau que moi et des millions d'autres musulmans. La différence entre eux et moi, c'est que j'ai décidé de me débarrasser de ces idées et que je les ai combattues, alors que d'autres musulmans se rendaient à elles et croyaient qu'elles étaient la vérité absolue. Ils croient cela dur comme fer, et sont convaincus qu'il s'agit de la vérité absolue.

---

[35] Alarabiya.net: La veuve d'un enseignant américain aux assassins de son mari: *"Je vous aime et je vous pardonne"*.

II

La haine des juifs et des chrétiens transformée en hostilité éternelle

L'impact de la théorie du complot sur les musulmans

On trouve la théorie du complot dans tous les pays. Mais dans le monde musulman, elle se niche dans notre sang, au point qu'il n'y a quasiment rien où on ne voit pas de complot. Pour m'amuser parfois avec certains amis musulmans, je leur dis: "Je ne serais pas étonné si un musulman, s'étant un jour réveillé et ayant trouvé le siège de ses toilettes brisé, se mettait à accuser Israël et l'Amérique de cela."

La chose a dépassé les limites du raisonnable. Les gens doutent de tout. Ce doute n'est pas seulement dû au manque de confiance dans l'Amérique et Israël. Il résulte plutôt de la culture dans laquelle nous avons été éduqués. À nos yeux, tout l'Occident a de la rancune envers nous. Le colonialisme et les interventions américaines ne sont pas pour nous une raison, mais la preuve qui confirme ce que dit notre culture.

Certains de mes amis musulmans m'interpellent: "Ne vois-tu pas ce que fait Israël des Palestiniens? Ne condamnes-tu pas l'occupation et le meurtre des innocents?"

Alors je leur réponds par cette question douloureuse: "Notre haine des juifs est-elle née après ou avant la création de l'État d'Israël? Avons-nous commencé à les haïr après 1948 seulement?"

Évidemment, aucun homme sensé ne peut prétendre cela. Car nos livres religieux témoignent que nous avons appris la haine des juifs dans nos livres, avant que n'existe quelque chose qui s'appelle "État d'Israël". L'hostilité existait avant. Mais la Palestine nous sert à nourrir cette hostilité pour la consacrer davantage ou pour la justifier. Tous les peuples musulmans, sans exception, s'accordent pour être les ennemis des juifs.

Qu'est-ce qui unit le Marocain au Palestinien? Est-ce l'occupation? Au nord du Maroc, nous avons deux villes occupées, Sebta et Mellila. Et pourtant, nous ne haïssons pas les Espagnols comme nous haïssons les juifs. Et nous ne justifions pas les attentats à l'explosif qui ont lieu à Sebta et Mellila. Et je n'ai jamais vu un pays musulman organiser des manifestations pour condamner l'occupation espagnole de Sebta et Mellila. C'est que dans nos livres religieux, l'hostilité à l'égard des juifs est consacrée bien plus qu'à l'égard d'aucun autre peuple - sur le plan racial et non sur le plan de l'État, sur le plan ethnique et non sur le plan politique. Nous musulmans, nous avons grandi avec la croyance que le juif, n'importe quel juif, est par nature perfide et escroc. Nous attribuons la nature de la perfidie à tous les juifs. Un de nos proverbes au Maroc dit: "Mange chez le juif et ne dors pas chez lui, ne mange pas chez le chrétien, mais dors chez lui." C'est que la nourriture du juif est halal (licite) pour nous, l'islam s'accordant avec le judaïsme dans l'interdiction de la viande du porc et du sang, choses que le chrétien n'interdit pas. Donc il faut que nous fassions confiance à la nourriture du juif et non à celle du chrétien qui pourrait utiliser un de ces produits illicites dans la préparation de sa nourriture. Quant à passer la nuit, nous préférons que ce soit chez le chrétien, car il ne nous trahira pas et ne nous tuera pas durant la nuit. Quant au juif, il est possible qu'il trahisse, et il faut s'attendre de sa part à cela.

L'islam a créé en nous une culture d'hostilité envers tout ce qui est chrétien, et plus encore, à l'égard tout ce qui est juif. Plus: l'islam nous interdit de prendre pour amis des juifs ou des chrétiens. Par la force des choses, certains musulmans passent outre ces textes et prennent pour amis des juifs et des chrétiens. Mais cela signifie seulement qu'ils ont favorisé leur intérêt ou leur humanité plutôt que leur culture, et qu'ils ont, consciemment ou inconsciemment, choisi de se débarrasser de cette culture. Quant à l'amère vérité, c'est que beaucoup sont restés sous l'influence de cette culture d'hostilité et n'ont pas réussi à la dépasser. Cette hostilité émergera dès que les circonstances le permettront, et elle se traduira par le passage à l'action dans le domaine du réel. Le terrain a déjà été préparé, et des générations entières ont été programmées pour suivre toute personne qui les conduira à servir cette hostilité, que ce soit en tuant ou en détruisant l'autre.

Les textes nous interdisent d'avoir pour amis les juifs et les chrétiens

Je commence par quelques textes qu'on ne met pas en doute, et qui constituent la base fondamentale de l'hostilité envers des juifs et des chrétiens. Le Coran dit en effet dans la sourate 51 de la Table :

> *Ô croyants! Ne prenez pas pour alliés les juifs et les chrétiens ; ils sont alliés les uns des autres. Et celui d'entre vous qui les prend pour alliés, devient un des leurs. Allah ne guide certes pas les gens injustes*[1].

Ce verset représente une pièce importante de la colonne vertébrale d'une croyance qu'on appelle en Islam *al-walâ' wal-barâ'* (L'alliance et le désaveu). Elle interdit aux musulmans de prendre les juifs et les chrétiens pour amis, et celui qui le fait devient juif ou chrétien. C'est la chose la plus laide que le musulman puisse imaginer.

Cette conception a prévalu depuis le premier siècle de l'islam. Tabari en donne une interprétation différente :

> Allah, exaltée soit son évocation, a interdit à tous les croyants de prendre les juifs et les chrétiens pour partisans et alliés contre ceux qui croient en Allah et son messager. Et il dit que celui qui les prend pour partisans, alliés ou amis, contre Allah, son messager et ses fidèles, sera considéré l'un des leurs en ce qui concerne l'inimitié contre Allah, son messager et les croyants. Et qu'Allah et son messager le désavouent[2].

L'interprétation d'Ibn Kathir est quasi similaire à celle de Tabari, bien que cinq siècles environ les séparent :

---

[1] Le Coran, 5,51
[2] Tabari, op.cit., 6:180: Explication du verset 5,51

> Allah, béni et élevé, interdit à ses adorateurs croyants, de faire alliance avec les juifs et les chrétiens, qui sont les ennemis de l'islam et de ses adeptes. Allah les a combattus, puis il a dit qu'ils sont les alliés les uns des autres. Puis il a menacé celui qui le fait, lui promettant ceci: "Et celui d'entre vous qui les prend pour alliés, devient un des leurs. Allah ne guide, certes pas, les injustes"[3].

En vertu de ce verset et de l'interprétation des exégètes officiels, les juifs et les chrétiens sont amis et alliés les uns des autres, depuis le temps Mahomet, et ils le resteront jusqu'au jour de la résurrection[4], qu'ils s'entendent tous très bien, s'entraidant et se liguant contre les musulmans. L'alliance entre l'Amérique et Israël n'en est que la preuve. En tant qu'individus musulmans, nous ne devons donc ni prendre les chrétiens et les juifs pour amis, ni les préférer aux musulmans. Nous ne devons pas faire cela en tant qu'États non plus. Pour cette raison, toutes les organisations islamistes accusent les gouvernements arabes de complicité et de connivence avec l'Occident, car ils se sont relâchés dans l'application de ce principe, d'autant plus que les cheikhs qui justifient la politique des gouvernements disent que cette politique a seulement pour but l'intérêt, et que ce n'est pas une amitié véritable émanant du cœur, mais une amitié fausse fondée sur l'intérêt. Quant à l'hostilité, il existe dans les cœurs, car elle ne doit pas nécessairement émerger vers l'extérieur, il suffit qu'elle soit dans le cœur. À l'extérieur, elle ne sera exprimée et appliquée que lorsque les circonstances seront favorables et où les intérêts des musulmans ne seront pas menacés.

Quand ma mère voulait m'insulter ou insulter toute personne qui lui avait fait du mal, elle le traitait de juif ou de chrétien. Dans l'imaginaire marocain et celui du monde musulman, ces deux concepts sont équivalents à des insultes. Si le juif est évoqué au cours de la conversation ou pendant un récit, nous devons nous en excuser comme si un vilain mot avait été prononcé, disant: "Il y avait un certain juif – loin de toi la chose!", impliquant qu'il n'est pas convenable de prononcer le mot *juif* devant des gens respectables. Il est impossible que cette hostilité soit le produit du hasard ou qu'il n'ait pas un rapport avec la religion. Car c'est la religion qui domine tous les détails de notre vie, et a créé en nous cette

---

[3] Ibn Kathir, op.cit., 3:133: Explication du verset 5,51
[4] Il faut rappeler que cette assertion est incorrecte. L'histoire prouve que les chrétiens et les juifs ont connu de nombreux conflits, à commencer par la persécution des chrétiens par les juifs au premier siècle de la chrétienté, et la persécution ultérieure des juifs par les chrétiens en Europe.

hostilité permanente envers toute personne qui n'est pas musulmane, spécialement envers les juifs et leurs amis les Chrétiens.

Que le lecteur s'imagine que j'inverse le verset ci-dessus et que je le publie dans un journal occidental, disant: *"Ô Chrétiens! Ne prenez pas pour alliés les Sunnites ni les Chiites ; ils sont alliés les uns des autres. Et celui d'entre vous qui les prend pour alliés, devient un des leurs. Allah ne guide certes pas les gens injustes."*

Si j'avais dit cela, j'aurais été accusé de racisme et d'islamophobie, et j'aurais été jugé au tribunal. Mais les musulmans récitent ce verset dans le Coran, et ils le répètent aux oreilles des non-musulmans dans le monde entier, y compris en Occident. Et ils considèrent que c'est là un droit divin, et personne n'ose même critiquer le verset coranique concerné, parce qu'il serait condamné s'il se trouvait dans un pays arabe, et estimé islamophobe et antimusulmans s'il se trouvait dans un pays occidental.

Cette décence politique va tuer les gens et leur sens critique face à ce système de pensée qui diffuse la culture de la haine chez les gens et fait de la généralisation et de la standardisation.

Les textes nous enseignent à haïr et à maudire les juifs et les chrétiens

Parfois, le texte coranique trouve une raison pour maudire les juifs et les chrétiens:

> *Les juifs disent: "Uzayr est fils d'Allah" et les chrétiens disent: "Le Christ est fils d'Allah". Telle est leur parole provenant de leurs bouches. Ils imitent le dire des mécréants avant eux. Qu'Allah les combatte! Comment s'écartent-ils (de la vérité)*[5]*?.*

L'expression *"Qu'Allah les combatte!"* signifie: *"Allah les maudisse"*. Le Coran maudit tous les juifs et tous les chrétiens en tout temps et en tout lieu à cause de leurs croyances (abstraction faite de savoir si le Coran a compris, oui ou non, quelles étaient ces croyances).

Imaginons l'inverse: *"Les musulmans sunnites disent: "Mahomet est le Messager d'Allah" et les musulmans chiites disent: "Ali est le successeur d'Allah"… Qu'Allah les combatte! Comment s'écartent-ils (de la vérité)?""*

Et que ces paroles soient devenues des lectures qui constituent le culte des chrétiens dans leurs églises, ou les juifs dans leurs synagogues. Est-ce qu'une telle chose pourrait passer sans provoquer de réaction?

---

[5] Le Coran 9,30.

Nous voyons aujourd'hui les mosquées se répandre en Europe, en Amérique et en Asie avec un financement saoudien. On y récite des discours et des versets comme celui précité, et présentés comme étant des paroles divines par lesquelles les juifs et les chrétiens sont maudits ouvertement. Malgré cela, on traite l'Occident d'islamophobe et on ne traite pas les musulmans de racistes quand ils répètent des versets dont le moins qu'on puisse dire est qu'elles sont racistes car elles maudissent les gens à cause de leurs croyances. Mettez-vous à la place des chrétiens en Égypte. Le petit enfant chrétien qui entend matin et soir des versets qui le maudissent et que diffusent des haut-parleurs, sans qu'il ne puisse ouvrir la bouche ou protester, sous peine d'être condamné pour mépris de l'islam. La même chose s'applique aux chrétiens en Irak et en Jordanie: ils doivent entendre l'insulte et l'accepter. Et ils doivent dire devant les médias: "Nous vivons en paix et en bonne entente avec nos frères musulmans." Ils disent tout cela tout en avalant l'amertume des insultes qu'ils entendent publiquement et auxquelles ils ne peuvent pas répondre.

Le pire est que ces textes sont enseignés dans certains pays aux enfants chrétiens et musulmans à la fois. L'enfant chrétien doit les retenir par cœur, même s'ils le maudissent et maudissent sa croyance. Imaginez un enfant musulman qui récite ce verset à un enfant chrétien pour l'insulter. Ce dernier ne peut que pleurer, car il ne sait pas comment réagir. Son père non plus ne peut pas protester, car ce sont des textes divins sacrés pour le musulman. Sinon, il sera condamné par le tribunal de la charia.

Le Coran interdit clairement d'avoir les *kuffârs* (mécréants) pour amis. Pour cette raison, le musulman qui veut appliquer sa religion a de la difficulté à s'intégrer dans les sociétés occidentales, car les textes qu'il révère ne l'encouragent pas à cela. Ils le poussent, au contraire, à ne pas s'assimiler, et l'encouragent à être hostile aux mécréants et à les haïr en Allah. Car l'essence de la croyance *al-walâ' wal-barâ'* (L'alliance et le désaveu) est qu'il désavoue les mécréants et qu'il s'allie aux musulmans, ou comme l'a expliqué un précédent mufti saoudien, Ibn Baz: "C'est aimer les croyants et être leur allié, et haïr les mécréants et être leur ennemi[6]." Sur un autre site, le célèbre cheikh saoudien Mohamed Ben Saleh al-Uthaymîn, dit: "Le mécréant est l'ennemi d'Allah, de son messager et des croyants. Nous devons le haïr de tout notre cœur[7]."

---

[6] Site du Cheikh Abd al-Azîz Ibn Abdallah Ibn Bâz: *"al-walâ' wal-barâ'"* (L'alliance et le désaveu).
[7] Site *Tariq al-islam*: "Qu'est-ce que c'est *al-walâ' wal-barâ*'?"

II ∽ La haine des juifs et des chrétiens transformée en hostilité éternelle — 53

Ceci englobe n'importe quel mécréant, où qu'il soit. Et le mécréant est tout non-musulman. L'Islam ordonne ainsi au milliard et demi de musulmans – s'ils veulent vraiment demeurer fidèles à leur religion – d'être les ennemis des cinq milliards et demi d'autres hommes, et de prendre seulement les musulmans pour amis, même si ces mécréants font partie de leurs proches ou de leurs familles. Un verset de l'avant-dernière sourate du Coran, descendue après la formation de l'État islamique, stipule:

> Ô vous qui croyez! Ne prenez pas pour alliés, vos pères et vos frères s'ils préfèrent la mécréance à la foi. Et quiconque parmi vous les prend pour alliés... ceux-là sont les tyrans[8].

Certains versets sont même venus pour inciter les musulmans à s'opposer à leurs proches à la guerre s'ils sont mécréants, comme le verset:

> Tu n'en trouveras pas, parmi les gens qui croient en Allah et au Jour dernier, qui prennent pour amis ceux qui s'opposent à Allah et à son messager, fussent-ils leur pères, leur fils, leurs frères ou les gens de leur tribu[9].

Ce verset est venu quand les partisans de Mahomet ont combattu leurs familles avec l'épée et ont tué certaines des personnes qui leur étaient le plus proches. Ibn Kathir dit:

> L'expression *Fussent-ils leurs pères* est venu à l'intention d'Abou Obeida qui avait tué son père lors de la bataille de Badr. *Ou leurs enfants* concerne [Abou Bakr] as-Siddiq, qui ce jour-là avait pris soin de tuer son fils Abd al-Rahman. *Ou leurs frères* concerne Mossaab ben Omayr: il avait tué ce jour-là son frère Oubayd ben Oumayr. *Ou les gens de leur tribu*, concerne Omar qui a tué, ce jour-là aussi, un de ses proches; il concerne aussi Hamza, Ali et Obeida ben al-Harith qui ont tué ce jour-là Outba, Chayba et al-Walid ben Outba[10].

Si les premiers musulmans ont combattu et tué des membres de leurs familles parce qu'ils étaient des mécréants, il n'est pas étrange que se développe en nous une grande haine envers le mécréant, quel qu'il soit. Comme le Coran me donne le droit de haïr les gens les plus proches de moi, alors on ne peut pas préférer les liens du sang aux liens de la croyance. La fraternité panislamique est plus forte qu'aucune parenté. Et

---
[8] Le Coran 9,23.
[9] Le Coran 58,22.
[10] Ibn Kathir, op. cit. 8: 87. Explication du verset 58,22

cette façon de penser ne permet pas qu'un lien quelconque soit supérieur au lieu religieux – ni les liens familiaux, ni les liens patriotiques. Le lien qui domine est celui de la foi, car il régit les autres liens. Rien n'empêche en islam d'être bienveillant et bienfaisant à l'encontre des parents s'ils sont mécréants, ni à l'encontre du chrétien et du mécréant. Mais cela n'implique pas qu'on l'aime dans le cœur, car il faut le détester et le haïr en Allah. Ce qui est d'ailleurs confirmé dans le hadith suivant: *"Le lien de la foi la plus modérée, c'est d'aimer en Allah et de haïr en lui*[11]*."* Donc, la véritable foi, c'est d'aimer les musulmans en Allah et de haïr les mécréants en Allah. Sinon, nous ne serons jamais des vrais musulmans.

Il y a évidemment une exception à cette règle. Ainsi, lorsque nous sommes vaincus et faibles et que nous voulons gagner la compassion des gens, alors nous pouvons faire semblant d'aimer le mécréant, mais nous devons dissimuler notre haine au fond de nous-mêmes. Ceci est un principe coranique. Un des versets qui assurent cela est cette parole d'Allah:

> *Que les croyants ne prennent pas, pour alliés, des mécréants, au lieu de croyants. Quiconque le fait contredit la religion d'Allah, à moins que vous ne cherchiez à vous protéger d'eux*[12].

De ce verset émane le fameux principe de la *taqiya* qui signifie dissimulation. Certains croient que les chiites suivent ce principe, davantage que les sunnites. En réalité, c'est un principe enraciné dans le Coran, quel que soit le groupe qui a pu le pratiquer davantage à cause de la persécution qu'il a subie. Les sunnites n'avaient pas vraiment besoin d'y recourir, car ils étaient toujours la majorité. Quant aux chiites, ils ont eu besoin de recourir à ce principe coranique parce qu'ils sont minoritaires. C'est pourquoi on le leur attribue plus qu'aux sunnites. Tabari le sunnite dit ainsi: *"à moins que vous ne cherchiez à vous protéger d'eux"*, signifie que si vous vous trouvez soumis à des mécréants et vous les redoutez, alors n'hésitez pas à leur manifester par votre langage de l'amitié, tout en dissimulant au fond de vous-mêmes l'hostilité à leur égard[13]. Certains amis musulmans m'ont assuré qu'ils appliquent ce principe dans leur vie en Occident Ils sourient à la face des autres pour protéger leurs intérêts

---

[11] Musnad Ahmad, op. cit., 5: 362
[12] Le Coran, 3,28.
[13] Tabari, op. cit., 3:154. Explication du verset 3,28

II ~ La haine des juifs et des chrétiens transformée en hostilité éternelle

et leurs conditions sociales, mais ils les maudissant au fond d'eux-mêmes ou dans leurs chambres closes.

Cet enseignement est très dangereux. Il fait du musulman un être déchiré qui vit séparé de son milieu qu'il hait, faisant semblant de s'y intégrer alors qu'il a autre chose en tête.

Heureusement les musulmans ne pratiquent pas tous leur religion de façon stricte. Sinon, la chose aurait tourné à la catastrophe dans toute société où vivent des musulmans. Le fait que cet enseignement se trouve dans les livres islamiques, n'implique pas nécessairement que tout musulman l'adopte. Mais il s'y trouve. Lorsque le musulman s'en rend compte et décide de se repentir et d'appliquer scrupuleusement sa religion, il se trouve contraint à adopter ce dangereux principe, en haïssant tout non-musulman, notamment les juifs et les chrétiens.

Cette hostilité est permanente, car elle est devenue une hostilité sacrée tirant sa source dans le texte coranique. Elle ne peut jamais disparaître, puisqu'elle n'est pas une hostilité circonstancielle qui peut disparaître avec la disparition des circonstances qui la causent. Mon identité s'est constituée sur la base que je suis musulman, et par conséquent, sur le principe que je suis supérieur aux non-musulmans. Notre devoir de musulmans est d'aimer les musulmans et non les autres. Dans nos invocations, nous devons appeler la bénédiction sur les musulmans seulement, et la malédiction sur les mécréants, et nous réjouir si les malheurs fondent sur eux. Nous musulmans, nous recensons les ouragans qui fondent sur l'Amérique, et qui, pour nous, sont le châtiment d'Allah, et nous nous en réjouissons. Et nous nous réjouissons des séismes qui frappent l'Occident *mécréant*. Car ils sont, à nos yeux, un châtiment qu'il mérite à cause de ce qu'il fait à l'encontre des musulmans. Pour nous, Allah nous venge en leur inoculant les microbes et les maladies, en leur envoyant les tremblements de terre et les ouragans. Mais quand les mêmes calamités nous frappent, nous les considérons comme un fléau envoyé par Allah et une épreuve, et parfois, comme un châtiment venant d'Allah, car nous n'avons pas appliqué l'islam à la lettre de façon littérale comme nous devrions, laissant triompher, au sein de notre communauté, le vice, le mal, et la débauche, et que si nous nous repentons et appliquons l'islam comme il faut, Allah mettra fin à ces malheurs.

Les terroristes ont été influencés par les textes

Les terroristes qui rejoignent aujourd'hui l'État islamique (Daech), ont été abreuvés de ces croyances depuis leur enfance. Un système éducatif islamisé, comprenant un mélange de matières occidentales et une dose supérieure de matières islamiques, a contribué à implanter ces croyances en eux. À cause de l'argent dont l'Arabie Saoudite a inondé les pays arabes et islamiques, les publications islamistes envahissent les foires des livres à des bas prix, au point de devenir les produits les plus vendus dans les foires organisées chaque année au Caire, à Casablanca, à Beyrouth, à Riyad et ailleurs. Leurs thèmes s'y répètent, et comportant, nécessairement, des matières centrées sur la mécréance et sur la foi islamique, et sur la relation entre le mécréant et le musulman. La jeunesse musulmane a ainsi été coupée de son entourage, et il s'est mis à vivre dans une sorte d'utopie islamiste. Tout jeune musulman qui, en Europe ou en Amérique, désire vivre réellement la religion islamique, se trouvera géographiquement en Europe et en Amérique, mais en fait, il vivra historiquement au VIIe s. après le Christ. Il vit une guerre entre le Messager et les mécréants, une guerre entre la mécréance et la foi. Beaucoup d'entre eux se trouvent sur le sol occidental, mais leurs cerveaux sont une fabrication islamique, truffée de la doctrine de *l'alliance et le désaveu*, de l'amour des musulmans en Allah et de la haine des mécréants en Allah. Ils sont également obsédés par la nécessité de désavouer ces mécréants, leurs fêtes, leurs traditions, leurs valeurs, car elles sont mécréantes et s'opposent à leur foi.

Qu'est-ce qui pousse un jeune de Londres à quitter la Grande-Bretagne pour rejoindre les moudjahidines à Raqqa? Qui l'a convaincu que cette décision est bonne et que ses avantages sont plus nombreux que ses inconvénients? Aucune explication ou réponse logique ne peut être donnée, sauf celle-ci: l'intéressé a été convaincu que le fait de joindre les croyants dans leur guerre contre les mécréants est la bonne décision à prendre pour sa vie. Et que le combat éternel est entre la mécréance et la foi. Et qu'il y a une hostilité éternelle entre le camp du Messager et des musulmans d'un côté, et le camp des mécréants chrétiens, juifs et polythéistes de l'autre. Il vit dans cette conception du monde depuis longtemps. Cette conception s'est ancrée dans son existence et il s'en est nourri jusqu'à ce qu'elle devienne son identité et sa cause. Lorsqu'une chose se transforme en une cause pour quelqu'un, il est difficile de le persuader de s'en libérer. De nombreux pères de familles musulmans font ingurgiter à leurs enfants, en toute bonne intention, de fortes doses d'islam, étant donné qu'ils vivent en Occident et qu'il faut les protéger. Ils croient qu'ainsi, ils conserveront et protégeront leur propre identité chez leurs enfants. Ils sont surpris quand ils apprennent qu'ils ont formé des terroristes qui les ont quittés pour rejoindre l'État islamique.

C'est ce qui est arrivé à Ahmed al-Mothanna (d'origine yéménite). Il fut surpris d'apprendre que son fils Nasser, âgé de 20 ans, qui commençait ses études de médecine, avait soudain quitté la faculté, pour apparaître dans une vidéo de l'État islamique, dans lequel il appelle les jeunes à rejoindre les rangs de Daech. Et non seulement il est parti, mais il a pris avec lui son plus jeune frère, Assil. Le père avait dit, entre autres, que "Nasser a grandi dans son pays la Grande-Bretagne, et qu'il l'a aimée et respectée". Avec tout le respect que je dois aux sentiments du père, je crois qu'il s'est trompé dans son appréciation. Car Nasser n'a certainement jamais aimée ou respecté la Grande Bretagne. Sinon, pourquoi serait-il allé combattre dans les rangs de ses ennemis? En effet, c'est *l'alliance* avec l'islam et les musulmans et la solidarité à leur côté contre les mécréants, même si ces derniers sont de ses proches. Ahmad al-Mothanna a ajouté: "Mon fils Nasser a, certes, subi un lavage de cerveau depuis qu'il s'est mis à fréquenter diverses mosquées en Grande-Bretagne[14]." Il est possible que son fils ait avalé une forte dose de croyances durant une période donnée, à cause de sa fréquentation des mosquées. Mais il est certain qu'il avait déjà reçu la graine qui l'a aidé à accueillir facilement l'information et à l'adopter sans discussion ni interrogation ni critique.

Les textes nous déchirent entre la haine de l'Occident et l'amour de sa civilisation

Ici je me rappelle un cousin maternel qui était un de mes amis proches qui savait que je critiquais l'islam. Avant de quitter le Maroc pour la Belgique où il s'est installé durant une longue période, il n'était ni intégriste ni islamiste, mais très ouvert. Ses meilleurs amis étaient des Belges qui l'avaient aidé à obtenir un permis de séjour et à résider à Bruxelles. Il épousa une jeune fille non-musulmane. Mais progressivement il devint plus fondamentaliste, et il commença à enseigner davantage l'islam à ses enfants, et il tenait à critiquer l'Occident mécréant et la Belgique qu'il estimait raciste. Il écoutait les cassettes audio que diffusaient les cheikhs saoudiens.

---

[14] Arabia.net: Le père d'un combattant de Daech décrit son fils comme étant un Satan.

Récemment, j'ai voulu lui rendre visite, mais il a refusé de me voir parce que je critique l'islam. Il m'a dit littéralement au téléphone qu'il ne veut pas me voir et qu'il ne veut pas que j'assiste à son enterrement. Il justifia cela en disant qu'il peut tolérer n'importe quoi, sauf l'insulte à son prophète et à sa religion [à cause de ma critique ouverte de l'islam à la télévision et sur Internet]. La religion était devenue son identité principale. Il était parvenu au stade où il lui était plus facile d'être lui-même insulté plutôt que sa religion. C'est évident quand on sait que la plupart des jeunes musulmans qui quittent leurs pays d'origine, se trouvent moins aptes à l'intégration dans les pays d'accueil à cause de la langue et des difficultés culturelles. Ils ont l'impression de perdre leur identité, et ils se réfugient dans la religiosité islamique pour protéger leur identité. La religion les isole davantage de leur milieu. Il n'est donc pas étrange de voir la haine semée et entretenue au cours des années, fleurir et donner des fruits.

La plupart des jeunes musulmans fuient les pays islamiques pour rejoindre des pays occidentaux parce qu'elles leur offrent de meilleures opportunités. Mais par la suite, ils veulent les transformer pour qu'elles deviennent comme les pays islamiques qu'ils ont fuis. C'est comme s'il croyait que les pays occidentaux ont réalisé un tel niveau de confort technologique, économique et politique sans leur liberté. Et ils veulent les rendre musulmans, ignorant que le simple fait de l'islamisation impliquera la perte de ces privilèges. Car il n'y a pas de liberté en islam, et il n'y a pas de progrès sans liberté.

Ceci me rappelle la citation qu'un de mes amis a trouvée sur Twitter: "Si on demande aux Arabes de choisir entre un État laïque et un autre religieux, ils voteront pour l'État religieux et iront vivre dans un État laïque[15]." Car l'État laïque protègerait leurs droits davantage que l'État religieux dont ils sont nostalgiques.

Ainsi, nous qui avons grandi dans l'islam, nous voulons les biens de l'Occident, les richesses de l'Occident, la technologie de l'Occident, mais nous maudissons cet Occident, nous maudissons ses mœurs, nous maudissons la nudité de ses filles, et nous l'accusons de corruption et de débauche.

C'est un genre de dichotomie pathologique. Car nous savons que nous ne pouvons pas vivre sans le mécréant, mais nous le haïssons. Nous

---

[15] Cette citation est tirée de l'un des ouvrages du sociologue irakien Ali Al-Wardy (1913-1995).

II ⁓ La haine des juifs et des chrétiens transformée en hostilité éternelle

savons que nos produits qui sont vendus dans le monde musulman viennent de cet Occident mécréant et non-islamique. Nous les importons sans commentaire, mais nous insultons l'Occident et nous l'injurions publiquement, et nous recommandons à nos enfants de ne pas se laisser emporter par cette invasion culturelle que l'Occident mécréant nous exporte. Nous vivons un genre de schizophrénie, un genre d'engouement pour la civilisation du mécréant et son progrès, mêlée de la haine pour ces mécréants et de leurs valeurs. Parce que nous estimons que l'islam est supérieur aux principes des Occidentaux mécréants, supérieur à leur liberté, supérieur à leur démocratie, supérieurs à leurs Constitutions. On nous a enseigné que la charia qui prescrit l'amputation de la main est divine, et que la charia de la lapidation est divine, et que la charia de la flagellation est divine, et que ce sont les législations occidentales qui ont défiguré nos lois, comme c'est le cas au Maroc qui applique un mélange hybride entre l'islam et le droit français. Ainsi, la loi relative à la famille et à l'héritage est purement islamique, tandis que de nombreux articles dans le code pénal sont d'inspiration française. Nous estimons donc que c'est l'Occident qui a corrompu nos lois, et que l'application littérale de la charia islamique n'est qu'une question de temps qui nous permettra de nous débarrasser des principes et des lois de l'Occident.

Les pays musulmans vivent jusqu'à nos jours dans ce déchirement. Leurs enfants ont appris que la charia islamique et la législation des *hodouds* (les châtiments) sont les meilleurs à cause de leur origine divine. Mais, en même temps, ces pays ne les appliquent pas sur le terrain. Ce qui provoque chez le jeune musulman un genre de conflit interne. Pour cette raison, les jeunes désirent se joindre aux organisations islamistes car elles lui promettent l'application totale de la charia divine occultée. Alors, il ne faut pas s'étonner de voir beaucoup de jeunes musulmans venant des pays arabes, aller combattre au sein de l'État islamique, les uns venant du Maroc, d'autres de Tunisie, d'autres de Jordanie, d'autres d'Égypte, d'autres encore d'Arabie Saoudite. La raison en est claire: nous les avons submergés de récits de l'État islamique idéal selon lesquels l'islam doit gouverner le monde, puis nous les en avons privés sur le terrain. Nous avons ainsi créé un vide que les organisations islamiques ont rempli, faisant miroiter aux yeux des jeunes les promesses idylliques d'un État islamique exempt des lois occidentales mécréantes. Il n'est donc pas étrange de voir ce nombre effrayant de jeunes musulmans d'Orient et d'Occident, attirés vers cet État islamique.

La dichotomie du discours dans les pays musulmans

Dans les mosquées du monde musulman, on lance régulièrement des imprécations contre les mécréants, demandant qu'ils subissent la destruction et les catastrophes naturelles, que leurs enfants deviennent orphelins, que leurs femmes soient veuves, que le sang se fige dans leurs veines, notamment si ces mécréants sont l'Amérique et Israël. Que de prêches et de discours sont prononcés au vu et au su des gouvernements des pays musulmans qui ne réagissent jamais!

Le Maroc est l'allié de l'Amérique. Pourtant, il donne libre cours à ses prédicateurs pour semer la haine envers les mécréants, notamment l'Amérique et Israël.

L'Arabie Saoudite est l'allié de l'Amérique. Pourtant, elle laisse diffuser, sur les sites Internet, dans les cassettes audio et vidéo, dans les stations de radio et de télévision, sur les chaires des mosquées et des *madrassas*, les cours et les discours des cheikhs qui soulèvent le public contre l'Amérique et la qualifient du "plus grand ennemi des musulmans". Le problème, ici, vient du fait que c'est généralement le gouvernement qui finance ces mosquées.

Ainsi observe-t-on ce phénomène dans un pays qui semble, dans sa politique officielle, alliés à l'Amérique, mais dans sa politique interne, paraît hostile à l'Amérique. C'est pourquoi les jeunes djihadistes qualifient les gouvernements arabes de traîtres et d'hypocrites, car ils sont alliés à l'Occident et notamment à l'Amérique. Car le message que le jeune musulman a reçu depuis son enfance, veut que la pensée religieuse [musulmane] soit authentique et juste, et que l'Amérique est un pays agresseur. Quand il a eu de la maturité politique, il s'est aperçu que son pays soutient la politique de l'Amérique et fait alliance avec elle. La seule chose qu'il peut en déduire, c'est que son gouvernement aussi est mécréant et qu'il est un agent, car il ne combat pas et ne hait pas les mécréants, mais s'allie à eux. Or en islam, s'allier avec les mécréants est un des dix éléments qui représentent une contradiction de la religion. Celui qui soutient les mécréants et fait alliance avec eux, devient non-musulman, un mécréant comme eux.

Ces imprécations ne nous viennent pas à nous musulmans, à partir du néant. Le prophète Mahomet lui-même les a maudits par leurs noms. Un mois durant, il avait invoqué Allah contre des tribus arabes dans ses prières, disant: "Ô Allah, maudis les fils de Lihyân! Maudis les Ri'l et les Zhakrân!" Puis il s'est prosterné et dit: "La malédiction des mécréants est faite pour cela[16]." De plus, la dernière parole qu'il a prononcée sur son lit de mort, était une malédiction contre les juifs et les chrétiens: "Allah maudit les juifs et les chrétiens, car ils ont pris les tombeaux de leurs prophètes pour des temples[17]."

Les musulmans ont considéré que ces imprécations étaient la preuve justifiant la malédiction des juifs et des chrétiens. Ce qui est triste c'est que cela se fasse dans tous les pays musulmans, même ceux dans lesquels vivent des chrétiens et des juifs. Les membres de ces minorités sont contraints d'écouter ces imprécations et ces malédictions contre eux, régulièrement prononcées du haut des minarets et des tribunes dans les prêches de vendredi. Ils les acceptent en silence et avec humiliation, car la moindre critique sera considérée comme une critique de l'islam et un abaissement de sa valeur, chose qui conduit en prison, ou même, parfois, à la mort.

Imaginons, en revanche, que des musulmans passent chaque jour près des églises en Amérique ou en Europe et entendent dans les haut-parleurs: "Dieu a maudit les musulmans qui ont transformé le tombeau de leur Prophète en mosquée." Dans ce cas, comment le monde se comporterait-il?

Mais personne ne bouge alors qu'ils entendent et voient le racisme de l'islam envers les juifs et les chrétiens, voire envers toute personne qui ne croit pas à cette religion. Nous y reviendrons dans le chapitre suivant.

---

[16] Sahih Muslim 5:148. Livre des mosquées et des lieux de prière: "L'appréciation de la soumission dans toute la prière si les musulmans subissent une calamité."
[17] Hadith rapporté par Aïcha, cité dans Sahih Muslim 5:11. Livre des mosquées et des lieux de prière: "L'interdiction de construire des temples sur les tombeaux."

III

Nous et l'Autre : Anges et démons

Notre culture Islamique craint l'Autre

J'ai grandi dans une culture qui craint l'Autre et présuppose que le mal est en lui. Nous croyons à la jalousie entre humains et nous croyons qu'elle donne le mauvais œil. Nous attribuons à la jalousie un grand nombre de problèmes qui résultent de notre mauvais comportement, de nos mauvaises décisions, de notre paresse ou de notre nonchalance. Nous les imputons à la magie et au mauvais œil. C'est une fuite pour ne pas assumer la responsabilité de nos actes. Ma mère me conseillait très souvent de ne pas parler devant les voisins de mes bonnes notes à l'école ni de nos secrets familiaux, de peur qu'ils ne nous jalousent. Elle disait que si je faisais cela, mes notes baisseraient, et que le mal arriverait à nos biens et nos animaux domestiques. Elle me demandait la prudence, car, disait-elle, le mauvais œil est une réalité et il frappe les humains. Elle me racontait des histoires pour prouver ses dires.

Cette croyance prend source dans la religion musulmane. L'islam a hérité des us et des coutumes des Arabes. Il a hérité, entre autres, de la croyance au mauvais œil, car le prophète Mahomet a dit: "[Le mauvais] œil est une réalité[1]". Il a même affirmé que la plupart des musulmans qui mourront, mourront à cause du mauvais œil[2].

La croyance au mauvais œil est devenue par la suite une croyance sacrée qui a accompagné l'islam partout où il s'est installé. Bien des jeunes filles qui ne trouvent pas de mari, croient ainsi avoir été ensorcelées par une voisine ou une connaissance.

La question de la magie noire fait partie du droit en islam. Le Coran dit que l'ensorcellement influe sur la vie des hommes[3]. En Arabie Saoudite, ceux qui exercent la magie sont condamnés à mort. Une unité de la police religieuse saoudienne s'occupe uniquement de la lutte contre la magie. Quant à l'État islamique, il a plusieurs fois décapité dans des places publiques des personnes accusées de sorcellerie.

Nous voyons souvent le jeune homme qui a échoué dans la vie, qui est malheureux en ménage, qui n'a pas un bon travail, qui est angoissé, ou qui est frustré, recourir aux conseils d'experts en sciences coraniques ou en *raqiya* [exorcisme à base de magie], parce qu'il croit avoir été frappé du mauvais œil et être victime de magie noire.

Il y a des chaînes de télévision privées qu'animent des cheikhs qui se prétendent spécialistes de l'interprétation des rêves. Ils récitent des incantations, sortes de formules magiques, à l'intention des musulmans qui les appellent au téléphone. Des lignes rouges téléphoniques ont même été créées à cet effet. Il est vrai que la charlatanerie et la voyance existent dans tous les pays, y compris en Occident. Reste à distinguer la charlatanerie pure de celle qui fait partie d'une religion, et consacrée par des textes révérés qui en ont fait à nos yeux la vérité absolue à laquelle nous croyons. L'islam, en effet, nous apprend que le prophète Mahomet lui-même a été ensorcelé au point de s'imaginer qu'il faisait l'amour à ses femmes, alors qu'il ne faisait rien de tel.

Dans ce domaine, ceux qu'on préfère accuser en premier sont les juifs. Dans un hadith, Aïcha dit: "Le Prophète fut ensorcelé de telle sorte qu'il se voyait couchant avec les femmes, alors qu'en réalité il ne faisait pas

---

[1] Sahih Bukhari, 5:167. Livre de la médecine: "L'œil est une vérité".
[2] On trouve ceci dans le Hadith: "Si l'on excepte le jugement d'Allah, de son livre et de la destinée des âmes, la plupart de ceux de ma communauté qui meurent, c'est à cause du mauvais œil." (Al-Albânî, *al-Silsila al-sahîha* (La collection authentique), 747.
[3] Le Coran 2,102.

cela⁴." La réalité chez lui se mêlait ainsi aux fruits de son imagination. Naturellement, les juifs étaient les premiers accusés. Aïcha dit ainsi que "le Prophète fut ensorcelé. Il s'imaginait qu'il avait fait une chose alors qu'il ne l'avait pas faite⁵." "Le messager d'Allah fut ensorcelé par un juif, Labid ben A'ssam, de la famille Zureiq. Il fut ensorcelé au point qu'il imaginait faire la chose, alors qu'il ne la faisait pas⁶."

Les juifs sont ainsi diabolisés dans la littérature musulmane, même dans le domaine de la magie. C'est dû à notre manière de voir l'Autre, mais aussi à notre échec et à nos problèmes. L'islam a même sanctifié cette vision religieuse. Ainsi l'Autre est devenu dans notre esprit un être maléfique et malveillant, surtout s'il est mécréant.

Notre culture Islamique nous a appris à accuser l'Autre

Notre langue et notre culture ont consacré chez nous la manie d'attribuer nos échecs aux autres, même dans le langage quotidien. Ainsi, en Occident, celui qui arrive en retard dit: "Je suis désolé, je suis en retard." Présenter ses excuses à la première personne, signifie qu'on se rend soi-même responsable de ce qu'on a fait.

Nous, par contre, nous n'assumons pas la responsabilité à titre personnel. Nous disons: "Le temps m'a dépassé", "Le train m'a manqué", "Le sommeil m'a pris", "Le verre est tombé de ma main", "Ma mémoire m'a trahi", "L'avion m'a manqué", etc. C'est toujours la faute du temps, du train, du sommeil, de la mémoire, de l'avion, etc. Dans notre langue nous n'avons pas appris à porter la responsabilité de nos propres actes. C'est vrai au niveau individuel comme au niveau international. Nous rejetons la responsabilité de nos échecs sur le colonialisme, sur l'Occident mécréant, sur les juifs qui guettent nos pays et notre religion. Nos gouvernements encouragent cette façon de penser, car elle leur permet de ne pas rendre de comptes. C'est ainsi que les accidents, les inondations, les maladies sont le résultat d'un concours de circonstances et de la destinée. Rarement il nous arrive de demander des comptes aux responsables. Nous considérons que la mort des victimes était fatale, écrite, *mektoub*!

---

⁴ Sahih Bukhari 5:2175. Livre de la médecine: Peut-on exorciser la magie?
⁵ Sahih Bukhari 3:1159. Livre de la jizya et de la consignation: Faut-il pardonner au dhimmi s'il exerce la magie? [Note du traducteur: La jizya est un impôt religieux annuel frappant les hommes chrétiens, juifs ou zoroastriens dès l'âge de 12 ans. Le dhimmi est celui qui paie la jizya et bénéficie ainsi de la protection des musulmans.]
⁶ Sahih Muslim, 14:43. Livre de la paix: "La magie".

Avec quelle facilité nous accusons l'Occident mécréant et son allié Israël de nos défaites! Ainsi, l'Occident mécréant pille nos richesses et vole nos cerveaux, nous pique nos penseurs et nous exporte la culture de la décadence et ses maladies sociales. Il veut nous corrompre, parce que nous sommes un danger pour lui. Après la chute du communisme, c'est l'islam qui est devenu son pire ennemi.

Ces rumeurs sont largement répercutées dans les médias, dans les débats, dans les rues du monde musulman. On ne s'y oppose pas, on ne cherche à apprendre aux gens à assumer plutôt la responsabilité de ce qu'ils font. Car en réalité, c'est nous qui avons échoué. Ce sont nos systèmes éducatifs obsolètes qui ont échoué. Et personne ne nous a volé ceux qui ont fui nos pays à la recherche d'un avenir meilleur. Ils ont eux-mêmes choisi des lieux qui leur permettent de développer leurs compétences et leur procurent un niveau de vie meilleur.

Répéter ces phrases est grave. Cela consacre l'hostilité et approfondit la haine envers l'Autre, notamment l'Occident *mécréant*. Cela pousse les jeunes à centrer leur énergie sur le désir de la vengeance et à mener une guerre de vendetta contre cet Occident responsable de nos calamités. Pour cette raison, je ne suis pas du tout surpris lorsque je regarde les vidéos diffusées par Al-Qaïda et l'État islamique (Daech). C'est vrai qu'ils y vont très fort. Mais le même discours est servi dans beaucoup de mosquées, de journaux, de sites Internet du monde musulman. Les gouvernements encouragent ce mal, et les institutions religieuses le consacrent. Les pays musulmans n'ont pas encore manifesté une volonté sérieuse de faire cesser cette manie de remplir les crânes des jeunes d'hostilité à l'égard de l'Occident mécréant, des Croisés, des chrétiens et des juifs. Car ils savent implicitement que tout cela fait partie intégrante de la religion et que celui qui s'y oppose aura contre lui les chefs religieux.

Diabolisation des juifs et des chrétiens dans les textes religieux

L'islam a diabolisé les mécréants et les non-musulmans en général, les juifs et les chrétiens en particulier. Leur image a été défigurée dans l'imaginaire populaire des musulmans. Même dans les films — surtout les films religieux —, les juifs sont représentés de façon abjecte, souriant de façon rusée, fourbe et sournoise en face du messager d'Allah et des musulmans. Car telle est l'image des juifs et des chrétiens qui nous est parvenue. Où qu'ils aillent, où qu'ils s'installent, les juifs sont ainsi les frères des singes et des cochons. Mahomet lui-même a déjà insulté les juifs de son temps, leur disant: "Frères des singes et des cochons", au moment du siège de tribu juive de Qorayza. *"Ils* [les juifs] lui ont dit: *"Ô père de* Qassem! Tu n'étais pas un homme si atroce auparavant!" Il les assiégea jusqu'à ce qu'ils acceptent le verdict de Saad Ben Ma'az, leur allié. Le jugement de ce dernier fut le meurtre pour leurs combattants et l'esclavage pour leurs femmes et leurs enfants[7]." Cette image est inspirée du Coran qui raconte qu'Allah a châtié les juifs pour le crime de n'avoir pas respecté le sabbat, en les métamorphosant en singes et cochons[8]. Le Coran raconte ce fait pour les humilier:

> *Dis: Ô gens du Livre! Est-ce que vous nous reprochez autre chose que de croire en Allah, à ce qu'on nous a révélé [le Coran] et à ce qu'on a révélé auparavant [la Bible telle qu'elle est racontée dans le Coran]? Mais la plupart d'entre vous sont les pervers". Dis: "Vous ferai-je connaître un pire châtiment de la part d'Allah? Allah a métamorphosé en singes et en porcs, les hommes qu'il a maudits, ceux contre lesquels il est en colère. Les adorateurs des idoles sont dans le pire endroit possible, ils se sont égarés du chemin droit[9].*

Voici comment l'un des géants de l'exégèse coranique, Qurtubi (XIIIᵉ s.), commente ce verset: *"Lorsque* descendit ce verset, les musulmans dirent aux juifs*:* "Frères des singes et des porcs". Ces derniers courbèrent la tête de honte. Le poète dit d'eux: "La malédiction d'Allah sur les juifs. Les juifs sont les frères des singes[10]"."

Qu'arriverait-il si les juifs et les chrétiens disaient des choses pareilles au sujet des musulmans dans les églises et les synagogues, et s'ils les leur faisaient entendre, amplifiés à l'aide de haut-parleurs? Qu'arriverait-il si une revue américaine ou européenne publiait un seul article qualifiant les musulmans de singes et de cochons? Imaginez qu'une chaîne de télévision américaine diffuse un programme disant: "Les musulmans sont les frères des singes et des porcs!" Si cela avait eu lieu, le monde entier aurait aussitôt crié au scandale et aurait condamné ce racisme. Et les musulmans auraient été les premiers à protester. En face, les musulmans acceptent qu'on dise cela des juifs. Ils sacralisent ces paroles et interdisent à quiconque de les critiquer. Et si quelqu'un le fait, ils disent qu'il incite à la haine et au racisme contre les musulmans et leur religion!

---

[7] Nissabouri (Abou Abdallah), *Al-mustadrak an al-sahihayn* (La somme substantielle des deux Authentiques), 3,37.
[8] Le Coran 2,56; 7,166; 5,60.
[9] Le Coran 5,59-60.
[10] Qurtubi, op. cit., explication du verset 5,60.

Si encore il ne s'était agi que de présenter les juifs comme étant les frères des singes et des cochons! Mais Mahomet les présente aussi comme des rats. Il déclare que les rats sont des juifs qu'Allah a métamorphosés sous forme de rats. En islam la souris est appelée *al-fouaysiqa* (diminutif de *fâssiq* qui signifie pervers). Par conséquent, les juifs sont pervers, comme nous avons vu dans le verset précédent. Allah aurait métamorphosé une tribu juive en souris. Mahomet dit ainsi: "Un groupe des fils d'Israël a été perdu. On ignore ce qu'ils devinrent. Mais je ne les vois que transformés en rats, car n'avez-vous pas remarqué que si vous déposez du lait de chamelle devant un rat, il ne le boit pas, alors que si du lait de brebis est placé devant lui, il le boit[11]?" Le critère de jugement selon Mahomet est le fait que le rat ne boit pas le lait de chamelle, ce lait étant interdit aux juifs dans la Torah[12]. Et il boit du lait de brebis, qui ne leur est pas interdit. Ainsi les juifs, dans l'optique de Mahomet, même en étant métamorphosés en rats, respectent les enseignements de la Torah, comme s'ils étaient "des rats pratiquants".

Ces livres qui diffusent de tels enseignements sont totalement racistes. Pourtant, ils sont traduits, imprimés avec les pétrodollars des pays du Golfe, et ils sont vendus dans les foires internationales. On défend même leur authenticité et celle de leur contenu, partant du principe que leur auteur est Mahomet, un prophète venu d'Allah, qui ne peut pas dire quelque chose d'inexact.

Les textes présentent le juif comme un ennemi éternel

L'hostilité envers les juifs et de leur diabolisation, est complexe et compliqué. L'islam les présente en effet comme l'ennemi intime des musulmans qui restera leur ennemi jusqu'au jour de la Résurrection, au point que les arbres et les pierres eux-mêmes seraient conscients de la malfaisance des juifs. Un hadith authentique rapporte cette parole de Mahomet:

---

[11] Bukhari, 3:1203. Livre: Début de la création. "Le meilleur des biens d'un musulman…"
[12] Lévitique 11,4; Deutéronome 14,7.

> L'Heure [la fin] ne viendra pas avant que les musulmans ne combattent les juifs. Et les musulmans tueront les juifs, jusqu'à ce que le juif se cache derrière les pierres et derrière les arbres. Alors la pierre ou l'arbre dira: "Ô musulman, ô esclave d'Allah! Il y a un juif derrière moi, viens le tuer!" Seul l'arbre *gharkad* [arbre épineux] ne le fera pas, parce que c'est un arbre des juifs[13].

Imaginons un enfant musulman qui apprend ces textes à l'école, qui est examiné sur leur contenu, qui écrit des dissertations à ce sujet quand il est en classes élémentaires et secondaires, qui les enseigne aux générations suivantes, qui les entend dans les prêches et sur les chaînes satellitaires et dans les fatwas. N'aura-t-il pas ainsi été éduqué à haïr les juifs et à se préparer à mener contre eux le combat décisif?

Ces textes n'ont rien à faire avec l'État d'Israël. Ils existaient déjà, quatorze siècles avant l'existence de cet État. Ces textes, nous avons tous été éduqués à travers eux depuis l'enfance. Et leur sens, c'est qu'un de ces jours, nous combattrons les juifs, et que nous les tuerons, et que les arbres et les pierres seront nos alliés dans ce combat sauf l'arbre *gharqad*, qui, paraît-il, est un arbre allié aux juifs. C'est un arbre juif qui ne les dénoncera jamais. Mais la nature s'alliera à nous, musulmans, pour que nous tuions les juifs et que nous nous en débarrassions.

Grâce à l'argent du pétrole, ces textes sont traduits en anglais, en français et dans toutes les autres grandes langues du monde. Ils sont enseignés, sans contrôle ni surveillance judiciaire, dans les universités islamiques dans le monde entier, notamment l'université Al-Azhar et les grandes universités saoudiennes, et dans les départements d'études islamiques des universités à travers le monde. Et personne ne les considère comme des textes incitant à la haine contre une partie de l'humanité!

Dans ce contexte, le site Internet, *Aafâq*, a publié une déclaration du prédicateur Mohammad al-Arifi sur la chaîne palestinienne *Al-Aqça*, le 12 septembre 2008. Il disait:

> *Ceux qui sont allés là-bas* [en Israël] *et qui ont vu le pays disent que beaucoup de juifs plantent autour de leurs maisons des arbres gharqad. Car si le combat a lieu, le juif pourra ainsi se cacher… C'est que le juif n'est pas un homme assez courageux pour oser affronter le musulman et le combattre*[14].

---

[13] Sahih Muslim 18:37. Livre des séditions: L'Heure ne viendra pas.
[14] *Aafâq*, journal électronique. Le prédicateur saoudien Mohammd Arifi: "Les juifs plantent les arbres de gharqad…"

On se demande d'où ce prédicateur tire-t-il ces paroles? En disant cela, il veut prouver que ce que Mahomet dit est vrai, même si ce n'est pas vrai sur le terrain, et même si la plupart des juifs d'Israël vivent dans des villes et ne plantent pas d'arbres devant leurs maisons. L'essentiel, pour le prédicateur, est de répéter n'importe quelle parole pour flatter l'amour-propre des musulmans et les assurer de l'authenticité du hadith et de leur victoire prochaine sur les juifs grâce aux arbres et aux pierres.

Sur le site Internet du Ministère des Biens religieux et des Affaires islamiques du Qatar (Islamweb), on lit la fatwa suivante:

> *La guerre* durant laquelle, d'après le Prophète, les musulmans combattront et vaincront les juifs, aura lieu à la fin des temps. Il semble qu'elle aura lieu lors de la venue de l'Antéchrist et la descente de *Jésus fils de Marie* et la victoire du Mahdi. Dans les deux recueils de hadiths authentiques (celui de Bukhari et celui de Muslim), Abou Hereira dit: "Le messager d'Allah a dit: 'L'Heure [la fin] ne viendra pas avant que vous ne combattiez les juifs, jusqu'à ce que la pierre dise: "Viens, ô musulman! Il y a un juif derrière moi. Tue-le!"'" Et la fatwa se termine ainsi: "Il faut avertir [le lecteur] que les musulmans n'ont pas le droit de mettre fin au djihad contre les juifs avant la venue de ce temps[15].

D'où le site qatari *Islamweb* a-t-il tiré cette fatwa? Elle s'inspire évidemment des nombreux textes islamiques accumulés au cours de l'histoire et qui enseignent pour la plupart l'hostilité envers les juifs et les chrétiens.

Il n'était donc pas étonnant de voir, en février 1998, Oussama Ben Laden et Ayman Zawahiri donner à leur coalition le nom de *Front Islamique Mondial pour le combat des Juifs et des Croisés*, quand ils ont déclaré le djihad contre l'Occident mécréant. Le nom a clairement été choisi parce qu'il sera largement accepté par les islamistes et les peuples musulmans. Le mot "juifs" trouve un écho très particulier chez les musulmans. Et le mot "croisés" ne signifie pas simplement les chrétiens, mais spécifiquement les chrétiens combattants, ce qui augmente la détermination du musulman de mener la guerre contre ces mécréants. Ben Laden et Zawahiri sont partis de l'idée qu'ils partagent avec beaucoup de musulmans, celle de l'hostilité envers les juifs et les chrétiens. Ils ont lancé leur action en fonction des sentiments de haine dont plusieurs générations de musulmans ont été bourrées, et le sont encore. Donc,

---

[15] Islamweb: "La prophétie du Messager à propos du combat des musulmans contre les juifs."

la base populaire s'est révélée très large au sein d'un grand nombre de musulmans dès la création de ce Front, avant de devenir une nouvelle Mecque vers laquelle se dirigeaient de nombreux djihadistes du monde arabo-musulman, avant que l'État islamique [Daech] n'accapare les feux des projecteurs pour devenir leur nouvelle Mecque.

Les textes décrivent les juifs et les chrétiens des épithètes les plus abjectes

La diabolisation des juifs et des chrétiens n'est pas un phénomène nouveau. Elle est, au contraire, très ancienne. Le Coran désigne les non-musulmans avec certaines des épithètes que la culture arabe trouve les plus abjectes. Chez les Arabes, traiter quelqu'un de *chien* est une des pires insultes qui existent. C'est l'équivalent du mot *cochon* en Occident. Cependant, l'auteur du Coran n'a aucun problème à l'utiliser pour qualifier ceux qui ne croient pas en lui, disant: *"Il ressemble à un chien qui halète si tu l'attaques, et qui halète si tu le laisses. Tel est l'exemple des gens qui traitent nos signes de mensonges[16]."*

Si ce verset se trouvait inversé et disait: "Il ressemble à un chien comme les gens musulmans", que se passerait-il alors? Un musulman n'acceptera pas de subir une telle épithète[17]. Comment pourrait-elle être sacrée lorsque le musulman la récite durant sa prière et l'applique à plus de cinq milliards de personnes dans le monde?

La même chose s'applique au terme *âne* qui représente chez les Américains un beau symbole. Le Parti Démocrate l'a adopté comme symbole pour exprimer le courage et l'intelligence (bien qu'il ait été utilisé pour la première fois comme symbole de stupidité et d'entêtement en 1828 contre le candidat présidentiel Andrew Jackson, devenu le septième président des États-Unis).

Dans la culture arabe, l'âne est toujours synonyme de stupidité. Quand l'Arabe utilise le mot *âne* comme insulte, il entend avilir profondément la personne. Pourtant, le Coran utilise ce mot contre les juifs. Et les musulmans lisent ces textes aujourd'hui sans ressentir aucun sens de culpabilité. Le Coran dit ainsi: *"Ceux qui ont été chargés de la Thora mais qui ne l'ont pas appliquée sont pareils à l'âne qui porte des livres.*

---

[16] Le Coran 7,176.
[17] Ndt: Il faut rappeler qu'avant Mahomet, il y avait chez les Arabes une tribu qui s'appelait *Kalb* (chien), ce qui signifie que le chien était autrefois tenu pour modèle de fidélité.

Quel mauvais exemple que celui des gens qui traitent de mensonges les versets d'Allah! Allah ne guide pas les gens injustes[18]*."*

L'âne n'est pas conscient du contenu ni de la valeur des livres qu'il transporte, car c'est un âne, donc stupide. De même, les juifs sont stupides dans l'optique du Coran, puisqu'ils portent la Thora sans connaître son contenu.

Imaginons que quelqu'un dise: *"Ceux qui ont été chargés du Coran mais qui ne l'ont pas appliqué sont pareils à l'âne qui porte des livres"*, et que cette phrase avait été publiée dans des journaux, et lue aux gens dans les églises et les synagogues. Quelle serait alors la réaction des musulmans partout dans le monde? Ils se révoltent pour une simple caricature, et ils estiment que le monde entier blesse leur sensibilité, mais ils insultent les juifs et traitent de chiens et d'ânes ceux qui ne sont pas musulmans, tant les juifs que les autres. Et ils considèrent que ce sont des paroles sacrées pour le culte, ils les récitent dans les prières et les lisent dans les prêches du vendredi. Et ils le citent dans les émissions religieuses pour prouver la stupidité des juifs et l'animalité des non-musulmans, sans se soucier des sensibilités de quiconque, comme si les musulmans avaient été les seuls au monde à avoir leur sensibilité, et comme si les musulmans avaient le droit d'insulter le reste des hommes, de les injurier, de les maudire, en utilisant les paroles et les épithètes les plus répugnantes, sans que personne n'ait le droit de protester.

La diabolisation de l'autre se manifeste également quand nous disons que les mécréants sont "immondes". Immondes par nature, alors que nous, les musulmans, nous serions plus propres et plus purs qu'eux, car le Coran dit: *"Ô vous qui croyez! Les polythéistes ne sont qu'immondices; qu'ils ne s'approchent plus de la Mosquée sacrée, après cette année-ci. Et si vous redoutez une pénurie, Allah vous enrichira, s'il veut, de par sa grâce. Car Allah est omniscient et sage*[19]*."*

Et voici comment les grands exégètes de l'islam expliquent ce verset: "*Cela veut dire que les polythéistes ne sont rien d'autre que la souillure d'un cochon ou d'un chien*[20]." Un des oulémas de l'histoire islamique, Hassan al-Bassari (VIIe-VIIIe s.) a même dit: "Les polythéistes ne sont qu'immondices. Ne leur serrez pas la main; celui qui leur serre la main

---

[18] Le Coran 62,5.
[19] Le Coran 9,28.
[20] Tabari, *Exégèse*: Explication du verset 9,28.

III ⚭ Nous et l'Autre: Anges et démons

doit aussitôt faire ses ablutions[21]." Les chrétiens et les juifs sont considérés comme étant des polythéistes, car ils ont, d'après l'islam, associé une autre personne à Allah dans l'adoration. Dans ce contexte, le calife Omar ben Abd al-Aziz[22] a écrit à ses fonctionnaires d'"interdire aux juifs et aux chrétiens d'entrer dans les mosquées des musulmans", ajoutant qu'Allah a dit: "Les polythéistes sont immondice[23]." Ce que nous, musulmans, apprenons au sujet des non-musulmans ou "mécréants", est qu'ils sont immondes dans leur être et que le musulman est pur dans son être. Ainsi, le mécréant polythéiste est impur en soi, alors que le musulman est pur en soi. Ceci revient à ce que dit le Coran, et à ce que dit Mahomet dans le Hadith, à savoir que "le musulman ne devient pas immonde[24]." Le regard que jette l'islam sur les mécréants est un regard de mépris, un regard raciste par excellence.

C'est cette façon de voir qui a poussé Mahomet à chasser les juifs et les chrétiens de la Péninsule arabique. Il a recommandé aux musulmans alors qu'il était sur son lit de mort: "Faites sortir les polythéistes de la Péninsule arabique[25]" Dans un autre hadith, il détaille davantage: "Je ferai sortir les juifs et les chrétiens de la Péninsule arabique, jusqu'à n'y laisser que des musulmans[26]."

C'est là la raison véritable pour laquelle l'Arabie Saoudite interdit jusqu'à nos jours l'entrée des non-musulmans à La Mecque, car ils sont des immondes qui rendraient ce lieu saint impur. Ils sont les créatures les plus méprisables. S'ils pénètrent en ce lieu, ce sera comme l'entrée d'un cochon dans une mosquée. Plusieurs fatwas confirment cet enseignement, notamment celle qu'on trouve sur le site qatari *Islamweb* qui dit: "Il n'est pas permis au non-musulman de pénétrer à La Mecque, car Allah le très-haut dit: *"Ô vous qui croyez! Les polythéistes ne sont qu'immondices; qu'ils ne s'approchent plus de la Mosquée sacrée*[27]"[28]" Le verset qui qualifie les "polythéistes" juifs et chrétiens immondes, est celui-là même qui est utilisé pour leur interdire l'entrée de La Mecque.

---

[21] Idem.
[22] Huitième calife omeyyade, né en 681 et mort en 720
[23] Idem.
[24] Bukhari, 1:109. Livre du lavage: "La sueur de celui qui a eu des relations sexuelles [et n'a pas pris un bain] et le fait que le musulman ne devient pas immonde."
[25] Bukhari 3:156. Livre de Jizya: "Expulsion des juifs de la Péninsule arabique."
[26] Sahih Muslim 12:74. Livre de Jizya: "Expulsion des juifs et des chrétiens de la Péninsule arabique."
[27] Le Coran 9,28.
[28] Islamweb, Fatwa intitulée: "Il est interdit au non-musulman d'entrer à la Mecque."

Imaginez que l'Italie se mette à expulser les musulmans de Rome en disant: "Faisons sortir les musulmans de Rome, pour n'y laisser que le chrétien!", ou *"Les musulmans ne sont qu'immondices; qu'ils ne s'approchent plus de vos villes!"* Ce serait du pur racisme. Mais on ne remarque cela que si on inverse le verset. Car les musulmans se sont habitués à retenir ces textes et à les répéter au point qu'ils sont devenus pour eux des données indiscutables. Il est devenu difficile de convaincre un musulman qu'il s'agit là de racisme, car il ne regarde que de l'intérieur. Il ne se met jamais à la place du juif, du chrétien ou du non-musulman en général, mais estime son mépris pour eux comme une chose normale, car il vient d'Allah. C'est en effet Allah qui a décrété qu'ils étaient immondes, et qui a ordonné, par l'intermédiaire de son Prophète, leur expulsion des villes et des lieux qu'il a sanctifiés.

Les textes font porter aux juifs et aux chrétiens les calamités des musulmans

La pensée musulmane va plus loin encore. Elle fait des juifs et des chrétiens les boucs émissaires des musulmans le jour de la Résurrection. Mahomet dit: *"Le jour de la Résurrection, des musulmans viendront avec des péchés grands comme des montagnes. Et Allah les leur pardonnera et mettra à leur place [à rôtir au feu de l'enfer] les juifs et les chrétiens*[29]*."*

La haine des juifs et des chrétiens a fait d'eux, dans l'imaginaire islamique, des boucs émissaires qui portent les péchés des musulmans et en paient le prix. Pour cette raison, il n'est pas étonnant que le monde musulman impute aujourd'hui aux juifs et aux chrétiens son échec dans le monde, ainsi que tous ses péchés, même s'ils sont grands comme des montagnes. Car cette façon de penser est enracinée au fond de nous-mêmes, à cause des textes religieux islamiques dont on nous a abreuvés et qui nous ont éduqués à haïr l'Autre de façon occulte. Des textes par lesquels nous diabolisons spécialement le juif et le chrétien jusqu'à avoir d'eux la victime qui porte nos fautes.

Nous haïssons tellement les juifs et les chrétiens que nous en sommes arrivés à leur attribuer tous les malheurs de la *Oumma* musulmane. Même la mort de Mahomet est attribuée aux juifs. On lit dans de nombreux textes que c'est une juive qui a empoisonné Mahomet à Khaybar, et que Mahomet est mort, trois ans plus tard, de ce poison qu'il avait mangé à Khaybar. Il disait ainsi durant sa maladie de laquelle il devait mourir: "Ô

---

[29] Sahih Muslim 17:74. Livre du Repentir: "La large clémence d'Allah envers les croyants".

Aïcha, je sens toujours la douleur de ce que j'ai mangé à Khaybar. Mon aorte se brise à cause de ce poison[30]." Donc, les juifs sont des sorciers et des assassins, puisque ce sont eux qui ont ensorcelé le Prophète, et ce sont eux qui l'ont tué. Nous [musulmans] avons compris de ces textes que les juifs vont continuer jusqu'au jour de la Résurrection à comploter contre les musulmans et à leur vouloir le mal. Les oulémas traditionnels nous répètent ces paroles. Même les oulémas qui sont nos contemporains et qui se prétendent réformistes, comme le cheikh Adnan Ibrahim qui prêche à la mosquée Al-Choura à Vienne. Il se donne la réputation d'un réformiste, ou, pour employer ses propres termes, *le Martin Luther King de l'islam*[31], tout en adoptant les idées de l'islamiste traditionnel. Dans un de ses prônes, il a ainsi dit des juifs:

> Si nous avions un peu de mémoire, nous ne devrions pas ne pas vouloir venger Mahomet. Si on a une pensée raisonnable, nous devons revoir et exploiter la philosophie des faits historiques pour corriger ces nains, ces crapules (les juifs). Mahomet est mort martyr des mains des juifs… Il est mort dans les mains des juifs. Je vous le dis: votre messager fut l'objet de quinze tentatives d'assassinat. Trois d'entre elles furent le fait des polythéistes. Et les douze autres, vous savez qui les a faites? Les juifs. Que la malédiction d'Allah soit sur les juifs! Voici ce qu'ils peuvent faire: la turpitude, la bassesse, le meurtre, la trahison, la fourberie[32].

Quand de telles choses sont dites dans les mosquées européennes sans qu'il n'y ait de contrôle ni de surveillance judiciaire, il ne faut pas s'étonner que les juifs soient choisis pour cibles dans ces pays.

Les textes sont la cause des attaques contre les symboles chrétiens et juifs

Notre haine envers les juifs est antérieure à l'existence d'Israël. Elle est en fait enracinée et profondément ramifiée dans notre conscient et dans notre inconscient, à cause de cette énorme accumulation de textes religieux qui fait que nous nous sommes forgés une culture de haine, spécifiquement envers les juifs et les chrétiens. Il n'est pas étonnant que les organisations islamistes s'attaquent aux églises chrétiennes, aux synagogues et aux cimetières. En Libye, l'Occident "croisé" – comme le

---

[30] Bukhari, 4:1611. Livre des Rezzous: "La maladie du messager et sa mort".
[31] *Barnamaj fil-samîm* [Un programme dans le fond], "Rotana Khalijiah", épisode 14, 23.07.2013
[32] Prêche du cheikh Adnan Ibrahim, vidéo: "Take revenge for Muhammad"

voient les musulmans – a aidé les habitants de Benghazi à échapper aux massacres de Kadhafi qui avait menacé de poursuivre les révolutionnaires *zanka zanka* (d'une ruelle à l'autre). Malgré cela, certains Libyens sont allés saccager les cimetières chrétiens et détruire les croix dès la libération de leur ville. Une vidéo montrant le saccage des cimetières du Commonwealth et des cimetières militaires anglais, et le déplacement des pierres tombales et la destruction de leurs croix, circula sur You Tube. Le Conseil Provisoire Libyen fut alors contraint de présenter ses excuses. Le correspondant de la BBC à Tripoli, Gabriel Gatehouse, fit ce commentaire: "Dans la vidéo, les hommes armés ont dit qu'ils avaient ciblé les tombeaux des "chiens" chrétiens et les pierres tombales juives[33]." Notez l'usage du mot "chiens". Ne révèle-t-il pas l'existence d'une habitude populaire de qualifier les chrétiens de "chiens"? Est-ce que cela ne montre pas que le comportement des auteurs de cet acte indique un comportement venant d'une culture répandue et dominante dans nos esprits? Il est vrai que le Conseil Provisoire Libyen a présenté ses excuses, mais c'est pour des raisons politiques. Car, en effet, il n'est pas en mesure de nier l'étendue de cette culture dans la société libyenne, et dans toutes les autres sociétés musulmanes.

Dans les attentats survenus au Maroc le 16 mai 2003, il y a eu des attaques contre un restaurant espagnol, un Consulat belge, un club juif, un cimetière juif, et l'Hôtel Farah 5 étoiles. Pourquoi a-t-on choisi ces cibles? Le restaurant espagnol accueillait justement le plus grand nombre d'étrangers et de Marocains influencés par les étrangers *chrétiens*. Dans le cimetière juif il y a les restes des *juifs*. Et la plupart des occupants de l'hôtel cinq étoiles étaient des étrangers *chrétiens*. Quant au club juif, son nom suffit. Le Consulat belge est bien entendu un consulat *chrétien*.

D'après le choix des cibles, ce sont les intérêts juifs et chrétiens qui étaient visés, car ils sont vus comme un moteur de propagation de la débauche dans les sociétés musulmanes. En outre, on sert *de* l'alcool aux clients dans le restaurant espagnol et à l'hôtel. Le musulman pratiquant voit cela comme un vice que pratiquent les chrétiens au milieu d'un pays musulman. Il fallait donc agir pour expurger le pays de l'immondice des chrétiens, comme a fait Mahomet qui a purifié son pays de l'immondice des juifs et des chrétiens en les chassant de la manière la plus horrible de

---

[33] BBC, en langue arabe: "Excuses libyennes présentées suite à l'attentat contre les tombeaux des soldats britanniques à Benghazi."

leur terre et de leurs villages, s'emparant de leurs biens avec la bénédiction d'Allah.

Le 9 janvier 2015, deux jours après l'attentat contre Charlie Hebdo à Paris, le musulman malien Coulibali a pris en otage des clients dans un supermarché casher. Il a tué quatre juifs. Dans sa sacoche, on a trouvé un plan signalant les écoles juives de Paris qui étaient pour lui des cibles potentielles[34]. Amédée Coulibali a également tué une policière près d'une école juive, laissant supposer que cette école était sa cible initiale[35]. Le samedi 14 mai 2015, un jeune danois musulman d'origine palestinienne, Omar Abdelhamid Hussein, a tiré sur un local où se trouvait le caricaturiste suédois Lars Vilks qui avait dessiné Mahomet en 2007. Il avait ensuite attaqué une synagogue où se déroulait une manifestation festive. (Il avait choisi de frapper le samedi, jour de culte chez les Juifs.) Il avait tué un gardien de 37 ans et blessé deux policiers. Le bilan total: Deux tués et cinq blessés de la police[36].

Qui pousse ces jeunes musulmans à choisir de s'attaquer à des cibles juives?

La religion et la culture, deux facteurs fondamentaux dans l'hostilité anti-juive

Tenter d'emblée d'attribuer cette hostilité au conflit israélo-palestinien, c'est occulter l'impact du patrimoine islamique sur l'endoctrinement psychologique et idéologique des musulmans envers les non-musulmans, notamment juifs et chrétiens.

On a beau trouver des prétextes pour justifier cette hostilité, c'est l'endoctrinement qui en est la cause principale. Cette hostilité a chassé les juifs des pays musulmans tout au long de l'histoire[37]. Le Maroc était considéré dans le monde musulman comme étant la meilleure place pour les juifs. Pourtant, même au Maroc, leur nombre s'est réduit avec le temps à cause des pressions qui se sont intensifiées sur eux, et à cause des ramifications de l'hostilité dans la société à leur égard. Sans la vigilance du régime, on aurait décimé les juifs au Maroc. Ils y auraient été les premières victimes à la première défaillance des services de sécurité dans le pays. Le régime veille au bon fonctionnement des relations politiques. Mais la masse s'en désintéresse totalement. Elle est prête à faire éclater en

---

[34] *Mirror*, "Paris terror attack: Jewish schools and Police on high alert amid terror target fears."
[35] *The Wall Street Journal*, "French Prosecutors investigate Whether Gunman Targeted Jewish School."
[36] CNN arabe: "Qui est Omar Abdelhamid Hussein, l'auteur de l'attentat de Copenhague?". Et BBC arabe: "L'homme armé de Copenhague, natif du Danemark, d'un passé violent."
[37] Aujourd'hui les juifs fuient l'Europe pour la même raison, car ils sont ciblés par les musulmans.

elle la colère accumulée durant des siècles contre les juifs et les chrétiens. Ces deux groupes sont les cibles préférées des extrémistes dans tout pays musulman. Cette option n'est pas seulement motivée par les conflits politiques. Elle est justifiée aussi – et avant tout – par la culture religieuse.

On peut trouver sur le site des Frères Musulmans une confirmation claire de cette vérité que les organisations islamistes connaissent bien. Cependant, les médias veulent justifier cette hostilité par la politique et s'obstinent à éviter de citer le facteur religieux, car sa réalité est effrayante et terrifiante. Sur la page *Ikhwanwiki*, le cheikh Frère Musulman palestinien Abdelqader Chatly, diplômé de l'université islamique de Gaza et détenteur d'un diplôme supérieur dans la charia, écrit:

> Le conflit entre nous et les juifs est fatidique. C'est un conflit permanent qui ne s'arrêtera pas avant que nous les ayons vaincus avec la permission d'Allah. La preuve, c'est que lorsqu'Allah, puissant et exalté, a parlé du conflit entre nous et les enfants d'Israël dans leurs deux branches – les juifs et les chrétiens – il a utilisé la particule de la négation (lann: لَن) qui signifie l'approbation. Allah dit clairement: *"Ni les juifs ni les chrétiens ne seront satisfaits de toi, tant que tu n'auras pas suivi leur religion"*. Ce verset et d'autres déjà cités clarifient la vérité de ce conflit et précise sa nature religieuse[38].

Le conflit est donc religieux et non territorial. Le facteur lié à la terre est secondaire. Les organisations islamistes l'utilisent pour flatter la sensibilité des musulmans. La vérité est que la qualification des juifs de frères des singes et de cochons, et leur diabolisation dans le patrimoine islamique, ont précédé tout conflit sur le terrain. Les prônes du vendredi et les conférences mélangent délibérément le conflit de Mahomet avec les juifs, les chrétiens et les autres "mécréants" de son temps, avec le conflit d'aujourd'hui entre le monde musulman d'un côté, et les juifs et les chrétiens, représentés par l'Occident de l'autre. C'est une façon de ressusciter le même conflit sous une autre forme, une tentative de projeter le passé sur le présent, et de les relier.

On trouve un vil mépris des juifs, même dans les proverbes populaires qui incarnent et résument la culture d'un peuple et ses idées dans des dictons qui vont droit au but. Un proverbe marocain dit ainsi: "Les yeux du juif sont perdus chez lui". En d'autres termes, le juif ne mérite même pas d'avoir des yeux. La cécité lui convient mieux.

---

[38] Wikipedia, Les Frères Musulmanss: "Notre conflit avec les juifs…"

III ⁂ Nous et l'Autre: Anges et démons

Un autre proverbe qui cible l'accumulation des calamités sur une personne, dit: "S'il y a une charge et un obstacle élevé, c'est que l'âne est juif." Il signifie que le malheur de la charge lourde qui rencontre un obstacle haut, cela veut dire que c'est l'âne qui ne veut pas avancer à cause de son entêtement et de son hypocrisie. Voilà une image stéréotypée que l'imaginaire populaire a des juifs.

On cite également un autre proverbe utilisé pour exprimer l'inefficacité ou l'inutilité de certains travaux auxquels on ne gagne rien. Alors on dit: "Celui qui coupe les cheveux aux enfants des juifs n'aura ni salaire ni reconnaissance." Ce qui veut dire que la coupe des cheveux des enfants juifs ne permettra pas au coiffeur d'obtenir ni un salaire matériel ni une récompense divine. Par contre, le coiffeur des enfants musulmans sera récompensé par Allah et payé par le père de ces enfants. Ce proverbe veut dire que le juif est avare et ne donne pas d'argent, et qu'Allah ne récompense pas le musulman s'il fait du bien aux enfants juifs, comme la coupe de cheveux.

Ces dictons nous donnent une petite idée de la façon dont les Marocains regardent les juifs, alors, pourtant, que le Maroc est le pays musulman le plus tolérant envers eux. Ce même regard de haine et de mépris continue à prévaloir.

Comme le reste de la jeunesse musulmane, j'ai grandi dans cette culture. Sous l'influence des textes islamiques sacrés, j'ai cru que les juifs sont *"des singes et des cochons"*, *"des rats"*, et qu'ils sont stupides comme *"des ânes"*. J'ai cru que les non-musulmans sont *"des chiens"*, qu'ils sont immondes, sales, et qu'en tant que musulmans, nous étions plus propres que les mécréants, ces ordures.

Cette culture nous pousse à diaboliser le non-musulman, notamment nos ennemis traditionnels, sur lesquels nous jetons un regard hautain. Nous vivons dans un état de frustration face à eux. D'une part, nous sommes ébahis par leur progrès et leurs sciences. D'autre part, nos textes sacrés nous disent qu'ils sont minables et inférieurs à nous. Il y a alors des contradictions en nous. Nous vivons dans un conflit intérieur profond. Nous sommes amoureux de leurs pays, mais, eux, nous les maudissons. Nous voulons leurs téléphones, leurs ordinateurs, leurs machines, mais nous les insultons et nous les injurions. Nous désirons obtenir le visa qui nous permettra d'aller profiter de leurs biens et de leur confort. Nous voulons épouser leurs filles pour qu'elles deviennent musulmanes. Mais eux, nous les détestons et nous les haïssons.

Les textes islamiques sacrés ont réussi à mutiler notre personnalité, à détruire notre humanité, à pervertir nos sentiments, et surtout à créer un déséquilibre mental, créant des complexes chez la plupart des jeunes musulmans. Ces textes nous ont réduits à un état pathologique qui a besoin de traitement médical. Cette mentalité est un terrain fertile pour les djihadistes, et le noyau principal sur lequel s'appuient Daech et les autres organisations islamistes pour attirer des sympathisants, les membres actifs et les loups solitaires.

IV

"La meilleure nation créée pour le bien de l'humanité"
L'Islam et sa supériorité religieuse

La religiosité et l'orgueil

La religiosité est toujours un signe d'orgueil chez l'homme. Elle lui fait croire que les autres lui sont inférieurs. C'est là où on touche au cœur même du problème. L'homme, imbibé de sa religiosité, se croit meilleur que le commun des mortels, sous prétexte qu'il prie, jeûne et accomplit toute une série de rituels, tandis que les autres ne s'y intéressent pas. Donc, il se croit le meilleur et cherche le principe de base de sa religiosité dans le Coran:

> Ô hommes! Nous vous avons créés d'un mâle et d'une femelle, et nous vous avons répartis en peuples et en tribus, pour que vous vous fassiez connaissance entre vous. Le plus méritant d'entre vous auprès d'Allah, est le plus pieux. Allah est certes omniscient et bien informé[1].

---
[1] Le Coran 49,13

Dans ce cas, nous musulmans, nous ne tirons pas notre fierté de nos qualités humaines, mais de notre bigoterie, de cette religiosité qui se mesure au degré de notre engagement religieux. Pour clarifier ce verset, Tabari estime que "le plus méritant d'entre vous auprès d'Allah, c'est celui qui s'attache le plus à lui par la pratique assidue de ses préceptes comme par le rejet de ses interdits[2]."

Ainsi le musulman pratiquant est plus méritant que le non pratiquant, et celui-ci sera toujours mieux considéré et plus respecté que le bon non musulman. Cette préférence, basée sur l'appartenance religieuse, nous conduit à croire que nous sommes toujours les meilleurs, supérieurs aux juifs, aux chrétiens et aux autres polythéistes. Ce mépris envers les autres constitue l'une des calamités qui frappent le monde musulman.

Le Coran définit ainsi les musulmans:

> *Vous êtes la meilleure communauté qu'on ait fait surgir pour les hommes. Vous prescrivez le convenable, interdisez le blâmable et croyez à Allah. Si les gens du Livre croyaient, ce serait meilleur pour eux; il y en a qui ont la foi, mais la plupart d'entre eux sont des pervers[3].*

Ce qui est frappant dans ce passage, c'est ce qui est dit à propos des musulmans, à savoir qu'ils sont la meilleure communauté, puisqu'ils prescrivent ce qui est convenable [les ordres islamiques], et interdisent ce qui est condamnable [les interdits islamiques]. Quant aux gens du Livre, il est clair qu'ils auraient tout intérêt à adhérer à notre foi, c'est-à-dire à l'islam. En effet, même si certains croient en l'islam, la plupart d'entre eux sont des pervers.

La religion, cause de notre mépris envers l'Occident

De nombreux jeunes musulmans comme moi sont endoctrinés pour être arrogants et supérieurs à un Occident pervers qui sombre dans la décadence morale et provoque nos maladies et nos calamités. Les familles occidentales sont déstructurées. Leurs aînés sont abandonnés dans des mouroirs. La perversion sexuelle y fait des ravages. Le mariage homosexuel est reconnu officiellement. La débauche s'étale jusque dans les rues. Les hommes et les femmes s'embrassent sans pudeur en public. Le corps d'une femme n'est qu'un objet publicitaire, tandis que nos femmes, à nous musulmans, *wal-hamdullillah*, sont voilées. Le taux du Sida est très

---

[2] Tabari, op. cit., 26:89. Titre: Les habitations.
[3] Le Coran 3,110

IV — "La meilleure nation créée pour le bien de l'humanité"

élevé en Occident, alors qu'il est chez nous quasi inexistant. Si des cas de séropositivité apparaissent quelque part dans nos villes, c'est parce qu'ils ont été contaminés par des touristes venus de l'Occident.

On ne peut pas, hélas, nier qu'Hollywood a largement contribué à implanter en nous cette image d'Epinal... Alors, nous nous plaisons à rabâcher cette rhétorique, et nous essayons de nous en convaincre dans notre monde islamique, tout en sachant pertinemment que de nombreuses pratiques scandaleuses se déroulent sur notre propre terre d'Islam, que ce soit en secret ou au grand jour. L'adultère et la corruption sont un véritable fléau dans nos pays, mais, *taqiya* oblige, nous les occultons. La perversion sexuelle s'y pratique largement. Tout ce que nous reprochons à l'Occident, se trouve tout autant chez nous: inceste, viols des mineur(e)s, grossesses hors mariage, avortement, mariages forcés, enfants abandonnés [enfants de la rue], pots-de-vin et toute sorte de corruption sont monnaie courante et se pratiquent dans des proportions effarantes dans notre monde musulman. La seule différence, c'est que l'Occident dévoile ces problèmes, en débat sérieusement, vote des lois pour protéger les libertés individuelles, poursuit les auteurs devant les tribunaux et les condamne. En revanche, le déni absolu de ces choses est la règle chez nous. Nous faisons comme si la corruption constituait un phénomène totalement étranger à nos coutumes. Ainsi nos maladies, nos calamités, notre hypocrisie s'aggravent en permanence, tandis que notre frustration se transforme en crise existentielle.

Certains chefs politiques en Occident prétendent connaître et comprendre le monde musulman. Or en fait, tout ce qu'ils réussissent à faire c'est de pousser nos jeunes à s'accrocher davantage à l'utopie de "l'excellence islamique". Au sommet du G20 à Londres le 9 avril 2009, le président américain Obama s'est courbé et a fait la révérence devant le roi saoudien Abdallah. Il pensait que c'était là la meilleure manière de manifester du respect au monarque de l'un des pays musulmans les plus influents. Sans doute a-t-il cru qu'un tel geste pourrait créer un meilleur climat d'entente avec son pays, et changer le cliché d'hostilité habituelle des musulmans envers l'Amérique. Mais il est intéressant de savoir comment les musulmans ont perçu et interprété ce geste.

En tant que musulman imprégné de la culture islamique, j'ai vu un simple acte de soumission et de servilité dans ce comportement. Ce président américain a apporté aux musulmans, mais d'une autre manière, la confirmation de son slogan préféré: Effectivement *vous êtes la meilleure nation créée pour l'humanité*. Voici le président de la plus grande puissance de ce monde qui fait des courbettes et le baisemain à l'un de leurs rois. Devant une situation pareille, tout musulman se trouve conforté dans sa conviction que c'est Allah qui conduit les monarques et les présidents de l'Occident à s'incliner devant les musulmans et à reconnaître leur propre infériorité devant eux.

De nombreux commentaires de ce genre ont fusé à cette occasion. L'un d'entre eux dit: "Allah, qu'il soit loué! Il a dû bien rire quand il a vu le geste d'Obama! Il veut par là nous rappeler qu'il n'y a d'honneur et de dignité que dans l'islam[4]." Un autre commentaire sur *Bawabat al-fajr* dit: "Allah donne des directives à sa créature...C'est un geste majestueux de la part d'Allah... Ô Allah! Elève encore la dignité de l'islam et des musulmans[5]." Cet événement a conduit un club culturel musulman à organiser un débat autour du sujet: "Les mille et une manières dont Allah humilie les mécréants, dont la fin approche[6]."

Voilà comment nous interprétons ces gestes. Notre code de référence pour observer le monde est différent, et l'Occident ne le comprend pas. Au lieu de nous aider à nous débarrasser de ces calamités, il les approuve constamment à travers des comportements irresponsables et irréfléchis.

À propos du verset qui fait de nous *la meilleure nation créée pour l'humanité*[7], Abou Hereira, un compagnon qui a rapporté un grand nombre de hadiths de Mahomet, dit: "*Vous êtes la meilleure nation pour les peuples, vous les amènerez avec des chaines au cou jusqu'à ce qu'ils adhèrent à l'islam*[8]." Ce qui signifie que la supériorité de la nation islamique réside dans sa force militaire et le soutien d'Allah, laquelle conduit irrésistiblement les mécréants à l'islam. Alors, dominer, asservir et islamiser sont les moyens utilisés par les musulmans pour se persuader qu'ils sont la meilleure nation. Dans ce verset, [ordonner ce qui est convenable et interdire ce qui est blâmable], signifie amener les gens à l'islam.

Le sous-développement dans le monde musulman?

Les jeunes musulmans sont aujourd'hui conscients qu'ils occupent le niveau le plus bas dans tous les domaines. En dépit de ce fait, nous rabâchons sans pudeur que nous sommes *la meilleure nation créée pour*

---

[4] Site d'Abou Nawwâf: "Obama s'incline devant Abdallah." D'autres sites aussi.
[5] *Bawabat al-Fajr*: "Que signifie la révérence du président Obama devant les rois saoudiens?"
[6] Muntada.net: "Obama s'incline devant le serviteur des deux lieux saints."
[7] Le Coran, 3,110
[8] Sahih Bukhari, 4:1660. Livre de l'exégèse. Titre: "*Vous êtes la meilleure nation pour les peuples.*"

IV — "La meilleure nation créée pour le bien de l'humanité"

l'humanité, puisque c'est le Coran, parole d'Allah, qui l'affirme. C'est donc absolument vrai, et il faut y croire.

Ce paradoxe s'explique par le fait qu'un grand nombre d'individus abandonnent l'islam. Nous nous référons à Omar ibn al-Khattab qui déclare: "Nous étions le peuple le plus minable, mais Allah nous a ennoblis par l'islam. Tant qu'on recherchera la noblesse en dehors des révélations d'Allah, il nous abaissera[9]." Notre supériorité réside donc dans l'islam. Notre éloignement de la véritable religion est la raison pour laquelle nous sommes aujourd'hui dans le peloton de queue des nations. Et du coup, nous sommes pris dans un cercle vicieux: nous intensifions notre religiosité, dans l'espoir de récupérer la gloire du temps d'autrefois!

Nous sommes, en réalité, une nation passéiste, qui n'a aucun projet d'avenir. Notre regard est figé et cloué vers le passé. Nous vivons sur les lauriers des guerres et des victoires du Messager, de ses compagnons et califes, ainsi que sur les conquêtes militaires islamiques qui ont suivi. Nous croyons toujours fermement que nous étions "la meilleure nation" à cause de ces invasions, de ces conquêtes, et de toutes ces soi-disant victoires qu'Allah nous avait accordées. C'est, pensons-nous, parce que ces premiers musulmans étaient très pieux, qu'ils "ordonnaient le convenable et interdisaient l'abominable", qu'Il leur avait donné la victoire. Tandis que nous aujourd'hui, nous nous enfonçons dans l'impiété. Nous ne récitons plus régulièrement les cinq prières et n'appliquons plus l'islam prescrit par Mahomet. C'est pourquoi nous ne méritons que le châtiment divin. Si nous retournons à la religion du *salaf* – le vrai, celui des premiers musulmans –, c'est alors que nous réussirons les conquêtes, les invasions. Nous récupérerons les territoires volés, notamment la Palestine et l'Andalousie. Nous retrouverons nos gloires perdues.

Ce message accapare l'esprit des jeunes, des moudjahidines et des prédicateurs. Tous estiment que la religion constitue l'unique voie vers la supériorité de la nation musulmane. Un jour, le monde musulman sera aux commandes et vaincra le monde "judéo-chrétien" et tous les pays de la mécréance. Et alors la prophétie coranique suivante verra le jour: *"Lorsque vient le secours d'Allah ainsi que la victoire, et que tu vois les gens entrer en foule dans la religion d'Allah, alors, par la louange, célèbre la gloire de ton seigneur et implore son pardon. Car c'est lui le grand accueillant du repentir[10]."*

---

[9] Nissabouri, op. cit., 1:30
[10] Le Coran 110,1-3

Cette victoire dont rêvent les jeunes musulmans ne se réalisera que par la religiosité et l'application stricte de la charia islamique. Donc, il ne faut pas s'étonner si des groupes musulmans, tels que Daech et consorts, réclament son application littérale. Ces groupes ont réussi à s'implanter au Maroc, en Tunisie, en Égypte, même après les "printemps arabes". Ils sont actuellement à l'origine des événements tragiques en Syrie et au Yémen. Les jeunes dans ces régions sont imprégnés de cette conception, qui lie leur condition humiliante à l'abandon de la religion, ce qui entraîne la corruption des gouvernants et l'extrémisme religieux. En effet, ces groupes considèrent que le régime saoudien lui-même utilise la religion pour raffermir son pouvoir, mais qu'en réalité, ce n'est pas un véritable régime islamique mais l'allié des mécréants. Il exécute leur programme politique et se soumet à leurs exigences.

Cette croyance obsède les jeunes dans tous les pays arabo-musulmans. Ils réclament la disparition de ces régimes à cause de la répression tyrannique qu'ils exercent, mais surtout à cause de leur laxisme en matière de religion. Ainsi les groupes islamistes ont réussi à s'emparer de la révolution dans les pays musulmans, alors que la population se trouvait prête à soutenir ceux qui cherchaient une nouvelle voie; et ils l'ont fait par le rétablissement de la religion et l'application stricte de la charia, seule solution pour retrouver la gloire perdue.

Il est à noter d'ailleurs que la plupart de ces populations ne savent pas exactement ce qu'est l'application de la charia. Ils la perçoivent à travers une image idyllique, conforme à ce qu'on raconte sur les chaînes satellitaires islamistes. Celles-ci vantent ses mérites comme seule voie pour rétablir la justice, combattre la corruption, le vol, le viol, l'adultère, avec le recours aux châtiments lourds comme l'amputation des mains et la flagellation. Les gens sont fiers de pouvoir laisser leurs commerces ouverts pour se rendre à la prière, puisque tout le monde sera contraint d'y aller, et toute main qui osera toucher le moindre article sera amputée. En outre, les banques et les intérêts usuraires disparaîtront. Les fonds seront généreusement mis à la disposition des citoyens et le bien se répandra partout. Les boissons alcoolisées et le tabagisme s'évaporeront du marché. L'État deviendra une communauté de prière, de piété et de voile islamique. Les interdits, tels nudité, danse, chant, centres de loisirs, boîtes de nuit, se volatiliseront.

Cette vision idéaliste envoûte les gens simples qui approuvent, sans réfléchir, ces groupes islamistes déterminés à rétablir "la justice d'Omar ibn al-Khattab", telle qu'elle est rapportée dans les récits des anciens. On raconte que ce calife s'est endormi un jour sur le sol dans une mosquée. Un passant s'étonne de le voir dormir dans ce lieu de façon si ordinaire, et sans garde du corps. On lui fait alors remarquer que ce calife pouvait dormir partout sans souci de sécurité ni crainte pour sa vie. Car c'est lui qui avait dit: "J'ai imposé la justice, j'ai assuré la sécurité et je dors partout[11]."

"La meilleure nation" entre la religion et la réalité

Sommes-nous effectivement *la meilleure nation créée pour l'humanité?* Le monde musulman est-il le meilleur parmi les nations? Si oui, dans quel domaine exactement? Économique, scientifique, technologique, défense des droits de l'homme? Sommes-nous les premiers en matière de transparence?

La réponse est bien évidemment non. Pour peu qu'on les étudie, les statistiques nous forcent à avoir honte de nous-mêmes. Les États islamiques du Moyen-Orient se situent aux derniers rangs dans l'indice international de la transparence, suivis des pays comme le Soudan, l'Afghanistan, l'Irak, le Turkménistan, l'Ouzbékistan, la Libye, le Yémen, la Syrie. Aucun pays musulman ne figure parmi les vingt premiers pays. Les Émirats Arabes Unis occupent le 25e et le Qatar le 26e rang. Quant aux autres pays musulmans, ils viennent après le 50e[12]. Ces indices ne révèlent-ils pas l'étendue de la corruption dans le monde musulman?

Au niveau de l'enseignement supérieur, aucune université du monde musulman ne figure, selon le classement du quotidien *The Guardian*, parmi les 100 meilleures universités du monde. Par contre, on y trouve une université en Israël, bien que ce pays fasse partie du Moyen-Orient et ne possède pas les mêmes richesses que les pays du Golfe[13]. Dans un autre index, on ne trouve que 10 universités islamiques parmi les 500 premières universités du monde[14], sachant que le monde musulman compte presqu'un milliard et demi d'habitants, le cinquième de la population mondiale. Notre condition est donc très pitoyable dans le classement des universités.

Si on évoque d'autres critères, comme celui de l'alphabétisation par exemple, le taux est très bas dans les pays musulmans. L'Organisation de

---

[11] Al-Mannawi, *Fayd al-qadîr charh al-jâmi' al-saghir*, 4:497
[12] L'Indice International de la Transparence pour 2014.
[13] *The Guardian*, "World's top 100 universities 2014…"
[14] L'indice de Shanghaï: "La publication par la presse du classement académique des universités mondiales."

la Coopération Islamique (OCI), qui comprend 57 pays musulmans, a révélé que le taux global de la capacité à lire et à écrire chez les adultes dans le monde est de %79,6, celui des pays musulmans n'atteint que %70,2, alors que celui des pays développés s'approche de [15]%97,8. Selon l'index de la prospérité mondiale, les pays qui occupent les 20 premières places ne comprennent aucun pays musulman. Les Émirats sont au 27ᵉ rang. En bas de l'échelle, le Yémen occupe le 138ᵉ, l'Afghanistan le 137ᵉ, le Soudan le 130ᵉ, la Syrie le 129ᵉ, l'Irak le 125ᵉ, le Pakistan le 127ᵉ et l'Égypte le 116ᵉ[16]. Les pays qui occupent les premiers rangs sont évidemment des pays mécréants.

S'agissant des publications dans le domaine de la connaissance, le nombre des articles scientifiques, toutes disciplines confondues, publiés dans les 57 pays membres de l'OCI, est très largement inférieur à celui publié en Angleterre ou au Japon, et encore plus réduit que celui de l'Allemagne. Les États-Unis publient deux fois plus que l'ensemble des pays musulmans[17]. Les fonds réservés à la recherche dans ces pays ne dépassent pas 1,8% à l'échelle mondiale, tandis que les États-Unis dépensent à eux seuls 33,5%[18]. Quant à la participation au produit brut mondial, les pays de l'OCI qui représentent 22,8% de la population mondiale, n'y participent qu'à hauteur de 10,9%. Donc, ils consomment beaucoup plus qu'ils ne produisent[19].

Quant à la puissance militaire, les pays de l'OCI sont loin d'occuper des positions enviables, notamment si l'on considère les crises qu'ils connaissent actuellement, et les guerres internes dans certains de ces pays. Parmi les dix premiers pays, c'est la Turquie qui occupe la 8ᵉ place[20].

Ces chiffres dévoilent sans ambiguïté une réalité parfaitement observable, avec des statistiques néfastes. Tout jeune musulman peut les consulter sur Internet et les découvrir par lui-même. Ce faisant, il découvrirait que nous ne sommes pas *la meilleure nation créée pour l'humanité*, mais qu'au contraire, selon tous les critères et les normes, nous sommes parmi les pays les plus arriérés. Nous n'excellons en rien, sauf par la jactance utopique et la prétention gratuite que nous sommes

---

[15] OCI, "L'enseignement et le développement scientifique…" p.3, tab.1
[16] The Legatum Prosperity Index.
[17] OCI, op. cit., p.44, graphique 48
[18] OCI, op. cit., p.35, graphique 39
[19] OCI, "Le Rapport économique annuel", p.30, graphique 1 et 2
[20] Global Fire Power: Countries Ranked by Military Strength;

"la meilleure nation". C'est uniquement par nos fanfaronnades et notre vantardise mensongère que nous dépassons toutes les nations.

Les paradoxes et le rêve de l'État Islamique

Malgré toutes ces statistiques, nous éprouvons toujours ce sentiment de supériorité à l'égard des autres. Vu le formatage idéologique que nous avons subi depuis notre petite enfance, il n'est pas si facile de nous en libérer. Nous croyons toujours que nous sommes *la meilleure nation créée pour l'humanité*, et nous sommes les seuls à le penser. Nous prétendons avoir le meilleur prophète, le meilleur livre, la meilleure religion et la langue la plus éloquente. Avec cette supériorité, nous allons envahir le monde et le soumettre à l'autorité d'Allah et sous les bottes de la nation musulmane.

Cette vision simpliste du musulman puise sa nourriture dans les textes et le patrimoine accumulé au cours des siècles. Nous vivons comme si les régimes et les institutions des autres nations n'étaient que temporaires. Nous attendons avec impatience le jour où nous allons vaincre les mécréants et les soumettre sous la bannière de l'islam. Ce sentiment force le musulman à vivre en permanence dans l'expectative. Alors il se transforme inévitablement en un être qui vit une existence provisoire, tournée uniquement vers le futur. Il attend le jour promis de la victoire de sa communauté sur ses ennemis. Ce jour-là, les musulmans seront les seigneurs et les mécréants leurs esclaves, contraints à leur payer le tribut dans la plus totale soumission. La seule issue pour avoir la vie sauve sera de se convertir à l'islam.

C'est cette idée qui conduit tous les groupes islamiques à réclamer le califat, ou du moins à en rêver. D'une manière générale, le musulman n'a pas adopté les critères de l'Occident, il ne voit pas en lui un modèle, et, si modèle il y a, il doit le rejeter catégoriquement. C'est pourquoi les groupes islamiques condamnent la démocratie, le système électoral et tout ce qui vient de l'Occident. Ils appellent à adopter le régime islamique de la délibération consensuelle (*al-choura*), ou l'application des régimes qui prévalaient au premier siècle de l'hégire (v. ultra). Quant aux modèles qu'on admire en Occident, notamment ceux qui respectent les droits de l'homme et les libertés, ils n'y voient que des inconvénients et des désavantages. L'islam rejette en général tout ce qui vient des mécréants. Même si quelque chose leur semble bon et positif, ce n'est qu'une apparence trompeuse. Le fond demeure mauvais et suspect.

Mise en garde contre toute dépendance des juifs et des chrétiens

À plusieurs reprises, Mahomet a mis les musulmans en garde contre la dépendance des juifs et des chrétiens. Selon les textes anciens de l'islam, les premiers musulmans étaient très influencés par les chrétiens. Ils tentaient de les imiter ou d'en apprendre beaucoup de choses. Alors, Mahomet leur a interdit ce comportement. Abou Saïd Al-Khidri rapporte à ce propos le hadith suivant: "Vous vous mettez à suivre les lois de ceux qui étaient avant vous. Même s'ils entrent dans un terrier tout noir, vous les suivrez sans réfléchir. Faites bien attention: lorsqu'on met un doigt dans l'engrenage, c'est tout le bras qui y passe. Nous lui disons: Ô messager d'Allah! S'agit-il des juifs et des chrétiens? Il répond: Qui d'autres donc?[21]"

Mahomet a fait cette mise en garde car il était conscient que l'influence des chrétiens était très manifeste sur les peuples vivant autour d'eux, en Syrie, en Irak, en Égypte et en Afrique du Nord. Il est clair que l'invasion de ces contrées par les musulmans a beaucoup moins profité aux autochtones qu'aux envahisseurs-prédateurs, qui ont pillé leurs biens et enlevé leurs femmes. Ils ont appris de ces pays et de leurs habitants les langues, la médecine, la traduction, la philosophie et même l'architecture. Puis ils se sont attribué toute leur civilisation.

Les musulmans diffusent une propagande savamment élaborée. Ils occultent le travail des traducteurs chrétiens syriaques, les réalisations des médecins chrétiens et leurs œuvres, ainsi que les différentes contributions culturelles chrétiennes qui prévalaient alors. Le musulman, en effet, ne doit jamais apprécier ni honorer un mécréant. Il semble qu'à cette époque les chrétiens n'aient pas prêté attention à cette stratégie, croyant que l'histoire allait leur rendre justice. Or, c'est le vainqueur qui écrit l'histoire, celui qui gouvernait alors avec l'épée, le fer et le sang. Les chrétiens n'avaient d'autre choix que de s'y soumettre pendant des siècles, afin de ne pas déplaire à leurs gouvernants musulmans qui ont profité de leur expérience et les ont exploités. C'est pourquoi on n'entend parler aujourd'hui que de la civilisation islamique, omeyyade et abbasside. On ne dit rien de la civilisation des chrétiens syriaques ou coptes, comme s'ils n'avaient jamais existé et rien réalisé qui mérite d'être signalé ou apprécié. La propagande mensongère des médias islamiques n'honore jamais un mécréant, mais elle loue le musulman et le met en valeur, au détriment

---

[21] Sahih Muslim 16:189. Livre des sciences: "Suivre les lois des juifs et des chrétiens."

IV ‍ "La meilleure nation créée pour le bien de l'humanité"

du mécréant. En islam, on ne doit jamais préférer un mécréant à un musulman, quoi qu'il fasse.

L'islam nous enseigne que tout ce qui a précédé son avènement était de l'ignorance (*Jahiliyah*), et que Mahomet, *le meilleur de la création d'Allah*, est venu illuminer le chemin. Pour enjoliver encore l'image de l'islam, les musulmans décrivent de façon ignoble la période préislamique, comme si l'humanité, avant Mahomet, sombrait dans une profonde obscurité. Pour eux, aucune civilisation n'existait avant l'islam.

Le Coran dit aux femmes du Prophète: *"Restez dans vos foyers; et ne vous maquillez pas à la manière des femmes avant la première Jahiliyah[22]."* Cela montre qu'il y avait durant la *"première Jahiliya"*, des produits cosmétiques, et que l'islam a amené la décence et la pudeur. En général, l'islam avait emprunté beaucoup de préceptes des époques précédentes, mais il s'est mis ensuite à les dénigrer. Il n'honorait que les siens. Le Coran dit: *"Est-ce donc le jugement du temps de la jahiliyah qu'ils cherchent? Qu'y a-t-il de meilleur qu'Allah, en matière de jugement pour des gens qui ont une foi ferme[23]?"* Donc, le jugement de l'islam a plus de valeur que celui d'avant. Et toutes les lois et les législations occidentales appartiennent à cette époque. L'autorité n'appartient qu'à Allah seul. En dehors de lui, tout est "ignorance".

Le Coran traite tous ceux qui ne gouvernent pas selon la charia islamique de pervers, de tyrans, de mécréants: *"Et ceux qui ne jugent pas d'après ce qu'Allah a fait descendre, ceux-là sont des tyrans[24]."* Pour noircir encore plus le tableau, on attribue le meurtre des femmes et leur enterrement, vivantes, à une tradition préislamique. Avant Mahomet, les Arabes préféraient les garçons aux filles, et manifestaient ouvertement leur honte à la naissance d'une "femelle". Les femmes faisaient partie de l'héritage matériel, comme les objets domestiques. Donc, les musulmans prétendent que la femme n'avait aucune valeur avant que l'islam n'interdise l'autodafé des femelles et ne leur accorde aucun droit.

Ce lynchage médiatique fait partie d'une propagande absurde qui ne résiste à aucune simple interrogation: Si la femme était enterrée vivante, d'où sont venues alors les épouses des autres Arabes? Où Mahomet a-t-il trouvé ses nombreuses femmes? Si la femme n'avait aucune valeur et qu'on

---

[22] Le Coran 33,33
[23] Le Coran 5,50
[24] Le Coran 5,50. Dans la même sourate, il est dit: *"Ceux qui ne jugent pas d'après ce qu'Allah a fait descendre, ceux-là sont les pervers."*

en héritait comme des autres objets du ménage, comment se fait-il que la première femme de Mahomet était commerçante, avait des esclaves, dirigeait des caravanes de transport de marchandises, et employait même Mahomet dans son commerce, et non l'inverse? De nos jours, il peut arriver, dans certains cas exceptionnels, qu'un homme tue sa fille, mais ce n'est pas une tradition généralisée. Certes, des crimes de ce genre sont commis même à l'époque actuelle, mais sans jamais dire qu'on tue les filles au XXIe siècle.

Cette vision conduit le musulman à mépriser tout ce qui n'est pas musulman, à rejeter toutes les autres cultures et traditions. En dehors de l'islam, tout est mauvais et pervers. Seul l'islam apporte du bien à l'humanité. C'est pour cette raison qu'il s'oppose toujours aux traditions, aux valeurs et aux réalisations de l'Occident. En effet, l'Islam croit posséder nécessairement tous les éléments du progrès et de la supériorité dans tous les domaines. Lorsque les musulmans expriment leur besoin des autres, ils avouent l'infériorité de l'islam, voire la supériorité de l'Occident sur la charia islamique.

Les textes religieux et le racisme

De toute évidence, les musulmans sont persuadés que l'islam est supérieur à tout, que les Arabes constituent le peuple préféré d'Allah, que la langue arabe est la plus favorisée de toutes les langues de la terre. En plus, il nous enseigne que notre langue est la plus éloquente, que les Arabes représentent la meilleure race humaine, que Qoraych est absolument la meilleure tribu, que le Coran est le meilleur livre révélé, que Mahomet était le meilleur de tous les hommes, qu'il est issu d'une des tribus les plus nobles et d'un lignage très distingué. Mahomet ne s'est-il pas présenté ainsi: "Je suis Mahomet, fils d'Abdallah, fils d'Abdel Mottalib. Allah, le créateur du monde, m'a créé parmi ses meilleures créatures. Il les a divisées en deux groupes et, dans le meilleur des deux, c'est moi qu'il a préféré. Il a créé des tribus et m'a fait naître dans la meilleure. Il a établi des demeures et m'a aussi accordé la meilleure. Donc, j'appartiens à la meilleure lignée et je suis le meilleur d'entre vous[25]."

Ce langage, purement raciste, a de quoi surprendre. D'autant plus que ce texte se révèle sacré pour le musulman, puisque Mahomet l'a prononcé. Donc, il est impératif que son discours soit considéré comme

---
[25] Musnad Ahmad 1:345

IV ☙ "La meilleure nation créée pour le bien de l'humanité"

authentique, même si les non-musulmans y voient un exemple flagrant de racisme. Dans ce contexte, Ibn Taymiya renchérit: "Il est bien clair pour les gens de la *Sunna,* que la race arabe est meilleure que la race étrangère, y compris juive, syriaque, byzantine, persane et autres; que la tribu Qoraych est la meilleure de toutes les tribus arabes, que la branche de Banou Hachim est la préférée au sein de Qoraych, et que le messager d'Allah est le meilleur au sein de Banou Hachim. Il est le meilleur de la créature et le plus noble de sa généalogie[26]."

Comment observons-nous alors les autres nations, si nous sommes effectivement les meilleurs? Quel sentiment de fierté et de supériorité, et quel mépris à l'encontre de l'Autre! C'est ce que je ressentais à la lecture de ces textes, en croyant à leur authenticité. Je n'ai jamais douté de leur véracité ni posé de questions. Ces textes nourrissaient en moi un orgueil sans limite. C'était normal que l'on proclame ces déclarations et ces insultes à l'encontre des Occidentaux en général, et tout ce qui n'est pas musulman en particulier. Ne les appelle-t-on pas les "*Alouj*"[27]. D'ailleurs, c'est ainsi que s'est conduit Al-Sahhâf pendant la guerre contre l'Irak. Nous les appelons aussi "des chiens" en toute impunité, comme nous assimilons les juifs aux "singes et cochons" sans aucune culpabilité. Ce comportement n'est pas l'apanage du simple musulman, mais le père du salafisme, Ibn Taymiya, le confirme: "La force mentale et logique domine chez les Arabes, la force pulsionnelle et de fornication chez les Byzantins, et la force de colère chez les Perses. C'est pourquoi les Arabes étaient la meilleure des nations. Ils sont suivis par les Perses, parce que la force de l'impulsion est plus pointue chez eux, puis par les Byzantins[28]."

Les Arabes jouissent donc d'une puissance mentale supérieure à tout le monde! Ce qui veut dire que nous sommes les seigneurs de la connaissance, de la technologie et du progrès! La science est aveugle, car elle est incapable de discerner notre valeur ni nos réalisations. Nous sommes les seuls à les apercevoir à travers les yeux de Mahomet et d'Ibn Taymiya.

Mahomet a déclaré que les mécréants au sein de Qoraych étaient les chefs de la mécréance mondiale, mais aussi les croyants parmi eux sont les chefs des musulmans à l'échelle mondiale. Donc, le califat appartient

---

[26] Al-Mannawi, op. cit., 4:676
[27] "Alouj" pl. de "Ilj", signifie mécréant dans l'encyclopédie arabe d'Ibn Manzour. On l'attribue aussi à l'homme fort et robuste au sein des mécréants.
[28] Ibn Taymiya, Collection des Fatwas, 15:428

aux croyants de Qoraych et ne peut être attribué à aucune autre race. Un hadith le confirme: "Les gens doivent suivre les Qoraych dans ce domaine. Le musulman est sous les ordres de leurs musulmans. Et le mécréant doit suivre leurs mécréants[29]." Ce qui explique que le calife Baghdadi vient de Qoraych, de la dynastie de Mahomet, comme il le prétend. Sinon, il ne serait pas légitime. Tous les savants en islam connaissent cet enseignement. Les musulmans d'autres races et d'autres nations sont-ils conscients de cette préférence? Comment l'expliquent-ils? Il est absolument indispensable que le califat soit détenu par un Qoraychite, qui sera toujours le meilleur, même s'il ne restait sur terre que deux individus, un Qoraychite et un autre[30]. Mahomet a aussi appelé à aimer les Arabes à l'exclusion de tous les autres: "Aimer les Arabes est un acte de foi, les haïr est de l'hypocrisie[31]." Qu'en est-il alors des autres races? Pourquoi faut-il privilégier les Arabes et confondre l'amour avec la foi? N'est-ce pas tout simplement du racisme?

Ces textes sont enseignés dans les universités. Les extraits cités ici sont tirés du site de l'université saoudienne d'Omm al-Qora. Un de ses professeurs, Mohammad ibn Youssef Fajal, y a publié un article intitulé: "Le mérite de la langue arabe sur les autres langues est comparable à celui de la pleine lune sur les astres." Se référant aux avis d'Ibn Taymiya sur les mérites des Arabes, il en déduit: "J'ai voulu clairement montrer, à tous ceux qui ont un esprit, un cœur et une faculté de connaissance, que la race arabe est supérieure à toutes les autres, que leur langue est la plus parfaite des langues au niveau de l'éloquence[32]."

Pouvons-nous imaginer un seul instant un professeur dans une université occidentale oser dire qu'il préfère la race européenne aux autres, ou une langue à d'autres, et rester une heure de plus à son poste? Mais dans nos pays musulmans, on peut dire tout ce que l'on veut, surtout si un texte religieux le confirme.

Qu'attendons-nous d'un jeune diplômé de l'une de ces universités musulmanes? Croyons-nous vraiment qu'il va revendiquer l'égalité des droits entre tous les hommes?

Comme Arabe, j'aurais pu rester prisonnier de ces textes, et continuer toute ma vie à manifester ma fierté pour ma race et ma langue. Mais je

---

[29] Sahih Muslim 12:157. Livre de l'Imara: "Les gens suivent Qoraych et le califat appartient à Qoraych."
[30] Sahih Muslim 13:158. "Le califat demeure l'apanage de Qoraych, même s'il n'en reste que deux?"
[31] Nissabouri, op. cit., 4:97. Les vertus des Arabes et les mérites de l'ensemble des Arabes.
[32] Site de l'Université Omm al-Qura: "Le mérite de la langue arabe sur les autres langues…"

ne l'ai pas fait par respect pour le reste de l'humanité, et parce que j'ai une autre opinion de la dignité humaine. Mon amour de moi-même et de mon peuple ne m'octroie pas le droit de prétendre être mieux que les autres races. Le mal qui affecte ces organisations musulmanes prend sa source dans les textes, qui font croire à une supériorité religieuse, à cette véritable forme de nazisme sacré qui conduit irrémédiablement à la tyrannie et à l'oppression des autres. Le nazisme n'a-t-il pas précisément démarré avec une idéologie similaire? Daech ou le groupe EI est fondé sur ce postulat idéologique: le musulman est le meilleur, le califat doit gouverner le monde, un leader arabe doit occuper le sommet de la pyramide, un Arabe qoraychite est sans conteste le meilleur. Abou Bakr Baghdadi s'est intronisé calife, exactement comme Mahomet l'avait fait. Il croyait être le meilleur, et sa tribu la plus noble. Quant aux autres, il faut les soumettre aux musulmans. Ils doivent leur **obéir**. C'est là la sagesse d'Allah et sa volonté pour l'islam!

V

Les Chrétiens à la merci de l'Islam
De Mahomet à Baghdadi

Daech expulse les chrétiens de Mossoul

Le monde entier fut horrifié à la vue des images diffusées par Daech, montrant la brutalité avec laquelle les familles chrétiennes sont chassées de leurs domiciles à Mossoul. Le 17 juillet 2014, Daech adressa aux chrétiens de cette ville un ultimatum, assorti de trois options: se convertir à l'islam, payer le tribut, ou, en cas de refus, s'exposer à l'épée de l'islam[1]. Cet ultimatum a été lu dans les mosquées, diffusé par haut-parleurs et distribué dans les rues. Avant l'invasion américaine de l'Irak en 2003, Mossoul comptait presque cent mille chrétiens. Depuis, leur nombre a fortement baissé suite à des attaques successives. Certains d'entre eux ont émigré vers l'étranger, d'autres se sont réfugiés dans des régions avoisinantes, notamment au Kurdistan. Lors de l'arrivée de Daech, on estimait encore leur nombre à cinq mille. Suite à cet horrible

---

[1] BBC arabe: "Daech propose aux chrétiens de Mossoul la conversion à l'islam, le paiement de la jizya ou la mort."

ultimatum, un délai de deux jours leur a été accordé pour décider de leur sort. Cherchant à *manifester sa clémence*, le calife autoproclamé, Abou Bakr Baghdadi, "autorisa ceux qui ne veulent pas se convertir ni payer le tribut, à quitter la ville le samedi à midi au plus tard[2]." À cette occasion, le patriarche chaldéen, Mgr Louis Sako, a déclaré à France 24 que c'est la première fois dans l'histoire de l'Irak que Mossoul, la deuxième grande ville du pays, se vide de ses chrétiens. Il signala également que cette ville comptait presque trente églises, dont certaines remontaient à plus de 1500 ans. "Tous les chrétiens ont définitivement quitté cette ville suite à cet ultimatum de Daech[3]."

Un choc assourdissant secoua le monde. De nombreuses déclarations condamnaient cet acte criminel; même certaines institutions musulmanes ont désapprouvé ce comportement. Al-Azhar exprima "sa vive inquiétude face aux nouvelles qui font état de l'expulsion forcée des chrétiens de la ville de Mossoul, un agissement qui s'oppose totalement aux principes et aux préceptes tolérants de l'islam, lesquels appellent à la coexistence et au vivre ensemble avec tout le monde[4]." Par ce geste, al-Azhar a tenté de redorer le blason de l'islam, mais sans oser évoquer les textes religieux auxquels Daech s'est référé pour justifier son crime. Al-Azhar n'a pas non plus osé condamner de telles exactions, qui rappellent fort l'action de Mahomet et de ses compagnons contre les chrétiens et les juifs de son temps dans la Péninsule arabique, et celle de Daech à l'encontre des chrétiens de Mossoul, ou la complicité des habitants musulmans avec Daech contre leurs voisins chrétiens. Dans une déclaration à la presse, l'archevêque chaldéen de Mossoul, Shimoun Nouna, disait: "Les chrétiens au Proche Orient se trouvent dorénavant pris dans une tenaille. D'un côté, les groupes extrémistes utilisent les armes, et de l'autre, les sociétés musulmanes régressent et se referment sur elles-mêmes, au lieu de s'ouvrir au monde et de respecter l'autre avec ses différences[5]."

Le même prélat évoqua la complicité ouverte des musulmans avec Daech contre les chrétiens. "Cette complicité ne nous surprend pas. Elle était prévisible même avant la chute de Mossoul. Il y avait déjà un mouvement de sympathie réciproque entre les habitants de la ville et Daech[6]."

---

[2] CNN arabe: "Le délai se termine samedi: Daech propose aux chrétiens de Mossoul la conversion à l'islam, le paiement de la jizya ou la mort."
[3] France 24: "Les chrétiens quittent Mossoul avant l'expiration du délai fixé par Daech."
[4] *Al-Watan*: "Al-Azhar condamne l'expulsion des chrétiens de Mossoul."
[5] *Elaph*: "L'archevêque de Mossoul s'étonne de la position tiède d'al-Azhar face à Daech."
[6] *Bawâbat al-Fajr*: "L'archevêque de Mossoul s'étonne de la position tiède d'al-Azhar face à Daech."

Suite à cette expulsion forcée, j'ai interrogé moi-même de nombreux chrétiens. Certains m'ont confirmé cette complicité, en raison des menaces reçues de la part de leurs voisins musulmans eux-mêmes, qui leur disaient: "Nous allons vous égorger, vous chiens et adorateurs de la Croix." "Nous prendrons possession de vos biens, dès l'arrivée de Daech." L'un de ces chrétiens s'étonnait de voir comment des amis musulmans d'hier deviennent du jour au lendemain leurs pires ennemis, par solidarité avec Daech. Il était absolument stupéfait, car il ne soupçonnait pas l'influence de la culture islamique, qui peut ainsi façonner les sentiments et transformer rapidement l'ami en ennemi.

En effet, l'inimitié est profondément enracinée dans les esprits. Même ceux qui défendaient les chrétiens, disaient d'eux: "Ce sont des *Dhimmis*, il faut bien les traiter!" Cette expression est typiquement islamique, puisque Mahomet et ses compagnons ont institué la *dhimmitude*. Elle désigne des citoyens de deuxième classe, que les musulmans s'engagent à protéger s'ils payent le tribut et se soumettent aux conditions humiliantes que leur impose l'État islamique. Ce sont exactement les mêmes conditions que propose Daech. Or les chrétiens de Mossoul les ont rejetées, préférant quitter leur ville que de vivre dans l'esclavage et l'humiliation.

Les textes justifient l'expulsion des Chrétiens

Où Daech trouve-t-il l'idée de chasser les chrétiens de leurs demeures et de s'approprier leurs biens? Comment la pensée lui est-elle venue de leur proposer trois options? Est-ce une idée inventée ou trouvée dans le Coran et le Hadith? Nous devons être clairs, et oser affronter directement ces questions. Les tergiversations et le louvoiement sont à l'origine de l'effondrement du Proche-Orient. Tout au long de l'histoire, les chrétiens se sont soumis à des conditions humiliantes, pour pouvoir se protéger et survivre. Or, ces conditions ne les ont pas protégés de l'assassinat, ni de la régression de leur nombre avec le temps. Elles ont plutôt contribué à créer des circonstances qui, le plus souvent, les contraignaient à abandonner leur foi chrétienne, à adhérer à la religion de la majorité du peuple, afin d'échapper à l'humiliation et à la servitude. De toute évidence, tel était le but poursuivi par ceux qui leur imposaient ces conditions. Les gens aisés émigraient, alors que les plus démunis se résignaient ou se faisaient tuer, à cause de l'attachement à leur foi et à leurs droits.

Quant aux musulmans, ils avancent toujours le même prétexte: la défense de leur religion. Les uns pratiquent l'outrance et l'extravagance au nom de l'islam, tandis que d'autres ferment les yeux sur ces exactions. C'est ainsi que nous nous trouvons complètement désemparés, entre ceux qui appliquent les prescriptions de leur religion, et ceux qui l'exonèrent et cherchent à enjoliver son image dans les médias. Et ces "exonérateurs" ne parviennent pas à sauver les victimes en modérant leur islam, pas plus que les rigoristes n'en arrivent à modifier leur vision en tenant des propos moins violents. Quoi qu'il en soit, les chrétiens demeurent toujours les victimes des uns comme des autres. L'essentiel pour les "exonérateurs" de l'islam et pour ceux qui pratiquent à la lettre ses prescriptions, c'est de faire sortir leur religion du box des accusés. Mais l'islam n'est pas innocent; il est plutôt le premier responsable des malheurs qu'ont connus les chrétiens, depuis Mahomet jusqu'à nos jours.

Le texte coranique est aussi clair que la lumière du soleil quant au traitement des juifs et des chrétiens:

> *Combattez ceux qui ne croient ni en Allah ni au Jour dernier, qui n'interdisent pas ce qu'Allah et son messager ont interdit, et qui ne professent pas la religion de la vérité, parmi ceux qui ont reçu le Livre, jusqu'à ce qu'ils versent la capitation par leurs propres mains, après s'être humiliés*[7].

Les groupes islamiques appliquent littéralement ce texte à l'égard des chrétiens, je veux dire des chrétiens pacifistes. Or, si quelqu'un résiste, refuse, proteste ou critique l'islam et ses prescriptions tyranniques, il ne fera plus partie des "Dhimmis", mais sera considéré comme un mécréant agressif qu'il faut éliminer, sous prétexte qu'il combat l'État. Si les chrétiens de Mossoul avaient protesté ou discuté avec les gens de Daech pour dénoncer l'oppression, ils auraient été aussitôt décimés comme des mécréants. Tabari clarifie davantage le sens de ce verset:

> [*Ô croyants! Combattez ceux qui ne croient ni en Allah ni au Jour dernier*], signifie: ceux qui ne croient pas au paradis ni au feu; [*ceux qui n'interdisent pas ce qu'Allah et son messager ont interdit, et qui ne professent pas la religion de la vérité*] signifie: ceux qui ne vouent pas à Allah une véritable obéissance à l'instar de l'Islam; et notamment les gens du Livre que sont les juifs et les chrétiens[8].

Quant à la prescription de la jizya, Tabari explique

---

[7] Le Coran 9,29
[8] Tabari, op. cit., 10:78, explication du verset 9,29.

V — Les Chrétiens à la merci de l'Islam De Mahomet au calife Baghdadi

> [*qu'ils versent la capitation de leurs propres mains, après s'être humiliés*] signifie: Il faut qu'ils soient asservis et opprimés. L'expression arabe *sâghir* (habituellement traduite en français par "en toute humiliation" ou "après s'être humilié") veut dire qu'ils s'humilient et payent le tribut, de leurs propres deniers, en agissant sous la contrainte et dans la soumission[9].

La jizya est, en effet, un impôt humiliant pour les chrétiens. Et pourtant, de nombreux musulmans approuvent cette mesure, puisqu'elle est coranique. Ils y voient un simple impôt, ou plutôt une contrepartie que les chrétiens payent pour leur protection. D'autres prétendent que c'est un impôt qu'ils payent pour échapper au service militaire, puisque le chrétien ne peut pas intégrer le corps de l'armée islamique. Donc, cette capitation leur est imposée. Toutes ces interprétations ne sont que des prétextes totalement absurdes. En effet, d'après le Coran, la jizya est un impôt que doit payer un chrétien humilié, alors que le musulman qui ne fait pas partie de l'armée en est exonéré. Et donc si le chrétien refuse de payer cet impôt, c'est la mort qui l'attend. Il s'agit en réalité d'une rançon que l'homme fort impose au faible, dans des conditions particulièrement humiliantes. Le vaincu l'accepte, car on ne lui laisse d'autre choix que la mort ou la soumission totale, c'est-à-dire la conversion à l'islam.

La jizya, tout chrétien doit la payer, d'abord pour lui, ainsi que pour tout membre de sa famille ayant atteint la puberté. Et ce n'est pas une somme symbolique. Si je suis père de trois enfants adolescents, je devrai payer un dinar ou deux (selon le bon vouloir du gouverneur) pour moi-même, et la même somme pour chacun de mes enfants. Le dinar représente, selon le coût de la vie, environ le quart du salaire minimum pour une famille. Autrement dit, si mon salaire est bas, il servira tout entier à acquitter la jizya pour moi et pour chacun de mes trois enfants. Par contre, le musulman ne paie que 2,5 % pour la zakat du surplus qui lui reste après avoir financé ses différents besoins, une somme calculée arbitrairement pour toute la famille, abstraction faite du nombre de personnes qui la composent, qu'ils soient pubères ou non. Où est donc la justice dans cet islam?

Imaginons un pays qui prélève deux types d'impôts selon la religion du citoyen. Le musulman paye, la tête haute, 2,5% de ce qui lui reste après avoir assuré tous ses besoins. En revanche, le chrétien paie, la tête

---

[9] Idem

basse, contraint et humilié, le quart de ses revenus, sans tenir compte de ses besoins. Est-ce vraiment cela cet État islamique prétendument juste et équitable, dans lequel on invite le monde entier à y vivre? Les imams et les doctes de la foi qui condamnent Daech, ne condamneront jamais la jizya comme système honteux et injuste pour les non musulmans. Ils disent simplement que son application n'est pas possible dans la situation actuelle. Mais ils sont tous d'accord pour déclarer que c'est une législation divine, qui devra être appliquée, tôt ou tard, aux chrétiens comme aux juifs. Et c'est là précisément que réside le scandale, puisqu'il n'y a aucune différence ici entre un musulman dit modéré et un musulman intégriste. La différence réside uniquement dans le temps et les modalités de son application.

Daech n'est pas le premier groupe musulman qui impose la jizya aux chrétiens. En 2004, Al-Qaïda l'a infligé aux chrétiens habitant la région *Al-Dawra* en Irak, sous prétexte d'aider les moudjahidines et de garantir la protection de ces contribuables. C'est d'ailleurs toujours la même logique qu'utilisent les musulmans pour justifier la jizya. Cette idée, "bien que totalement étrangère à la culture de la société irakienne, et à ce titre rejetée par les musulmans, a contribué à vider des régions complètes en Irak de leurs habitants chrétiens[10]." À *Al-Dawra*, surnommée autrefois "le Vatican irakien", on ne trouve aujourd'hui plus un seul chrétien.

Le texte du verset 29 de la sourate *Le repentir* (9) est toujours en vigueur. Ce n'est pas un texte propre aux juifs et aux chrétiens du temps de Mahomet. La première génération de l'islam comme les régimes islamiques successifs l'ont compris comme étant valable pour leur temps. Personne ne l'a considéré comme caduque. Ce texte évoque le combat et la jizya à la fois. Daech a proposé ces deux options aux chrétiens de Mossoul, ainsi qu'une troisième déjà connue. Celui qui devient musulman échappera à la jizya et à l'épée dégainée au-dessus de sa tête, car il n'est pas licite, pour un véritable musulman, de verser le sang d'un frère musulman.

Le verset 5 de la même sourate *Le repentir* explique que la conversion d'un individu à l'islam lui garantit son exonération de la guerre et de la jizya: *"À l'expiration des mois sacrés, tuez les associationnistes partout où vous les trouverez! Capturez- les! Assiégez-les! Dressez-leur des embuscades. S'ils se*

---

[10] Institut arabe des Études, "Les chrétiens en Irak: les derniers signes de leur disparition."

repentent, s'ils accomplissent la prière, s'ils acquittent la zakat, alors laissez-leur la voie libre, car Allah est clément et miséricordieux.[11]"

Ce qui signifie que le repentir, la prière et la zakat constituent la seule condition pour que les musulmans accordent la liberté à tout mécréant qui se convertit à l'islam.

Similitude entre la traque des juifs par Mahomet et celle des chrétiens par Daech

Les scènes d'expulsion des chrétiens de leurs domiciles marqués par la lettre ن (noun) rappellent, pour celui qui connaît bien le patrimoine islamique, les scènes de l'expulsion d'une tribu juive par Mahomet de la Péninsule arabique, que le Coran décrit d'un ton sarcastique:

> *C'est lui (Allah) qui a expulsé de leurs maisons ceux parmi les gens du Livre qui ont mécru, lors du premier exode. Ils étaient loin de penser qu'ils devraient un jour partir, car ils étaient persuadés que leurs forteresses les défendraient contre Allah. Mais Allah est venu à eux par là où ils ne l'attendaient point, et il a lancé la terreur dans leurs cœurs. Ils démolissaient leurs maisons de leurs propres mains, autant que des mains des croyants. Tirez-en une leçon, ô vous qui êtes doués de clairvoyance. Et si Allah n'avait pas prescrit contre eux l'expulsion, il les aurait certainement châtiés ici-bas; et dans l'au-delà ils auront le châtiment du Feu. Il en est ainsi parce qu'ils se sont dressés contre Allah et son messager. Et quiconque se dresse contre Allah... alors, vraiment Allah est impitoyable dans son châtiment[12].*

Ce qui s'est passé en réalité, c'est que Mahomet a chassé toute la tribu juive des Nadhir de leurs maisons. Son armée a coupé leurs palmiers et détruit leurs jardins potagers. Un délai très court leur avait été donné pour quitter définitivement leurs habitations. En tant que juifs, ils n'ont pas voulu laisser les paroles de la Thora inscrites sur leurs portes. Alors ils se sont dépêchés de les enlever. Les musulmans, croyant que les juifs détruisaient eux-mêmes leurs maisons, se sont moqués d'eux. Ils les ont même aidés à les détruire. Ils étaient convaincus que cette action constituait une victoire voulue par Allah qui les poussait à détruire leurs biens. Même les exégètes du Coran la confirment, à l'instar de Tabari qui dit:

---

[11] Le Coran 9,5
[12] Le Coran 59,2-4

> Ce sont Banou Nadhir, qu'Allah les anéantisse. Le messager d'Allah les a combattus et s'est réconcilié avec eux, à condition qu'ils quittent définitivement les lieux. Il les a expulsés vers la Syrie. [Ils démolissaient leurs maisons de leurs propres mains], signifie qu'ils ont procédé ainsi parce qu'ils regardaient des versets de la Thora inscrits sur le bois, les colonnes, les portes… Donc ils les ont arrachés avec leurs mains et avec l'aide des croyants[13]. (voir ultra)

Autrefois, lorsque nous étions petits, nous récitions ces versets sans rien comprendre, uniquement pour les mémoriser. Mais un *faqih* nous expliquait comment le messager a chassé les juifs des Nadhir de leurs maisons, comment il a brûlé leurs palmiers, et comment les musulmans les ont aidés à détruire leurs propres maisons. On jubilait à l'écoute de ce récit, car c'était pour nous, jeunes garçons, le signe de la victoire qu'Allah avait donné à Mahomet sur les juifs en les expulsant vers la Syrie. De toute évidence, ceux qui ont chassé de leurs domiciles les chrétiens à Mossoul n'ont jamais oublié ces scènes. Ils ont même cru à la victoire d'Allah sur les chrétiens de Mossoul, d'autant plus que c'étaient des gens aisés, et que leurs maisons étaient belles. Les musulmans n'ont pas eu à peiner pour les construire. Allah leur a octroyé ces demeures gratuitement, parce que les chrétiens refusaient d'adhérer à l'islam; ils ont dû les abandonner dans un délai de 48 heures. Les frères musulmans se sont approprié tous ces biens comme butin de l'État islamique. On notera que la lettre "noun" qu'ils ont apposée sur les maisons, est l'initiale du mot "*nasrâni*, pl. *nassâra*". Les musulmans piétistes s'abstiennent de les nommer "chrétiens"; ils les appellent les "*nassâra*", car c'est ainsi qu'Allah les nomme dans le Coran, afin de les humilier davantage, mais aussi pour éviter qu'ils portent le nom du Christ, ce qui serait un sujet de fierté pour eux. Donc, ils ne portent pas le nom du Christ mais celui d'une ville, "*an-Nâssira* = Nazareth". À ce propos, je n'ai jamais entendu les salafistes ni les imams les plus fondamentalistes utiliser l'expression *chrétiens*, dans leurs discours ou à la télévision. Ils continuent toujours à désigner les chrétiens par l'expression *Nassâra* (Nazaréens).

À la vue du drame des chrétiens de Mossoul, mon cœur brûlait d'angoisse et de détresse. En un éclair, j'ai vu comment ces chrétiens avaient tout perdu. Imaginons un individu ayant travaillé toute sa vie pour construire sa maison et constituer une petite fortune, et se trouvant, en un laps de temps très court, totalement dépourvu et jeté à la rue. Dans de nombreux cas, des musulmans ont demandé à Daech de venir

---

[13] Tabari, op. cit., 28:30. Explication des versets 59,2-4

marquer les maisons de leurs voisins chrétiens par la lettre "noun". C'est ce que nous ont rapporté plusieurs témoins oculaires, notamment des chrétiens chassés de chez eux. Pour cette raison, j'ai composé un poème intitulé "Noun" que les chrétiens irakiens transmettent sur les réseaux sociaux, et répètent dans leurs manifestations, comme ce fut le cas le 30 août 2014 au Canada. Ce jour-là, une grande manifestation fut organisée par des leaders irakiens, dont le P. Camille Ishac, curé de la cathédrale des Syriaques Orthodoxes à Montréal. Il avait mis ce poème en musique et des milliers de manifestants le chantaient avec lui[14].

Les textes incitant à la persécution des juifs et des chrétiens

La haine des chrétiens était enracinée en moi depuis l'enfance. Le mot *nassâra* est considéré dans mon village comme une insulte. Pour qualifier quelqu'un de méchant, on lui dit: Tu es *nasrâni*. Dans mon imaginaire, il s'agissait d'un individu dur, sans cœur, mais aussi mécréant. Devenu adulte, j'accède aux textes islamiques et je comprends que ce qu'on racontait dans mon milieu villageois n'était que l'écho de ces enseignements islamiques transmis d'une génération à l'autre et qui circulent dans notre sang. Nous n'avons plus besoin d'écoles pour les apprendre. Ils sont devenus comme les histoires des grands-mères, personne ne fait le moindre effort pour les expliquer ni pour les vérifier. Et donc, ces enseignements se sont intégrés dans notre mémoire et nos gènes culturels.

De nombreux textes religieux accréditent cette forme de culture, y compris ce hadith de Mahomet qui dit: "N'abordez jamais les juifs et les chrétiens par le salut. Si vous rencontrez l'un d'eux en route, poussez-le vers le coin le plus étroit[15]." Donc, on demande au musulman de ne pas saluer un juif ni un chrétien qu'il croise sur son chemin. Et si cela arrive, il doit le pousser vers le côté le plus étroit, dans le but de l'humilier. En fait, les musulmans ne peuvent pas appliquer ce genre de préceptes dans une société où règne un autre droit que le droit musulman. On imagine ce qui serait arrivé aux chrétiens s'ils étaient restés à Mossoul sous le régime de la charia islamique: les musulmans auraient impérativement appliqué ce hadith sans que personne n'ose le contester, car c'est la loi d'Allah et de son messager.

En Arabie Saoudite, les dignitaires religieux et les enseignants des universités sont forcés de reconnaître que ce texte existe, mais ils ne peuvent

---

[14] Youtube, le poème Noun. www.youtube.com/watch?v=G1v-5TgIr50
[15] Sahih Muslim 14:121, Livre de la paix: Interdiction d'aborder les Gens du Livre par le salut, et comment leur répondre.

pas le condamner. Ils se contentent de dire: "La situation actuelle ne permet pas de l'appliquer dans notre pays." Par contre, Daech est ravi de cette occasion idéale pour appliquer ces textes du Coran et du Hadith sur le vaste territoire qu'il occupe. Si on tient compte des explications de ce hadith, on s'aperçoit qu'il est source d'innombrables persécutions, et qu'il génère une forme épouvantable de racisme. L'exégète syrien, Nawawi (XIIIe s.), écrit:

> Les gens qui croient avoir de l'éducation, lorsque les Gens du Livre les abordent en leur disant: *As-Salam alaykom* (la paix soit avec vous), se croient toujours obligés de les saluer à leur tour. Mais c'est un tort! Il ne faut pas leur répondre: *wa alykom as-salam* (et à vous la paix), mais plutôt *alaykom, faqath* (à vous, seulement) ou tout simplement *alaykom* (à vous) [Poussez-le vers le coin le plus étroit] signifie: si les musulmans arrivent, on ne laisse pas le chemin à celui qui est au milieu, mais on le bouscule vers un côté plus étroit. S'il n'y a pas trop de monde sur le chemin, les choses se passeront relativement bien… Ils (les gens éduqués) disent aussi: On peut le pousser vers l'endroit le plus étroit, de telle sorte qu'il ne tombe pas dans un gouffre ou ne heurte pas un mur ou autre chose[16].

Ce phénomène rappelle, hélas, les pratiques des Nazis à l'encontre des juifs. Les signes apposés sur les maisons des chrétiens à Mossoul, ainsi que le hadith qui interdit aux juifs et aux chrétiens d'emprunter le milieu du chemin, et leur impose de donner la priorité au musulman, sont des pratiques racistes que le monde tout entier doit combattre, tout d'abord dans les textes, et ensuite sur le terrain. Si on laisse une telle pensée se développer au prétexte qu'il s'agit d'une religion qu'il faut respecter, le combat sur le terrain ne servira à rien. La pensée est la source principale de la pratique. C'est cette pensée raciste qu'il faut combattre.

Les musulmans accepteraient-ils des textes sacrés similaires chez les juifs et les chrétiens, qu'ils soient lus et enseignés dans leurs universités et institutions, que leurs responsables religieux les récitent dans leurs temples ou églises, comme dans les médias? Accepteraient-ils qu'on dise "N'abordez jamais les musulmans par le salut. Si vous en rencontrez un sur votre chemin, poussez-le vers l'endroit le plus étroit"?

Il est inconcevable que des textes pareils soient traduits dans plusieurs langues étrangères. Ils ne servent qu'à contaminer les esprits des jeunes musulmans nés dans des milieux où l'on respecte les droits de l'homme.

L'expulsion des chrétiens de Mossoul ne s'est pas effectuée sans difficulté: les extrémistes ont dû faire appel à des textes coraniques

---

[16] Nawawi, Commentaire de "Sahih Muslim", 14:121,123

pour justifier leur action. Sinon, ils auraient été embarrassés face à leurs coreligionnaires. Avec leurs juristes et leurs conseillers, ils se sont armés de ce hadith de Mahomet: "Je ferai sortir les juifs et les chrétiens de la Péninsule arabique, afin qu'il n'y reste que des musulmans[17]."

Omar Ibn al-Khattab, le calife qui rapporte ce hadith, y aura lui-même recours ultérieurement. Donc, les chrétiens ont toujours été haïs par Mahomet et ses successeurs. Il n'est pas étonnant que Baghdadi – le calife autoproclamé – haïsse lui aussi les chrétiens, les expulse à l'instar de son maître et de ses califes.

Les fatwas religieuses s'appuient sur les textes

Sur les sites saoudiens fusent constamment des fatwas qui interdisent la présence de chrétiens, de juifs et de tout polythéiste sur le sol de la Péninsule arabique. Quelle est alors la différence entre Daech et l'Arabie Saoudite qui autorise ses dignitaires religieux - qui sont en même temps des fonctionnaires d'État - à diffuser leur idéologie sur des sites officiels sans contrôle?

> On a posé un jour, dans une fatwa, la question suivante à Ibn Baz, ancien mufti du Royaume: "Le messager dit: 'Deux religions ne peuvent pas coexister dans la péninsule arabique'[18]. Mais nous trouvons dans les autres pays une main d'œuvre nombreuse non musulmane. De nombreux lieux de culte pour chrétiens, hindous ou sikhs y sont érigés. Quelle est l'attitude que ces pays devraient prendre à l'encontre de ce phénomène alarmant et dangereux[19]?"

Voici la réponse d'Ibn Baz:

> Effectivement, le messager a dit: 'Deux religions ne peuvent pas coexister dans la péninsule arabique'. Il a également ordonné l'expulsion des juifs et des chrétiens, afin que seuls les musulmans puissent y séjourner. Il a aussi décrété qu'après son décès, tous les polythéistes devraient être expulsés. Ce sont des ordres clairs venant du messager d'Allah. Il incombe donc aux gouvernements de ces pays d'appliquer la volonté du messager comme le calife Omar l'avait faite, en chassant les juifs de Khaybar. Les gouvernants en Arabie Saoudite et les autres pays du Golfe doivent intensifier leurs efforts pour faire sortir de chez eux les chrétiens, les bouddhistes, les païens, les hindous et les autres mécréants, et faire en sorte qu'il ne reste que des musulmans sur leur territoire[20].

---

[17] Sahih Muslim 12:74. Livre du Djihad: "Expulsion des juifs et des chrétiens de la Péninsule arabe."
[18] Imam Malik, *Al-Mawtaa*, 4:234
[19] Site du cheikh Ben Baz. Fatwa: "Le devoir de chasser les mécréants de la Péninsule arabe."
[20] Idem

Voilà la parole et la vision d'un personnage qui assume une position importante dans un pays prétendant aujourd'hui vouloir combattre le terrorisme, s'opposer à Daech et dénoncer ses agissements. Et pourtant, on observe que ce même pays autorise la diffusion de la pensée fondatrice de Daech et son application concrète. En réalité, l'Arabie Saoudite n'hésite donc pas à propager une rhétorique aussi abjecte, qu'elle n'applique que timidement, en interdisant l'accès à la Mecque aux non musulmans.

Mahomet est le modèle dans les relations avec les mécréants

La haine et la persécution envers les chrétiens ne sont pas chose nouvelle. Elles trouvent leurs racines dans les textes et les récits que nous avons cités, entendus ou lus sur le Prophète comme sur ses relations avec les chrétiens. L'ensemble constitue la base essentielle pour tout musulman qui aime ce prophète et l'honore comme saint. Je me souviens que nous, les musulmans, avions lu ou entendu des quantités de récits sur les guerres que menait le Prophète contre les polythéistes et les mécréants. Ils déchaînaient en nous des explosions de joie. Nous continuons jusqu'à ce jour à célébrer chaque 17ème jour de Ramadan la bataille de Badr entre Mahomet et les polythéistes, ainsi que sa victoire sur les mécréants, bien que cet évènement remonte à plus de 1400 ans. Tout individu qui lit attentivement ce récit, constate qu'il s'agissait d'une simple bataille conduite par Mahomet pour s'emparer de la caravane de Qoraych qui transportait des denrées de la Syrie à la Mecque. L'objectif de Mahomet et de ses compagnons consistait à imiter les pirates, les brigands, les coupeurs de routes. En réalité, ils étaient des pirates rejetés par leur communauté. Ils ont voulu se venger en interceptant les caravanes et en s'emparant de leurs chargements. Or, la caravane ciblée avait échappé à cette interception et la tribu avait condamné cet acte de piratage. Alors les deux groupes se sont affrontés. La tribu de Qoraych (d'où Mahomet est issu) a perdu devant les musulmans conduits par Mahomet lui-même. Cette victoire fut considérée comme une victoire d'Allah qui aurait envoyé ses anges pour épauler Mahomet, comme si Allah avait approuvé cette opération de brigandage, afin de soutenir son messager. Voici la description de cette bataille dans le Coran même:

> *Et ton seigneur révéla aux Anges: "Je suis avec vous: affermissez donc les croyants. Je vais jeter l'effroi dans les cœurs des mécréants. Frappez-les donc au-dessus du cou et aussi sur les bouts des doigts. Et cela, parce qu'ils ont désobéi à Allah et à son messager. Et quiconque désobéit à Allah et à on messager... Allah est certainement dur en punition[21]!"*

Alors, [*frapper au-dessus du cou*] n'est pas une procédure inventée par Daech, mais une sunna instaurée par Mahomet et le Coran par une révélation d'Allah et l'approbation de ses anges. Les musulmans célèbrent toujours cette victoire, durant laquelle les têtes d'individus ont été coupées parce qu'ils ont voulu défendre leur caravane que Mahomet et ses pirates ont interceptée.

Il est vrai que les récits de l'Ancien Testament évoquent une violence similaire de la part des juifs. Cependant, les pasteurs et les prêtres ne font pas de ces récits des critères pour la vie d'aujourd'hui. Ils en tirent seulement des considérations spirituelles et laissent de côté l'aspect matériel lié à des circonstances temporelles. Par conséquent, on ne voit jamais un pasteur comme Rick Warren, Billy Graham ou le Pape sur un plateau de télévision, demander aux chrétiens: Nous devons encercler Jéricho comme Josué, puis Le Caire et Riyad pour les occuper et les évangéliser. La théologie chrétienne a déjà réglé cette question, alors que les musulmans continuent toujours de considérer Mahomet comme "leur beau modèle" qu'il faut impérativement imiter en tout, dans son habillement, sa nourriture, sa manière de dormir, d'aller au WC, de faire l'amour, jusqu'à sa façon de faire la guerre, de prendre les décisions, et de traiter les juifs, les chrétiens et les polythéistes. Toutes ces prescriptions sont bien précisées et institutionnalisées en islam. Les musulmans les prennent comme un modèle idéal qu'il faut appliquer à la lettre. C'est là que réside le grand malheur que Daech, al-Azhar et l'Arabie Saoudite les approuvent sans réserve. La seule différence qui saute aux yeux, c'est que Daech est passé à l'acte, alors que les autres estiment que les circonstances ne sont pas encore favorables pour tout appliquer. Alors ils en appliquent une partie et laissent pour le moment le reste de côté.

Le Coran déclare à propos de Mahomet: *"En effet, vous avez dans le messager d'Allah un excellent modèle* [à suivre]*[22]."* Il est le modèle en tout. Ses enseignements qui concernent même les affaires les plus banales, sont de la plus haute importance. Le musulman doit s'opposer à tous les

---

[21] Le Coran 8,12-13
[22] Le Coran 33,21

enseignements contraires. Qurtubi, un grand exégète, dit: "L'imitation c'est prendre quelqu'un pour modèle et c'est ce qui console. En imitant toutes ses actions, on se consolera en tout[23]." En effet, les préceptes de Mahomet et sa manière de traiter les relations conditionnent tous les aspects de la vie d'un musulman. Un hadith dit à ce propos:

> Abd al-Rahman Ben Yazid raconte ceci à propos de Salman: 'On lui avait dit: votre prophète vous a enseigné même la manière de déféquer. Il répond: Oui, il nous a interdit qu'on observe *al-qibla* (la direction de la Mecque) par les excréments ou l'urine, ou qu'on se nettoie avec plus de trois cailloux, ou avec un crottin ou un os'[24].

Ainsi, toute tentative pour dissocier les agissements des groupes islamistes de la religion musulmane est vouée à l'échec, car ils sont agglutinés aux textes et très soucieux de leur application quasi littérale. Les jeunes musulmans savent bien qui respecte le plus ces textes. La solution ne consistera pas de tenter de perturber les relations entre l'islam et les groupes islamistes, en attribuant le mot *silm* (paix) à l'islam, et le mot *terrorisme* aux groupes islamistes. Car alors celui qui lit ces textes constatera que les groupes islamistes sont plus fidèles à l'esprit du texte, alors que les autres ne font que maquiller l'image de l'islam.

Comment Mahomet et ses compagnons ont-ils traité les chrétiens?

Comment se sont déroulées les relations des premiers musulmans avec les tribus chrétiennes? En fait, une polémique théologique à propos de la nature de Jésus-Christ s'est envenimée entre Mahomet et un groupe de Najrân, issu de l'une des tribus chrétiennes vivant dans cette région. Il semble que le débat n'était pas du goût de Mahomet qui a voulu couper court. Au lieu d'accepter une discussion réfléchie et logique, il décide de conclure à sa manière l'issue du débat selon le Coran:

> *Pour Allah, Jésus est comme Adam qu'il créa de la poussière, puis il lui dit "Sois", et il fut. La vérité vient de ton seigneur. Ne sois donc pas du nombre des sceptiques. À ceux qui te contredisent à son propos, maintenant que tu en es bien informé, tu n'as qu'à dire: "Venez, appelons nos fils et les vôtres, nos femmes et les vôtres, nos propres personnes et les vôtres, puis proférons l'exécration réciproque en appelant la malédiction d'Allah sur les menteurs*[25].

---

[23] Qurtubi, Commentaire 14:156. Explication du verset 33,21
[24] Sahih Muslim 3:123. Livre de la pureté: *Al-Istitaba*.
[25] Le Coran 3,59-61

Mahomet réclame qu'il y ait entre lui et les enfants de la tribu chrétienne de Najran une confrontation publique qu'on appelle la *Mubâhala* (l'ordalie) ou la *Mulâ'ana* (lancement de malédictions). Il s'agissait d'une procédure qui consistait à implorer la malédiction sur le menteur. Or, la malédiction devait être effectuée par l'adversaire lui-même; elle était considérée comme une réponse divine favorable à l'impact direct de la malédiction. Ibn Kathir explique que Mahomet a envoyé, durant le déroulement d'*al-mulâ'ana*, une missive aux gens de Najran, laquelle disait:

> Au nom du dieu d'Abraham, d'Isaac et de Jacob. De Mahomet le Prophète à l'évêque et aux gens de Najrân. Vous êtes en sécurité. Je vénère chez vous le Dieu d'Abraham, d'Isaac et de Jacob. Par la suite, je vous invite à adorer Allah au lieu d'adorer les humains. Je vous invite à vous soumettre à l'ordalie d'Allah au lieu de celle des hommes. Si vous refusez, vous paierez la jizya. Et si vous refusez de la payer, je vous déclarerai la guerre. Salutations[26].

Cette missive n'était qu'une déclaration de guerre en cas de refus des propositions de Mahomet. Par peur, les chefs de Najran se retirèrent d'*al-mulâ'ana*, sachant qu'à son issue, ils seront certainement tués. Ce n'est pas parce que Dieu allait écouter l'invocation de Mahomet et les maudire, mais parce qu'ils savaient que ce dernier allait tuer certains d'entre eux avec les épées de son armée. Ils furent donc la première tribu à payer la jizya. Ils signèrent alors avec lui un "Pacte de réconciliation", qui avait un goût amer. Un des rédacteurs musulmans de la Sunna décrit ce traité en ces termes:

> Le Messager d'Allah... a conclu avec les chefs chrétiens de Najran un pacte de réconciliation. Pour garantir leur protection au sein du nouvel État musulman, les chefs chrétiens acceptèrent, en échange, de fournir chaque année aux musulmans 2000 vêtements onciaux [valant une once d'argent], la moitié payable au mois de Safar et l'autre au mois de Rajab, ainsi que 30 cuirasses, 30 chevaux, 30 chameaux et 30 pièces de chaque type d'armes pour effectuer leurs expéditions au Yémen. En contrepartie, aucune église ne sera détruite, aucun prêtre ne sera chassé de sa cure, ils ne seront pas détournés de leur religion, à condition qu'ils ne provoquent pas un événement malheureux ou pratiquent l'usure[27].

---

[26] Ibn Kathir, Exégèse 2:47. Explication du verset 3,59
[27] Sunan Abou Daoud 8:293. Livre: "Al-Kharaj wal-fay wal-imara": "La prise d'al-jizya", rapporté par Ibn Abbas.

Si les chrétiens de Najran avaient peur de la malédiction d'Allah, quelles seraient alors les raisons de la réconciliation et le paiement de la jizya à ce niveau? Celui qui se retire d'une controverse et d'une *Mulâ'ana* doit-il payer la jizya? En effet, il ne faisait aucun doute que le prétendu "Pacte de réconciliation" n'était rien d'autre qu'une déclaration de guerre de la part de Mahomet et ses compagnons.

En effet, les chrétiens de Najran n'avaient d'autre issue que d'accepter de payer la jizya pour sauver leur vie et celle de leurs enfants. Cependant, le calife Omar les chasse de leur région quelques années après la signature dudit Pacte conclu avec Mahomet. C'est là que réside le problème. Les conditions de tout juif ou chrétien vivant dans un État musulman, peuvent changer en fonction de l'humeur des gouverneurs qui se succèdent. La loi sur laquelle le musulman s'appuie, est, par nature, inique, flottante, sujette à différentes interprétations. Le fait d'inclure une condition comme celle inscrite dans le "Pacte de réconciliation" avec les chrétiens de Najran, de garantir leur sécurité et leur présence en terre d'islam, "à condition qu'ils ne provoquent pas un événement malheureux ou pratiquent l'usure", est une condition très équivoque. Quoi que l'on fasse, on peut être accusé d'avoir commis un acte qui mérite une sanction. Et c'est ce qui s'est passé. Le calife Omar les a chassés vers al-Koufa, car, voyant leur nombre croître régulièrement, il craignait qu'ils finissent par se révolter contre les musulmans[28].

Daech a fait la même chose avec les chrétiens de Mossoul. Il prenait les *salafs* (les premiers musulmans) comme modèles et les imitait quant à leurs relations avec les chrétiens et les juifs. Ils ne trouveront jamais dans l'histoire de l'islam un meilleur modèle que celui de Mahomet et ses compagnons. Ils appliquaient donc littéralement ce qu'ils ont lu dans leurs écrits. Ils se considèrent au summum de la fidélité à leur religion parce qu'ils suivent l'exemple de Mahomet et des califes.

Toutefois, ce phénomène ne se limite pas à Mahomet et ses successeurs. L'histoire du Moyen-Orient et de l'Afrique du Nord est le meilleur témoin de la détermination de l'islam, depuis son apparition et jusqu'à nos jours, à décimer la présence chrétienne dans cette région. Autrefois, la majorité de la population au Moyen-Orient était chrétienne,

---

[28] Mussanaf Ibn Abî Chiba 8:565. "La population de Najran avait atteint les 40.000. Omar craignait qu'ils ne deviennent plus nombreux que les musulmans et ne se jalousent entre eux. Ils sont venus voir Omar et lui dirent: 'Nous nous jalousons entre nous. Déplacez-nous d'ici.' Omar dit: 'Le messager d'Allah avait écrit un Pacte à leur intention, afin qu'ils ne soient pas déplacés'. Or, Omar a saisi l'occasion et les a déplacés."

notamment en Syrie, en Irak, en Égypte et au Liban. Aujourd'hui, les minorités chrétiennes dans cette région se trouvent en voie de disparition à cause des persécutions subies au cours de leur histoire.

S'agissant de l'Afrique du Nord, l'islam y a totalement effacé le Christianisme. Sans l'historiographie et les vestiges archéologiques en Algérie et en Tunisie, et sans le patrimoine berbère, on croirait que le Christianisme n'a jamais existé dans cette partie du monde. Aujourd'hui, de l'église de Carthage, qui était une des plus belles de toute l'Afrique du Nord, il ne reste que des vestiges.

Au Souk Ahras en Algérie (le municipe de Thagaste), est né le 13 novembre 354 le grand philosophe et théologien chrétien, Saint Augustin d'Hippone le Berbère, père de la théologie occidentale.

De même, le grand théologien Tertullien est né entre 150 et 160 à Carthage en Tunisie. C'est lui le premier auteur de langue latine à avoir utilisé le terme le plus important dans la théologie chrétienne, *la Trinité*, et la célèbre devise: "Le sang des martyrs est la graine de l'Église", ou "On ne naît pas chrétien, on le devient"[29].

Il faut se rappeler aussi Cyprien, né au début du IIIe siècle à Carthage. Il devient évêque de cette ville et décède en martyr en 258 à cause de sa croyance. Il se dirige seul vers le plateau d'exécution et retire sa soutane avant que les autorités romaines ne le décapitent[30].

Le rôle de Saint Marc est aussi important. D'origine libyenne, il est le fondateur de l'Église copte en Égypte. Grâce à lui, la ville d'Alexandrie devint une capitale mondiale et une grande école pour la Chrétienté Orthodoxe.

En Lybie est né aussi Simon de Cyrène, devenu célèbre parce qu'il a été réquisitionné par les soldats romains à Jérusalem pour porter la Croix de Jésus-Christ lors de sa marche au Calvaire. Simon de Cyrène revint dans son pays natal pour prêcher le christianisme. La Cyrénaïque comprenait aussi une concentration de juifs, notamment ceux de la diaspora.

Quant à Origène, le grand exégète de la Bible, il est né à Alexandrie au IIe siècle. Auteur de plus de 6000 ouvrages, il est considéré comme l'un des grands théologiens chrétiens des débuts du christianisme.

---

[29] Apologeticus, Chapter 50
[30] Le patrimoine chrétien en Afrique du Nord, 158

L'islam a étouffé l'histoire de l'Afrique du Nord

Tout s'est évaporé. Dans les livres d'histoire on n'évoque plus que l'histoire islamique. Au Maroc par exemple, j'ai commencé à apprendre l'histoire à l'école primaire, et nous n'avons eu qu'une seule leçon sur les indigènes berbères qui habitaient le pays. Par la suite, tout était polarisé sur l'histoire de l'islam. Nous ne savons presque rien quant à l'histoire chrétienne et païenne de la région, comme si c'était une période de *jahiliyah* (ignorance) et dont nous ne devons pas être fiers ni en parler. La majeure partie des habitants de l'Afrique du Nord ne savent rien quant à son histoire chrétienne. Ils n'ont jamais entendu parler de Saint Augustin, Saint Tertullien, Saint Cyprien, Origène. Ils ignorent totalement que l'un des mouvements de la pensée chrétienne a vu le jour dans cette région, un mouvement qui a résisté contre la tyrannie et la répression. Il s'est transformé plus tard en un mouvement qui s'appelait "les Donatiens". Les rues du Maroc, de la Tunisie et de l'Algérie portent avec fierté les noms des conquérants arabes. Mais rien ne parle de l'histoire de ces pays avant l'Islam; seuls subsistent quelques vestiges éparpillés ci et là, connus seulement des spécialistes. C'est une sorte d'étouffement ou d'écrasement délibéré de tout ce qui n'est pas musulman, bien que la population de l'Afrique du Nord ait mené une résistance farouche et acharnée contre l'invasion des Arabes musulmans. On présentait l'islam comme le sauveur et le libérateur de cette région de l'ignorance et l'obscurantisme; on prétendait que les gens attendaient avec impatience l'entrée de l'islam en Afrique du Nord, alors qu'en réalité les Berbères ont farouchement résisté contre l'islam.

Ibn Khaldoun, l'historien tunisien (XIVᵉ s.) estime que "les caravanes des Berbères ont sillonné douze fois l'Afrique du Nord pour le compte des musulmans, mais leur adhésion à l'islam n'a été confirmée que du temps de Moussa Ben Nassit, et même, d'après certains, après cette période"[31], et ce, à cause des massacres, des pillages, et des vols commis par les envahisseurs arabes musulmans. Amrou Ibn al-Ass, qui a gouverné l'Égypte du temps du calife Amr Ibn Al-Khattâb, n'a pas réclamé seulement la jizya des habitants de Barqa (la Libye actuelle) pour les laisser à leur sort, mais lorsqu'ils sont devenus insolvables, il a exigé qu'ils vendent leurs enfants pour rembourser la jizia non payée. D'aileurs In Khaldoun ne fait que confirmer ce que l'historien persan, Balazhuri

---

[31] Ibn Khaldoun, *Tàrikh*, 6:121

(IXᵉ s.) avait noté longtemps avant: "Amrou Ibn al-Ass a précisé dans l'avertissement adressé à la population de Louata, les Berbères de Barka, qu'ils devaient vendre leurs enfants et leurs femmes pour régler la jizya non payée[32]."

Quant aux Imazighen, Ibn Khaldoun fait savoir que "les Berbères en Ifriqya et au Maroc avant l'islam dépendaient du roi des Francs, et la religion chrétienne les unissait". Puis il évoque ce qu'ils ont subi de la part des envahisseurs. "Suite à leur défaite face aux Arabes, Isbaytala fut occupée et détruite, leur roi Jarjir assassiné, leurs biens et leurs femmes furent prises comme butin[33]." Amrou Ibn al-Ass a pillé les Imazighen, les a contraints par la force de l'épée à embrasser l'islam. Il a exterminé ceux qui refusaient cette croyance. Ibn Khaldoun note très clairement que "Amrou Ibn al-Ass a utilisé l'épée pour affronter les gens du pays, puisqu'ils manifestaient leur islamité à l'arrivée de la soldatesque musulmane, et apostasiaient dès son départ… Il envahissait et envoyait des brigades pour le brigandage et le pillage. Finalement la majeure partie des Berbères fut contrainte d'accepter l'islam[34]." Ailleurs, Ibn Khaldoun détaille ce que les musulmans arabes faisaient des Imazighen qui rejetaient l'islam. "Les Arabes les assassinaient, les poursuivaient dans les contrées, les montagnes, les régions arides pour les forcer à se convertir à l'islam et les annexer au gouvernorat d'Égypte[35]." Ce témoignage d'une extrême clarté prouve que les Imazighen ont subi les persécutions les plus atroces, dans le but de les forcer à accepter l'islam.

Toutes ces expansions militaires historiques de l'Afrique du Nord et jusqu'à l'Andalousie eurent lieu sous la direction de Moussa Ben Nassit. C'est l'un des émirs de guerre qui ont conduit les armées arabes de l'État omeyyade. Il a été nommé comme Wali de l'Afrique par al-Walid Ben Abdelmalik, le sixième calife omeyyade. Moussa Ben Nassit est le chef militaire qui était le plus tyrannique à l'encontre des Imazighen, et c'est lui qui a exterminé définitivement le christianisme en Afrique du Nord. L'historien kurde Ibn Khallikan, né à Irbil et vécu à Damas au XIIᵉ siècle, écrit: "Moussa s'est lancé tel un envahisseur à travers tout le pays. Il a poursuivi les Berbères, en a tué un très grand nombre et en a capturé énormément[36]." Le plus grand exploit réalisé par Ben Nassit, qui n'a pas

---

[32] Balazhuri, *Fotouh al-buldân*, 1:265
[33] Ibn Khaldoun, op. cit., 6:125
[34] Idem, 3:12
[35] Idem, 7: 9
[36] Ibn Khallikan, *Wafiyât al-A'yân*, 3:160

son pareil dans toute l'histoire islamique, c'est d'avoir emmené captives des milliers de jeunes filles et de femmes. Ibn Kathir dit: "Jamais l'islam n'a connu une opération de captivité de l'ampleur de celle réalisée par Moussa Ben Nassit, l'émir du Maghreb[37]." Il est entré dans une région appelée autrefois *la Saqouma*, proche de la ville actuelle de Fès. De là, il a expédié cent mille filles au calife Al-Walid. Celui-ci, apprenant l'expédition, croyait que c'était une blague. Ibn Khaldoun en parle dans son *Histoire:*

> Dès sa conquête de Saqouma, Moussa Ben Nassit écrit à al-Walid et l'informe de sa capture de plus de cent mille têtes [femmes]. Al-Walid lui répond: Malheur à toi! J'ai cru qu'il s'agissait d'une de tes blagues, mais si c'est vrai, ce sera le grand rassemblement de la communauté[38].

Ce qui s'est passé en Afrique du Nord n'est qu'une goutte d'eau dans l'océan. Quant à ce qui s'est passé en Égypte[39], en Iraq, en Syrie, on ne peut pas s'y attarder dans le cadre de ce livre. Leur sort ne diffère pas beaucoup de celui de l'Afrique du Nord. La seule différence, c'est que de petites minorités chrétiennes ont survécu dans ces pays malgré la réduction progressive de leur nombre, soit par l'islamisation forcée, soit par la persécution, soit par les pressions sociales. En Afrique du Nord, la chrétienté a subi un coup fatal.

Les textes qui incitent à s'opposer aux juifs et aux chrétiens

Cette agressivité des musulmans envers les chrétiens ne se limite pas aux textes de l'histoire. Elle est enracinée dans notre vie quotidienne, même si elle ne se manifeste que dans les grandes occasions. En revanche, nous la vivons chaque jour dans tous ses détails, sans même nous en rendre compte. Au Maroc par exemple, on appelle chaque étranger *Gaouri*, un mot dont je ne connais le sens que depuis peu. C'est un turc qui m'a appelé une fois au téléphone depuis la Turquie, et m'a dit que les Turcs traitaient tous les Arméniens de *Gaouri*, qui signifie "*kâfir*" (mécréant). Nous aussi qualifions chaque étranger de mécréant, car sa valeur est inférieure à celle du musulman.

---

[37] Ibn Kathir, *Al-Bidâya wal-nihâya*, 9:171
[38] Ibn Khaldoun, *Tàrikh*, 6:121
[39] "Au moment où une famine survint dans la ville, Omar ibn al-Khttab adressa une missive à son gouverneur Amrou ibn al-'Ass lui réclamant des provisions. Ce dernier lui a répondu: 'De Abdelmalik Amrou ibn al-'Ass à l'émir des croyants. Tout est à votre service, à votre service! Je vous ai envoyé une caravane de chameaux dont le début est chez vous et la fin chez moi. Que le salut soit avez-vous ainsi que la miséricorde d'Allah et ses bénédictions'". Al-Maqrizi, *Al-Maw'iz wal-l'tibâr*, 3:252.

En me réveillant le matin au Maroc, j'avais l'habitude de souhaiter à mon père *Sabah el-kheir* (Bonjour). Mais il me réprimait aussitôt, en me disant: Notre salutation est *salam aleykom*, alors que le *Bonjour* est celle des chrétiens. Même lorsque j'appelais au téléphone la fille de mon oncle, qui était pour moi comme ma sœur, les filles de mes tantes maternelles, ainsi que de nombreux amis, je leur disais *Allo*, ils me répondaient tous *salam aleykom*. Je leur demandais: Pourquoi ne dites-vous pas *Allo* comme tout le monde? Ils me répondaient: Le salut en islam est *salam aleykom*, alors que *Allo* est celui des chrétiens, de l'Occident et des mécréants! Manifestement, on était d'accord pour voler et utiliser la technologie de l'Occident mécréant, mais tout en l'islamisant. Nous achetons de l'Occident mécréant les derniers modèles de téléphone portable, mais il faut que nous y installions notre propre sonnerie, à savoir *al-azhan* ou *Allah akbar* et des versets coraniques psalmodiés. Ainsi les musulmans imaginent qu'en islamisant leurs produits, ils vaincront ces mécréants. C'est là que se manifeste la pathologie chronique du complexe de notre religion, une pathologie bien enracinée dans nos tripes.

Lorsque Abou Bakr Baghdadi a prononcé son premier prêche le 4 juillet 2014, quelques jours après l'annonce du rétablissement du califat, les médias ont remarqué la montre dans sa main droite. Ils en ont évoqué la marque et sa haute qualité. Mais ils n'ont pas attaché d'importance au fait qu'il la porte à la main droite. Personne ne s'est interrogé: Pourquoi tous les Islamistes, - de Ben Laden, à Zawahiri et à tous les moudjahidines – portent-ils leurs montres à la main droite? Quel est le secret de cette pratique? C'est qu'ils veulent faire le contraire des juifs et des chrétiens. Ils doivent s'opposer en tout aux polythéistes, même dans les apparences. C'est le cas aussi, par exemple, de la barbe. Mahomet leur dit: "Contrevenez aux polythéistes, laissez-vous pousser la barbe et rasez-vous la moustache![40]" Dans un autre hadith, il leur ordonne: "Changez la couleur de vos cheveux gris et ne ressemblez pas aux juifs![41]" Selon Mahomet, ces derniers ne teignent pas leurs cheveux. Il a donc ordonné à ses compagnons de teindre les leurs. Ainsi Ben Laden se teignait toujours les cheveux. Un jour, Mahomet remarqua qu'un de ses compagnons,

---

[40] Sahih Bukhari 5:9 et 22. Livre des vêtements: "Comment couper les ongles."
[41] Musnad Ahmad 2:513; "Changez la couleur des cheveux gris et ne ressemblez pas aux juifs ni aux chrétiens!"

Amrou Ibn al-Ass, portait des vêtements rouges. Il lui dit aussitôt: "Ce sont des vêtements propres aux mécréants. Ne les porte pas[42]!"

Un des slogans préférés de l'islam est: "Celui qui imite un peuple, devient l'un d'entre eux[43]." Le musulman ne doit pas donc imiter les chrétiens ni les juifs, mais s'opposer en tout, dans sa manière de parler, dans son habillement. Pour cette raison, les chercheurs sociaux s'interrogent quant aux motifs qui empêchent les jeunes musulmans de s'intégrer dans les sociétés occidentales. Il est bien clair que parmi les facteurs fondamentaux se trouvent sans doute ces idées destructrices qui maintiennent l'individu dans un état conflictuel avec la société dans laquelle il vit. En effet, il lui est demandé de se comporter en tout de façon différente de ce milieu, y compris dans l'apparence et la manière de parler. Dans ces conditions, il n'est pas étonnant que les jeunes musulmans engagés vivent physiquement en Occident et psychologiquement en Orient, et à une autre époque que la nôtre. Ils vivent effectivement avec Mahomet et ses compagnons dans la Péninsule arabique du VIIe siècle. Ils revivent leurs problèmes et leurs hostilités, les replacent dans le cadre du XXIe siècle, et cherchent constamment quelles vont être leurs prochaines victimes.

Daech égorge les chrétiens

Le 15 février 2015, la branche de Daech en Libye a diffusé le film qui montre ses combattants en train d'égorger 21 chrétiens coptes égyptiens, prétextant qu'ils faisaient partie de l'Église combattante égyptienne. Daech en publie un reportage dans le numéro 7 de *Dâbiq*[44], dans lequel il justifie ce massacre destiné à venger Camilia Chehhata et Wafa Costantine (deux femmes chrétiennes dont les groupes islamistes et salafistes prétendaient qu'elles s'étaient converties à l'islam; ils affirment que l'Église copte a tué l'une d'elles qui aurait refusé d'abandonner l'islam, et torturé l'autre pour la forcer à renoncer à l'islam). La revue fait également allusion à l'attentat contre l'église de *Saydat al-Najat* (Notre Dame de salut) à Bagdad le 10 octobre 2010, au cours duquel plusieurs dizaines de chrétiens ont péri (voir ultra). Daech a justifié ce massacre par un verset coranique qui dit: *"Mohammad est le messager d'Allah. Et ceux*

---

[42] Sahih Muslim 14:44. Livre des vêtements et des ornements. "Interdiction à l'homme de porter un vêtement rouge."
[43] Sunan Ibn Daoud 11:77. Livre des vêtements: "Le vêtement de célébrité."
[44] *Dâbiq*, n° 7, p. 30-32

qui sont avec lui sont durs envers les mécréants, miséricordieux entre eux[45]." Ce qui veut dire clairement qu'il n'y a pas de miséricorde ni de pitié à l'encontre des non musulmans.

À la fin de l'article en question, on ajoute: "Il est très judicieux pour tous les musulmans de savoir, sans aucun doute possible, que la grande rétribution qui sera accordée le jour du jugement dernier ira à celui qui a fait couler le sang de ces Coptes croisés là où ils se trouvent[46]." Puis, le 15 avril 2015, Daech diffuse une vidéo de 30 minutes dans laquelle il montre l'assassinat de 32 éthiopiens chrétiens, dont 12 égorgés et 16 tués par balles. La vidéo est intitulée *"Jusqu'à ce que leur vienne la Preuve évidente"*. Cette phrase, extraite de la sourate "La Preuve", concerne les chrétiens et les polythéistes: *"Les infidèles parmi les gens du Livre, ainsi que les polythéistes, ne cesseront pas de mécroire jusqu'à ce que leur vienne la Preuve évidente[47]."*

> Sur la même vidéo, Daech diffuse des images de la destruction d'églises et des tombeaux chrétiens, de statues représentant des symboles religieux et des croix dans la région de Mossoul. Il justifie ces actes par le refus des habitants chrétiens de cette ville de payer le tribut ou de se convertir à l'islam. Un individu déclare sur cette vidéo que "sur le sol du califat en Libye" se déroule une campagne de prédication qui "appelle les chrétiens à rejoindre l'islam", commentant des scènes de conversion de chrétiens africains à l'islam dans ce pays. Cependant, le même individu profère des menaces: "Celui qui refuse l'islam n'a devant lui que l'épée[48]."

Cette même vidéo décrit l'Église éthiopienne comme une institution combattante, puisqu'elle appartient à un État qui combat les groupes islamistes en Somalie.

Cette tradition de tuer des chrétiens coptes et éthiopiens ne fait que reproduire l'ancienne histoire de l'État islamique et de l'ancien État califal. Le nouvel État du Calife la renouvelle sur le terrain. Les gloires du passé, les conquêtes des grands symboles islamiques des pays chrétiens, l'obligation imposée aux gens de choisir entre l'islam, le tribut ou la mort, tout cela refait surface avec le nouveau calife. C'est l'axe central de sa politique.

---

[45] Le Coran 48,29
[46] *Dâbiq*, n° 7, p. 32
[47] Le Coran 98,1
[48] *Alarabiya.net*: Vidéo "Daech exécute 28 éthiopiens chrétiens en Libye".

Quant à ceux qui feignent d'ignorer le rôle des textes religieux, ils ne comprendront jamais l'étendue de l'impact de cette idée chez ceux qui sont persuadés que l'islam a connu ses siècles de gloire du temps des conquêtes militaires, du temps de la capture des femmes et des invasions. C'était le temps où l'épée était maîtresse de la situation et l'État islamique était puissant. Cette représentation historique réanime les motivations religieuses et le zèle des Arabes dans les esprits des jeunes et chatouille leurs sentiments. Ils s'imaginent alors que l'État califal va leur redonner la splendeur de leur bon vieux temps, ainsi que leur puissance, leur suprématie pour soumettre de nouveau les chrétiens et les juifs avec l'épée, et rétablir partout la domination de l'islam. La différence, c'est que l'Église éthiopienne fut la première Église qui avait accueilli les musulmans persécutés par Qoraych, lors de leur premier exode. En ces temps-là, ils n'étaient que peu nombreux. Ils avaient cherché refuge et protection chez le Négus en Éthiopie, que Mahomet appelait "le roi qui ne réprime personne[49]." En effet, le Négus a protégé les persécutés, alors qu'ils étaient d'une religion antichrétienne. Cependant, lorsque les musulmans sont devenus puissants et souverains, ils ont oublié cette attitude généreuse des chrétiens à leur égard, et Mahomet les a chassés de la Péninsule arabique. Et voilà aujourd'hui les enfants du prétendu califat qui coupent les têtes des enfants du roi qui a protégé leurs ancêtres. Il est fort probable que sans le Négus l'islam n'aurait pas vu le jour.

D'autres spécimens de persécution des chrétiens

Prétextant l'affaire de Camilia Chehhata et de Wafa Costantine, l'État Islamique de l'Irak[50] attaqua le 31 octobre 2010, pendant la célébration de la messe, l'église de Notre Dame du Salut (*Sayyidat al-Naja*t) des Syriaques catholiques à Bagdad. Il prit une dizaine d'otages parmi les paroissiens et réclama que l'Église copte "libère Camilia et Wafa". Entre temps, des kamikazes ont tué le Père Thaer Saadallah Abdal, né en 1978, et le Père Wassim Sobeih Boutros, né en 1983.

Au cours d'une rencontre avec les survivants, j'ai personnellement interviewé Omm Jean[51] et sa fille Joanne en octobre 2014, qui ont obtenu le droit d'asile en Australie. Omm Jean a perdu quatre membres

---

[49] Ibn Hisham, op.cit., 2:90. Le premier exode en Éthiopie.
[50] Créé en octobre 2006, il a préparé le terrain à Daech.
[51] Elle a insisté pour que je l'appelle "Omm Jean" (la mère de Jean) lors de l'interview, pour commémorer son fils Jean mort dans l'attentat.

de sa famille dans cet attentat: son mari Younan Korkis al-Saour, son fils Jean avec son épouse et leur bébé Sandro âgé de quatre mois. Il fut le plus jeune martyr dans ce massacre qui a fait 58 victimes et 78 blessés. En tirant sur les chrétiens en prière, les terroristes criaient *Allah akbar*, et leur disaient: "Il est licite (*halal*) de vous tuer! En vous tuant, nous irons au paradis et vous en enfer! Vous êtes tous des mécréants!" avant d'ajouter: "nous sommes ici pour venger l'incendie du Coran et les sœurs musulmanes séquestrées en Égypte." L'une des survivantes a ajouté: "Ils nous haïssent. Ils disent que nous allons tous être tués[52]."

Quelque temps après, l'organisation d'al-Qaïda en Irak a publié un communiqué qui disait que "le délai accordé à l'Église copte en Égypte musulmane, pour dévoiler l'endroit où se trouvent nos deux sœurs prisonnières et les libérer, a expiré. Alors, le Conseil militaire de l'État Islamique en Irak annonce que tous les centres, les organisations, les chefs et les croyants chrétiens, où qu'ils se trouvent, seront dorénavant des cibles légitimes pour les moudjahidines."[53]

Daech a appliqué cette menace en Libye. Ses militants ont égorgé 21 chrétiens coptes sous prétexte de venger Wafa Costantine et Camilia Chehhata. Le feuilleton de vengeance continuera envers et contre tout. S'ils ne prennent pas Wafa et Camilia pour prétexte, ils en trouveront mille autres. Le prédicateur Dr. Zaghloul al-Naggiar, qui avait répandu le mensonge que Wafa Costantine avait été assassinée, n'a jamais été traduit devant la justice, bien qu'une plainte contre lui ait été déposée devant la justice par un avocat égyptien copte, l'accusant d'avoir provoqué et incité les musulmans contre l'Église à travers sa propagation mensongère. Le pouvoir judiciaire ne soutiendra jamais un avocat chrétien contre un cheikh musulman et ne le jugera jamais[54]. Par conséquent, n'importe quel imam ou dignitaire religieux musulman peut accuser l'Église et lui faire endosser la responsabilité d'un crime d'assassinat, de sorcellerie, de charlatanerie, et trouver ainsi un prétexte pour l'attaquer. En revanche, les chrétiens n'auront aucune possibilité ni aucun droit de protester, de contester ou de faire traduire les propagandistes de telles rumeurs devant les tribunaux en terre d'islam.

---

[52] J'ai entendu ces déclarations personnellement lors de ma rencontre avec Omm Jean. Les mêmes déclarations ont été faites par d'autres témoins oculaires et publiées sur le site du quotidien *The Guardian*: "Bagdad Church siege survivors speak of taunts, killing and explosions."
[53] BBC Arabe: "L'Organisation de l'État Islamique en Irak menace les chrétiens."
[54] *Acharq al-awsat*, n° 10866: "Reprise de la polémique à propos de la disparition d'une femme copte ayant embrassé l'islam…"

Les exemples ne manquent pas. Mohammad Salim al-'Awwa, un des grands "oulémas" de l'islam en Égypte, a littéralement déclaré sur la chaine Al-Jazeera, dans le programme *Bila hodoud* (Sans frontières) que présente le *fréniste* égyptien, Ahmad Mansour: "L'arsenal d'armes que les Coptes emmagasinent dans les églises n'a pas de sens. Mais il dénote une ferme intention de l'utiliser contre les musulmans[55]." Ainsi accuse-t-il gratuitement l'Église copte du stockage d'armes à l'intérieur de ses églises et ses couvents. Bien que ces déclarations provocatrices et pernicieuses aient été aussitôt condamnées, leur auteur n'a jamais été inquiété par le pouvoir judiciaire.

Un autre cheikh, Mohammad Hassân, a accusé l'église de Tafîh dans le gouvernorat de Halwân au sud du Caire, de pratiquer la sorcellerie contre les musulmans. Ainsi a-t-il justifié l'attaque par une horde déchaînée de musulmans contre cette église le 5 mars 2011. Quelques jours plus tard, des milliers de coptes manifesteront pour dénoncer cet acte criminel, devant le centre Maspero, prés de la télévision égyptienne au Caire. Aussitôt Mohammad Hassân intervient "pour faciliter la réconciliation", selon ses dires. Mais il a justifié cet attentat par l'existence à l'intérieur de l'édifice de livres de magie et de sorcellerie, ainsi que des noms de musulmans inscrits sur des feuilles comme cibles de cette prétendue sorcellerie. En réalité, l'origine de ces troubles se trouve dans une relation amoureuse qui était née entre un jeune homme chrétien et une jeune fille musulmane. Cette situation est considérée comme une grave insulte à la famille musulmane, car l'islam interdit à une femme d'épouser un mécréant[56].

Tous ces évènements mettent en lumière l'existence permanente d'une relation tendue entre musulmans et chrétiens, motivée par des textes qui favorisent la persécution des chrétiens sous les prétextes les plus divers.

La responsabilité incombe aux textes

La responsabilité de l'assassinat des chrétiens en Irak et des coptes en Libye ne peut être imputée qu'aux textes islamiques, en vertu desquels des générations complètes de musulmans sont éduqués dans la haine des chrétiens et des juifs. Les musulmans n'ont pas le droit de les saluer ni de leur adresser des félicitations à l'occasion de leurs fêtes religieuses. Maints exemples de ce type empoisonnent tout le monde musulman.

---

[55] Al-Jazeera, *Bila Hodoud*, 23 septembre 2010. "Accusation de l'Eglise Copte d'insurrection contre l'État et la loi", entrevue avec Muhammad Salim al-'Awwa.
[56] *Copts United*: La sorcellerie à l'église de Tafîh.

Le cheikh saoudien Mohammad Saleh al-Monajjid émet des fatwas sur son site "L'islam: question et réponse".

> Question: "Quelle est la prescription à suivre lorsqu'on présente aux Chrétiens des félicitations pour leurs fêtes, en disant: Bonne année?"
>
> Réponse: "Ce qui est interdit dans la félicitation des Chrétiens c'est de le faire avec joie et allégresse, comme pour montrer que l'on approuve ce qu'ils font."

Il se réfère à Ibn Taymiya qui a dit:

> Il n'est pas permis aux Musulmans de les imiter en quoi que ce soit concernant leurs fêtes, leurs plats, leurs vêtements, leur toilette, et des pratiques comme celle d'allumer du feu, ou de renoncer à une habitude dans la vie ou une pratique dans le culte, etc. Il est également interdit d'organiser un banquet ou d'offrir des cadeaux, de vendre quelque chose d'utile pour la maison, et même de fournir aux enfants des jouets à l'occasion des fêtes, ou de dresser une décoration.

Il s'appuie également sur les ordres du calife Omar Ibn al-Khattâb:

> L'émir des croyants, les compagnons et tous les imams musulmans leur avaient recommandé de ne pas célébrer publiquement leurs fêtes en terre d'islam, et de les observer discrètement à domicile[57].

Cette interdiction ne se limite pas à une fête spécifique, mais elle concerne aussi le Saint Valentin, la fête de l'Amour, Noël, le Nouvel An, la fête des Mères, et toutes les fêtes occidentales, qu'elles soient d'origine chrétienne ou issues de la culture laïque. Toutes ces fêtes sont à bannir, puisqu'elles viennent de l'Occident mécréant, donc des chrétiens ou des juifs.

De nombreuses vidéos sont diffusées sur Youtube, dans lesquelles les dignitaires de l'islam réitèrent les mêmes interdictions. Sur le site du Ministère qatari des Biens islamiques, une fatwa prescrit: "Il n'est pas licite de féliciter les chrétiens ou d'autres mécréants à l'occasion de leurs fêtes qui reflètent leur religion et leurs enseignements obsolètes[58]."

Ces fatwas ne viennent pas du néant, mais des livres du patrimoine islamique, desquels les spécialistes de la loi coranique tirent ces citations. Ils s'y réfèrent régulièrement, prétextant que leurs auteurs constituent les piliers de l'islam, comme Omar Ibn al-Khattâb, l'un des premiers

---

[57] *Question et réponse*. Fatwa: "Félicitations des chrétiens à l'occasion de leurs fêtes". (N° 106668)
[58] *Islamweb*: "Le précepte concernant la félicitation et la visite des chrétiens dans leurs églises à l'occasion de leurs fêtes." Fatwa n° 106164

soutiens du prophète Mahomet. Celui-ci demandait à Allah de faire qu'il devienne une gloire rayonnante pour l'islam. Omar ordonnait aux musulmans: "Évitez les ennemis d'Allah à l'occasion de leurs fêtes[59]." Il s'agissait bien entendu des juifs et des chrétiens. Ailleurs, il dit: "N'apprenez pas le jargon des étrangers et n'entrez pas dans les églises des polythéistes le jour de leurs fêtes, car la colère tombera sur eux[60]." Il leur interdit également d'imiter leur manière de parler, de visiter leurs lieux de culte où les malédictions s'abattent sur eux, notamment le jour de leurs fêtes. Bref, le musulman doit s'abstenir de tout cela de peur qu'il ne soit atteint par ces malédictions.

Lors de l'enlèvement de 21 Coptes égyptiens en Libye et leur égorgement par les milices de Daech, les fruits de la haine et de l'hostilité que sèment les textes islamiques dans les esprits des musulmans étaient visibles. L'un des survivants a décrit la procédure de l'enlèvement de 14 Coptes dans un deuxième temps, suite à l'enlèvement un peu plus tôt des 7 premiers par un chauffeur musulman. Celui-ci les a conduits et livrés au groupe de Daech. Il est revenu pour dire que c'est lui qui les avait enlevés. Le témoin oculaire raconte:

> La deuxième vague d'enlèvements eut lieu à minuit. Un bon nombre de militants de l'organisation terroriste Daech y ont participé. L'opération s'est déroulée avec beaucoup de précision. Ils sont entrés uniquement dans les chambres où dormaient les Coptes, bien que l'immeuble fût rempli d'ouvriers égyptiens chrétiens et musulmans. Ce qui confirme que celui qui s'est introduit dans ces lieux savait très bien qui y habitait, et dans quelles chambres dormaient les Coptes. Ce qui prouve que des Égyptiens musulmans ont contribué à l'identification de leurs compatriotes coptes[61].

Qu'est-ce qui motive ces Égyptiens musulmans qui partagent le logement, le pain et le sel avec leurs compatriotes chrétiens, à les dénoncer auprès d'organisations terroristes islamistes? Si la religion de l'islam n'a pas joué un rôle dans leur éducation dès leur enfance, qu'est-ce qui peut les rendre si cruels à l'encontre de leurs compatriotes, d'autant plus qu'ils savaient pertinemment qu'ils les livraient à des groupes impitoyables, voire à la mort? Ce sont effectivement les textes religieux islamiques qui ont contribué

---

[59] Bayhaqi, *Al-Sunan*, 14:113. "Interdiction d'entrer dans les églises des Dhimmis et de les imiter…"
[60] Idem.
[61] *Al-Watan News*, "Secret de l'enlèvement: des Égyptiens ont participé à leur identification…"

et contribuent toujours à l'endoctrinement de générations complètes de musulmans, par cette culture de haine envers tous les chrétiens.

Ce facteur est loin d'être le seul. Nous, musulmans, avons tous été formatés pour qualifier les chrétiens "d'adorateurs de la Croix" (*'Ubbâd as-salîb*), afin de les mépriser encore davantage. Dans ce contexte, on trouve des publications publiées par les pays musulmans qui qualifient ainsi les chrétiens, pour les insulter, comme ce livre publié en Arabie Saoudite portant le titre *"Mihnat al-qarîb al-mujîb fir-radd ala 'ubbâd as-salîb"* (Comment riposter aux adorateurs de la Croix).

Sur le site de Waël Ghoneim, un *frériste* qui s'est fait bien connaître lors de la révolution du 25 janvier en Égypte, on trouve un article intitulé: *"Tahzîr al-mowahhidîn min a'yâd 'ubbâd as-salîb"* (Mise en garde des monothéistes contre les fêtes des adorateurs de la Croix)[62].

Cette haine de la Croix est bien enracinée dans la mentalité du musulman. Lorsque j'étais petit, j'éprouvais, sans raison, un mépris en regardant une croix. Mahomet dit dans un hadith: "L'heure (de la fin du monde) n'arrivera que lorsque le fils de Mariam descendra comme arbitre juste, il brisera la croix[63]." C'est par de telles paroles, comme "les adorateurs de la Croix et les mangeurs du cochon", que l'on stigmatise les chrétiens. Cette image du chrétien est omniprésente dans le cerveau de tout musulman. En vertu de ce cliché, notre haine à son égard s'associe à celle de la Croix et du cochon. Il ne faut donc pas s'étonner si l'on voit les moudjahidines en Syrie et en Irak attaquer les églises chrétiennes, briser les croix et détruire les icônes[64]. Dans leur vision obsessionnelle, le Christ lui-même reviendra à la fin des jours pour détruire, sous leurs yeux, le culte des chrétiens et leurs lieux saints.

Ce hadith évoquant le retour du Christ pour briser la croix, est le même qui est cité dans la vidéo sur l'égorgement des Coptes chrétiens qui criaient sous le couteau: "Ô Seigneur Jésus[65]." Or la théologie de la haine concernant tout ce qui est chrétien est la raison fondamentale de cette attaque féroce que nous observons toujours lorsque le fondamentalisme islamique se propage ou que les groupes islamistes retournent à l'application des textes. Rien n'étonne dans le titre de la vidéo en question: *"Message signé avec le sang et adressé à la nation des*

---

[62] *Tariq al-islâm* (La voie de l'islam): "Tahzîr al-mowahhidîn min a'yâd 'ubbâd as-salîb.".
[63] Sahih Bukhari 2: 876. Livre des oppressions: "Le brisement de la croix et le meurtre du cochon."
[64] *Alarabiya.net:* "Daech a brisé les croix à Raqqa…"
[65] Centre Al-Hayat pour l'Information: Vidéo "Message signé dans le sang et adressé à la nation des Croisés."

Croisés. " La Croix est dans l'esprit du musulman le symbole de l'hostilité et des cultes qui rivalisent avec l'islam. Il incombe à l'islam de vaincre la Croix et de la briser. Lorsque des musulmans achètent des églises en Orient ou en Occident et les transforment en mosquées, ils éprouvent la joie du conquérant et l'euphorie de leur victoire, en brisant les croix qui s'y trouvent et en les remplaçant par l'étendard de l'islam.

En effet, *la daechisation* est enracinée dans les cœurs de nombreux musulmans à cause de ces textes qui engendrent en eux ce phénomène et contribuent à la naissance d'al-Qaïda, de Daech, de Boko Haram et d'autres organisations similaires. En réalité, il est difficile d'anéantir les symptômes sans identifier les racines de la maladie qui se trouvent dans les textes auxquels se réfèrent les groupes islamistes. Ces mêmes textes sont également mis en lumière dans les prêches et les vidéos au Qatar, en Arabie Saoudite et par les "savants" religieux musulmans, en Orient comme en Occident. Mais par lâcheté, ils n'osent pas les appliquer. Ils se contentent seulement de décréter des fatwas et attendent que d'autres agissent en conséquence. À eux l'énoncé de la doctrine, et à Daech et ses complices sa mise en pratique.

VI

Al takfîr. Un mal islamique de Mahomet à Daech

Le danger de l'expression "kâfir" (mécréant)

L'une des expressions les plus raciales dans le dictionnaire islamique, c'est le terme *kâfir*. Les musulmans l'utilisent à l'encontre de celui qui ne croit pas en l'islam, ou qui en nie un élément fondamental. C'est ce qu'on appelle dans le jargon du *fiqh* "la négation de ce qui est nécessairement admis dans la religion[1]". L'accusation d'un musulman de mécréance signifie que l'effusion de son sang devient automatiquement licite (*halal*). Au lieu de prononcer clairement la sentence "tuez-le", on signale qu'il est mécréant, qu'il a mécru ou apostasié l'islam, donc passible de la peine de mort à tout instant. C'est ainsi que le terme mécréant est devenu synonyme de l'ordre de tuer.

De nombreux affabulateurs musulmans cherchent à enjoliver l'islam. Ils disent que "mécréant" est un mot simple, qui signifie que l'interlocuteur

---

[1] Islamweb définit ainsi cette phrase: "C'est ce que les musulmans ont appris en priorité sans regarder ni vérifier si c'est obligatoire ou prohibitive" (Fatwa n° 78151).

ne croit pas à ce que croit son locuteur. L'un est donc "mécréant" aux yeux de l'autre et vice versa. Moi, je ne crois pas à ce que tu crois. Ce montage et ce louvoiement sont manifestes dans une déclaration du cheikh d'al-Azhar, Ahmad at-Tayyib, à la télévision égyptienne:

> Le vocable – kâfir – est un ajout. Il signifie que je crois à telle opinion ou je mécrois. Donc, takfir est la négation de quelque chose... Les chrétiens, comme certains jeunes qui ne comprennent pas l'islam, sont considérés comme mécréants, du fait qu'ils ne croient pas en l'islam ni en Mahomet ni au Coran. De ce point de vue, je les considère comme mécréants. De leur côté, ils me considèrent aussi comme mécréant, puisque je ne crois pas à la Trinité ni au Christianisme tel qu'il est décrit aujourd'hui[2].

Par contre, un autre dignitaire musulman, cheikh Yasser Burhami, un médecin égyptien salafiste, se réfère aux versets coraniques pour accuser les chrétiens de mécréance, puisque Allah les traite ainsi[3]. Ce cheikh ne recourt pas à l'affabulation et ne louvoie pas comme le cheikh d'al-Azhar qui relativise à sa manière le qualificatif "mécréant".

Quelle est la dangerosité de ce mot et que signifie-t-il? A-t-il un sens linguistique qui indique seulement la personne "qui ne croit pas", ou bien sa dangerosité est encore plus pernicieuse?

Qualités des mécréants dans le Coran

Le Coran qualifie les chrétiens de mécréants plus d'une fois. *"Certes sont mécréants ceux qui disent: Allah, c'est le Messie, fils de Marie[4]!"* Ils sont donc mécréants à cause de leur doctrine et leur croyance en Jésus Christ. Plus loin, il ajoute: *"Ce sont certes des mécréants, ceux qui disent: "En vérité, Allah est le troisième de trois". Alors qu'il n'y a de divinité qu'une Divinité Unique[5]!"* Que signifie alors cette qualification de mécréants dans le Coran? (Abstraction faite de la conception, juste ou non, que le Coran accorde à leur doctrine).

Puis, le Coran accuse à la fois les juifs et les chrétiens de mécréance, ces derniers à cause de leur doctrine et les premiers à cause de leur croyance en Uzayr.

---

[2] Youtube, cheikh al-Azhar, Ahmad at-Tayyib: "Les chrétiens sont mécréants et nous le sommes aussi à leurs yeux."
[3] Youtube, Waël al-Abrachi interroge cheikh Yasser Burhami: Les chrétiens sont-ils des mécréants?
[4] Le Coran 5,17
[5] Le Coran 5,73

> *Les Juifs disent: Uzayr est fils d'Allah, et les chrétiens disent: Le Christ est fils d'Allah. Telle est leur parole provenant de leurs bouches. Ils imitent le dire des mécréants avant eux. Qu'Allah les anéantisse! Comment s'écartent-ils (de la vérité*[6]*?"* Dans un autre verset, il qualifie les gens du Livre (juifs et chrétiens) de mécréance: *"Les infidèles parmi les gens du Livre, ainsi que les polythéistes, ne cesseront pas de mécroire jusqu'à ce que leur vienne la preuve évidente*[7].

Le Coran cherche-t-il à faire allusion à leur incroyance ou bien à dire que la mécréance est plus dangereuse? Les autres versets qui concernent les mécréants utilisant le mot *al-kufr* avec l'article défini (al) pour spécifier uniquement le non musulman, et non le musulman qui nie certaines parties de l'islam ou certains dogmes de base. Dans ce cas, ce dernier devient apostat mécréant.

Le Coran traite les mécréants comme les plus vils créatures parmi les animaux. Il les prive de toute qualité humaine. *"Les pires bêtes, auprès d'Allah, sont ceux qui ont mécru et qui ne croient donc point*[8].*"* Leur crime c'est qu'ils ne croient plus en Mahomet ni en sa religion. Cette même description se trouve dans un autre verset où le Coran les considère comme la pire de la création. *"Ceux qui ont mécru parmi les gens du Livre, ainsi que les polythéistes iront au feu de l'Enfer, pour y demeurer toujours. De toute la création, ce sont eux les pires*[9].*"* Si on admet que le sens du mot *mécréant* est relatif, de telle sorte que le chrétien est mécréant dans l'optique du musulman, et celui-ci l'est aussi dans l'optique du chrétien, est-ce que les musulmans accepteront-t-ils qu'on les qualifie *"de pire bêtes"* ou *"des pires de toute la création"*?

Aucun verset coranique ne qualifie le musulman de "mécréant". Un seul verset parle d'un acte et non d'un qualificatif: *"Quiconque mécroit au Thagout tandis qu'il croit en Allah, saisit l'anse la plus solide, qui ne peut se briser. Et Allah est audient et omniscient*[10].*"* Donc, les attributs que le Coran donne aux mécréants élucident toute ambiguïté. L'expression "mécréant" a pour dessein l'effusion de sang, l'enlaidissement et la discrimination à l'encontre de celui qui ne croit pas en l'islam, et ne peut en aucune façon être synonyme d'"incroyant". Le Coran considère ceux qui ont mécru comme simples bêtes qui mangent: *"Ceux qui mécroient,*

---

[6] Le Coran 9,30
[7] Le Coran 98,1
[8] Le Coran 75,55
[9] Le Coran 98,6
[10] Le Coran 2,256

jouissent et mangent comme mangent les bestiaux; et le feu sera leur lieu de séjour[11]*."* Il les qualifie aussi de débiles qui ne comprennent rien: *"S'il se trouve parmi vous vingt endurants, ils vaincront deux cents; et s'il s'en trouve cent, ils vaincront mille mécréants, car ce sont vraiment des gens qui ne comprennent pas*[12]*."* D'ailleurs, Allah les maudit à maintes reprises dans le Coran.

Si cette expression avait une signification relative comme le prétend le cheikh d'al-Azhar, cette malédiction serait également valable pour les musulmans, puisqu'ils sont mécréants aux yeux des chrétiens. Accepterait-il qu'il soit maudit par Allah ou par les chrétiens? Le Coran le dit tout clairement: *"Que la malédiction d'Allah soit sur les mécréants*[13]*!"* Le mot *mécréants* (*al-kâfiroun*, pluriel de *kâfir*) est utilisé ici avec l'article défini (al-). Il désigne tous les mécréants là où ils se trouvent. Dans un autre verset, le Coran précise: *"Allah a maudit les mécréants et leur a préparé une fournaise*[14]*."* En effet, Allah hait les mécréants, ne les aime pas et les considère comme ses ennemis. Il leur manifeste une inimitié personnelle, puisqu'il est dit: *"Certes, Allah n'aime pas les mécréants*[15]*"*, et dans une autre sourate: *"Allah est l'ennemi des mécréants*[16]*."* Les livres d'exégèse disent que ce dernier verset a été révélé pour spécifier les juifs, c'est-à-dire que le dieu Allah est leur ennemi personnel. Tabari ajoute: "Cette information montre que Allah a fait descendre ce verset pour blâmer les juifs à cause de leur mécréance envers Mahomet, mais aussi pour annoncer que celui qui est l'ennemi de Mahomet, Allah sera son ennemi[17]."

Le Coran qualifie également les mécréants de criminels qui mériteront un châtiment affreux. *"Et quant à ceux qui ont mécru [il sera dit]: Mes versets ne vous étaient-ils pas récités? Mais vous vous enfliez d'orgueil et vous étiez des gens criminels*[18]*."* En tout cas, les musulmans ne feront pas partie des criminels, si on admet que le terme "mécréant" ne signifie pas seulement "l'incroyant", puisque le Coran dit dans un autre verset: *"Traiterons-nous les musulmans à la manière des criminels? Qu'avez-vous? Comment jugez-vous?* [19]*"*

---

[11] Le Coran 47,12
[12] Le Coran 8,65
[13] Le Coran 2,89
[14] Le Coran 33,64
[15] Le Coran 3,32
[16] Le Coran 2,98
[17] Tabari, op. cit., 1:349. Explication du verset 2,98
[18] Le Coran 45,31
[19] Le Coran 68,35-36

Ce flot surprenant de versets révèle que le Coran réserve un espace remarquable pour attribuer aux mécréants tous les qualificatifs humiliants et asservissants, les classent au plus bas de l'échelle. Il fait d'eux des récalcitrants et des criminels qui mériteront des peines terribles dans ce monde comme dans l'au-delà.

Dans le Hadith, Mahomet dit: "Tout homme qui dit à son frère: ô mécréant, l'un d'entre eux encourt la colère[20]." Si le sens du mot mécréant a une portée relative, pourquoi l'un accuse-t-il l'autre en utilisant ce terme? L'un ne serait-il pas mécréant en vertu de ce que l'autre représente? L'utilisation de ce mot dans ce hadith souligne sa gravité, puisqu'il chasse le musulman de sa croyance et le soumet à un jugement en vertu de lois différentes de la loi ordinaire. Il place "le mécréant" dans une classe inférieure à celle du musulman, que ce soit dans une société musulmane ou non. En tant que tel, le musulman jouit de nombreux privilèges. Quant au non musulman, il est considéré mécréant et citoyen de deuxième classe, dans le cas où l'islam le traite comme mécréant pacifiste. Sinon, il y a plusieurs types de mécréants, nous y reviendrons ultérieurement. Je me contente ici du "bon mécréant", qui est humble, servile, qui accepte les préceptes de l'islam, paie le tribut, ne proteste jamais contre ses conditions et vit à la merci des musulmans. Ce mécréant se contente de vivre dans une condition inférieure à celle du musulman en tout. Pour cette raison, de nombreux chrétiens vivent une situation dramatique dans le monde musulman, en Égypte, en Irak, en Syrie, en Iran, au Pakistan, ou ailleurs. Même en Jordanie, où leurs conditions sont jugées meilleures que dans tous les pays musulmans, ils ne peuvent toujours pas occuper certains postes administratifs comme leurs concitoyens musulmans.

Le mécréant, ennemi du musulman et d'une valeur inférieure

Quoiqu'il fasse, le mécréant demeure l'ennemi du musulman selon le Coran qui dit: *"Les mécréants demeurent pour vous un ennemi déclaré[21]."* Et d'ajouter: *"Que les croyants ne prennent pas, pour alliés, des mécréants, au lieu de croyants. Quiconque le fait contredit la religion d'Allah, à moins que vous ne cherchiez à vous protéger d'eux. Allah vous met en garde à l'égard*

---

[20] Sahih Bukhari 5:2264. Livre de la politesse: "Celui qui accuse son frère de mécréance sans raison…". Sahih Muslim 2:43. Livre de la foi: "Revue de l'état de foi de celui qui dit à son frère musulman: Tu es mécréant.
[21] Le Coran 4,101

de lui-même[22]." Donc, le musulman ne doit prendre comme amis que des musulmans. Les mécréants, bien qu'ils soient bons et aimables, demeurent des ennemis d'Allah, et par conséquent, ennemis des musulmans. Allah voudrait que ces derniers aient comme ennemis les siens. C'est pourquoi, l'invocation que le musulman adresse à son Allah, doit être: *"Efface nos fautes, pardonne-nous et fais nous miséricorde. Tu es notre maître, accorde-nous la victoire sur les peuples mécréants[23]."* Cette invocation est l'une des plus célèbres que les musulmans répètent dans la prière du vendredi, les prières collectives et les cérémonies publiques. Ils souhaitent donc la victoire sur tous les mécréants, même ceux qui sont leurs concitoyens et leurs voisins.

Admettons qu'un musulman ait tué un mécréant, il ne tue pas "une âme pour âme[24]", car le sang du musulman est plus cher que celui du mécréant, même aux yeux d'Allah. C'est la loi fondamentale en islam. Elle est articulée clairement dans le hadith qui dit: "On ne tue pas un musulman pour un mécréant[25]." Ce principe se répète dans de nombreuses références, inutiles de les citer ici. On se contente d'un seul exemple tiré de *Musnad Ahmad* qui dit: "Le Prophète a décidé qu'on ne tue pas un musulman pour un mécréant[26]." L'exégète Asqalani (XIVe–XVe s.) précise: "Le principe de ne pas tuer un musulman pour un mécréant, a été approuvé à l'unanimité[27]." Ce qui implique que les oulémas de l'islam ont convenu à appliquer ce principe de base tiré du Hadith. Ils n'acceptent jamais qu'on tue un musulman pour un mécréant. Ce principe accorde-t-il maintenant au terme "mécréant" la même valeur que celui du terme "incroyant"?!

Le cheikh d'al-Azhar est bien conscient de tout cela. Mais il lui est plus facile d'interpréter les choses de façon simple et superficielle devant le public, afin que les chrétiens acceptent son point de vue. Ainsi, imagine-t-il que le terme "mécréant" entre dans les mœurs, se normalise et soit accepté.

En effet, il incombe à la communauté internationale de condamner ce terme, car les chrétiens arabophones ne l'utilisent jamais. C'est le

---

[22] Le Coran 2,28
[23] Le Coran 2,286
[24] Il est dit dans le Coran: *"Ô les croyants! On vous a prescrit le talion au sujet des tués: homme libre pour homme libre, esclave pour esclave, femme pour femme."* (2,178). Mais le mécréant ne fait pas partie de cette loi de talion.
[25] Sahih Bukhari, 3:1110. Livre du Djihad: Libération du prisonnier.
[26] Musnad Ahmad, 2:372
[27] Al-Asqalani (Ibn Hajar), *Fath al-Bari fi charh al-Bukhari* (Commentaire de Sahih al-Bukhari), 14:259

monopole des musulmans seulement. Il est pour eux une insulte, un gros mot, une réduction de la valeur de l'homme, mais surtout il a un caractère discriminatoire, raciste, puisqu'il favorise le sang du musulman au détriment de celui des autres. Si un chrétien vit aujourd'hui dans le califat de Daech, accepte de payer la jizya ainsi que les conditions abusives et méprisantes qu'on lui impose et si un musulman le tue, celui-ci ne sera pas tué. Il payera seulement une compensation matérielle à sa famille, même si le chrétien est protégé par le Pacte et par son statut de dhimmi. Un cas similaire eut lieu du temps de Mahomet. Un certain Hilal ben Omayya a tué un mécréant protégé par le Pacte. Mahomet prit la parole et dit: "N'as-tu pas vu ce qu'a fait votre ami Hilal ben Omayya? Si je tue un croyant pour un mécréant, je l'aurai tué, mais ils ont payé la rançon[28]." S'il n'y avait pas ce principe de base, Mahomet aurait tué l'assassin. Ne pouvant pas violer la règle légale, il leur demande de payer seulement une rançon. De nombreux exégètes interprètent cet avis en se référant au discours de Mahomet le jour de conquête lorsque les gens de Khozaa ont tué un homme protégé par le Pacte. Mahomet avait dit: "Si je tue un croyant pour un mécréant, je l'aurai tué en lui[29]."

Quelle est la sanction qu'encourt un musulman qui tue exprès un mécréant (protégé par le Pacte ou un dhimmi)? Il n'encourt aucune peine sur terre, mais il sera privé dans l'au-delà de quelques années du paradis. Il ne restera pas longtemps dans le feu. Il retournera au paradis après une période passée en enfer, un endroit similaire au Purgatoire des chrétiens. À ce propos, Mahomet s'explique dans un hadith qui dit: "Celui qui tue un protégé par le Pacte, ne verra pas l'odeur du paradis qu'après un parcours de quarante ans[30]." Un des exégètes commente ainsi ce hadith:

> Ce qui est voulu par cette négation, même généralisée, c'est de prendre chaque cas dans un contexte temporel. Lorsque les preuves mentales et transmissibles conviennent à dire que celui qui décède en tant que musulman, même s'il avait commis de graves erreurs, sera jugé en vertu de son islam. Il ne restera pas pour toujours au feu. Il regagnera le paradis même s'il subit des sanctions avant[31].

---

[28] Bayhaqi, *As-Sunan al-kubra* (La grande collection de Hadith), 12:39. L'interdiction du meurtre: "A propos de ceux qui n'ont pas de peine entre eux à cause de la différence religieuse."
[29] Asqalani, op. cit., 14:258
[30] Sahih Bukhari, 3:1155. Livre de la jizya: "La sanction de celui qui tue un dhimmi innocent."
[31] Asqalani, op. cit., 14:257

Telle législation incite les musulmans à tuer des mécréants parmi les chrétiens et les juifs. En Égypte, jamais un musulman ayant tué un chrétien n'a été condamné à la peine de mort et ne le sera jamais sous un régime qui applique la charia. C'est un fait qui viole les préceptes de l'islam basés sur la sunna du Prophète.

Qu'en est-il alors dans le cas d'un meurtre non délibéré? Si c'est un musulman qui tue un juif ou un chrétien, il payera une rançon compensatoire équivalente à la moitié de celle qu'on paie dans le cas où un musulman était la victime. Ce qui est d'ailleurs conforme au hadith qui dit: "La rançon payée aux dhimmis vaut la moitié de celle payée aux musulmans par les juifs ou les chrétiens[32]." Le même enseignement se répète dans un autre hadith: "On ne tue pas un croyant par un mécréant. La rançon de ce dernier vaut la moitié de celle payée à un musulman[33]." Effectivement, la rançon d'un mécréant vaut la moitié de celle d'un musulman. N'est-ce pas une discrimination flagrante? Un musulman acceptera-t-il de vivre dans un pays où la législation accorde une rançon double de celle accordée à un musulman? Acceptera-t-il de vivre dans un pays où le chrétien ne sera pas tué s'il tue à dessein un musulman? Comment alors cherchent certains musulmans à diffuser le terme *mécréant* en l'assimilant à celui d'*incroyant*?

Le "kâfir", une expression raciste

Ah, si on pouvait s'arrêter là! Mais ce terme implique aussi une contenance discriminatoire raciste qui nécessite son interdiction au niveau international, puisqu'il viole tous les accords, les pactes et les traités internationaux concernant les droits de l'homme. Le témoignage d'un mécréant n'est pas valable en islam, puisque le Coran prescrit: *"Prenez deux hommes justes parmi vous comme témoins*[34]*."* Ce verset comprend deux conditions pour valider le témoignage: le témoin doit être juste et issu de la communauté (parmi vous), c'est-à-dire musulman. Le mécréant n'est pas juste ni intègre, mais injuste d'après le Coran. *"Nous allons jeter l'effroi dans les cœurs des mécréants. Car ils ont associé à Allah (des idoles) sans aucune preuve descendue de sa part. Le Feu sera leur refuge. Quel mauvais*

---

[32] An-Nisa'i (Ahmad), As-*Sunan as-sughra* (La petite collection de Hadith), 8:414. Livre du Partage: "La rançon payée à un mécréant"
[33] Bayhaqi, op. cit., 12:38. Livre de l'interdiction du meurtre: "À propos de ceux qui n'ont pas de peine entre eux à cause de la différence religieuse."
[34] Le Coran 65,2

séjour que celui des injustes[35]*!"* Il ne s'agit pas ici des musulmans. Les oulémas de l'islam ont rejeté le témoignage du mécréant. Al-Zahrî, selon l'un d'entre eux, qui précise: "La sunna a confirmé que le témoignage d'un mécréant citadin ou nomade n'est pas valable[36]." Un autre exégète, Ibn Qudâma, ajoute: "Le témoignage d'un chrétien contre un musulman est absolument obsolète[37]." En outre, si par exemple un musulman décède et on remarque qu'un de ses enfants est mécréant, celui-ci sera privé de sa part dans l'héritage. Les frères et sœurs ont le droit, dans ce contexte, d'exclure leur frère, puisque Mahomet avait prescrit que "le musulman n'hérite pas le mécréant, et celui-ci n'hérite pas non plus le musulman[38]."

Tous ces textes et leur contenu élucident bien que le terme *mécréant* n'est pas synonyme du terme *incroyant*. C'est un descriptif d'une condition sociale qui classe tout non musulman dans une place inférieure à celle du musulman, que ce soit dans le sang, l'argent ou le témoignage.

Les conséquences de la mécréance se répercutent au niveau du mariage. Le musulman a le droit d'épouser une mécréante chrétienne ou juive. En revanche, le mécréant juif ou chrétien ne peut épouser une musulmane en vertu d'un précepte coranique qui dit: *"Ne donnez pas d'épouses aux polythéistes tant qu'ils n'auront pas la foi, et certes, un esclave croyant vaut mieux qu'un polythéiste même s'il vous enchante*[39]*."* Les exégètes estiment que "le dieu Allah a interdit aux croyantes d'épouser un polythéiste, quel qu'il soit. "Ô vous croyants, ne donnez pas vos filles à ce genre de mariage. C'est illicite (*haram*) pour vous[40]!"

Imaginons si une loi dans les pays occidentaux interdit au musulman d'épouser une femme chrétienne et autorise les chrétiens d'épouser des musulmanes. Ce ne serait-il pas le summum de la discrimination? Le terme *mécréant* s'impose également dans le mariage en fonction de la religion. Et lorsqu'on applique la charia de l'islam dans n'importe quel pays, il devient impossible aux non musulmans d'épouser des musulmanes. C'est comme lorsque des Français veulent se marier avec des marocaines, le tribunal au Maroc demande si le Français est musulman ou non. Il doit même fournir un document spécial qui confirme qu'il est musulman.

---

[35] Le Coran 3,151
[36] Tabari, op. cit., 7:73. Explication de la sourate 5,106
[37] Ibn Qudâma, *Al-Charh al-kabir* (La grande explication), 4: 172
[38] Sahih Bukhari 6:2484. Livre des obligations: "Le musulman n'hérite pas un mécréant et le mécréant n'hérite pas un musulman."
[39] Le Coran 2,221
[40] Tabari, op. cit., 2: 224. Explication du verset 2,221

Certains hommes le font pour la forme et sans aucune conviction, afin de faciliter la cérémonie du mariage et éviter les tracasseries. D'autres se trouvent obligés d'aller se marier à l'étranger, mais leur contrat de mariage ne sera jamais reconnu au Maroc. La même chose s'applique aux filles marocaines qui veulent se marier avec des chrétiens arabophones de la Jordanie, du Liban, d'Égypte ou d'Irak. Souvent certaines d'entre elles prennent la fuite vers des pays européens pour se marier, ou trouvent d'autres astuces pour se débrouiller. C'est un drame dont souffrent les femmes dans le monde musulman à cause de ces enseignements discriminatoires. Et pourtant, on trouve toujours des défenseurs de ces aberrations. Ils cherchent même à les faire appliquer en Europe et en Amérique sous prétexte que c'est mieux pour les peuples.

Qu'en est-il de la fonction publique? La justice sociale implique l'égalité et le droit de tous les citoyens d'occuper des postes dans l'administration des pays évolués. Or, la charia islamique n'en tient jamais compte. Elle accorde toujours la priorité aux musulmans et l'obligation de les préférer aux mécréants. D'autant plus que certains postes doivent rester leur monopole. Le mécréant ne doit jamais les exercer, notamment les ministères régaliens comme la Justice qui nécessite une aptitude particulière qu'on ne trouve pas chez le mécréant, qui, en tant que juge, devrait instruire les dossiers à la lumière de la charia islamique, à la laquelle il ne croit pas. Même pour occuper d'autres postes, celui d'un Président, d'un Vice-président, c'est-à-dire assumer la responsabilité des affaires des musulmans, la charia l'exclut catégoriquement.

La question suivante a été posée à Abdelhay Youssof, professeur à la section de la culture islamique à l'Université de Khartoum: "Que pensez-vous si un non musulman occupe le poste de Président, de Vice-président, de ministre, de magistrat ou de postes similaires?". Il a répondu:

> Les oulémas ont convenu que les postes gouvernementaux ne s'attribuent pas à un mécréant. Lorsqu'on remarque la mécréance dans la gestion d'un responsable, il faut le destituer immédiatement, conformément à la parole d'Allah: "Jamais Allah ne donnera une voie aux mécréants contre les croyants[41]." Le poste de l'imamat est purement religieux et consiste à protéger la religion et à mener la politique à sa lumière. Il n'est pas concevable qu'un mécréant puisse l'assumer. Quant aux postes ministériels, les oulémas distinguent entre un ministère de gestion et un autre appelé à exercer de pleins

---

[41] Le Coran 4,41

pouvoirs. Ils acceptent qu'un non musulman assume la responsabilité d'un ministère de gestion qui n'a aucun rapport avec l'élaboration de politiques et n'impacte pas les décisions. Quant aux ministères régaliens, ils ne seront jamais attribués à un non musulman notamment le portefeuille de la Justice, comme celui de l'Imamat, du Zakat, de l'Armée. Ces quatre postes ne peuvent être confiés qu'à un musulman intègre, car ce sont des postes à caractère religieux, et Allah est plus omniscient[42]!

Cette fatwa n'est pas l'œuvre d'un individu qui ignore la charia, mais plutôt d'un professeur dans une université islamique. Son discours ne concerne pas seulement le Soudan, mais tout le monde musulman. Les oulémas de l'islam l'ont toujours rappelé et confirmé autrefois et maintenant. Le cadi marocain Aayâdh (XIe–XIIe s.) avait dit littéralement la même chose: "Les oulémas ont convenu que le poste de l'Imamat ne s'attribue pas à un mécréant. Si on remarque la mécréance dans la gestion d'un responsable, il sera aussitôt destitué, même s'il abandonne la prière et n'y appelle pas[43]." Nissabouri, un exégète du XIXe siècle, a également clamé: "Les oulémas ont convenu que le mécréant ne peut avoir aucun pouvoir sur le musulman[44]."

Quiconque souhaite se documenter davantage sur ce sujet, trouvera sur Internet les fatwas diffusées en Égypte et en Arabie Saoudite. Il s'étonnera du flot des fatwas qui stipulent que les postes régaliens ne peuvent jamais être confiés à des juifs ni à des chrétiens en vertu des textes religieux. Ainsi les chrétiens égyptiens ne pourront jamais assumer des postes au sein du Service des Renseignements généraux, ni de celui de la Présidence de la République. En tout cas, la charia islamique prime en Égypte, même si ce pays n'en applique pas d'autres prescriptions.

Les préceptes concernant le kâfir, apostat et combattant

Le terme mécréant (*kâfir*) n'a pas une connotation anodine ni provisoire, mais discriminatoire. Si on parle ainsi à propos du mécréant ordinaire, débonnaire, qu'en est-il des autres classifications de ce terme? D'autres mécréants sont traités par l'islam avec une autre logique, comme c'est le cas du mécréant apostat. Celui-ci ne jouit d'aucun droit. Il faut plutôt le tuer, s'il est né musulman, et s'il a apostasié lorsqu'il est devenu grand, ou bien s'il a choisi un jour l'islam puis y a renoncé. À ce propos, l'accord

---

[42] Site *al-Muchkat al-islamiya*. Fatwa relative au poste du président ou du vice-président.
[43] Nawawi, Explication de Sahih Muslim, 12:180
[44] Ibn al-Qayyim, *Ahkâm ahl al-zimma* (Les prescriptions relatives aux Dhimmis), 2: 787

entre les quatre écoles doctrinaires en islam est total. La seule différence réside dans le temps ou plutôt dans la durée qui lui est accordée pour se repentir. Mahomet dit dans un hadith: "Quiconque change sa religion, tuez-le[45]!" Un autre texte recommande la même chose: "L'effusion de sang d'un musulman qui témoigne [Il n'y a pas de Dieu qu'Allah et que je suis son messager], n'est pas licite que dans trois cas: la femme divorcée ou seule qui commet l'adultère, l'âme pour l'âme, et celui qui abandonne sa religion et sa communauté[46]."

Faisant partie de cette catégorie, je suis considéré comme mécréant apostat aux yeux de l'islam, puisque je suis né dans une famille musulmane. Je suis musulman de pure production *à l'usine*. Devenu adulte, j'ai choisi de quitter l'islam. Ainsi suis-je devenu un de ces types d'apostats qui n'ont aucun droit à la vie. Tout individu classé dans cette catégorie, dont l'apostasie est confirmée par l'acte ou la parole, sera condamné à la peine capitale.

Quant à l'autre catégorie, celle du mécréant combattant, qui combat l'islam en parole ou en acte, il sera privé de tous ses droits sans exception, selon la définition d'Ibn Taymiya:

> Un *dhimmi* viole le Pacte de Protection, s'il refuse de payer la jizya et d'appliquer nos lois, s'il cherche à détourner un musulman de sa religion..., et même, s'il agit de façon honteuse et humiliante à l'encontre de l'islam en attribuant ce qui n'est pas légal à Allah (1), à son livre (2), à sa religion (3) et à son messager (4)[47].

Il est même dit et confirmé dans le Coran que tout individu, issu des mécréants, qui critique la religion de l'islam, devient un mécréant combattant. Il faut le combattre et le tuer. *"Et si, après le Pacte, ils violent leurs serments et attaquent votre religion, combattez alors les chefs de la mécréance - car, ils ne tiennent aucun serment - peut-être cesseront-ils[48]?"* Al-Chafi'ï (VIIIe-IXe s.) commente ce verset:

> Quiconque d'entre vous mentionne Mahomet, le Livre d'Allah ou sa religion de façon inappropriée, Allah le désavoue ainsi que l'émir des croyants et tous les musulmans. En violant le pacte de sécurité qui lui a été accordé, l'émir des croyants aura le droit sur ses biens et sa vie, à l'instar des biens et de la vie des gens de guerre[49].

---

[45] Sahih Bukhari 6:2537. Livre du repentir et des inflexibles: "Les prescriptions concernant l'apostat ou l'apostate et comment les ramener au repentir."
[46] Sahih Muslim 11:38. Livre du partage et des combattants: Quand l'effusion de sang d'un musulman est licite.
[47] Ibn al-Qayyim, Ahkam ahl al-zimma, 3:1366 ; voir aussi 3:1364-1367.
[48] Coran 8,12
[49] Ach-Chafiï, *Kitab al-Umm* (Livre de la mere), 4:280

Tant que le chrétien ou le juif vit humilié, insulté, méprisé, n'osant pas lever la voix ni protester ni critiquer la religion islamique, il mènera la vie d'un citoyen de deuxième classe. Dans ce cas, il jouit de la protection, mais se trouve dans tous les cas à la merci des musulmans. Cependant, s'il parle, proteste, ou reproche quoique ce soit à l'islam, alors l'effusion de son sang sera licite et pourra être légalement tué.

Lorsque certains musulmans me disent: "Nous avons vécu côte à côte avec les chrétiens en Égypte, en Irak ou en Jordanie", je répondrai aussitôt: Oui, vous avez vécu côte à côte avec les chrétiens, mais au détriment de ces chrétiens. Certains d'entre eux se sont convertis à l'islam par contrainte ou pour fuir les conditions difficiles qu'ils subissaient par la force des pressions financières et sociales. D'autres ont vécu dans la servilité sans dire un mot, ou ont été tués ou condamnés. Bon nombre aussi a dû émigrer. Ainsi, le nombre des chrétiens en Orient a régressé, comme leur présence en Afrique du Nord a été totalement anéantie à cause de ces pratiques et d'autres mesures répressives. Cette politique est appliquée jusqu'à nos jours. Alors le mythe du "vivre ensemble" ne tient pas. C'est une cohabitation durant laquelle les chrétiens subissent les pires vexations et brimades. Ils avalent l'amertume et la couleuvre en silence en saignant. Leur nombre se réduit jusqu'à la disparation comme ce fut le cas en Afrique du Nord, en Algérie, au Maroc et en Tunisie.

Daech applique les textes relatifs au takfîr

Daech applique aujourd'hui ces textes concrètement sur le terrain. Il divise les êtres humains entre mécréants et croyants. Le véritable musulman au regard de Daech et des textes islamiques approuvés par les juristes, est celui qui s'engage à suivre l'islam dans sa totalité. Par contre, le mécréant est celui qui ne croit en l'islam ni partiellement ni totalement, ni en parole ni en acte. Daech a tué et tue encore un grand nombre des gens considérés "normalement" comme musulmans, mais qui sont, en réalité, de véritables mécréants selon les critères établis par les oulémas de l'islam. Alors, les milices de Daech les met hors la loi et les tue avec sang froid. Ainsi se conduisent-ils avec les chiites, les coopérateurs avec les régimes syrien et irakien ou avec les forces alliées. Tout ce monde est accusé de trahison à l'islam et condamné à la lumière des hadiths déjà cités.

Daech ne tue pas les musulmans qui se soumettent sans contestation aux lois de l'État califal, exactement comme du temps de Mahomet. Celui-ci n'a pas tué quiconque s'était soumis à lui, a vécu à sa merci, croyant ou mécréant, manifestant sa foi ou cachant sa mécréance. Tous ont vécu à l'ombre du premier État islamique, sans problèmes, mais en acceptant tout, par servilité et humilité bien entendu. En revanche, ceux qui ont critiqué Mahomet ou l'ont tourné en dérision par la poésie, il a trouvé des astuces pour les liquider, comme ce fut le cas avec le juif Kaab ben al-Achraf[50].

Daech fait aujourd'hui la même chose. Il ne tue que ceux qui lui créent des problèmes et collaborent avec les ennemis de l'État islamique. Il s'attaque également aux régimes suppôts de l'Occident, croisés et mécréants, ou aux chiites qui sont également considérés comme mécréants par les oulémas sunnites.

Ceux qui disent que la plupart des victimes de Daech sont musulmans, ont tort, suite à des vérifications sur le terrain. En effet, aux yeux de qui sont-ils musulmans, puisque ce terme implique une portée relative. Le chiite se dit musulman, mais il est mécréant dans l'optique sunnite. Le sunnite n'est pas musulman, mais mécréant au regard du chiite. Le musulman qui est allié à l'Occident et aux mécréants, est sorti de l'islam, même s'il reconnaît toujours oralement qu'il est musulman. Par son action, il a apostasié l'islam, comme nous allons voir dans le chapitre suivant sur les paradoxes de l'islam. Par conséquent, il est licite de tuer ce musulman déguisé et de le déposséder de ses biens et de ses enfants. C'est la charia islamique qui ne tolère personne.

Le terrorisme commence par le takfîr et finit par le meurtre. Avant de passer à l'acte, on classifie les gens. Le plus dangereux dans cette classification, c'est de les diviser en croyants et mécréants, entre musulmans qu'il faut préserver la vie, et mécréants qu'on peut liquider physiquement, car leur vie ne vaut rien pour le dieu Allah comme pour ses fidèles. Le Coran est clair: *"Muhammad est le messager d'Allah. Et ceux qui sont avec lui sont durs envers les mécréants, miséricordieux entre eux[51]."* Effectivement ils sont durs. Ils les tuent de la manière la plus atroce. Mais entre eux ils sont doux et magnanimes. Avant que Daech tue quiconque,

---

[50] Mahomet dit à ses compagnons: "Qui va me venger de Kaab ben al-Achraf, il s'est moqué d'Allah et de son messager. Alors Mohammad ben Moslima réagit: - Ô Messager d'Allah! Voulez-vous que j'aille le tuer? - Oui! Lui répond Mahomet. - Ce qu'il a fait concerne le Prophète, mais il nous concerne aussi et nous a demandé l'aumône. Au nom d'Allah! Nous allons le souler! Puis Ben Moslema ajoute: - Si on le suit, nous appréhendons de le laisser avant de savoir quel sera son sort. Alors qu'il lui parlait, Ben Moslema réussit à le maitriser et à le tuer." Sahih Bukhari 3:1103. Livre du djihad: "Le mensonge pendant la guerre."

[51] Le Coran 48,29

il spécifie sa classe pour faciliter à ses milices la procédure appropriée du meurtre, en vertu de la charia qui justifie sa mort.

Dans l'histoire de l'islam, les gouvernements et les institutions ont procédé à accuser de mécréance maintes personnes pour justifier leur condamnation à mort. Au début de l'islam et juste après la mort de Mahomet, eut lieu la première opération de la *mécréanisation* collective de tribus musulmanes, qui cessèrent de payer la zakat.

Le takfîr depuis la naissance de l'islam

Mahomet lui-même imposa aux tribus ayant adhéré à l'islam la paye de la zakat, une source de revenus destinée à entretenir son administration, dépenser pour les guerres et les invasions, payer les moudjahidines, les pauvres et d'autres. Or, à l'arrivée d'Abou Bakr comme calife, les tribus arabes qui avaient prêté allégeance à Mahomet, crurent enfin pouvoir se libérer de ce dur impôt religieux. Voici comment les deux grands chefs musulmans, Abou Bakr et Omar, ont cherché à régler cette question selon le hadith suivant:

> Après la mort du messager d'Allah, le choix d'Abou Bakr comme calife et le renoncement de certaines tribus arabes [converties à l'islam], Omar Ibn al-Khattab interpelle Abou Bakr: L'ordre m'a été donné pour combattre les gens jusqu'à ce qu'ils disent: Il n'y a pas de divinité qu'Allah. Celui qui le dit, ses biens et sa vie seront protégés, et il en rendra compte à Allah. Abou Bakr lui réplique: Au nom d'Allah, je combattrai ceux qui séparent la prière de la zakat, car celle-ci est un droit acquis pour les finances [du califat]. Au nom d'Allah, si des gens sages qui payaient la zakat au messager d'Allah, m'empêchent de le faire, je les combattrai. Aussitôt Omar clame: Au nom d'Allah, je vois qu'Allah vient d'illuminer le cœur d'Abou Bakr pour lancer le combat. Et c'est la vraie voie[52].

Nous remarquons que ce hadith parle de la mécréance des tribus arabes. Le calife les traite ainsi et considère que leurs biens et leur vie sont licites pour lui. Il leur déclare aussitôt la guerre à cause de leur renoncement à l'un des piliers de l'islam. Même s'ils font les deux témoignages (reconnaître publiquement qu'Allah est l'unique dieu et Mahomet son messager), prient, jeûnent et font le pèlerinage, ils ne sont pas des vrais musulmans aux yeux d'Abou Bakr. Or, Omar proteste et lui rappelle que

---

[52] Sahih Muslim 1:174-180. Livre de la foi: "L'ordre de combattre les gens jusqu'à ce qu'ils disent: il n'y a pas de divinité qu'Allah et Mahomet est son messager."

Mahomet a déjà dit que celui qui embrasse l'islam, sa vie et ses biens seront protégés. Mais Abou Bakr lui réplique que celui qui ne paie plus la zakat est comme celui qui s'arrête de prier et s'abstient d'exercer d'autres obligations. Ainsi devient-il mécréant et son combat sera licite.

Cette idéologie guide aujourd'hui Daech dans sa politique à l'égard des chiites et des musulmans qui coopèrent avec le régime syrien, irakien ou autres. Tous sont des mécréants. Il faut les combattre exactement comme Abou Bakr avait combattu les tribus arabes qui ne voulaient plus payer la zakat après la mort de Mahomet. Donc, s'abstenir d'accomplir un des piliers de l'islam est considéré comme un acte de mécréance à combattre. C'est ainsi que les guerres menées par Abou Bakr, dite guerres *d'al-ridda*, étaient motivées par une procédure de takfîr et de classification. Aujourd'hui, il suffit de classifier un groupe comme mécréants ou apostats, et prouver qu'ils ne respectent pas un des piliers de l'islam, pour mobiliser des jeunes musulmans exaltés à les combattre, à s'approprier de leurs biens et à les tuer. Le takfîr est l'initiation mentale fondamentale pour le combat, la guerre, les attentats, le terrorisme en islam.

Le takfîr collectif ne s'est pas arrêté aux guerres *d'al-ridda*, menée par le premier calife après Mahomet. Mais ce phénomène a dominé, que ce soit au niveau collectif ou individuel, toute l'histoire de l'islam dès sa naissance jusqu'à nos jours. De nombreuses vies ont été sacrifiées à cause du takfîr, cette idéologie destructrice qui est effectivement une doctrine fondamentale en islam. Cependant, les questions qui ont été disputées entre les groupes islamiques au cours de l'histoire, sont: primo, sur qui s'applique la sentence de la mécréance; secundo, qui devons-nous considérer comme mécréant; tertio, qui devons-nous condamner pour mécréance ou non.

Le takfîr des groupes islamiques

La différence fondamentale en islam n'a jamais concernée la question du takfîr, mais la précision des limites entre la mécréance et la croyance et quand faut-il prononcer la sentence de mécréance contre un individu ou un groupe.

En effet, Mahomet a lui-même posé les fondamentaux du takfîr. Il a condamné la majorité des musulmans comme mécréants destinés à l'enfer. Il a prédit que sa communauté se divisera en 73 groupes allant tous au feu, sauf un. Ces paroles se trouvent dans un hadith célèbre que répètent les musulmans. Il est lu dans les mosquées, cité dans les prêches du Vendredi et même publié dans les livres et les références religieuses. Ce hadith dit: "Avant vous, les gens du Livre se sont divisés en 72 confessions, et cette communauté [de l'islam] se divisera en 73 groupes, dont 72 iront au feu et un seul au paradis[53]."

Selon ce hadith, les 72 groupes dits *islamiques* qui vont au feu, se nomment ainsi, alors que leurs membres ne sont pas vraiment musulmans. Un groupe sur 73 est considéré comme sauvé, c'est un taux très minime. Par conséquent, il n'est pas étonnant que Daech tue aujourd'hui de nombreux groupes qui se disent *islamiques* au regard des responsables occidentaux et les mass media, mais aussi au regard des musulmans en général. Or, dans l'optique de Daech, ils sont des apostats, des suppôts, des mécréants en tenue vestimentaire islamique. Cette conception ne diffère pas du tout de celle de Mahomet et ses compagnons, ni du contenu du hadith déjà cité.

Mahomet évoquait aussi dans un autre hadith les musulmans du *show up* et réclamait qu'ils soient tués, puisqu'ils sont des mécréants au fond d'eux-mêmes.

> À la fin des temps, dit-il, sortiront des gens jeunes et idiots. Ils diront des mots bien sélectionnés… Ils liront le Coran, mais l'impact de ses préceptes ne dépassera pas leur gorge. Ils s'écarteront de la religion comme une flèche. Si vous les rencontrez, tuez-les. Celui qui les tue, Allah le récompensera le jour de la résurrection[54].

D'autres textes fusent dans ce sens indiquant qu'il s'agit de musulmans qu'on appelle *khawaridjs* qui appliquaient l'islam en apparence: "Des gens sortiront d'entre vous. Ils prient, jeûnent, travaillent comme vous. Mais ils lisent le Coran sans le comprendre[55]." Mahomet a ordonné à ses compagnons de tuer ces khawaridjs, ceux qui n'obéissaient pas aux dignitaires religieux, bien que leur prière et leur jeûne islamiques soient de bonne qualité. Ils lisent le Coran et appliquent les préceptes de l'islam. Mais, pour lui, ils ne sont musulmans qu'en apparence. Tout dépend du jugement personnel. Chacun peut juger l'autre et dire s'il fait partie des khawaridjs ou non. C'est ainsi que certains doctes de l'islam accusent Daech d'en faire partie. Parmi eux figure le Mufti saoudien, Abdulaziz El Cheikh, qui a utilisé le hadith précité pour justifier leur

---

[53] Sunan Ibn Daoud 12:243. Livre de la sunna: Explication de la sunna.
[54] Sahih Muslim 4:141. Livre: al-Zakat: "Incitation à tuer les khawaridjs."
[55] Sahih Bukhari 4:1928. Les vertus du Coran: "Celui qui fait semblant de lire le Coran…"

condamnation à mort[56]. En revanche, Daech considère ceux qui mènent le combat contre eux de véritables khawaridjs identifiés dans le hadith en question que chacun exploite en sa faveur. Ainsi continuent-ils à s'accuser mutuellement.

Les khawaridjs étaient en effet un groupe ayant vu le jour grâce au processus du *takfîr*. Ils faisaient partie des premiers groupes islamiques qui se sont révoltés, mais que les doctes de l'islam avaient accusés d'outranciers et condamnés à mort par le recours au *takfîr*, comme s'il s'agit d'un cercle vicieux sans fin. Ce groupe émergea du temps du quatrième calife Omar. Certains chercheurs estiment qu'ils existaient déjà avant. Leurs adversaires les qualifiaient de khawaridjs, alors qu'ils se nommaient *croyants* par rapport à ceux qui étaient accusés de mécréants. Ils s'appelaient également "les acheteurs", parce qu'ils cherchaient à acheter la vie éternelle par celle d'ici-bas. Ils se dénommaient parfois de *muhakkima* (l'arbitrage), parce qu'ils réclamaient l'arbitrage d'Allah. Ils agissaient exactement comme Daech, al-Qaïda et consorts aujourd'hui. Les khawaridjs ont appris le Coran. Leur désaccord avec Ali est dû à son acceptation de l'arbitrage des gens proposé par Moawiya, suite à leur guerre pour le pouvoir et la gestion des croyants.

Lorsque le calife Ali accepta l'arbitrage, un groupe de ses partisans s'est désolidarisé de lui et on les a nommé khawaridjs. Ils se distinguèrent par leur condamnation d'Ali et de ses partisans et leur ont déclaré la guerre. Ils ont publiquement accusé Ali de mécréance, à cause de sa recherche de réconciliation avec les mécréants. Quiconque se réconcilie avec eux sans avoir recours au Livre d'Allah, est considéré mécréant comme eux. C'est ainsi qu'ils *mécréanisaient* Ali et ses partisans en se considérant comme *al-Gamaa al-mou'mina* (le groupe croyant) et ont élu un émir à leur tête. Ils savaient qu'ils ont traité de mécréant celui qui commet les erreurs graves (comme le meurtre ou l'adultère). Alors Ali leur déclara la guerre et les décima tous (400 individus environs)[57] dans la bataille de Nahrawan, une localité qui se trouve, par ironie du sort et de fatalité, sur le territoire de l'Irak actuel, à 35 km au sud-est de Bagdad. Cette bataille eut lieu 27 ans après la mort de Mahomet, du temps du plus grand pilier de l'islam, le calife Ali, son gendre et son cousin.

---

56 CNN arabe, Le Mufti saoudien: "Daech et al-Qaïda sont des khawaridjs qui méritent la mort..."
57 Mohammad Amara, Izalat al-chubuhât (Elimination des soupçons), p. 402

Comment pouvons-nous aujourd'hui blâmer et critiquer Daech pour ce qu'il fait, et dédouaner l'islam de cette relation consubstantielle entre lui, le takfîr et le meurtre collectif qu'exercent les milices de Daech? Les faits ne se ressemblent-ils pas entre ce que fait Daech aujourd'hui et ce qu'a fait Ali autrefois avec les Khawaridjs et dans les mêmes endroits? La seule différence c'est le temps et les personnes: 1400 ans et un autre calife nommé Baghdadi. Autrement dit, les lieux, les causes, les motivations, les textes de référence sont toujours les mêmes. Quant aux victimes, elles se comptent, dans les deux cas, par centaines voire par milliers. La raison est toujours le takfîr réciproque. Qui *mécréanise* qui?

Échantillons de takfîr dans l'histoire contemporaine

Le takfîr est une arme à double tranchant. Les imams, les doctes de l'islam, les gouverneurs musulmans, mais surtout les groupes et les institutions islamiques, y ont recours. Des exemples typiques illustrent ce phénomène au cours de l'histoire concernant ceux qui ont été accusés de mécréance, jugés et condamnés à mort. Le takfîr est la gâchette qui tire et l'exécuteur est purement et simplement la bouche du revolver à travers laquelle sort le plomb. Le cas de l'écrivain égyptien Farag Fouda, "le musulman", représente la mécréance en soi au regard des symboles religieux dans son pays. Fouda réclamait l'établissement d'un régime politique laïc en Égypte et prédisait la faillite du projet islamiste. Il a publié des livres dans ce sens, comme *La vérité absente*, et participait à des débats avec les promoteurs de l'État islamique, comme Mohammad Amara, l'azharite Mohammad al-Ghazali et le conseiller juridique Maamoun al-Hudaybi, élu guide des Frères Musulmans en 2002. Par la suite, il est accusé de mécréance, bien qu'il soit lui-même musulman (de son point de vue), en dépit de son opposition à l'islam comme religion et État et à son rejet de l'État religieux. Il dénonçait également la *dhimmitude* imposée aux chrétiens en Égypte.

Un conseil d'oulémas de l'Université al-Azhar l'accusa de blasphème et adopta une fatwa du Grand Imam le cheikh Gad al-Haq l'accusant d'être un "ennemi de l'islam", donc passible de la peine de mort. Le 8 juin 1992, deux jeunes musulmans tirent sur lui au moment où il s'apprêtait à monter dans son véhicule en compagnie de son fils et de l'un de ses amis. Il décède au cours de son transport à l'hôpital. Les deux autres sont blessés légèrement. Le groupe *Gamaa al-Islamiya* revendique l'assassinat en vertu de la fatwa d'al-Azhar. Il justifie son acte par la prétendue apostasie de Fouda et son refus de l'instauration de la charia. Lors du procès des assassins, l'un d'entre eux reconnaissait l'avoir tué parce qu'il est apostat selon la fatwa du cheikh Omar Abdelrahman[58], le mufti de groupe *Gamaa al-Islamiya*. À la question, comment sait-il qu'il est apostat et s'il a lu un de ses livres, il répond qu'il est analphabète, mais qu'il a entendu les cheikhs parler de sa mécréance. Lors de ce procès, l'influent intellectuel Mohammed al-Ghazali (qui a débattu avec Fouda) réclama l'innocence pour les assassins et la condamnation à mort de tout apostat mécréant. Quant à l'assassinat en soi, la seule erreur du meurtrier, c'est qu'il a fait le travail de l'État. Un tel délit n'est pas à sanctionner selon la charia. Un autre témoignage, c'est celui du Mahmoud Masrou'a, à l'époque chef de la section des Croyances et des Religions à l'Université al-Azhar. Il reconnaît que "Farag Fouda était un apostat avec le consensus de tous les musulmans et que son cas ne nécessite aucune instance pour juger ou instruire son apostasie[59]."

En dehors du procès, de nombreux cheikhs justifient la mort de Fouda et manifestent leur allégresse. Al-Hodhaybi, qui a débattu avec lui, a exprimé sa grande joie sur les ondes de *Voice of Kuwait*. Cheikh Abdelghaffar Aziz a même publié un livre intitulé *Qui a tué Farag Fouda?* Il lui reproche d'être lui-même la cause de sa mort.

Nombreux sont ceux qui ont participé à son assassinat. Celui qui a fourni les armes, Mohammad Abou al-'Ala', a été relâché avec d'autres en 2012 sur ordre du président islamiste Mohammad Morsi. En sortant de la prison, il exprima sa fierté sans aucun regret d'avoir participé à l'assassinat de Farag Fouda. Quant aux autres participants à cet attentat, dont celui qui a tiré sur la victime et celui qui a fourni une moto aux deux exécutants, ils ont été condamnés à des peines allant de la prison à la peine capitale. En revanche, les autres participants qui ont prononcé des fatwas et qualifié Farag Fouda de mécréant, sont restés libres, car le takfîr est un phénomène habituel dans le monde musulman. Aucune loi ne l'interdit. On y continue de considérer la takfîr des gens et l'effusion de leur sang comme une affaire qui incombe aux dignitaires religieux.

Le soudanais Mahmoud Mahmoud Taha fut accusé de mécréance par de nombreuses institutions islamiques, notamment par le Conseil constitutif de la Ligue du Monde islamique, qui déclara: "Il faut que

---

[58] *Rose el Youssef*, "Ceux qui ont assassiné Farag Fouda par les fatwas."
[59] *Middle East Online*, "Le réseau infernal qui a assassiné Farag Fouda."

les musulmans le traitent comme les apostats[60]." Chaque musulman sait comment se comporter avec un apostat. En outre, le Conseil des Recherches islamiques d'al-Azhar publia le 5 juin 1972 une fatwa qualifiant son discours de pure mécréance. Le lendemain, il fut condamné à mort par les instances judiciaires soudanaises, d'abord par le Tribunal de la charia, puis par la Cour pénale, et enfin par la Cour d'appel[61]. Il a été exécuté le vendredi 18 juin 1985.

Les sites islamiques continuent toujours à traiter de mécréance les partisans de Mahmoud Mohammad Taha au Soudan, dits "les républicains". *Al-Mochkat al-islam*iyya, un site bien connu, en dit:

> Des instances légales, des conseils de jurisprudence et des tribunaux islamiques ont décrété l'apostasie de l'homme [Mahmoud Mohammad Taha] et la corruption de sa pensée. Cette condamnation s'applique également à tout individu qui croit en sa pensée et se trouve dans le sillage de son hérésie. Il est illicite pour un musulman de se marier avec leurs filles, en vertu de la parole d'Allah: 'N'épousez pas les femmes polythéistes tant qu'elles n'ont pas la foi. Une esclave croyante est préférable à une polythéiste, même si elle a l'avantage de vous plaire.' Et si un mari se rend compte que son épouse adhère à cette pensée, il doit la répudier, sauf en cas de repentance. Il est aussi illicite pour une musulmane d'épouser un homme qui adhère à cette pensée, en vertu de la parole d'Allah: 'N'épousez pas les hommes polythéistes tant qu'ils ne croient pas. Un esclave croyant est mieux qu'un polythéiste, même s'il a l'avantage de vous plaire'[62].

Ce ne sont que des exemples très simples que personne ne peut nier l'existence dans notre histoire contemporaine. Pour cette raison, nous ne considérons pas Daech comme une exception. La différence réside dans l'étendue de l'application du takfîr sur le terrain. Daech ne s'intéresse point aux réactions des pays occidentaux ni des organisations qui appellent au respect des droits de l'homme, ni à sa condamnation dans les assemblées des instances internationales. Par contre, les pays musulmans tiennent parfois compte de leurs relations internationales et se trouvent soumis à des pressions et des compromis. Pour cette raison, Daech tue publiquement ceux qui sont considérés comme mécréants.

---

[60] *Al-Mochkat al-islamiyya*, "Est-ce que les Républicains considèrent le groupe de Mahmoud Mohammad Taha comme hérétique?"
[61] Sa condamnation est prononcée par le Tribunal de la charia le 18.11.1968, par la Cour pénal à Omm Darman le 7 janvier1985, et par la Cour d'Appel à Khartoum le 15 janvier 1985.
[62] Le Coran 2,221. *Al-Mochkat al-islamiyya*, "Est-ce que les Républicains considèrent le groupe de Mahmoud Mohammad Taha comme hérétique?"

Il tient à publier sur Internet leurs photos et les films de leur exécution, afin de faire passer le message aux pays musulmans et leur dire que leur organisation n'est pas lâche comme leurs régimes, et qu'elle diffère par sa connaissance de la "vérité" de ces pays qui ne l'appliquent que de façon limitée ou sélective. Daech trace son image de l'État islamique comme les musulmans l'ont connue du temps du Messager et tel qu'il est décrit dans les livres sacrés. L'État islamique de Daech ne craint qu'Allah seulement, et applique ses enseignements quoi qu'il arrive, sans peur de personne. Il veut dire aux musulmans qu'il est l'État du califat qui est l'objectif et la raison de leur vie. Il prend soin d'appliquer le texte sacré et les préceptes d'Allah à l'encontre des mécréants apostats. Ces victimes ne sont pas des musulmans comme certains le prétendent, mais plutôt des mécréants si on les place entre la mécréance et la croyance. Daech n'apporte rien de neuf, mais fait suite à une longue histoire de takfîr, depuis la naissance de l'islam jusqu'à nos jours.

Une seule exception est à noter dans cette affaire de takfîr et son interdiction dans les pays islamiques. La Tunisie dite "laïque" a incriminé, avec répugnance, un genre de takfîr dans sa constitution de 2014, suite à un long conflit avec le parti islamiste *Ennahda*. Le chapitre six de sa Constitution stipule: "L'État s'engage à diffuser les valeurs de modération et de tolérance, à protéger les sacrés et à interdire d'y porter atteinte, comme il s'engage à interdire les campagnes d'accusation de mécréance et l'incitation à la haine et à la violence. Il s'engage également à s'y opposer[63]." La cause directe de cette incrimination est due à l'assassinat de deux politiciens tunisiens, Chikri Belaïd et Mohammed Brahmi[64] par des islamistes[65] qui avaient accusé ces victimes de mécréance et réclamé l'effusion de leur sang[66]. Alors, le parti islamiste *Ennahda* a protesté contre ce chapitre[67]. Certains de ses députés ont démissionné au lendemain de l'approbation de la dite constitution au Parlement tunisien. L'un d'entre eux, Ahmed Elsamihi, commente le chapitre six: "Ce texte s'oppose totalement aux enseignements de la religion islamique, ouvre béatement la porte à la propagation de l'athéisme et du paganisme et interdit le takfîr instauré par Allah[68]." Azouz Elchoualin, un autre député

---

[63] Constitution de la République tunisienne, chapitre 6
[64] Chikri Belaïd est assssiné le 6 février 2013, et Mohammed Brahmi le 25 juillet 2013
[65] Des islamistes réclamaient la tête de Belaïd avant son assassinat dans une vidéo sur Youtube
[66] Basma El-Khalfaoui, l'épouse de Belaïd, déclare que le takfîr a conduit à l'assassinat de son mari.
[67] *TV Al-Horra* à Tunis: "L'incrimination du takfîr entrave le vote de la nouvelle constitution."
[68] *Al-Jazeera.net*: "La Constitution tunisienne et la crise du chapitre six."

démissionnaire et maître de conférences à la mosquée El-Zeitouna, en ajoute: "L'approbation du chapitre six, avec les termes généraux qui y sont inclus, va à l'encontre des enseignements de la religion islamique et s'oppose aux préceptes légales du livre d'Allah[69]."

En dépit du vote définitif sur la Constitution tunisienne, trente-trois savants et clercs musulmans ont signé une fatwa dénonçant ce texte. "Ce qui est prévu dans le chapitre six, écrivent-ils, entrave les cinq grandes catégories indispensables en islam. Il ouvre la porte largement à l'athéisme et à ceux qui s'opposent à l'idéologie islamique[70]." En plus, de nombreuses organisations islamistes ont condamné le contenu de ce chapitre. Donc, même "l'exception tunisienne" est considérée comme une exception de circonstance, voire provisoire. Mais au regard de beaucoup d'islamistes, ce chapitre est totalement incompatible avec l'islam et doit être supprimé à la première occasion.

---

[69] Idem
[70] *Elaph*: "Les imams et les cheikhs tunisiens dénoncent la nouvelle Constitution."

VII

Comment devenir "mécréant" (kâfir)
Les dix arguments annulatifs de l'Islam

Les réfutations de l'Islam, une loi pour la mécréanisation

Si la "mécréanisation" *(takfîr)* est une conception catastrophique, la méthode de classifier les gens en mécréants (kuffâr) est encore plus grave. La majorité des musulmans ignore l'existence des dix réfutations de l'islam. S'ils n'en commettent qu'une, ils entreront immédiatement dans la mécréance par la porte la plus large et rejoignirent les chrétiens, les nazaréens et d'autres mécréants. En outre, si un musulman mécroit après avoir cru en l'islam, sa mécréance doublera de gravité.

L'État Islamique (Daech) a publié régulièrement des photos et des articles sur les réseaux sociaux, pour illustrer l'application des sanctions légales mentionnées dans le Coran et le Hadith. Parmi ces peines, on trouve maintes têtes coupées suite à la lecture d'un communiqué légal par un cadi musulman, supposé maîtriser les préceptes de l'islam et bien connaître les avis des écoles juridiques relatifs à ceux qui les violent. Le châtiment qui se répète souvent, c'est le meurtre des apostats (*murtaddin*) qui incluent ceux qui ont apostasié ou commis une des réfutations de l'islam, par l'acte, par la parole, ou les deux à la fois.

Parler des réfutations de l'islam n'a pas de sens sans se référer à Mohammad Ben Abd al-Wahhab, fondateur du wahhabisme, un courant religieux dominant en Arabie Saoudite. Ce dignitaire religieux s'est allié à Mohammad Ben Saoud, fondateur du premier État saoudien au XVIIIe siècle. Il fut l'un des premiers qui ont expliqué en détails les dix arguments annulatifs (*nawaqidh*) de l'islam et leur diffusion aux croyants musulmans. Des livres, des brochures et des articles sur les réseaux sociaux circulent toujours pour expliquer le contenu de ces dix réfutations. Le site d'un ancien mufti d'Arabie Saoudite, Ben Baz (mort en 1999), les détaille régulièrement[1]. Même le site officiel de l'institution saoudienne, *Dar al-Fat*wa, en parle et note que de nombreux arguments doivent encore être ajoutés aux arguments déjà connus[2]. Le site *Minbar at-Tawhîd wal-Djihâd* du cheikh Mohammad al-Maqdissi, le père spirituel d'Abou Mossaab al-Zarqawi, le véritable fondateur de l'État Islamique, explique les dix arguments annulatifs de l'islam d'Abd al-Wahhâb[3]. Au clair, de quoi s'agit-il?

Première annulation: le polythéisme ou l'association dans l'adoration d'Allah

"Tout individu qui associe une personne à l'adoration d'Allah est pour l'État Islamique un polythéiste qui a renié l'islam."

Pourquoi la sévérité de cette sentence? C'est parce qu'*"Allah ne pardonne pas qu'on lui donne un associé. À part cela, il pardonne à qui il veut*[4]*."* Associer quelqu'un à Allah est la plus grave hérésie qu'on puisse commettre en islam. Allah pardonne le meurtre, l'adultère et toutes les mauvaises choses qu'un musulman peut commettre et rester musulman. Or un polythéiste ne pourra plus se dire musulman. Lorsque l'un des compagnons demanda à Mahomet: "Quel est le péché le plus grave aux yeux d'Allah? Il lui répond: C'est de lui faire un égal, alors qu'il l'a créé[5]." Le fait d'associer prive son auteur de toute appartenance à l'islam. Son

---

[1] Site du cheikh Abdallah Ben Abdelaziz Ben Baz, "Les arguments annulatifs de l'islam".
[2] *Revue des Recherches islamiques*, "Quels sont les dix arguments annulatifs de l'islam?" (Fatwa n° 16487)
[3] Site du Tawhid et du Djihad, "Clarification des arguments annulatifs de l'islam." Bibliothèque du cheikh al-Maqdisi.
[4] Le Coran 4,48.
[5] Sahih Bukhari 4:1627. Livre de l'exégèse: "Ne cherchez pas des égaux à Allah, et vous savez (tout cela)" (Le Coran 2,22)

acte est considéré comme un grand crime impardonnable. C'est pour cette raison que les musulmans traitent les chrétiens comme polythéistes et pas comme mécréants dans le sens général du terme. Ils sont à la fois mécréants et polythéistes, puisqu'ils ont associé à Allah le culte du Christ (qui est créé à leur égard). Ils ne veulent jamais accepter que leur vision s'oppose totalement à la conception théologique chrétienne qui considère Jésus-Christ comme la Parole de Dieu, incarnée dans un corps sans être séparé de Dieu.

Les juifs sont également polythéistes, adorateurs d'Uzayr, au regard du Coran: *"Les juifs disent: "Uzayr est fils d'Allah" et les chrétiens disent: "Le Christ est fils d'Allah". Telle est leur parole provenant de leurs bouches. Ils imitent le dire des mécréants avant eux. Qu'Allah les anéantisse! Comment s'écartent-ils (de la vérité* [6]*?"*

Même si cette accusation demeure sans écho sur le terrain, les musulmans ne s'y intéressent pas. En tant qu'ex-musulman, je suis conscient que les musulmans ne prêtent pas attention à ce qui est enseigné dans la charia. Cependant, si c'est écrit dans le Coran, alors c'est absolument juste et vrai. Quiconque dit le contraire est menteur, même s'il est crédible. L'essentiel chez nous en islam, c'est le Coran. Comme il y est dit que les juifs sont des polythéistes, alors la question est définitivement tranchée.

Mohammad Ben Abd al-Wahhâb a dit: *"Les arguments annulatifs de l'islam"*: "Le sang et les biens d'un polythéiste sont licites pour le musulman, selon la parole d'Allah dans le Coran [9,5]: *'Tuez les polythéistes où que vous les trouviez. Capturez-les, assiégez-les et guettez-les dans toute embuscade. Si ensuite ils se repentent, accomplissent la prière et acquittent la zakat, alors laissez-leur la voie libre, car Allah est indulgent et miséricordieux'.*[7] Et lorsque le polythéiste est tué, il ne pourra plus se repentir. Il ira directement et jusqu'à l'éternité au Feu. Le Coran le confirme: *"Quiconque associe à Allah* [d'autres divinités] *Allah lui interdit le Paradis; et son refuge sera le Feu. Et pour les injustes, pas de secoureurs*[8]*."*

À signaler que ce dernier verset vise les chrétiens et leur interdiction d'adorer le Christ. Si l'État Islamique, remarque-t-on, tue les Yézidis et ne leur accorde aucun choix, c'est que l'histoire islamique ne donne pas

---

[6] Le Coran 9,30
[7] http://shamela.ws/browse.php/book-37532/page-2712
[8] Le Coran 5,72

le choix aux polythéistes qui ne font pas partie des Gens du Livre. Par contre, Mahomet avait donné le choix aux chrétiens, bien qu'ils soient polythéistes. Il l'a fait parce qu'ils sont des Gens du Livre et possèdent une part de vérité. Quant aux Yézidis, leur condition est totalement différente. Et Mahomet n'a donné aux Qoraych que deux options: l'islam ou la mort. Au cours de l'année de la Conquête [*al-Fath*], Mahomet les a attaqués avec une armée de dix-mille combattants. Ainsi toute la tribu de Qoraych a adhéré à l'islam par la force de l'épée. Un hadith dit: "Quiconque osa s'opposer à lui en route, fut endormi, c'est-à-dire tué ou décapité[9]." C'est ainsi que les Yézidis se sont trouvés devant deux options: se convertir à l'islam ou la mort. La conversion doit avoir lieu avant que les épées ne soient dégainées au-dessus de leurs têtes. Ils doivent se convertir avant que l'État Islamique ne les domine. Ce qui s'appelle en islam: "Se repentir avant d'être contraint." S'ils tombent sous leur emprise, les musulmans les tueront, car dans ce cas-là la repentance ne sert plus à rien.

Le 20 août 2014, Daech a diffusé une vidéo qui montre des centaines de Yézidis déjà convertis[10]. Ses combattants avaient déjà tué des centaines d'autres qui ne se sont pas convertis avant l'arrivée de ce groupe. Par contre, les combattants de l'EI ont atrocement attaqué les Yézidis dans la ville de Sanjar et forcé des milliers de gens à fuir leurs domiciles et à se réfugier à la montagne de Sanjar où ils les ont assiégés plus de quatre mois (d'août à décembre 2014). Ce fut la raison déterminante ayant conduit les forces de l'Alliance à intervenir militairement contre le groupe de l'EI en Irak. Sans cette intervention internationale et le déblocage de ce siège contre les Yézidis, l'humanité aurait connu l'un des plus grands massacres du XXIe siècle, ou plutôt la plus grande opération d'islamisation d'un groupe par la contrainte. En dépit de tout cela, des centaines de Yézidis ont été égorgés et peut-être davantage. Leurs femmes ont été capturées et vendues comme esclaves, exactement comme les premiers musulmans faisaient avec les peuples envahis. Dans un entretien avec le quotidien *Al-Qods*, Adnan Bouzane, écrivain et secrétaire général du Mouvement du Peuple de Kurdistan, a déclaré:

---

[9] Sahih Muslim, citant Abou Hereira, 12:105. Livre du Djihad: La conquête de la Mecque. "Mahomet leur a dit: Regardez! Si vous les rencontrez demain, vous les faucherez."
[10] *Al-Watan*: "Une vidéo de Daech montre le forcing des centaines de Yézidis à se convertir à l'islam."

VII ~ Comment devenir "mécréant" (kâfir) Les dix arguments annulatifs de l'Islam — 155

Ces crimes ne sont pas commis pour la première fois contre la communauté des Yézidis. Au cours des invasions et des conquêtes islamiques eurent lieu maintes fois des crimes similaires. Aujourd'hui nous revivons encore une fois les mêmes scénarios sous l'étendard de l'islam. En effet, l'objectif de l'EI, c'est la destruction, la démolition et l'expulsion des gens de leurs maisons. Quelle est cette charia ou cette religion qui incite à égorger les hommes et à capturer leurs femmes[11] ?

Les rapports des représentants des Nations Unies confirment que les combattants de l'EI accordaient deux options aux Yézidis, la conversion ou la mort, contrairement aux chrétiens qui jouissaient d'une troisième option, payer la jizya. Le porte-parole spécial des Nations Unies, chargé des peines de mort en dehors du cadre judiciaire, M. Christophe Heinz, a fait savoir que "l'ONU a reçu des rapports détaillés qui montrent que les combattants de l'EI traquaient les membres des groupes minoritaires, leur intimant l'ordre de se convertir à l'islam ou d'être tués"[12].

Les Yézidis sont les croyants d'une ancienne religion en Irak. Ils représentent un mélange de croyances religieuses. Cependant, les musulmans les considèrent comme adorateurs du diable, uniquement parce qu'ils croient au paon comme roi et l'adorent comme le maître du monde. La ressemblance de son récit avec celui de Satan dans la croyance islamique, a conduit les musulmans à les considérer comme adorateurs du diable. Dans ce cas, ils font partie des polythéistes et entrent dans le cadre de ceux qui doivent être égorgés s'ils n'embrassent pas l'islam. En fait, la fonction de l'islam, c'est d'anéantir toute association en religion, d'imposer l'unicité d'Allah et de lui soumettre le monde entier sans aucun associé[13]. Les Yézidis vivent en Irak et sont en majorité des Kurdes, au nombre approximatif d'un million d'individus. Ce qui leur est arrivé, est un drame dans tous les sens du terme, mais au regard de l'EI, c'est conforme à la volonté d'Allah. La preuve, c'est que Mahomet lui-même n'a pas eu pitié de sa propre tribu ni de sa famille. Il les a contraints à choisir entre l'épée ou l'islam. Il est bien certain que les Yézidis ne valent pas mieux que la tribu de Mahomet et son clan. L'application de la charia prévaut sur tous les sentiments de pitié.

---

[11] *Al-Quds al-Arabi*: "Famine, expulsion et génocide collectif – les Yézidis fuient les épées de Daech…"
[12] Idem
[13] Le Coran dit au nom d'Allah: *"Je n'ai créé les djinns et les hommes que pour qu'ils m'adorent."* (51,56). Il dit également: *"Et combattez-les jusqu'à ce qu'il ne subsiste plus d'association, et que la religion soit entièrement à Allah."* (8,39)

Deuxième annulation : Prendre des intermédiaires entre nous et Allah

"Celui qui prend des intermédiaires entre lui et Allah, sollicite leur intercession et compte sur eux, tombe dans la mécréance[14]."

On observe dans de nombreux pays musulmans un islam populaire qui n'est pas fortement soumis aux croyances drastiques formulées dans les livres, mais qui suit la tradition prédominante. Par contre, les courants islamistes et les groupes djihadistes qui cherchent à appliquer la charia, telle qu'elle était en vigueur aux premiers siècles de l'islam, s'y opposent et considèrent ce comportement comme *shirk* (associationnisme) qui exclut son auteur de la communauté des croyants. Au Maroc, par exemple, la majeure partie des musulmans n'a aucun problème en visitant les tombeaux et solliciter leur bénédiction. Mais il est certain au regard de l'EI et d'autres groupes islamistes que ces musulmans sont des associateurs (polythéistes), car ils commettent un des grands péchés, en contrevenant à l'un des arguments annulatifs de l'islam.

Mohammad Ben Abd al-Wahhab a mené la guerre contre les tombeaux. Il a même détruit ceux qui étaient déjà construits. C'est pour cette raison que l'on ne trouve plus de tombeaux en Arabie Saoudite. Certains ont même réclamé la destruction totale du tombeau de Mahomet, car il est concerné par la même interdiction[15]. La question des tombeaux des membres de la famille du Messager a été réglée et leurs noms effacés en 1924, afin que personne ne les reconnaisse et que les pèlerins ne cherchent pas à solliciter leur bénédiction. Les textes auxquels ils se réfèrent sont nombreux, comme ce verset du Coran qui s'attaque aux Qoraychites, non seulement parce qu'ils ne croyaient pas en Allah, mais parce qu'ils eurent recours à des intermédiaires, *"ceux qui prennent des protecteurs en dehors de lui [qui disent] : Nous ne les adorons que pour qu'ils nous rapprochent davantage d'Allah*[16]*."*

L'une des premières tâches militaires ordonnées par Ali ben Abi Taleb[17], c'est d'envoyer des émissaires pour détruire les tombeaux et saccager les statues. "Abou al-Hayyâj al-Asadi rapporte : Ali ben Abi Taleb

---

[14] Ibn Baz, op. cit., p. 68.
[15] *Daily Mail:* Richard Spilet, "Will Saudi Arabia MOVE the remains of Prophet Muhammad? Controversial plan for 'anonymous burial' to prevent the site itself being worshipped." 2 september 2014
[16] Le Coran 59,3
[17] Un cousin de Mahomet. Il fut le premier à croire en lui. Il est le mari de sa fille Fatima. Le Messager l'a éduqué chez lui et accompagné dans sa vie.

VII ○ Comment devenir "mécréant" (kâfir) Les dix arguments annulatifs de l'Islam — 157

dit: Je t'envoie comme le messager d'Allah m'a envoyé. Ne laisse aucune statue sans la démolir ni un tombeau visible sans l'égaler avec le sol'[18]."

Ce n'est donc pas étonnant de voir le groupe EI faire exploser le tombeau du prophète Jonas pour empêcher les musulmans de solliciter sa bénédiction et commettre un des péchés les plus graves. En juillet 2014, l'EI a fait exploser ce tombeau situé à l'est de Mossoul en dépit de son ancienneté[19]. Cet acte abominable a été filmé et diffusé en vue de ranimer une sunna que les pays musulmans avaient abandonnée. Le 23 août 2015, l'EI a détruit en Syrie le temple romain de Baal Chamin qui datait du premier siècle chrétien et faisait partie du Patrimoine Mondial de l'Humanité[20]. En revanche, ce patrimoine n'intéresse guère l'EI, obsédé uniquement par l'application des préceptes de l'islam. Pour se justifier, il a diffusé une vidéo intitulée: "Le temple païen de Baal Chamin a été totalement détruit." Ce qui l'intéresse, c'est le devoir de démolir toutes les apparences du polythéisme et du paganisme. [21]

En février 2015, l'EI diffuse une vidéo dans laquelle il explique les motifs de la destruction des statues au musée de Mossoul, parmi lesquelles le taureau assyrien qui date du IXe siècle avant le Christ[22]. Cette vidéo est intitulée: "Ceux qui ordonnent le convenable et interdisent le blâmable", un titre tiré du Coran qui dit: *Vous êtes la meilleure communauté qu'on ait fait surgir pour les hommes, vous ordonnez le convenable et interdisez le blâmable*[23]." En effet, l'EI considère la destruction des statues comme interdiction du blâmable. D'ailleurs en 2001, les Talibans ont détruit les trois statues monumentales des Bouddhas de Bamiyan en Afghanistan, classées au Patrimoine Mondial de l'Humanité et âgées de plus de 2000 ans. Tous les efforts internationaux n'ont pas réussi à les en empêcher. Le ministre des Affaires étrangères des Talibans, Ahmad Motawakkil a justifié cet acte: "Notre décision, déclara-t-il, de détruire ces statues païennes s'appuie sur des préceptes religieux, et nous ne faisons pas distinction entre statues avant l'islam ou après l'islam[24]." Ce qui est étonnant, c'est que le Japon ait réclamé l'intervention des pays

---

[18] *Sahih Muslim* 7:32. Livre des Funérailles: Aplanir les tombeaux.
[19] *Al-Arabiya net*: "Vidéo… Daech fait exploser le tombeau du prophète Jonas en Irak."
[20] BBC arabe, "L'UNESCO: La destruction du temple Baal Chamin à Palmyre est un crime de guerre."
[21] "Daech a publié des photos sur la destruction du temple archéologique…" http://www.amwaj.ca/?page=article&id=5675
[22] Idem, "L'EI détruit des statues archéologiques en Irak."
[23] Le Coran 3,110
[24] *Asharq al-Awsat*, "Les Talibans sont déterminés à détruire les statues malgré les efforts de médiation et des craintes au niveau mondial."

musulmans pour empêcher ou arrêter cette destruction. Or ni le Japon ni les pays occidentaux n'étaient informés de ce que les sites des pays arabes publiaient à l'époque en arabe. À titre d'exemple, le site officiel du Qatar, *Islamweb*, répondait à des questions: "Quelle est l'attitude légale face à cet acte des Talibans? Y a-t-il un justificatif légal contre ou en faveur de leur action?" En guise de réponse, le site publia la fatwa suivante: "Les preuves légales [conformes à la charia] réclament la destruction de tout ce qui est païen, lorsque les musulmans le peuvent, qu'il y ait des gens qui les adorent ou non[25]." Le site s'est référé à un hadith de Mahomet qui dit qu'Allah l'a envoyé "pour assurer la relation des matrices, détruire les païens, établir l'unicité d'Allah sans rien lui associer[26]." Ali Ben Abi Taleb, de son côté, a rapporté: "Nous étions avec le messager d'Allah à un enterrement. Il nous a dit: 'Celui qui entre dans une cité ne doit pas laisser un tombeau sans l'égaliser avec le sol, ni image sans l'encrasser, ni statue païenne sans la détruire.'"[27] Puis Mahomet aurait dit suite à l'exécution de son testament: "Celui qui reconstruit quelque chose de similaire, renie ce qu'Allah a révélé à Mahomet[28]."

On trouve également dans le Coran des exemples qui incitent à détruire ce qui est païen:

> *Quand il dit à son père et à son peuple: "Que sont ces statues auxquelles vous vous attachez?"... Il dit: "Mais votre seigneur est plutôt le seigneur des cieux et de la terre, et c'est lui qui les a créés. Et je suis un de ceux qui en témoignent. Et par Allah! Je ruserai certes contre vos idoles une fois que vous serez partis". Il les mit en pièces, hormis [la statue] la plus grande. Peut-être qu'ils reviendraient vers elle*[29].

Ce qui est frappant, c'est que l'EI récitait ces versets derrière ceux qui détruisaient les statues. Le monde entier avait condamné ce crime crapuleux sans connaître ses racines. Mahomet lui-même avait ordonné la destruction des statues. "Le Messager est entré à la Mecque et autour de la Kaaba il y avait trois cent soixante idoles. Avec le bâton qu'il avait à la main, il les frappait en répétant le verset coranique [17,81]: *"La vérité (l'Islam) est venue et l'erreur a disparu."*[30] Le fait de les avoir frappées avec

---

[25] Islamweb, "L'obligation de faire disparaître les statues."
[26] Sahih Muslim 6:95. Livre de la prière des voyageurs et son raccourci: "La conversion d'Amrou Ben Absat à l'islam."
[27] Musnad al-Imam Ahmad 1:140
[28] Musnad al-Imam Ahmad, 1:224; rapporté par Musnad Ali ben Abi Talib
[29] Le Coran 21,51-58
[30] Sahih Muslim 12:106. Livre du Djihad: La disparation des idoles autour de la Mecque.

VII ❧ Comment devenir "mécréant" (kâfir) Les dix arguments annulatifs de l'Islam — 159

un bâton est un signe donné à ses compagnons pour les détruire comme Abraham avait détruit les statues de son peuple selon le Coran. Une fatwa saoudienne condamne également l'installation de statues:

> Il est interdit d'ériger une statue quel qu'en soit le motif, que ce soit pour commémorer le souvenir des rois, des chefs de l'armée, des notables, des réformateurs ou pour symboliser la raison ou le courage comme c'est le cas du sphinx, ou pour une autre raison… Tout cela est un prétexte pour l'associationnisme[31].

Les jeunes musulmans se trouvent donc confrontés, d'un côté, à un flot de textes qui prohibent les statues et ordonnent leur destruction, et de l'autre, à une société qui sacralise les cimetières et les tombeaux et construit des musées pour les statues. Cette tension entre le texte et la réalité est un des motifs de l'extrémisme chez les jeunes. Pour eux, le texte est sacré et la société doit s'y soumettre et pas le contraire. Quant aux gouvernements islamiques, ils jouent la comédie avec la communauté internationale. D'un côté, ils enseignent aux jeunes dans leurs systèmes éducatifs ces textes et les publient sur leurs sites, et de l'autre, ils utilisent la langue de bois, en condamnant les actes aberrants de l'EI. Cependant, la vérité éclatante réside dans leurs fatwas qui encouragent et approuvent totalement les agissements de l'EI.

Mon père n'achetait même pas un jouet à ma sœur, car c'était pour lui illicite (haram). Mais ma mère lui en achetait discrètement et lui conseillait de les cacher loin des yeux de mon père lorsqu'il rentrait à la maison. En même temps, elle me recommandait de ne pas la dénoncer à mon père. En interrogeant mon père sur la raison de son interdiction des jouets, il m'a raconté une histoire sur Mahomet. Sa femme Aïcha lui a acheté un petit coussin pour s'y appuyer, mais il y avait des dessins dessus. Alors, elle raconte:

> Il n'est pas entré. Alors je lui dis: - J'implore Allah de me pardonner ce que j'ai fait.' - Qu'est-ce que c'est que ce coussin? demande-t-il. - C'est pour s'asseoir dessus ou pour s'y appuyer. Il me dit alors: Les gens symbolisés sur ces images seront torturés le jour de la Résurrection. On leur dira qu'ils ont aimé ce qu'ils ont créé. Les anges n'entrent pas dans une maison où se trouvent des images[32].

---

[31] *Revue des Recherches islamiques*, "La position de l'islam face à l'installation des statues pour différents motifs."

[32] Sahih Bukhari 5:2221. Livre des vêtements: "Celui qui a refusé de s'asseoir sur les images."

Mon père ne voulait pas que les anges refusent d'entrer dans notre maison à cause du jouet de ma sœur. Il ne voulait pas non plus être interrogé le jour de la Résurrection quant à sa contribution à avoir laissé entrer un jouet dans sa maison. Les auteurs qui représentent les images seront jugés, car ils ont tenté de créer des choses comme Allah. Alors il leur demande de donner vie à ces images. Comme ils sont incapables de le faire, ils seront torturés éternellement. Même celui qui leur achète ces produits les encourage à la mécréance. Donc, à son tour, il sera torturé d'une manière ou d'une autre. Pour cette raison, les gens qui vont le plus subir des souffrances le jour de la Résurrection, sont les dessinateurs[33], selon Mahomet. Il s'agit de ceux qui dessinent des représentations pouvant avoir de la vie, comme les animaux et les humains.

En vertu de cela, Walt Disney qui a réjoui le monde tout entier par ses dessins, sera grillé au feu d'après l'islam, parce qu'il nous a créé une personnalité imaginaire très influente: "Mickey Mouse". Allah lui demandera d'insuffler la vie dans Mickey, Donald Duck et Pluto... Comme il ne pourra pas le faire, il sera grillé ad aeternam.

C'est ainsi que l'art de la sculpture est prohibé dans les pays musulmans traditionnels, comme l'Arabie Saoudite. Les musulmans conservateurs n'accrochent jamais dans leurs maisons des tableaux représentant des humains ou des animaux, mais plutôt des versets coraniques ou des paysages de la nature. Aucun art dans le monde musulman ne s'est distingué en dehors de l'architecture et de la calligraphie, car ils n'ont pas besoin d'images. Si cela est valable pour celui qui dessine des représentations humaines ou animales, quel sera le sort de ceux qui érigent des tombeaux et des statues? Quant aux masses musulmanes qui ne prêtent pas attention à ces textes, ils sont, au regard de l'EI et consorts, des musulmans égarés. Et s'ils persistent à maintenir ces mauvaises traditions après en avoir été informés, ils seront immédiatement classés dans la catégorie des polythéistes passibles de châtiment.

Troisième annulation: Ne pas déclarer mécréant le mécréant

"Celui qui ne déclare pas mécréants les polythéistes, qui doute de leur mécréance ou ne corrige pas leur croyance, devient lui-même mécréant."

Je clarifie cette réfutation par l'exemple suivant. Lorsque le Coran dit que les chrétiens sont des mécréants, puis vient un musulman aimable

---

[33] Idem 5:2220. Livre des vêtements: "Le châtiment des dessinateurs le jour de la Résurrection."

qui s'y oppose en disant que les chrétiens ne sont pas des mécréants mais des croyants, alors ce gentil musulman sera déclaré mécréant. Ce qui signifie, lorsque l'EI déclare mécréant un individu et s'apprête à le tuer, aucun musulman n'a le droit de s'opposer ni de l'en empêcher. Et celui qui ose le faire, sera aussitôt traité de mécréant s'il ne se repent pas à temps, car il a douté de sa mécréance et s'est opposé à ce qu'il soit ainsi traité. De plus, seront déclarés mécréants tous ceux qui sont tentés de faire une nouvelle lecture du Coran, afin de se rapprocher des autres religions, et lutter contre la *mécréanisation*, puisqu'ils ne traitent pas de mécréants ceux qui sont décrits dans le Coran comme tels. On justifie aussi cet argument annulatif par le verset qui se réfère au récit coranique d'Abraham:

> Certes, vous avez eu un bel exemple [à suivre] en Abraham et en ceux qui étaient avec lui, quand ils dirent à leur peuple: "Nous vous désavouons, vous et ce que vous adorez en dehors d'Allah. Nous vous renions. Entre vous et nous, l'inimitié et la haine sont à jamais déclarées jusqu'à ce que vous croyiez en Allah seul"[34].

Selon ce verset, Abraham avait traité son peuple de mécréance et coupé toute relation avec lui. Il lui avait même manifesté de l'hostilité et de la haine. Cet état de choses ne disparaîtra que lorsque son peuple retournera à la véritable foi en Allah sans intermédiaires ni idoles. Ainsi incombe-t-il au musulman fidèle à sa religion de déclarer mécréant celui qui l'est selon le Coran et de couper toute relation avec lui. Il ne doit pas non plus douter de sa mécréance ni l'aider à s'y enliser davantage. Pouvons-nous imaginer l'isolement total du musulman loin des gens classés comme mécréants à cause de ces préceptes tyranniques?

Quatrième annulation: Croire à une loi meilleure que celle de l'islam

"Celui qui croit qu'une autre guidance est plus parfaite que celle du Prophète, ou qu'un autre jugement est mieux que le sien, ressemble à celui qui préfère le régime des tyrans (*tawâghît*) à celui de la charia. C'est un mécréant."

Cette annulation impose à tout musulman de croire en permanence que la charia islamique est la meilleure législation possible, puisqu'elle est d'origine divine, donc supérieure à toutes les lois humaines. Aucun pays musulman n'est autorisé à favoriser une loi faite par des hommes au

---
[34] Le Coran 60,4

détriment de la charia divine. Le Coran stipule clairement: *"Seul Allah en décide*[35].*" "Ceux qui ne jugent pas d'après ce qu'Allah a révélé, ceux-là sont des mécréants*[36].*"* Dans cette catégorie il faut inclure ceux qui ne jugent pas à la lumière de la charia et lui substituent des lois humaines, ainsi que ceux qui appliquent la charia dans certains domaines et le droit positif dans d'autres.

Il n'est donc plus étonnant que les organisations islamistes considèrent les pays musulmans tels l'Irak, le Maroc, l'Égypte comme pays mécréants, puisqu'ils n'appliquent la charia que dans l'héritage, l'état civil, mais ils ne recourent plus à l'amputation de la main du voleur, ni à la lapidation de l'adultère, ni à la flagellation. Donc, ces pays préfèrent le recours aux lois humaines (dites positives) qu'à la charia divine. Les organisations islamistes déclarent le djihad contre eux et cherchent à les combattre afin d'y établir la charia d'Allah. L'EI manifeste sa fierté d'être l'organisation qui n'attache aucune importance aux lois humaines. Pour ce faire, ses militants flagellent, lapident et coupent des têtes en dépit de toutes les protestations et les cris de condamnation au niveau international, car la voix d'Allah est supérieure à celle de tous les pays mécréants. Ce principe s'appelle la gouvernance. Il est fondamental pour toutes les organisations islamistes djihadistes. Allah est le seul maître de la gouvernance du monde. *"Allah n'associe personne à son autorité*[37].*"*

Les médias occidentaux ne sont pas prêts à comprendre cette vision lorsqu'ils analysent les communiqués de l'EI. Ils les observent, les évaluent sous le prisme de leur optique occidentale et jamais de celle de ses auteurs. De nombreux dignitaires religieux saoudiens bénissent et approuvent l'application de la charia, assistent aux châtiments de flagellation et de coupe de têtes sur les places publiques. Ils ne s'intéressent jamais aux réactions des occidentaux. De leur point de vue, leur charia est meilleure que toutes les lois occidentales, qui, même si elles sont bonnes en apparence, demeurent très mauvaises dans leur essence.

Parmi les faits illustres à cet égard on cite celui du bloggeur et écrivain saoudien Raïf Badawi né en 1984, dont j'ai eu l'honneur d'interviewer la femme et les enfants. J'ai pleuré lorsque sa fille Najwa (10 ans) m'a dit

---

[35] Le Coran 6,57
[36] Le Coran 5,44
[37] Le Coran 18,26

lors de l'interview fin 2014: "J'aime bien jouer avec mon père et dormir avec lui au lit[38]."

Or, jusqu'à maintenant, Badawi crève dans les prisons saoudiennes à cause de son blog, à travers lequel il appelait à des idées libérales. Il a nommé son site *"Free Saudi Liberals"*. Il a critiqué la religion islamique, le régime de son pays ainsi que l'instance qui "ordonne le convenable et interdit le blâmable". Accusé d'apostasie et d'insulte à l'islam, il a failli être condamné à mort, mais grâce à sa repentance, il a été condamné à 1000 coups de fouet et 10 années de prison.

Badawi est incarcéré donc depuis 2012. Il a été condamné à 1000 coups de fouet, étalés sur 20 séances et 10 années de prison, ainsi qu'à une amende de 260.000 $. L'application de la sentence de flagellation a débuté le 9 janvier 2015 avec 25 coups de fouet, suscitant des protestations de plusieurs gouvernements et organisations de droits de l'homme, puis de l'ONU. Parmi les griefs qui lui sont imputés et qui figurent dans l'acte d'accusation, il y a une qui s'avère étrange:

> Sa préférence de la législation de l'Occident mécréant à celle de son pays et sa constitution qui est le Livre (le Coran) et la sunna. Ainsi ressemble-t-il à ceux dont parle le Coran: 'Ils croient à la sorcellerie et aux idoles, en disant de ceux qui ont mécru qu'ils étaient sur une voie meilleure que celle des croyants. Ce sont ceux-là qu'Allah a maudits. Et jamais ceux qu'Allah a maudits ne trouveront de protecteur'[39].

La raison en est que Badawi a écrit textuellement sur son blog qu'il y a "en Occident une loi meilleure même que celle de l'Arabie Saoudite"[40]. Imaginons un individu accusé et jugé parce qu'il a dit que "la loi d'un autre pays est meilleure que celle de son pays." D'autant plus que la charia est la loi de son pays. Par conséquent, s'il a dit que la loi de n'importe quel pays mécréant, même si c'est la loi de l'Amérique, est meilleure que celle de son pays, il sera considéré comme mécréant et devra répondre de sa parole devant un tribunal. En effet, la charia d'Allah est la meilleure, même si elle ampute la main, coupe des têtes et flagelle les gens devant les mosquées. Les croyants assistent à ces scènes après le prêche de vendredi, comme s'ils regardaient un film. Même si les jeunes observent les pays occidentaux et remarquent que leurs semblables y

---

[38] Youtube, "An interview with Raïf Badawi's daughter #Free Raïf"
[39] Le Coran 4,51-52
[40] Acte d'accusation émis par la Cour pénale à Djedda à l'encontre de Raïf Badawi, n° 34184394, p. 50, 20 février 2013 (10.4.1434 H).

jouissent de la liberté d'expression et de la liberté d'opinion, même si l'Arabie Saoudite n'a toujours pas autorisé aux femmes de conduire des véhicules, il serait honteux et même criminel selon leur vision de dire que les lois de l'Occident mécréant sont meilleures que celles de leur pays. Ils doivent donc louvoyer, mentir et dire: Comme elle est belle la charia, celle du seigneur des deux mondes!

Cinquième annulation: Détester une chose quelconque en islam

Quiconque a en aversion une chose qui est venue du Messager, devient mécréant même s'il pratiquait cet acte. Qu'il ait en aversion la prière, il devient mécréant même s'il priait. Qu'il ait en aversion le jeûne du Ramadan, il devient mécréant même s'il jeûnait. Qu'il ait en aversion les châtiments relatifs à l'adultère, au vol, ou s'il les hait, il devient mécréant, car il hait ce qu'Allah a révélé. *"C'est parce qu'ils ont de l'aversion pour ce qu'Allah a fait descendre, il a rendu donc vaines leurs œuvres.*[41]*"*

Si l'EI constate qu'un de ses membres déclare qu'il déteste une chose quelconque dans les préceptes, les obligations, les châtiments islamiques, sa faute sera considérée comme très grave s'il ne se repent pas et ne condamne pas ce qu'il a dit. Bref, avoir de l'aversion pour ce qu'Allah a révélé comme châtiments islamiques et préceptes coraniques, c'est de la mécréance. Son auteur est passible de la peine capitale.

Sixième annulation: Se moquer d'une chose quelconque en islam

Celui qui se moque d'une chose quelconque en islam, de la récompense ou du châtiment, mécroie. Le Coran ordonne à Mahomet: *"Dis (leur): Est-ce d'Allah, de ses versets (le Coran) et de son messager que vous vous moquiez? Ne vous excusez pas: vous avez bel et bien rejeté la foi après avoir cru. Si nous pardonnons à une partie des vôtres, nous en châtierons une autre pour avoir été des criminels*[42]*."*

Tout cela concerne celui qui se moque d'un verset du Coran. Des dizaines de photos et de vidéos sont diffusées sur les sites islamiques présentant les militants de l'EI coupant les têtes de ceux qui se sont moqués de l'islam dans les régions qu'occupe ce groupe en Syrie et en Irak. Souvent, on ajoute à côté de la photo l'expression "le meurtre d'un apostat" ou le châtiment d'un individu qui a insulté Allah ou le Messager. Car se moquer de quelque chose en islam, signifie injurier Allah et son

---
[41] Le Coran 48,9
[42] Le Coran 9,65-66

VII ✥ Comment devenir "mécréant" (kâfir) Les dix arguments annulatifs de l'Islam

Messager. Un chapitre ultérieur est réservé à celui qui insulte le Messager. Je voudrais toutefois ajouter ici quelques exemples concernant ce sujet.

Dans l'acte d'accusation du saoudien Raïf Badawi, condamné à mille coups de fouet, il est noté qu'il s'est moqué de la religion d'Allah, puisqu'il a dit à propos du mois de Ramadan: "Voici arrivé le mois de l'hypocrisie et du désagrément. Ah! J'aurais souhaité qu'il n'arrive pas au moment où je me trouve en Arabie Saoudite! Mais je n'avais pas le choix." Il a dit aussi: "L'épée et le Coran sont plus dangereux que la bombe atomique." Dans l'acte d'accusation, le cadi a commenté ces paroles:

> Attendu que ces affirmations que l'accusé a reconnues... portent atteinte à la sacralité de la religion et à ses croyants, dénigrent ceux qui ont adopté le Livre (le Coran) et la sunna comme constitution... et vu l'impact de ces idées dans la mise en doute quant aux constantes de la religion[43].

Le cadi qui a considéré que Raïf Badawi est un apostat ayant violé plusieurs arguments annulatifs de l'islam, ajoute dans l'acte d'accusation:

> Premièrement, l'apostasie de l'accusé a été confirmée puisqu'il a violé des arguments annulatifs de l'islam. Et comme il s'est rétracté de ce qu'il avait dit sur l'islam [évidemment par peur de la mort], sa vie et ses biens sont épargnés. Allah le jugera[44].

Pour cette raison, l'accusé est condamné à dix ans de prison, à 1000 coups de fouet et à une interdiction de voyager pendant dix ans à la sortie de la prison en dehors de l'Arabie Saoudite. Cette sentence est une commutation de la peine prescrite pour apostasie qui est la peine capitale par l'épée. Les annulations de l'islam ne sont pas chose simple dans un État islamique, que ce soit l'Arabie Saoudite ou celui de Daech.

Voici un autre cas en Mauritanie. La justice de ce pays a condamné à mort pour apostasie, et pour la première fois depuis l'indépendance en 1960, Mohamed Cheikh ould Mekheitir, 30 ans, le 24 décembre 2014, à la veille de Noël en Occident. Je ne saurais dire si cette date a été choisie par hasard ou de manière délibérée, afin d'adresser un message aux jeunes influencés par l'Occident. Son tort a été d'avoir publié un texte en arabe dans lequel il dénonçait les conditions des gens cultivés exerçant "des

---

[43] Acte d'accusation émis par la Cour pénale à Djedda à l'encontre de Raïf Badawi, n° 34184394, p. 52, 20 février 2013 (10.4.1434 H).
[44] Acte d'accusation émis par la Cour pénale à Djedda à l'encontre de Raïf Badawi, prononcé par le cadi Nasser Ben Ibrahim Ben Atiq au nom du cadi Abdelrahim Ibrahim al-Mohaydif, p. 44.

métiers manuels" dans son pays, et comment il les traite arbitrairement selon l'expression "deux poids deux mesures". Il a attribué cette situation à la religion, à l'instar de Mahomet qui s'est aussi comporté de la sorte, en traitant les Juifs d'une manière différente que les gens de sa tribu. Il a tué les Juifs, et pardonné aux siens lorsqu'il est entré dans leur ville. Mahomet a attaqué les juifs des Nadhir et des Qorayza suite à une simple rumeur, croyant qu'ils voulaient le tuer. Par contre, sa tribu et les gens de la Mecque l'ont attaqué et combattu, mais il ne les a pas traités comme les Juifs. Il utilisait la politique des deux poids deux mesures, selon ses propres termes: "La fraternité et la relation du sang accordent le droit à la miséricorde à l'encontre de Qoraych dans la conquête et en privent les Qorayza[45]." Son texte, écrit fin 2013, est intitulé *La religion et la religiosité* dans lequel il dénonce la marginalisation des castes toujours pratiquée en Mauritanie envers les siens, "les forgerons", à cause de la religion et des dignitaires religieux.

Cet article a provoqué une vague de colère en Mauritanie. Des manifestants ont envahi les rues réclamant la mort de l'auteur arrêté le 2 janvier 2014 et condamné à mort à la fin de la même année. À l'énoncé de ce verdict, l'accusé s'est évanoui, car il ne s'attendait pas à cette peine capitale[46]. Les stridulations de joie et les cris d'Allah akbar retentissaient à l'intérieur de la salle d'audience du tribunal. Dans la ville de Nouadhibou, des rassemblements ponctués de concerts de klaxons d'habitants en voitures et en motos, sillonnaient les rues pour saluer le verdict prononcé à l'encontre de celui qui s'est moqué du Messager et de l'islam en général[47]. Le cadi Abdallah ould Chmad s'est référé dans son jugement à l'article 306 du Code pénal mauritanien "Attentat aux mœurs de l'islam" qui régit le crime d'apostasie. Cet article dit:

> Tout musulman, homme ou femme, coupable de crime d'apostasie, soit par parole, soit par action… ou qui renie l'un des enseignements de la religion, ou se moque d'Allah, de ses anges, de ses livres ou de ses prophètes, sera incarcéré durant trois jours et invité à se repentir. S'il ne se repent pas dans ce délai, il est condamné à mort en tant qu'apostat, et ses biens seront confisqués au profit du Trésor. S'il se repent avant l'application du verdict, le parquet général soumettra

---

[45] *Al-Hiwar al-Mutamaddin*, "Un article qui conduit son auteur à la guillotine…", N°4675 du 28.02.2014
[46] France 24, "La peine capitale pour apostasie prononcée à l'encontre du mauritanien Mohamed Cheikh ould Mekheitir"
[47] Les détails du jugement sont publiés sur plusieurs sites, comme *Qanât al-Hurra*: "La justice mauritanienne condamne à mort un jeune pour apostasie."

son dossier au tribunal supérieur qui vérifiera l'authenticité de sa repentance, décidera l'annulation de la sentence et lui restituera ses biens. Dans tous les cas, si les peines prévues pour apostasie sont annulées, on pourrait lui imposer des peines renforcées prévues dans l'alinéa 1 de cet article. Tout individu qui manifeste son adhésion à l'islam, mais qui incite à la mécréance, sera considéré comme athée ou manichéen. Il sera puni de la peine de mort dès qu'on le trouve, sans être invité à se repentir. Sa repentance ne sera acceptée que s'il l'annonce avant d'avoir exprimé son manichéisme[48].

Est-ce que le juge acceptera la repentance de Mekheitir qu'il a annoncée devant le tribunal? Il semble qu'il ne lui ait prêté aucune attention. Il n'est pour lui qu'un athée ou un manichéen ayant dissimulé sa mécréance ou son apostasie et changé sa parole suite à son arrestation.

J'ai contacté personnellement Mme Aïcha Cheikh, la sœur de l'accusé. Elle m'a informé que l'affaire ne s'est pas arrêtée là. Son frère a dû divorcer de sa femme qu'il venait d'épouser trois mois avant son arrestation. Le divorce eut lieu à son insu. Cette femme a été contrainte d'épouser un autre, car il est interdit à une femme musulmane de rester sous la tutelle légale d'un homme mécréant. Les avocats de son frère ont interjeté appel, et le procès est toujours en suspens jusqu'à la sortie de ce livre.

Raïf Badawi et Mohamed Cheikh sont deux exemples types de ce drame dont souffrent les jeunes musulmans. J'en suis l'un d'entre eux aussi. Si je n'avais pas réussi à sauver ma peau au Maroc, j'aurai, certes, subi le même sort.

Septième annulation: La sorcellerie et tout ce qui y a trait

La sorcellerie comprend son apprentissage ou son enseignement. Celui qui la pratique ou l'accepte, mécroit. La preuve se trouve dans le Coran qui dit: *"Or, ces deux [Haroute et Maroute] n'apprenaient rien à personne sans lui dire auparavant: Nous ne sommes là que pour tenter les gens! Ne sois pas mécréant*[49].*"* Le châtiment légal de la sorcellerie, c'est la peine capitale[50].

En Arabie Saoudite, cette peine est appliquée à l'encontre de nombreux individus arrêtés et accusés de magie. Le 5 août 2014, Mohammad Ben Bakr Ben Saleh al-Allawi fut exécuté[51]. Al-Arabiya.

---

[48] Site du Ministère mauritanien de Justice, "Le Droit pénal mauritanien".
[49] Le Coran 2,102
[50] Cet avis de l'école malékite, hanéfite et hanbalite, est adopté en Arabie Saoudite. L'école chaféite distingue entre la magie qui propage la mécréance et la magie sans mécréance. Pour plus de détails, voir le site *Islamweb*, articles.
[51] Le journal électronique *Sabaq*: Exécution de deux saoudiens, un magicien et l'autre qui a tué sa fille.

net publie le 30 décembre 2014 l'information concernant l'arrestation à Riyad d'un magicien qui exerce la sorcellerie en vue de rapprocher des époux.[52] Pendant la guerre entre les Saoudiens et les Houtis au Yémen, le quotidien *Al-Riyad* a fait savoir le 15 mai 2015 qu'un yéménite fut arrêté lors de son infiltration en Arabie Saoudite pour exercer des activités de magie et de charlatanerie[53]. En effet, une brigade spéciale au sein de la police saoudienne est spécialisée dans la poursuite et l'arrestation des magiciens. Elle ressemble à l'unité de la lutte contre le terrorisme dans les pays occidentaux. Cette brigade, qui a arrêté en 2009 plus de 1000 personnes accusées de sorcellerie, est la seule force de sécurité dans le monde spécialisée dans ce domaine[54]. L'article 9 du Règlement relatif aux crimes des magiciens et des charlatans, précise les peines suivantes: "Celui qui exerce un crime de magie est passible de la peine de mort. Si le Tribunal spécial estime, pour des raisons particulières, la non application de cette peine, l'accusé sera condamné à la prison pour une période au moins de quinze ans, et d'une amende allant de 300.000 à 500.000 riyals[55]."

Le groupe EI adopte la même stratégie que l'Arabie Saoudite face à la magie. Au sein de ce groupe se trouve un grand nombre de jeunes saoudiens, très religieux. Ils exercent des responsabilités judiciaires et légales. Ils font prévaloir l'application de l'école hanbalite dans tous les jugements et les décisions[56]. Sur le site de la Tribune de l'Information djihadiste j'ai relevé plusieurs dizaines de photos relatives à la décapitation sur des places publiques d'individus accusés de magie. Cette tribune constitue un centre de consignation de tous les communiqués, les photos et les vidéos de l'EI. Parmi ces documents figure l'exécution le 18 décembre 2014 d'un accusé de magie dans la région d'al-Alam dans la province de Salaheddine. Les objets qu'il utilisait y sont exposés. Les photos sont publiées au nom du Bureau de l'Information dans ladite province. Avant l'exécution, l'acte d'accusation est lu en présence de

---

[52] Al-Arabiya.net: Arrestation d'un magicien à Riyad.
[53] *Al-Riyad*: Arrestation d'un yéménite suspecté d'être magicien.
[54] Alarabiya.net parle de cette brigade et de ses rafles sous le titre: "En Arabie Saoudite, cette instance assaillit des magiciens qui ont blasphémé le Coran pour s'approcher de Satan."
[55] *Al-Youm* (site électronique): "La peine capitale pour le crime de magie et de sorcellerie ou 15 ans de prison."
[56] Le nombre des Saoudiens au sein de l'EI est estimé à 300 personnes, selon un rapport de Sofan Group. Ils occupent des postes importants au sein de la direction. *Al-Quds al-Arabi*, "Un rapport américain: Les combattants étrangers sont majoritaires au sein de la direction de Daech."

VII ☞ Comment devenir "mécréant" (kâfir) Les dix arguments annulatifs de l'Islam

l'assistance et comprend la décision légale prise à la lumière du Coran et de la sunna.

Le 6 février 2015, une personne âgée fut décapitée à Raqqa. Un reportage illustré de photos explique la procédure et les raisons de son exécution. On signale que la magie exercée sur les gens à distance par le biais de talismans, de charlataneries et d'encens, est susceptible de semer le trouble entre les époux selon le Coran: *"Ils apprennent auprès d'eux ce qui sème la désunion entre l'homme et son épouse. Or ils ne sont capables de nuire à quelqu'un qu'avec la permission d'Allah. Et les gens apprennent ce qui leur nuit et cela ne leur est pas profitable*[57]*."*

Les musulmans croient que Mahomet a, lui aussi, subi la magie de la part d'un juif, nommé Labid ibn al-Aassam. Il l'aurait ensorcelé à l'aide d'un peigne dans lequel il avait mis des cheveux et l'a jeté dans une citerne d'eau[58]. Les musulmans considèrent que la magie est le facteur principal qui a impacté Mahomet et ses forces mentales, de telle sorte qu'il ne se rappelait plus avoir eu des relations intimes avec ses femmes ou non. Si le Messager lui-même a subi l'effet de la magie, alors les simples musulmans n'y échapperont pas. C'est pourquoi le musulman récite souvent une sourate pour échapper à l'effet de la magie et de la jalousie, comme Mahomet le faisait[59]. C'est l'avant-dernière sourate du Coran qui dit: *"Dis: Je cherche protection auprès du Seigneur de l'aube naissante, contre le mal des êtres qu'il a créés, contre le mal de l'obscurité quand elle s'approfondit, contre le mal de celles qui soufflent [les sorcières] sur les nœuds, et contre le mal de l'envieux quand il envie*[60]*."*

Ce verset nous montre combien Mahomet craignait les sorcières qui soufflaient leur magie sur les nœuds. Il a demandé aux musulmans d'invoquer le secours d'Allah contre la jalousie, le mal de la magie et

---

[57] Le Coran 2,102
[58] Un hadith rapporté par Aïcha et relaté dans les deux Sahihs: "Le Prophète a été ensorcelé de telle sorte qu'il imaginait faire quelque chose sans l'avoir fait. Un jour, il m'a appelé et dit: As-tu remarqué qu'Allah m'a séduit de ce qui peut me guérir? Deux hommes sont venus me voir. L'un s'est assis du côté de ma tête et l'autre du côté de mes pieds. Puis, l'un demanda à l'autre: - De quoi souffre ce bonhomme? - Il est ensorcelé, lui a répondu l'autre. - Qui l'a ensorcelé? - C'est Labid ben al-A'ssam. - Avec quoi? – Avec un peigne et des cheveux… - Où est-il? – Dans le puits de Zarouan?". Sahih Bukhari, 3:1192-1193. Livre du début de la création: La qualité d'Iblis et de ses soldats. "Le Messager imaginait, par la force d'effets magiques, avoir eu des rapports intimes avec sa femme".
[59] Sahih Bukhari: "Chaque soir en allant au lit, il réunissait ses deux mains, y soufflait et récitait (Dis: c'est lui le dieu unique. Dis: je cherche la protection du seigneur de l'aube naissante. Dis: je cherche protection auprès du seigneur des gens). Puis, il s'essuyait trois fois avec les paumes de ses mains autant qu'il pouvait, en commençant par la tête, le visage et le restant de son corps." (Sahih Bukhari 4:1916. Livre des vertus du Coran: L'impact des sollicitations)
[60] Le Coran 113,1-5

surtout celui de la nuit, car c'est le moment où les diables s'activent et exercent la sorcellerie.

Le site qatari insiste sur l'urgence de tuer les sorciers à l'instar des compagnons du Messager. Omar, le deuxième calife, écrit un livre, un an avant sa mort, dans lequel il dit: "Tuez tout sorcier et toute sorcière.". Le narrateur ajoute: "Nous avons tué trois sorciers en un seul jour[61]." D'autres compagnons ont aussi tué des sorciers, notamment "Othman, Ibn Omar, Abou Moussa, Qaïs ben Saad et sept de leurs adeptes dont Omar ben Abdelaziz[62]."

En somme, l'Arabie Saoudite tue les sorciers et a créé une brigade spéciale pour lutter contre la sorcellerie. Le groupe EI exerce des pratiques odieuses dans ce domaine conformes à l'esprit de l'islam. Certains pays musulmans ont remplacé certains préceptes de la charia par des lois empruntées à l'Occident. Le Maroc en est l'exemple type. Les activités de magie et de sorcellerie y sont bien développées. Sa réputation dans ce domaine est bien connue dans le monde musulman. Les tombeaux et les activités de sorcellerie s'y multiplient. Les préceptes de l'école malékite n'y sont pas appliqués, bien qu'elle réclame la peine de mort à l'encontre des sorciers[63]. Influencé par la législation française, le Maroc fait semblant d'ignorer cette sentence, ce qui influence le développement du soufisme qui tolère ces pratiques et les encourage. Le Centre PEW pour les Recherches a publié des statistiques sur la croyance en la sorcellerie dans certains pays musulmans: 89% des Tunisiens et 78% des Marocains y croient fermement. Concernant la croyance au mauvais œil, le taux des Tunisiens s'élève à 90% et celui des Marocains à 80%[64]. En effet, la croyance à la magie et au mauvais œil dans le monde musulman représente un problème pour la majorité de la population et une méfiance totale de la religion. Combien d'individus croient-ils que leurs voisins sont la cause de leur misère et qu'ils les ont ensorcelés? Combien de jeunes filles prétendent-elles que c'est la magie qui retarde leur mariage ou cause l'échec de leurs relations conjugales ou sentimentales? Effectivement, c'est la croyance qui est à l'origine de ces préjugés et de ces obsessions.

---

[61] *Islamweb*, La sentence de la sorcellerie et des sorciers.
[62] Idem.
[63] L'école malékite: "Le sorcier est un mécréant qu'il faut tuer et aucun délai ne doit lui être accordé pour se repentir." (Le Fiqh dans les quatre écoles, 5: 404)
[64] Pew Research Center. "The World's Muslims: Unity and Diversity". Chapter 4

Huitième annulation: Secourir les mécréants contre les musulmans

C'est le cas de celui qui aide les polythéistes contre les musulmans. Le Coran dit: *"Celui d'entre vous qui les prend pour alliés devient un des leurs. Certes Allah ne guide pas les gens injustes[65]."*

Abdelaziz al-Rajihi, un professeur à l'Université islamique Mohammad ben Saoud à Riyad, explique cet argument annulatif:

> Un musulman qui vient au secours des mécréants contre un musulman, signifie qu'il est leur allié. L'alliance est synonyme d'apostasie et signe d'amour pour eux. S'il les soutient par l'argent, les armes ou l'opinion, c'est un moyen de leur exprimer son amitié. Donc il devient apostat, puisqu'il préfère les mécréants, ou les polythéistes, au détriment des musulmans[66].

Bref, tout musulman qui aide les mécréants contre les musulmans devient apostat, puisqu'il viole l'un des arguments annulatifs de l'islam. Par conséquent, il est punissable de la peine de mort. Ainsi, chaque fois que le groupe EI arrête un individu qui offre un service aux forces de l'alliance, pose une puce dans leurs véhicules ou dans les lieux de leur rencontre, ou transmet des informations les concernant, sera accusé d'apostasie et tué immédiatement. La même peine s'applique à l'encontre de celui qui aide le gouvernement irakien ou syrien, les forces américaines ou syriennes, car ils sont ennemis et mécréants. Sa vie devient par conséquent condamnable aux yeux de l'EI, en vertu de leur référence à cet argument annulatif de l'islam.

Les pays qui soutiennent l'Amérique dans sa guerre contre le groupe EI sont aussi mécréants. Pour cette raison, les attentats contre ces pays sont devenus fréquents et licites. L'EI publie régulièrement des dizaines de photos et de vidéos sur les explosions, les assassinats des suppôts de ces pays, pour se venger, et ce, en vertu de l'argument annulatif en question. Le 26 février 2015, le Bureau d'Information de l'EI a publié une vidéo montrant l'arrestation d'un groupe de quatre individus en uniforme de couleur orange, les yeux bandés, et leur exécution par des cagoulés en noir (des milices de l'EI). Le reportage parle de "l'arrestation d'une cellule d'espionnage et l'application de la peine d'Allah à leur encontre". On remarquera ici que la sentence appliquée est celle d'Allah et non

---

[65] Le Coran 5,51
[66] Cheikh Abdelaziz al-Rajihi, "Sayid al-Fawâ'id" (Explication des arguments annulatifs de l'islam)

de l'EI. C'est ce qui est, en effet, prescrit dans le Coran, la sunna et la biographie des compagnons de Mahomet.

Le 15 décembre 2014, le Bureau de l'Information de l'EI a publié une vidéo abominable sur l'exécution de 13 individus devant un grand public au centre d'une ville située près de Tikrit en Irak. Habillés tous en orange, ces accusés ont été fusillés. Titre du reportage: "Application de la sentence d'Allah à l'encontre de 13 individus qui font partie de ce qu'on appelle, - le Groupe des Chevaliers du drapeau – devant bon nombre de musulmans à Salaheddine". Le cheikh de la tribu du Bounemer a déclaré le 2 novembre 2014 à la Radio "Russie aujourd'hui" que le groupe EI avait déjà tué 500 individus de sa tribu, et que le destin des centaines d'autres demeure inconnu[67].

Le 28 août 2014, le groupe EI a diffusé une autre vidéo qui montre des dizaines de soldats syriens conduits sans vêtements par des milices de l'EI, alors que les photographes et les caméramans rigolaient et se régalaient de la vue de ces soldats dans un tel état. Ils s'en moquaient avec des expressions qu'on utilise pour conduire un troupeau de bestiaux à l'abattoir. La vidéo ne montre pas l'endroit vers lequel ils ont été conduits, mais il s'est avéré qu'ils ont tous été fusillés après l'occupation par l'EI de l'aéroport militaire de Raqqa à l'est de la Syrie[68].

Ce ne sont que quelques exemples. Quant aux opérations d'égorgement et d'enterrement collectif, j'y reviendrai dans un autre chapitre. En somme, tous ces exemples prouvent que celui qui coopère avec "le mécréant", que ce soit un groupe, une association, une tribu, un fonctionnaire, un soldat de l'armée, ou un membre de n'importe quelle instance, est passible de la peine de mort au regard de l'EI. Ils ne bénéficieront d'aucune pitié, car ils ne sont plus considérés comme musulmans, mais comme apostats. Ils ont violé l'un des arguments annulatifs les plus importants de l'islam, qui est l'alliance avec le mécréant contre un musulman.

Neuvième annulation: La croyance à la liberté de croire

Celui qui croit que l'on peut se libérer et échapper à la charia de Mahomet, devient mécréant en vertu du Coran qui dit: *"Et quiconque désire une religion autre que l'Islam ne sera point agréé, et il sera, dans l'au-delà, parmi les perdants*[69]*."*

---

[67] Radio *Russia Today*, Le cheikh des Bounemer à RT: "Daech a tué 500 membres de notre tribu."
[68] Alarabia.net, "Vidéo barbare… Daech conduit des soldats syriens comme un troupeau de moutons."
[69] Le Coran 3,85

VII ⊷ Comment devenir "mécréant" (kâfir) Les dix arguments annulatifs de l'Islam — 173

Celui qui croit que le chrétien peut rester chrétien et entrer au paradis, ou que le juif peut rester juif et entrer au paradis, est aussi mécréant. Quiconque croit qu'il peut échapper au châtiment d'Allah sans se convertir à l'islam, devient mécréant. Abdelaziz al-Rajihi explique cet argument annulatif:

> Certains philosophes prétendent que celui qui croit qu'il est licite de sortir de la charia de Mahomet, d'adorer Allah sans sa charia, peut parvenir à Allah et accéder à son paradis. Ils croient pouvoir y arriver par le biais de la philosophie, du soufisme, de Mahomet ou par d'autres moyens. Ils disent: Tous sont pareils. Or, celui qui croit ainsi est mécréant, car on ne peut accéder à Allah que par le Messager. Personne ne peut sortir de sa charia qui est la règle générale et le sceau des lois[70].

C'est ainsi qu'il incombe à tout musulman de croire qu'on ne peut être "sauvé" que par l'islam tel qu'il est établi par Mahomet. Par conséquent, tout individu qui ne croit pas en Mahomet dans ce monde est condamné dans l'absolu. Le musulman qui croit autrement fera partie des mécréants et son islam sera caduc.

Dixième annulation: L'indifférence envers l'islam

L'indifférence envers l'Islam est le fait de se détourner de la religion d'Allah, comme si l'être humain n'avait rien appris ni mis ses préceptes en application, que le Coran précise: *"Qui est plus injuste que celui à qui les versets d'Allah sont rappelés et qui ensuite s'en détourne? Nous nous vengerons certes des criminels[71]."*

Ce cadre semble largement extensible. Il accorde au groupe EI le droit de condamner de nombreuses personnes à la mécréance. Par exemple, celui qui ne prie pas devient mécréant et apostat, ayant abandonné la communauté des croyants, puisque Mahomet a dit: *"Entre le croyant et le polythéiste ou la mécréance, il suffit de délaisser la prière[72]."* Mahomet a même dit que la prière est le pacte entre lui et les Musulmans. Ce qui signifie que celui qui cesse de prier viole ce pacte et ne jouit plus de la protection des musulmans[73]. Trois écoles juridiques (malékite, chaféite et hanbalite) approuvent la sentence suivante: celui qui délaisse la prière sera passible de

---

[70] Cheikh Abdelaziz al-Rajihi, "Sayid al-Fawâ'id" (Explication des arguments annulatifs de l'islam)
[71] Le Coran 32,22
[72] Sahih Muslim 2:59. Livre de la Foi: L'attribution de la mécréance à celui qui délaisse la prière.
[73] Musnad Ahmad 6:475. Mahomet a dit: "Le pacte qui est entre moi et eux est la prière. Celui qui la délaisse, mécroit."

la peine de mort. Toutefois, les deux premières écoles ont inséré une petite nuance. Elles accordent à l'accusé la possibilité de se repentir. S'il le fait, il sera épargné. Sinon, il sera tué en tant qu'apostat selon l'école hanbalite. Par contre, l'école hanéfite réclame qu'il soit battu et emprisonné jusqu'à ce qu'il soit contraint à se repentir et retourne à la prière. Si cette procédure échoue, l'inculpé restera en prison jusqu'à sa mort[74].

Le cheikh égyptien, Youssef al-Qaradawi, président de l'UMSM, a publié sur son cite:

> Les musulmans pieux doivent boycotter celui qui délaisse la prière... Un père n'a pas le droit de marier sa fille à quelqu'un qui a délaissé la prière... Même le chef d'une entreprise n'a pas le droit d'employer quiconque délaisse la prière. Il ne faut pas qu'il l'aide, avec le bien qu'il lui accorde, à se rebeller contre Allah[75].

Ce cheikh explicite cet avis selon l'école hanbalite:

> L'imam Ahmad a dit, dans l'un de ses récits les plus connus, que celui qui délaisse la prière est mécréant, déserteur de la religion. Son châtiment est la peine capitale. Alors il faut l'inviter à se repentir et à retourner à la prière. S'il le fait, qu'il soit. Sinon, il faut qu'il soit décapité[76].

Si telle est la condition de celui qui délaisse la prière, il n'est pas étonnant que le groupe EI tue les gens pour d'autres raisons.

Mon père n'a jamais été tolérant avec moi quant à la prière. Que de fois n'a-t-il pas menacé de me frapper en cas de négligence! Lorsque je lui ai posé la question: "Est-ce raisonnable qu'on frappe un enfant pour le contraindre à la prière?" Il m'a répondu que c'est le Messager qui a ordonné cela. Ainsi ferma-t-il la porte à toute contestation. Lorsque le Messager parle, la contestation n'est plus possible. Sinon, c'est la mécréance et l'abandon de l'islam. Mahomet aurait dit dans l'un de ces hadiths: "Ordonnez la prière à vos enfants à sept ans, et frappez-les s'ils ne la font pas à dix ans[77]."

En tout cas, de nombreux musulmans dans les pays islamiques ne récitent pas les cinq prières et ne s'y intéressent parfois que le vendredi, ou pendant le mois du Ramadan. Le Centre PEW pour les Recherches a publié en 2012 des statistiques à ce sujet. En Égypte, seulement 53 %

---

[74] *Islamweb*, Les détails concernant celui qui délaisse la prière. Voir aussi: L'œuvre d'al-Ahwazi dans l'explication des Sunan de Tirmizi, 2:387. Ibn Abd al-Birr 2:149, Livre de la prière et de l'évocation.
[75] Site officiel du cheikh Qaradawi: "La sentence de celui qui délaisse la prière."
[76] Idem.
[77] Musnad Ahmad 2:387. Musnad Abdallah ben Amrou ibn al-Aass.

font la prière cinq fois par jour, alors que 47% ont délaissé la prière. Au Maroc, 33% des musulmans font la prière cinq fois par jour et 37% en Tunisie[78].

Ces données révèlent clairement que les musulmans ne s'accrochent plus à l'islam tel qu'il est décrit dans les livres. Or, s'ils se trouvent dans un État islamique qui applique l'islam comme l'Arabie Saoudite, alors ils verront les brigades de "l'Instance qui ordonne le convenable et interdit le blâmable" surgir et forcer les gens à fermer leurs commerces et à rejoindre les lieux de prière. Le roi Abdelaziz qui avait fondé cette Instance en 1940 a dit: "Nous avons décidé de créer des filiales de cette Instance dans tous les pays des Musulmans pour ordonner le convenable et interdire le blâmable, obliger les gens à faire les cinq prières en groupe et les inciter à apprendre leur religion[79]." Cette Instance comprend aujourd'hui 8000 membres[80]. Ils sillonnent les rues pour s'assurer que les gens pratiquent leur religion et ne la négligent pas. En outre, ils contrôlent comment les femmes sont habillées, qui sont les hommes qui les accompagnent et vérifient la relation entre eux pour savoir si l'homme et la femme se trouvent ensemble de façon illégale.

Le groupe EI a lui aussi créé une Instance similaire nommée *Al-Hisba* (Le Compte). Elle dispose de véhicules qui sillonnent les rues, observent les commerces et assument les mêmes tâches que "l'Instance saoudienne qui ordonne le convenable et interdit le blâmable". Elle oblige les gens à fermer leurs commerces et à rejoindre les lieux de prière. Celui qui n'obéit pas, verra son commerce fermé définitivement, sera traduit devant un tribunal religieux et encourra en conséquence d'autres peines. Ce groupe a déjà diffusé des communiqués à ce propos qui disent:

> Tout commerçant doit fermer son magasin dix minutes avant l'appel à la prière. Tout homme en dehors des routes doit se rendre à la mosquée pour accomplir son devoir, ne pas être en retard ni s'asseoir pour converser, alors que les musulmans se trouvent dans les mosquées." Et d'ajouter: "Celui dont le magasin reste ouvert pendant la prière ou qui se trouve hors de la mosquée sur les routes, son magasin sera fermé et il répondra de cette défaillance devant un tribunal légal[81].

---

[78] Pew, "The World's Muslims: Unity and Diversity", Chapter 2.
[79] Cheikh Abdelaziz al-Rajihi, "Sayid al-Fawâ'id", "L'Instance qui ordonne le convenable et interdit le blâmable".
[80] MBC, "Le Président de l'Instance qui ordonne le convenable et interdit le blâmable s'approche des huit mille".
[81] CNN arabe, "Les activistes de Daech imposent le *niqab*, interdisent de fumer et d'écouter la musique et les chansons".

Les brigades d'*al-Hisba* contrôlent aussi le tabagisme. Des reportages vidéo montrent comment ils brûlent des tas de cigarettes, détruisent les narguilés. Ces brigades supervisent également les vêtements des femmes, inspectent les magasins d'habillement, interdisent les photos publicitaires jugées "impudiques".

Cette fermeté concernant la prière vient de Mahomet lui-même. Il se mettait en colère lorsque ses compagnons ne rejoignaient pas les lieux de prière. Une fois, il a demandé à un de ses compagnons de le remplacer à la direction de la prière afin qu'il puisse aller incendier les maisons de ceux qui n'étaient pas venus[82].

Si tel est le comportement du prophète de l'islam lui-même, nous ne pouvons plus blâmer ses adeptes. S'il voulait aller incendier les habitations de ceux qui boycottaient la prière, comment aurait-il agi, s'ils étaient décidés à faire autre chose? Ceux qui disent que le groupe EI n'a aucun rapport avec l'islam, ignorent totalement les secrets des préceptes islamiques. Les statistiques révèlent, heureusement pour nous, que de nombreux musulmans sont aujourd'hui laxistes en matière de religion, notamment en ce qui concerne la prière. Or, s'ils étaient attachés à l'islam, tel qu'il est dans les textes et tel que Mahomet l'avait appliqué, nous aurions aujourd'hui le groupe EI dans tous les pays musulmans.

---

[82] Sahih Muslim 5:124. Livre des mosquées et des lieux de culte. Titre: L'importance de la prière en groupe et la raison de la fermeté dans ce domaine. Le hadith rapporté par Abou Hereira dit: "Je [Mahomet] me suis préparé pour diriger la prière, puis j'ai confié cette tâche à quelqu'un. Alors, je suis allé avec des hommes qui portaient des bottes de bois pour brûler les maisons de ceux qui ne se rendaient pas à la prière."

VIII

Début de l'Islam et début de Daech
Ressemblance et identification

Le début de l'Islam, un modèle pour les groupes islamistes

Le début de l'Islam représente le modèle que doit connaître quiconque veut comprendre la naissance des groupes et organisations islamistes extrémistes. Ces derniers regardent les débuts de l'islam comme leurs propres débuts, et Mahomet comme leur inspirateur. Ils considèrent ses plans militaires et ses invasions comme un excellent modèle pour faire les guerres: quand les démarrer et quand s'en retirer; quand faire des prisonniers et quand accepter des rançons; quand négocier et quand tolérer les conditions. Tout doit fonctionner selon la sunna instituée par Mahomet. Chaque membre de ces groupes est censé être imprégné de la religion et de n'avoir aucun autre modèle. Les islamistes sont bien nourris par les livres religieux qui explicitent l'histoire de l'islam, les invasions de Mahomet ainsi que les détails les plus astucieux de son action. Pour eux, sa victoire sur les tribus voisines et la propagation de l'islam jusqu'à l'Andalousie sont des réalisations glorieuses. Ils lisent ces récits avec engouement. Si le berger de la Mecque a très bien réussi de cette manière, son plan stratégique devrait être donc le meilleur et constituer la base de départ de leurs actions. À bien regarder on aperçoit un parallélisme entre les actions des organisations islamistes et celles de Mahomet. C'est le *photoprint* ou "le plan principal" que tous les chefs islamistes doivent adopter. Mahomet n'est pas un simple prophète, mais plutôt un grand chef militaire, inspiré par Allah pour élaborer les meilleurs plans stratégiques.

L'islam démarre avec Mahomet qui prétendit qu'Allah lui parlait. Par la suite, il réunit quelques adeptes de sa famille et de ses proches, y compris sa femme, son ami Abou Bakr et son cousin Ali. Ses idées se propagent parmi les plus proches avant d'être annoncées plus loin. De la même manière, la création d'organisations islamistes démarre avec un seul individu, à l'instar du groupe EI lancé par Abou Mossaab al-Zarqaoui au moment où il a trouvé refuge chez le groupe *Ansar al-islam* au Kurdistan. Dès qu'il apprend que l'Amérique va entrer en Irak, il se prépare et réunit des gens autour de lui. À l'instar de Mahomet, il s'appuie d'abord sur ses proches et agit avec beaucoup de discrétion.

Dès l'annonce publique de sa mission, Mahomet est persécuté par les membres de sa tribu. Contraint d'émigrer, il appelle ceux qui l'accompagnent des *migrants* [muhâjiroun] et ceux qui l'accueillent et le soutiennent les *partisans* [ansârs]. Mahomet impose à ses partisans l'exode qui devient plus tard une obligation pour tout musulman. Celui qui n'émigre pas est considéré comme rebelle, apostat. Les organisations islamistes adoptent jusqu'à nos jours la même démarche. Ben Laden crée ce qu'on appelle "la maison des Ansârs" pour l'accueil des migrants arabes candidats au djihad. C'est ce centre qui devient le noyau de départ d'al-Qaïda au Pakistan, puis en Afghanistan. Le fait de donner à cette maison le nom des Ansârs montre que Ben Laden était bien conscient de son impact sur les musulmans. Les premiers adeptes qui émigrèrent pour rejoindre Mahomet étaient pauvres, totalement démunis. Alors Mahomet a demandé aux partisans de les héberger. Chacun d'entre eux prit un "migrant" chez lui et s'en occupa avec beaucoup de zèle, de telle sorte que certains divorcèrent de leurs épouses pour les laisser à leurs protégés. Un hadith rapporte que Abdelrahman ben Ouf aurait dit: "À notre arrivée, le Messager m'a présenté fraternellement à Saad ben al-Rabîh. Celui-ci me dit: Je suis le plus riche parmi les Ansârs. Je vous laisse la moitié de ma fortune. Voici aussi mes deux épouses. Regardez celle qui vous plaît le plus et je vous la laisse[1]." C'est ainsi que la "maison des Ansârs" au Pakistan fonctionnait pour accueillir les migrants, subvenir à leurs besoins, les entraîner militairement avant de les envoyer au front pour le djihad.

Le groupe Daech utilise de nos jours le terme "muhâjiroun" (migrants) pour les étrangers qui viennent d'Australie, d'Europe, d'Amérique et même de pays arabes. Quant aux "Ansârs" (partisans), ce sont les Syriens et les Irakiens, les gens du pays qui accueillent les migrants comme hôtes dans leurs maisons. Le Coran parle des uns et des autres dans des versets précis, notamment celui qui dit: *"Ceux qui ont cru, émigré et lutté de leurs biens et de leurs personnes dans le sentier d'Allah, ainsi que ceux qui leur ont donné refuge et secours, ceux-là sont alliés les uns des autres[2]."*

Il n'est donc pas étonnant de voir Daech offrir des motivations séduisantes aux migrants: salaire, logement, femmes, besoins divers, etc. Mahomet faisait la même chose. À Médine, il a créé un climat de fraternité et de solidarité entre migrants et partisans. Un hadith rapporté par Abou Hereira dit: "Les partisans sont disposés à partager les palmiers entre nous et eux. Mais Mahomet dit: Non. Ils nous assurent l'intendance et nous partageons les fruits. Les partisans ont écouté et obéi[3]."

C'est la démarche adoptée pour réunir une armée, la constituer et établir des relations solides entre les migrants et les partisans, de telle sorte qu'ils puissent tout partager. Les groupes islamistes djihadistes adoptent ce principe de base pour consolider les liens entre leurs partisans. Ils ne se contentent pas seulement de la fraternisation, mais ils marient les cadres et les partisans avec des femmes de leurs proches, afin de s'assurer l'alliance, la confiance et la solidarité réciproque, notamment dans les étapes qui suivront, durant lesquelles des combats et des confrontations militaires auront lieu. Ces groupes ont besoin de ce genre de relations pour se protéger contre les infiltrations et les trahisons. Ce lien devient un véritable signe de foi selon le Coran qui dit: *"Et ceux qui ont cru, émigré et lutté dans le sentier d'Allah, ainsi que ceux qui leur ont donné refuge et porté secours, ceux-là sont les vrais croyants: à eux, le pardon et une récompense généreuse.[4]"*

---

[1] Sahih Bukhari 2:722. Livre des Ventes.
[2] Le Coran 8,72
[3] Sahih Bukhari 3:1378. Livre: Les chemins des Ansârs: La fraternisation entre migrants et compagnons.
[4] Le Coran 8,74

Pourquoi les jeunes musulmans rejoignent-ils Daech?

C'est l'une des questions importantes que l'on se pose: Pourquoi les jeunes musulmans émigrent-ils d'Europe, d'Amérique et d'autres pays pour rejoindre Daech? Il se peut que l'engouement stimulateur qu'on leur inculque soit pour certains très efficace, mais il est impossible qu'il soit aussi déterminant pour des milliers de jeunes capables de mieux vivre dans les pays où ils sont nés et ont grandi comme la France, l'Amérique, la Belgique ou l'Australie. Il est probable que leur échec scolaire, professionnel, familial, sentimental, ou social, les conduise à avoir de l'aversion à l'encontre de la société au sein de laquelle ils vivent. Il se peut aussi qu'ils aient commis des délits et cherchent maintenant à se faire pardonner par d'autres moyens. Tous ces motifs peuvent déterminer le choix d'aller vers une terre de "rébellion" attractive, soit pour l'aventure, soit pour se libérer de tous les devoirs sociaux. Le jeune migrant peut être fasciné d'aller à Raqqa où un logement, un salaire et une épouse lui seront garantis. Il peut même y acheter une ou plusieurs filles de la communauté des Yézidis moyennant une petite somme d'argent. Cependant, tous ces cas demeurent hypothétiques, superficiels et limités. Il est inévitable qu'il y ait d'autres motifs plus déterminants qui stimulent ces jeunes pour s'engager dans une aventure truffée de risques, y compris la mort, voire même une recherche idéale que le monde n'offre plus.

Mais par-dessus tout, c'est ici qu'intervient le facteur islamiste qui consiste à forcer l'envie de l'individu et à l'effrayer. En islam, le musulman ne fait rien sans qu'on lui fasse peur, ou plutôt selon l'expression coranique *"Invoquez-le avec crainte et envie*[5]*"*: la crainte des châtiments prodigués par Allah et l'envie d'accéder à son jardin paradisiaque. En effet, la peur s'avère fondamentale dans la doctrine musulmane. Les jeunes musulmans comprennent à travers les textes islamiques, qu'ils lisent ou qu'on leur récite depuis leur enfance, que si un jour l'État du Califat est érigé et applique la charia d'Allah, alors la migration vers cet État deviendra un devoir obligatoire pour tout musulman. Dans ce cas, il ne sera plus licite de rester sur une terre de mécréance, alors que se développe un véritable État islamique que tous les musulmans attendent.

Ce type d'enseignement est diffusé dans l'ensemble des mosquées. C'est un principe fondamental qui existe dans tous les textes que Mahomet a prononcés, notamment lorsqu'il dit: "Je désavoue tout musulman

---

[5] Le Coran 7,56

qui séjourne parmi les polythéistes. On lui demande: Et pourquoi, ô Messager d'Allah? Il leur répond: Parce que leurs deux feux ne se laissent pas voir[6]." Donc, Mahomet désavoue tout musulman qui continue à vivre avec les polythéistes lorsqu'il y a un État islamique qui peut l'accueillir. Il faut donc s'éloigner des mécréants et choisir l'exode loin d'eux. Le Coran ne fait qu'encourager cette conviction: *"Et ceux qui ont cru et n'ont pas émigré, vous ne serez pas liés à eux, jusqu'à ce qu'ils émigrent[7]."* Avec cette manière de faire peur, Mahomet a effrayé ses partisans. Il a incité les migrants à couper leurs relations avec ceux qui n'ont pas émigré, comme s'ils n'étaient pas musulmans. De plus, les versets coraniques mettent en garde contre les châtiments affreux dans l'au-delà pour ceux qui n'émigrent pas si les circonstances s'avèrent favorables. *"À ceux qui se sont fait du tort à eux-mêmes, les Anges enlèveront leurs âmes en disant: "Où en étiez-vous?"* [à propos de votre religion] *- "Nous étions impuissants sur terre", dirent-ils. Alors les Anges diront: "La terre d'Allah n'était-elle pas assez vaste pour vous permettre d'émigrer?" Voilà bien ceux dont le refuge est l'Enfer. Et quelle mauvaise destination[8]!"*

À la lumière de ces textes, la migration est une obligation et le fait de rester parmi les polythéistes est effrayant. Ainsi les jeunes qui émigrent croient que le fait de rester dans les pays occidentaux alors que l'État islamique de Daech existe constitue un acte de désobéissance grave à l'ordre d'Allah. Mahomet les met en garde: "Celui qui s'allie à un polythéiste et cohabite avec lui, devient comme lui[9]."

Sur le site du cheikh al-Munajjid, un croyant musulman s'interroge:

> Des gens enracinés dans la science religieuse m'ont conseillé de ne pas habiter dans le pays des mécréants [l'Amérique]. Je suis arabe américain. J'ai vécu longtemps en Amérique et je travaille maintenant dans un pays musulman. Il m'est de plus en plus difficile de rester ici [à cause du logement et des revenus en baisse]. Je pense retourner en Amérique, car ma femme malade y recevra gratuitement les soins médicaux. Je vous prie de me donner une réponse détaillée tirée du Coran et de la Sunna. Dois-je rester et souffrir dans ce pays ou retourner en Amérique[10]?

---

[6] Tirmizi, *Sunan*, Livre des biographies: La haine du séjour parmi les polythéistes.
[7] Le Coran 8,72
[8] Le Coran 4,97
[9] Sunan Abou Daoud. Livre du djihad: A propos du séjour en terre appartenant aux polythéistes.
[10] Site du Cheikh al-Munajjid. Fatwa: Doit-il retourner vivre au pays des mécréants?

Pourquoi ce musulman pose-t-il cette question si le sujet n'est pas évoqué dans la société musulmane ? Certes, il a dû discuter et chercher un savant musulman pour trancher la question d'un point de vue purement religieux. Voici la réponse de ce cheikh :

> Celui dont Allah a facilité la sortie de ces pays [mécréants] pour aller en terre d'islam, n'a pas le droit de remplacer ce qui est moins bon par ce qui est bien. Nous vous conseillons comme aux autres de ne pas vivre en terre de mécréance, à cause des risques pour l'âme et la progéniture. Sachez que celui qui abandonne quelque chose, Allah le récompensera en mieux. Après la pluie le beau temps. Celui qui craint Allah, Allah lui trouvera une issue inattendue. Sachez aussi que sauvegarder un capital vaut mieux que le risquer pour le bénéfice. Le capital pour un musulman, c'est sa religion. Ne la gaspillez pas pour une vie terrestre éphémère[11].

Cette fatwa ne répond pas seulement à la question posée, mais s'impose comme référence religieuse fondamentale pour tous les musulmans. Il signifie qu'il est illicite pour eux de vivre en terre de mécréance, sauf en cas d'urgence. C'est la logique de l'islam et de ses dignitaires, exactement comme c'était le cas au temps de Mahomet qui a déconseillé aux musulmans de vivre parmi les polythéistes. Il les a enjoints d'émigrer vers un État islamique qui a besoin d'eux dans l'armée comme dans d'autres secteurs professionnels. Les analystes politiques ne comprennent pas cette logique ni ce raisonnement. Ils scrutent seulement des causes locales qui poussent les jeunes à rejoindre Daech, mais ils ne s'intéressent que très rarement aux motifs religieux.

Si vous étiez un musulman intègre et fidèle à votre religion et si vous entendiez le prédicateur réciter une telle fatwa, n'auriez-vous pas honte de désobéir aux recommandations d'Allah et de rester vivre tranquillement parmi les mécréants ? Allez-vous obéir à vos parents ou aux ordres d'Allah ? Qu'est-ce qui est le plus important pour vous ? Les observateurs politiques commettent la plus grande erreur lorsqu'ils excluent l'état psychique du musulman et son désir de se conformer aux préceptes de sa religion de cette équation dans l'analyse sérieuse du phénomène de Daech. Ils se méfient beaucoup de ces groupes islamistes et croient que ces derniers ne sont pas dévoués à leur religion et ses enseignements. Par contre, de nombreux individus au sein de ces groupes sont bien convaincus qu'ils ont choisi la véritable voie qui conduit à la vérité absolue, et que la mort

---

[11] Idem

VIII ∽ Début de l'Islam et début de Daech Ressemblance et identification _____ 183

pour cette vérité est le souhait de tout individu en harmonie avec soi-même.

Le devoir d'exode du pays de la mécréance vers celui de l'islam

Fin mars 2015, le groupe EI publie un dépliant adressé à ses partisans comme aux musulmans, intitulé "L'allégeance à l'islam et non à la patrie". La finalité de ce texte est d'encourager les musulmans à prêter allégeance d'abord à l'islam plutôt qu'à la patrie. L'auteur de ce dépliant met l'accent sur l'exode du musulman des pays de mécréance vers la terre de l'islam et le considère comme le pilier fondamental qui incite les jeunes à rejoindre le groupe EI. En voici un extrait:

> Il incombe au musulman d'émigrer du pays où il ne peut pratiquer sa religion, même si c'est le pays de sa naissance et de son enfance qu'il a aimé. Ainsi le meilleur des créatures (Mahomet) et ses compagnons ont écouté l'ordre d'Allah lorsqu'ils ont émigré de la Mecque qu'ils ont aimée, abandonnant les biens acquis, leurs familles et leurs proches, vers une nouvelle localité qu'ils ne connaissaient pas (Médine), où ils n'avaient ni familles ni biens. Pourquoi? Parce que c'était une terre d'islam et un État islamique. Aujourd'hui, Allah fait grâce aux musulmans de l'annonce de l'EI en Irak, en Syrie et ailleurs. Ces régions sont devenues des lieux d'accueil pour la migration et le djihad. C'est pour cette raison qu'il incombe aux musulmans installés dans les pays de la mécréance [comme les pays arabes et les pays qui se nomment islamiques] d'émigrer vers l'EI, en abandonnant leurs pays. Aucune excuse ne peut justifier leur hésitation. Le Coran est clair dans ce domaine, notamment dans le verset qui dit: *"À ceux qui se sont fait du tort à eux-mêmes, les Anges enlèveront leurs âmes en disant: "Où en étiez-vous?" [à propos de votre religion] - "Nous étions impuissants sur terre", dirent-ils. Alors les Anges diront: "La terre d'Allah n'était-elle pas assez vaste pour vous permettre d'émigrer?" Voilà bien ceux dont le refuge est l'Enfer. Et quelle mauvaise destination[12]."* Cette vive menace s'adresse à ceux qui ont favorisé l'amour de leur patrie à leur devoir d'exode. Que dire alors de ceux qui émigrent du pays de l'islam vers les pays de la mécréance, notamment des musulmans ayant délaissé des régions de l'EI pour aller s'installer dans des pays ou des régions occupés par les *Rawafidhs* [les chiites], les laïcs ou les croisés? Que diront-ils à Allah le jour de la Résurrection[13]?

Première remarque: Il semble que le groupe EI considère les pays arabes islamiques comme mécréants et demande à leurs ressortissants

---
[12] Le Coran 4,97
[13] "L'allégeance à l'islam et non à la patrie". Librairie al-Himmat, un établissement appartenant à l'EI.

musulmans d'émigrer vers les régions qu'il occupe. Que dire alors des pays occidentaux?

Deuxième remarque: La comparaison est claire entre la migration de Mahomet et ses compagnons autrefois et celle des jeunes qui rejoignent Daech et intègrent ses rangs aujourd'hui. C'est l'euphorie du retour au premier siècle de l'islam que tout enfant musulman étudie à l'école et qui se réjouit de ses guerres et victoires

Il est indispensable pour qui décide d'adhérer à Daech qu'il soit imprégné par ces sensations. Aucun musulman, convaincu de l'authenticité de l'islam et de l'intégrité de la cause de l'État islamique, ne peut résister au désir de rejoindre les moudjahidines. La mort ne lui fait pas peur, car les compagnons de Mahomet eux-mêmes n'en avaient pas. L'arrestation ou l'emprisonnement ne le perturbe pas. L'histoire de l'islam lui rappelle le récit de la fuite nocturne de Mahomet avec son ami Abou Bakr ainsi que sa manière de tromper les Arabes lorsque son cousin Ali ben Abi Taleb s'est mis à sa place sur le matelas, ce qui lui a permis d'échapper de façon miraculeuse. Il aurait, dit-on, lu le Coran sur les hommes qui le guettaient à l'extérieur de sa cache, afin de pouvoir l'attaquer. Alors, Allah les aveugla. Ce n'est que le lendemain à l'aube qu'ils découvrirent la ruse et se lancèrent à sa poursuite. Il se cacha alors dans la grotte de Thor. Les combattants suivirent ses traces jusqu'à cet endroit. Or Allah intervint de nouveau et envoya une araignée – toujours selon les récits islamiques - qui tissa sa toile à l'entrée de cette grotte[14]. Selon un autre récit, Allah aurait envoyé un pigeon pour déposer des œufs dans un nid devant la grotte[15]. Voyant cela, les combattants crurent aussitôt que Mahomet ne pouvait pas être à l'intérieur de la dite grotte. C'est ainsi qu'ils rentrèrent bredouille.

En effet, ce récit est littéralement plagié d'un ancien récit chrétien, celui de *Félix de Nola et l'araignée*[16]. Il est cependant devenu dans l'imaginaire des musulmans une partie du patrimoine islamique qui façonne notre conscient ainsi que notre inconscient. Nous l'avons lu dans la Sira [biographie] du Prophète. Nous en avons été envoûtés. Nos larmes coulaient chaque fois que les prédicateurs de vendredi ou les enseignants à l'école nous le récitaient, de telle sorte qu'il s'est imprégné

---

[14] Ce récit est évoqué dans de nombreux Hadiths. On le trouve dans Musnad Ahmad. Qurtubi et Tabari l'ont cité dans l'interprétation de la sourate *Le Butin*, 8,30
[15] Qurtubi parle de ce récit dans son explication du verset 40 de la sourate Le repentir 9.
[16] Saint Félix de Nola est né en Italie au IIIe siècle après Jésus Christ.

VIII ∞ Début de l'Islam et début de Daech Ressemblance et identification — 185

dans notre structure psychique. Par conséquent, je suis persuadé que les gens qui rejoignent Daech ont permis à de tels récits d'impacter leurs décisions. Certains d'entre eux voient le mensonge envers leurs parents comme similaire à la tromperie utilisée par Mahomet. D'autres trouvent diverses justifications pour tromper les autorités aux aéroports, cacher leurs véritables bagages de voyage et faire de fausses déclarations. Certes, ils ont dû lire les mêmes versets coraniques croyant que Mahomet les avait lus devant les mécréants de Qoraych pour pouvoir échapper à leur guet-apens, sans qu'ils puissent le voir. Il avait lu pour eux une partie de la sourate Ya-Sin: *"Nous mettrons une barrière devant eux et une barrière derrière eux; nous les recouvrirons d'un voile: et voilà qu'ils ne pourront rien voir*[17].*"* Aux yeux des musulmans, Allah est un dieu qui complote contre ses ennemis pour délivrer ceux qui croient en lui, même s'il doit recourir à la tromperie, à la trahison ou à des stratagèmes. Le Coran évoque ce récit pour apaiser Mahomet: *"[Et rappelle-toi] le moment où les mécréants complotaient contre toi pour t'emprisonner ou t'assassiner ou te bannir. Ils complotèrent, mais Allah a fait échouer leur complot, et Allah est le meilleur en stratagèmes*[18].*"*

Il n'est pas étonnant dans ce contexte d'appendre que deux jeunes filles britanniques d'origine somalienne ont trompé leurs parents qui croyaient qu'elles dormaient dans leurs chambres. Elles réussissent à quitter le domicile familial en pleine nuit pour prendre l'avion à destination d'Istanbul, puis le bus jusqu'à Raqqa, la capitale du groupe EI[19]. Les "jumelles terroristes", Salma et Zahra, désertent l'école, alors qu'elles étaient très appliquées. Elles quittent la belle ville de Manchester pour rejoindre Daech à Raqqa. La différence est énorme entre les deux villes. Qu'est-ce qui a persuadé ces deux jeunes filles de prendre une décision qui met un terme à leur avenir et aux relations avec leurs parents, les empêche de retourner en Grande Bretagne sans conséquences graves et les expose à la mort? Toutes les explications s'avèrent obsolètes devant cette question. Les analystes pourraient toujours dire qu'elles ont subi un lavage de cerveau radical. Mais ce lavage s'est-il produit instantanément – comme beaucoup voudraient le faire croire - et simultanément pour les deux sœurs, ces deux lycéennes intelligentes qui souhaitaient faire des

---

[17] Le Coran 36,9
[18] Le Coran 8,3
[19] *Daily Mail*, "I love the name Terror Twin... I sound scary..."; *Alarabia.net*, "Deux britanniques de 16 ans combattent avec Daech."

études de médecine ultérieurement? Seule l'impulsion religieuse peut expliquer cette aventure à grands risques. Nul ne peut abandonner le monde et ce qui s'y trouve sans une contrepartie compensatoire faite de promesses religieuses que donne l'islam à celui qui émigre pour la défense de sa cause.

Le Coran parle clairement de cette option: *"Ceux qui ont cru, qui ont émigré et qui ont lutté avec leurs biens et leurs personnes dans le sentier d'Allah, ont les plus hauts rangs auprès d'Allah... et ce sont eux les victorieux. Leur seigneur leur annonce de sa part miséricorde et agrément, et des jardins où il y aura pour eux un délice permanent où ils demeureront éternellement. Certes il y a auprès d'Allah une énorme récompense*[20]*."* Ces promesses coraniques sont les plus grands stimulants de l'exode de jeunes musulmans des pays arabes et occidentaux pour rejoindre le groupe EI.

Juste après ces versets, un autre verset élucide davantage pourquoi un jeune homme ou une jeune fille quitte son père et sa mère pour s'engager au sein de Daech. *"Ô vous qui croyez! Ne prenez pas pour alliés, vos pères et vos frères s'ils préfèrent la mécréance à la foi. Et quiconque parmi vous les prend pour alliés... ceux-là sont les injustes*[21]*."*. Tabari explique ce verset:

> Allah dit à ceux qui croient en lui et en son Messager: Ne prenez pas pour alliés, vos pères et vos frères, à qui vous dévoilez vos secrets et démasquez la souillure (*oura*) de l'islam et ses partisans, et ne préférez pas la vie avec eux à l'exode vers le pays de l'islam[22].

Ce sont des versets clairs qui incitent les musulmans à fuir les pays de la mécréance, les parents et les proches pour rejoindre la terre d'islam, et plus précisément, le groupe EI, que ce soit celui du Messager ou celui de ses califes. Cet exode existe depuis le temps de Mahomet jusqu'à nos jours, car selon lui: "L'exode ne s'arrêtera pas tant que les mécréants n'ont pas été combattus[23]." En effet, il est bien connu que l'EI considère que son combat vise les mécréants. Ainsi donc, la migration continuera toujours.

Le magazine *Dabeq* cible tout particulièrement les étrangers au sujet de la migration. Il les encourage à utiliser les versets coraniques et les hadiths de Mahomet. La couverture du n° 3 de cette revue, août 2014, porte un grand titre *Appel à la migration*. L'auteur de cet article dit:

---

[20] Le Coran 9,20-22
[21] Le Coran 9,23
[22] Tabari 10:69. Explication du verset 9,23.
[23] Sahih Ibn Hayyan 5:131. Le hadith est cité par Nisâ'ï et Ahmad.

> Tout artisan musulman ayant retardé dans le passé son engagement dans le djihad sous prétexte de ses études de charia, de médecine ou d'ingénierie, etc. et prétendant qu'il aidera l'islam plus tard par son expérience et compétence, devra maintenant se repentir et répondre à l'appel de la migration, d'autant plus que l'État du Califat vient d'être rétabli. Ce Califat a aujourd'hui grand besoin d'experts, de professionnels, de spécialistes susceptibles d'aider à consolider ses infrastructures et à satisfaire les besoins de ses frères musulmans. Autrement dit, celui qui retarde son intégration sera condamné à cause de son excuse au jour du grand jugement. Les étudiants, qui invoquent ces mêmes excuses pour laisser tomber le plus grand devoir qui leur incombe, doivent savoir que leur exode des pays de mécréance vers la terre d'islam est plus urgent en ce moment et plus important que de passer de nombreuses années à étudier, avec tous les risques de doute auxquels ils seront exposés et qui détruiront leur religion. Par conséquent, cette hésitation mettra fin à toute possibilité de pouvoir intégrer le djihad plus tard[24].

Dans le même numéro on évoque les tentations financières sous le titre: "Conseils à l'intention de ceux qui se préparent pour la migration." On leur dit entre autre: "Ne vous souciez pas de l'argent ni du logement pour vous, ni pour votre famille. De nombreux logements sont disponibles ainsi que les moyens nécessaires pour vos besoins[25]."

Dans le N° 8 de *Dabeq*[26], une certaine Omm Samya, une migrante, publie un article sous le titre: "Le mi-jumelage des migrants." Il s'agit de récits et d'exemples qui encouragent les femmes musulmanes, notamment les jeunes, à l'exode, et à surmonter les difficultés du voyage, les problèmes avec la famille et les proches, le passage d'un pays à l'autre. Omm Samya met l'accent sur l'importance de l'exode en islam. Elle dit: "La migration de la Mecque à Médine a constitué un évènement majeur et un tournant important dans la mission du Prophète. Elle révèle de nombreuses leçons, puisqu'elle est devenue fondamentale dans l'histoire de l'islam, c'est le début du calendrier islamique[27]."

À la lumière de son expérience de migrante, elle explique les raisons et les objectifs de sa propre migration.

---

[24] *Dabeq*, N°3, Août 2014, p. 26 (Original anglais)
[25] Idem, p. 33
[26] *Dabeq*, N°8, Avril 2015
[27] Idem, p. 32

> La migration pour la cause d'Allah comprend plusieurs objectifs, dont la fuite des détresses, la peur de les subir et leur impact sur la religion. De même, observer la mécréance sans pouvoir réagir conduira à la mort du cœur, de telle sorte que l'être humain deviendra incapable de connaître l'islam. Un autre objectif de la migration, c'est de rejoindre les rangs des musulmans, les aider, consolider leurs forces et mener le djihad contre les ennemis d'Allah et leurs ennemis[28].

Omm Samya se réfère à Ibn Qudâma dans sa définition de la migration et l'explication de son obligation. Elle dit: "La migration c'est la sortie de la terre de mécréance vers celle de l'islam[29]." Puis elle ajoute qu'elle est obligatoire du point de vue légal, en se référant au verset coranique (4,97) déjà cité[30]. Elle illustre tous ses propos sur la migration par des références tirées du Coran et du Hadith. Elle se réfère aussi à Ibn Kathir qui explique plus en détail le verset coranique cité. Il dit: "Ce verset est révélé à l'intention de ceux qui vivent parmi les polythéistes et capables d'émigrer. Celui qui ne maîtrise pas suffisamment la religion est injuste avec lui-même et commet l'illicite en général[31]." À la page 28 du même numéro, se trouve la photo d'un jeune homme dans un aéroport international portant sa valise sur laquelle il est écrit: "Abandonne le pays de mécréance". À la page 29, le même jeune arrive au pays du Califat avec un texte sur sa valise qui dit "Bienvenue en terre d'islam". Les deux pages regorgent de hadiths qui condamnent la vie en terre de mécréance et incitent à la migration vers la terre d'islam.

Importance capitale des migrants dans les organisations islamistes

Le titre *muhâjira* (migrante) qu'utilise Omm Samya est anodin ou absurde, mais c'est un titre d'honneur et de fierté que portent de nombreux combattants de nationalités étrangères autres qu'irakienne et syrienne au sein de Daech. C'est un titre que tout musulman ou toute musulmane aime accoler à son nom, comme le titre *Hadj* que portent de nombreux musulmans ayant fait le pèlerinage à la Mecque. Ainsi les musulmans s'enorgueillissent de la migration de Mahomet, devenue le point zéro pour le départ de l'historiographie de l'islam et suivie effectivement par la création de l'État islamique avec ses premiers combats.

---

[28] Idem
[29] *Dabeq*, N°8, p. 32
[30] Idem, p. 32-33
[31] Ibn Kathir, 2: 347. Explication du verset 4,97. Omm Samya a pris la même définition, p. 33

VIII ∽ Début de l'Islam et début de Daech Ressemblance et identification _____ 189

Les migrants ont constitué la force fondamentale dans la création du premier État islamique. Ils le sont aujourd'hui dans le groupe EI. Lors de la première invasion menée par Mahomet contre son clan, les migrants représentaient le tiers (83) de 314 combattants[32]. Aujourd'hui les migrants représentent une grande force au sein de l'EI. Le Premier ministre irakien, Haydar Ibadi, estime leur nombre à 60 % des soixante mille combattants[33].

Un rapport du Conseil de Sécurité indique que le nombre de combattants étrangers au sein du groupe EI serait de 25000 et pourrait atteindre les 30000[34]. Cela signifie que le nombre de combattants étrangers aujourd'hui au sein de l'EI serait égal ou supérieur à celui des Ansârs, les combattants locaux. Les combattants en provenance des pays occidentaux seraient au nombre de 3400 garçons, et de 3670 filles venant uniquement de France à destination de la Syrie entre 2014 et 2015[35]. Il n'est pas étonnant que ces combattants étrangers viennent principalement de France, d'Allemagne, de Belgique, de Grande Bretagne et de Hollande, pays dans lesquels vivent des communautés musulmanes originaires d'Afrique du Nord (Maroc et Algérie en particulier)[36]. D'autres combattants migrants viennent directement des pays arabes, notamment la Tunisie (3000), l'Arabie Saoudite (2500), la Jordanie (2100), le Maroc (mon pays) (1500)[37].

Ces chiffres illustrent l'importance du facteur migration dans l'esprit de ces migrants, mais surtout de l'efficacité du discours religieux qui continue à insister sur l'ouverture de la porte du djihad devant les musulmans afin de défendre leurs frères dans les zones de conflit partout dans le monde. Ce discours se répète à toute occasion, lors des combats entre Israël et les Palestiniens, lors de l'entrée des forces américaines en Irak, lors de la guerre en Bosnie et celle en Tchétchénie, sans oublier la guerre afghano-russe. Ce discours religieux s'est incrusté dans les esprits. Il a donné ses bons fruits lors de la création de l'EI.

Au cours de mes études à l'Université Hassan II de Casablanca, je rappelle de l'amicale des étudiants membres du Parti *Al-Adl wal-*

---

[32] Ibn Hicham, op. cit., 3: 164. Nombre des migrants et des Ansârs qui ont participé à la bataille de Badr.
[33] *Al-Quds al-Arabi*, "Entre le Congrès de Londres et celui de Paris: le nombre des combattants de l'EI enregistre une croissance palpable."
[34] Idem
[35] Idem
[36] ICSR, Foreign fighter total in Syria/Iraq now exceeds 20.000
[37] *The Washington Post*, "Map: How the flow of foreign fighters to Iraq and Syria…"

Ihsân (Justice et Bienfaisance)[38]. Ils organisaient des expositions et des séminaires de sensibilisation pour inciter les étudiants à la solidarité avec les musulmans. Ils exposaient les photos des enfants tués en Palestine, du sang en Bosnie, les photos des soldats israéliens ou serbes qui agressent des musulmans. Je voyais de nombreux jeunes marocains imprégnés de haine qui protestaient avec colère contre les gouvernements arabes et exigeaient l'unité des musulmans contre leurs ennemis. Ils réclamaient l'annonce du djihad en rappelant les victoires du Messager dans ses invasions. Ils récitaient les versets coraniques promettant la victoire et la consolidation (*tamkîn*). Ils chantaient les hymnes du djihad, ceux que nous entendons aujourd'hui dans les vidéos d'al-Qaïda et de l'EI. Tout cela se déroulait au vu et au su de la direction de l'Université et des forces de sécurité.

Dans combien d'universités du Maroc ce discours religieux dominait-t-il par des groupes d'étudiants? Combien de mosquées et d'universités dans le monde arabo-musulman autorisent-elles toujours ce même discours? Il est temps que le monde musulman récolte ce qu'il a semé dans les esprits des étudiants d'hier, devenus les combattants d'aujourd'hui. Les discours sulfureux d'autrefois ne sont pas restés lettre morte. Ils ont plutôt engendré une génération qui ne se soucie que des combats et des guerres, et qui ne sait rien produire d'autre que l'effusion de sang. Il ne faut donc pas s'étonner de voir des milliers de combattants quitter le Maroc, l'Algérie, la Tunisie, l'Arabie Saoudite. Celui qui a vécu dans les milieux universitaires et écouté les discours et les prêches du vendredi, ne s'en étonnera jamais. Si les mesures de sécurité n'avaient pas été si fermes, on aurait vu non seulement des milliers, mais des millions de jeunes, aller combattre au sein de l'EI. L'un des indices de cette situation, c'est le résultat de l'enquête effectuée par Aljazeera.net. À la question posée: "Croyez-vous que le progrès de l'État islamique en Irak et en Syrie est dans l'intérêt de la région?" Le "oui" a dépassé 80% des 56.000 personnes interrogées[39].

Si les esprits n'étaient pas sensibilisés et bien disposés, les campagnes de publicité de l'EI n'auraient pas trouvé écho chez les jeunes musulmans. Si les jeunes venant d'Europe pour rejoindre les rangs de Daech n'avaient pas régulièrement entendu les discours religieux incitatifs, s'ils n'avaient

---

[38] C'est un groupe islamiste marocain, devenu célèbre par son leader le feu Abdelsalam Yasine qui avait réclamé le changement du régime au Maroc. Ce mouvement y est toujours actif, notamment dans la mobilisation de la rue.

[39] *Aljazeera.net*, "Croyez-vous que le progrès de l'État islamique en Irak et en Syrie est dans l'intérêt de la région?"

pas cru et n'étaient pas persuadés que la nation islamique est ciblée par un grand complot et qu'il est temps de récupérer ses gloires du passé, en démarrant par la "hijra" (migration), ils n'auraient pas intégré l'EI. La France, la Grande Bretagne, l'Allemagne, la Belgique regorgent de mosquées qui diffusent le discours de haine au nom de la liberté religieuse. C'est cette liberté que de nombreux musulmans exploitent en Occident. Ils y croient et s'y accrochent lorsqu'elle est en leur faveur, mais la rejettent lorsqu'elle est en faveur des autres religions au sein d'une majorité musulmane. Cette liberté religieuse est exploitée dans les pays occidentaux pour diffuser et propager le discours islamiste incitatif qui traite de mécréance les pays qui ont donné aux musulmans le droit de culte, de construire des mosquées et d'exposer librement leur croyance. La liberté doit-elle autoriser le discours qui détruit sa propre essence?

Rôle des migrants au sein de Daesch

Abou Mossaab al-Zarqawi, un migrant jordanien en Irak, a commencé par créer *le Groupe de Tawhîd et du Djihad*. Puis, il a prêté allégeance à Ben Laden et créé une section d'al-Qaïda au nom de *Qaïdat al-djihad au pays des Rafidayn*. Cela a été le noyau et le Grundstein du groupe EI plus tard, puisque la majorité de ses combattants viennent des cellules créées par al-Zarqawi. Ben Laden, lui-aussi, était un migrant, ainsi que Zawahiri et Abdallah Azzam, le père du djihad afghan. Ce dernier, migrant palestinien, est à l'origine de l'idée de la migration des moudjahidines arabes vers l'Afghanistan. De même, certains cadres du groupe EI sont des migrants.

Parmi les plus importants figure Abou Omar al-Chichani, nom de guerre de Tarkhan Batirashvili, qui était à l'origine un combattant tchétchène. Il a occupé un poste assimilé à celui du chef d'état-major au sein de l'EI. Il est paru dans une vidéo montrant l'effacement des frontières. Il a effectué un geste symbolique relatif à la destruction des frontières entre la Syrie et l'Irak, refusant la reconnaissance de ces frontières tracées par l'Occident en terre d'islam. Il considérait que les États islamiques formaient initialement un seul État, celui du Califat, que les frontières constituaient un acte colonial décidé et imposé par l'accord Sykes-Picot, et qu'il incombait à tout musulman de rejeter la soumission aux lois occidentales mécréantes qui cherchent la division et l'affaiblissement de la nation islamique (de nouveau la théorie du complot). Il faut signaler que la première brigade qu'Abou Omar al-Chichani avait créée, avant de rejoindre le groupe EI, s'appelait "la brigade des muhajirines", qui regroupait notamment des combattants d'origine tchéchène. Puis, il a créé ce qu'on appelle "l'armée des muhajirines et des ansârs", nom que porte en Tchétchénie une autre armée qui combat contre la Russie[40]. Abou Omar al-Chichani a été tué dans une bataille dans la ville de Charqat en Irak le 16 juillet 2016.

Parmi les éléments djihadistes au sein des migrants, un certain John s'est illustré. Les médias l'appellent "l'égorgeur du groupe EI". Son véritable nom est Mohammed Jassim Emwazi; il est né en 1988 de parents koweitiens. Il vivait avec eux à Londres depuis l'âge de six ans. Il est diplômé en Informatique et en Gestion d'affaires de l'Université de Westminster. Il rejoint les groupes combattants en 2012 avant d'adhérer aux rangs de l'EI et d'apparaître dans des vidéos chocs montrant des scènes d'égorgement[41]. Il est apparu la première fois en août 2014, déguisé, portant un couteau à la main, et prononçant un discours déjà préparé dans lequel il menaçait l'Amérique et son président Obama. Suite à cela, on a montré James Fully égorgé, et sa tête coupée posée sur son corps. On suppose que le djihadiste "John" lui a coupé la tête et l'a posée sur son cadavre. En septembre 2014, le même scénario se répète avec Steven Sotlov, avec le citoyen britannique David Heinz, puis en octobre 2014 avec Peter Cassig. Avant de montrer la tête coupée de ce dernier, on montre des scènes de l'égorgement de 18 soldats syriens dans la région de Dabeq en Syrie.

John est l'un des djihadistes qu'utilise l'EI comme moyen efficace dans sa propagande pour passer ses messages à l'Occident en anglais. Donc, l'une des priorités dans la lutte contre Daech, c'était de liquider cet égorgeur, chose faite ultérieurement dans une attaque américaine[42].

Le djihadiste John n'était pas le seul qu'exploitait l'EI. Sa force de frappe est constituée de migrants, surtout des tchétchènes, très nombreux. Ils se comptent par centaines, et disposent d'une longue expérience dans la guerre contre les Russes. Connaissant bien les tactiques militaires, ils sont bien entraînés au maniement de différentes armes. Ce sont eux qui assurent la logistique, la formation et l'entraînement des différentes brigades et des nouvelles recrues. De plus, l'EI compte beaucoup sur les

---

[40] BBC English, "Syria crisis: Omar Shishani, Chechen jihadist leader".
[41] *The Guardian*, "Who is Mohammed Emwazi? From shy, football-loving boy to ISIS killer."
[42] Reuters, "L'organisation de l'EI confirme la mort du djihadiste John."

migrants venus de l'étranger dans les opérations-suicides. Ils constituent le fer de lance dans la prospection des lieux sécurisés et difficiles d'accès.

Avant chaque attaque, une série d'opérations-suicides est lancée, afin de pouvoir s'emparer des lieux fortifiés. C'est-ce qui est relaté sur le site Alarabiya.net:

> Les djihadistes étrangers sont les mieux préparés pour certaines missions, telles les opérations-suicides. L'EI considère qu'il est plus facile de les convaincre d'effectuer de telles opérations à cause de leur haut niveau d'exaltation d'une part, et d'autre part à cause de leur prédisposition religieuse qui facilite leur endoctrinement et leur persuasion plus que les djihadistes locaux syriens ou irakiens[43].

D'autres facteurs expliquent le recours aux djihadistes étrangers dans les opérations-suicides. Le plus important, c'est que ce sont des éléments jeunes qui se sont séparés définitivement de leurs familles et de leur milieu social. Il est plus facile pour eux d'effectuer une telle opération. Par contre, les "ansârs" qui se trouvent sur place, ont souvent de nombreuses relations familiales et sociales et des responsabilités diverses qui les empêchent de risquer leur vie ou de se sacrifier. Donc, c'est beaucoup plus facile pour les étrangers, bien que toute règle ait son exception. En effet, l'EI dispose d'une brigade spéciale dite "la brigade des martyrs" dont la plupart des membres sont des combattants étrangers. Le quotidien britannique, *Daily Mail*, considère que l'EI compte beaucoup sur les étrangers dans les opérations-suicides, car ils n'ont pas toutes les compétences pour le combat, ni une valeur militaire dans les confrontations. Depuis début 2015, l'EI peine à trouver des candidats aux opérations-suicides, suite à la fuite de nombreux candidats ayant découvert des vérités amères, notamment leur importance au sein de l'EI, laquelle était inférieure à celle de leurs collègues, les ansars locaux[44].

Tout comme Mahomet comptait lui aussi sur les migrants dans les combats. Bien que les combattants migrants aient représenté moins du tiers dans la bataille de Badr le nombre de leurs pertes atteignit presque la moitié des 16 tués, selon les récits islamiques[45]. Aujourd'hui, ce sont les migrants qui constituent la force de front dans les opérations-suicides menées par l'EI.

---

[43] *Alarabiya.net*, "Le secret de Daech derrière la préférence des combattants étrangers."
[44] *Daily Mail*, "Is ISIS running out of suicide bombers? Terror group suffers shortage of martyrs after dozens of fighters desert or defect to rival militias."
[45] Ibn al-Qayyim, "Zad al-ma'ad", 3:169, un chapitre consacré à la grande invasion de Badr.

Rôle des ansârs au sein de Daech

En revanche, qu'en est-il des ansârs? Ils sont l'avenir. Ce sont eux qui assument la charge de l'EI. Yathrib (Médine) a accueilli Mahomet. Les régions sunnites de l'Irak et de la Syrie sont le Yathrib de l'EI. Comme les gens de Yathrib ont constitué une alliance avec Mahomet contre Qoraych, ainsi les régions sunnites ont créé une alliance avec Daech contre les Alaouites en Syrie et les Chiites en Irak. C'est le même plan et la même application. La seule différence réside dans le temps et les moyens. On applique ce qui est relaté dans la biographie du Prophète même à propos des plans de guerre. Mahomet a créé une région à partir de laquelle il gérait les affaires lui-même. Elle est devenue son fief bien sécurisé, ainsi qu'une base d'où déclencher ses invasions et où retourner. À partir de cette région, il gérait la barbarie. Le livre "Gestion de la barbarie" est l'un des documents qu'utilise le groupe EI dans son plan d'action. Cette œuvre est attribuée à un certain Abou Bakr Naji, un nom de guerre, dit-on, de l'égyptien Mohammad Khalil Al-Hakayma, un des cadres d'al-Qaïda, tué dans un raid américain en 2008[46].

L'auteur de ce livre écrit:

> La gestion de la barbarie a été, dans notre histoire islamique, appliquée à plusieurs reprises. Nous en voyons le premier exemple au début de l'État islamique à Médine. À l'exception des empires byzantins et perses (et quelques États plus ou moins grands aux périphéries de la péninsule arabique), c'est la gestion de la barbarie qui prévalait dans la péninsule. On peut dire qu'avant le début de l'ère médinienne (avant que ce soit installé un État stable où la zakat et la jizya étaient de règle, avant qu'il devienne permanent et soit reconnu par les provinces, les gouverneurs et les gouvernants), Médine était en situation de gestion de la barbarie. Bien sûr, Médine n'était pas en gestion de barbarie avant l'Hégire du prophète, mais elle était administrée par les tribus comme les Aws et les Khazraj, selon un ordre qui s'apparentait à une gestion de la barbarie. Quand Mahomet émigra à Médine et que les instances dirigeantes lui firent allégeance, la ville était administrée par des musulmans. Il n'empêche que c'était un ordre idéal pour la gestion de la barbarie[47].

---

[46] Institut Arabe pour les études, *"Idârat at-Tawahhush"* ... et les refuges sécurisés pour le terrorisme du régime Assad à l'émirat de Daech.". Traduction française, *Gestion de la Barbarie*, publiée aux Éditions de Paris, 2007, 248 p.
[47] Idem, p.12

VIII ~ Début de l'Islam et début de Daech Ressemblance et identification

Puis, l'auteur, en tant que moudjahid et cadre d'al-Qaïda, écrit plus loin de façon très claire: "Nous suivons généralement les pas du Prophète et de ses compagnons. Nous acceptons seulement que notre politique dans l'action jihadiste soit comme celle de la politique de la *charia*[48]."

Cet ouvrage est le guide de base pour le groupe EI dans ses différentes étapes. Il conseille de créer d'abord une région de *barbaritude* qui sera administrée par le groupe islamiste. Ensuite, il faut épuiser l'ennemi en le frappant dans différentes régions, en créant davantage de régions de *barbaritude*. Sans le savoir, l'Amérique a contribué à offrir un service inestimable au groupe EI, en l'aidant à créer une région de *barbaritude* en Irak. Elle a aidé également les pays de la coalition contre le régime syrien à créer également une région de *barbaritude* en Syrie, et la même chose en Libye. Ainsi l'EI est parvenu à administrer de vastes régions de *barbaritude* en Syrie, en Irak et en Libye. Raqqa est devenue sa capitale, à côté d'autres capitales secondaires, comme Mossoul. Le plan d'action comprend aussi l'aspect médiatique. Il est dit: "La stratégie médiatique, lorsqu'elle accompagne tout particulièrement l'étape de la gestion de la barbarie, devrait inciter un grand nombre de gens, notamment les jeunes, à s'envoler vers les régions que nous administrons[49]." Bien que l'auteur ait été l'un des cadres de l'organisation d'al-Qaïda, il n'a pas eu la chance d'assister à la naissance de l'État islamique. Néanmoins, cette organisation a bénéficié de sa recherche dans son application sur le terrain.

Ce livre est loin d'être une œuvre créative, d'inspiration personnelle. L'auteur s'appuie sur la Sira de Mahomet qui a créé une région de *barbaritude* après son hégire. Son alliance avec les Aws et les Khazraj n'était pas anodine, mais stratégique, fondée sur l'entretien des affaires, mais aussi sur la parenté consanguine. La famille de Mahomet était, du côté de la mère de son grand-père, de Yathrib[50]. En arrivant chez eux, il a donné l'impression qu'il sollicitait l'aide de la tribu de ses oncles maternels contre la tribu de ses oncles paternels. Avant l'hégire de Mahomet, deux accords étaient déjà conclus avec les Aws et les Khazraj. Un des articles de ces deux accords disait: "Je vous fais allégeance à condition que vous m'interdisiez ce que vous interdisez à vos femmes et vos enfants... le sang le sang, la destruction la destruction..., je suis de vous et vous

---

[48] Idem, p. 28
[49] Idem, p. 21
[50] Les Banou Najjar sont des oncles maternels de Mahomet. Il s'est installé d'abord chez eux, à Yathrib (Médine) avant de devenir leur chef et leur représentant. (Ibn Hicham, op. cit., 2:353) Voir aussi as-Sira al-Halabiya, 2:245, et Sahih Bukhari

êtes de moi, je combats ceux que vous combattez, et je fais la paix avec quiconque vous la faites[51]."

L'EI fait la même chose. Les alliances par mariage rendent les combats des tribus en Irak contre l'EI quasi impossibles. Pour cette raison, l'EI trouve beaucoup de soutien et de protection au sein des tribus sunnites, notamment là où le mariage et la parenté réunissent les enfants. L'EI exploite également les allégeances successives des tribus au calife Baghdadi. Il publie régulièrement les photos des chefs de tribus qui prêtent allégeance au cours des grands rassemblements avec des membres de ce groupe, comme ce fut le cas à Fallouja en juin 2015[52]. Trois mois plus tôt, c'étaient des chefs des tribus de la province de Ninive qui lui avaient prêté allégeance au cours d'une gigantesque manifestation organisée en mars 2015. Le reportage met également en exergue plus de trente chefs de tribus venus de Mossoul pour prêter allégeance à Baghdadi dans une grande salle[53]. Ces reportages illustrés encouragent les partisans et les sympathisants et défient les opposants et les ennemis. Ils montrent également que l'EI profite largement de ses relations tribales pour consolider sa position sur le terrain.

Sans les ansârs, l'islam n'aurait pas vu le jour. Sans les Aws et les Khazrajs, Mahomet n'aurait jamais réussi à lancer une seule invasion. Sans les tribus, le groupe EI n'aurait jamais pu exister en Irak ni en Syrie. Mahomet a bien su apprécier l'importance des ansârs qui l'ont accueilli et hébergé. D'où sa parole devenue célèbre: "Le signe de la foi c'est l'amour des ansârs, et celui de l'hypocrisie, leur haine[54]."

Mahomet a très vite saisi leur importance dès qu'il leur avait proposé de l'accepter comme prophète au cours de l'allégeance de la première phase (Aqaba). Il a rencontré d'abord douze de leurs notables. Un an plus tard, il a conclu avec eux un accord politique au cours de l'allégeance de la deuxième phase (Aqaba). Son oncle qui n'avait pas cru en lui, est allé s'assurer de l'authenticité du pacte qu'il a conclu avec eux. Il leur a dit au sujet de son neveu:

---

[51] Ibn Hicham, op. cit, 2: 268. L'ordre du deuxième Aqaba.
[52] *Aljazeera.net*, "Les chefs des tribus à Fallouja prêtent allégeance à Baghdadi et attaquent le gouvernement".
[53] Site *Veto*, "Vidéo: les notables des tribus irakiennes prêtent allégeance à Baghdadi au cours d'une grande cérémonie publique".
[54] Sahih Bukhari 1:14. Livre de la Foi: "Le signe de la foi c'est l'amour des ansârs."

Il a voulu absolument s'allier à vous et rejoindre vos rangs. Si vous croyez lui être fidèles, vous devez tout assumer. Si vous croyez être d'accord avec lui et le décevoir après, il vaut mieux dès maintenant le laisser tranquille, car il fait partie de la noblesse parmi les siens[55].

Les Aws et les Khazraj avaient besoin d'un chef de ce calibre, d'autant plus qu'il leur apporte la prophétie comme symbole d'autorité. Ainsi lui ont-ils fait confiance, l'ont suivi et soutenu dans ses guerres. Ils ont déclaré: "Nous avons prêté allégeance au messager d'Allah. Nous sommes des enfants de guerre et des porteurs d'armes. Nous avons hérité cela de père en fils[56]." En même temps, ils lui ont demandé de ne pas les lâcher après ses victoires et l'expansion de sa mission: "Messager d'Allah, il y a entre nous et les hommes – c'est-à-dire les juifs - des liens solides. S'ils les coupent, allez-vous nous abandonner, au cas où Allah vous révèle de retourner dans votre clan[57]?" À ce moment-là il leur répond: "Je suis l'un d'entre vous... Je combattrai celui que vous combattez et je ferai la paix avec qui vous la ferez[58]." Ils avaient des intérêts communs, exactement comme les intérêts qui existent aujourd'hui entre les tribus sunnites et le groupe EI. Les États-Unis ont bien compris le rôle déterminant des tribus. Ils ont créé le système des *sahwats* (favoriser le pouvoir des tribus locales) en 2006, notamment dans la province d'al-Anbar. Puis ils l'ont développé dans d'autres provinces. C'était un moyen efficace pour affaiblir le rôle d'al-Qaeda. Mais ce système a échoué après le départ des Américains et la prise du pouvoir à Bagdad par un nouveau gouvernement qui a favorisé les chiites et délaissé les régions sunnites, ce qui a perturbé les rapports de force sur le terrain. Alors, les tribus firent volte-face et soutinrent les djihadistes. Ainsi la mère accueillante du nouvel État islamique moderne est devenue comme les Aws et les Khazraj qui ont accueilli la naissance de l'État de Mahomet.

---

[55] Ibn Hicham, op. cit., 2:266, l'ordre de la deuxième Aqaba
[56] Idem, p. 267
[57] Idem
[58] Idem, p. 267-268

IX

Brigands et invasions
Les brigands de Mahomet et de Daech

Motivations des invasions de Mahomet

À Médine, les partisans (*Ansârs*) ne pouvaient pas assurer *ad aeternam* l'intendance pour Mahomet et ses migrants. Mahomet avait donc besoin de recruter des hommes et de disposer d'argent pour vivre et entretenir ses migrants. Il devait donc trouver une solution pour étendre son emprise et son autorité, et imposer son pouvoir sur toute la région. Il faut rappeler que certaines tribus arabes vivaient en ce temps-là de rapines, d'invasions et de razzias. Mahomet n'agissait pas autrement. Deux raisons fondamentales vont le conduire à lancer des attaques contre sa propre tribu qui l'a persécuté à la Mecque, mais aussi pour profiter des biens et de la richesse de ses notables. Il devait impérativement saisir cette occasion, d'autant plus qu'il connaissait bien les différents nantis de cette tribu et les reliefs de la région. Il disposait également de bonnes relations tribales lui permettant de bien s'informer quant à ses déplacements et ses activités. Une seule chose lui manquait encore: recruter des combattants et les convaincre d'attaquer des cibles choisies d'avance.

Presque un an après son installation à Médine, il se lance, en compagnie de ses migrants déguisés en gangsters, à la recherche d'une proie[1]. Il guette alors les caravanes commerciales de Qoraych, des cibles faciles à intercepter, puisqu'il n'était pas encore en mesure d'attaquer cette tribu chez elle.

Mahomet déclenche donc des opérations de brigandage, dites "invasions". Il se lance d'abord contre Banou Damra, une tribu voisine de Qoraych. Il la soumet à ses conditions sans recours au combat. Il appelle cette première réalisation *l'invasion d'al-Abwa*[2]. Seuls les migrants, à la recherche de revenus, y ont participé. Il envoie de nouveau, une petite brigade de ces migrants[3] attaquer un groupe d'hommes de Qoraych, mais surpris par le grand nombre d'hommes en face d'eux, ils font demi-tour. Cette brigade portait le nom de *Obayda ben al-Harith*[4]. Par la suite, Mahomet envoie son oncle Hamza à la tête d'une brigade de trente combattants de migrants. Se trouvant incapables d'affronter un groupe de 300 hommes, ils rebroussent chemin très vite. Cette brigade portait le nom de *Sayf al-Bahr*, le nom d'une localité[5].

Mahomet décide alors de mener lui-même, pour la deuxième fois, une incursion avec des gangsters choisis parmi les migrants. Chaque fois qu'il quitte Médine, il nomme quelqu'un pour le remplacer. Ce qui veut dire qu'il y assumait déjà le poste de gouverneur. Il n'obtient rien de cette incursion dite *l'invasion de Bwat*. Ces attaques se sont déroulées, selon la Sira[6], dans un laps de temps ne dépassant pas deux mois. Un mois plus tard, Mahomet tente, en compagnie de son cousin Ali ben Abi Taleb, un nouveau raid, dit *l'invasion d'al-Achira*, qui échouera également. Tous ces noms se rapportent à des localités. Or, ce qui est à la fois amusant et triste dans cette invasion, c'est que Ali et Ammar ben Yassir se sont ennuyés

---

[1] Ibn Hicham, op. cit., 3:29. Sous le titre "Histoire de l'hégire", Ibn Ishaq dit: "Il s'est lancé dans l'invasion au mois de Safar au début de douze mois après son arrivée à Médine"

[2] Idem, 3:30. Ibn Ishaq dit: "jusqu'à son arrivée à Waddan, et c'est l'invasion d'al-Abwa', ciblant Qoraych et Banou Damra." Ibn Hicham ajoute: "C'était la première invasion qu'il effectuait."

[3] Idem, 3:31. Sous le titre: "Brigade Obayda ben al-Harith". Ibn Ishaq dit: "Le messager d'Allah a envoyé à partir de sa résidence à Médine Obayda ben al-Harith ben al-Muttalib ben Abd Manaf ben Qussay à la tête de 60 ou 80 migrants. Il n'y avait parmi eux aucun membre des partisans."

[4] Idem, Ibn Ishaq dit: "Il a rencontré un énorme groupe de Qoraych. Aucun combat n'eut lieu entre eux."

[5] Idem, 3:35. Ibn Ishaq dit: "Il a rencontré Aba Jahl ben Hicham dans cette plaine avec 300 individus des habitants de la Mecque. Il a retenu parmi eux Majdiy ben Amrou al-Jihani. Il était affable avec les deux groupes qui se sont séparés sans combat."

[6] Idem, 3:38 "Il est arrivé à Bwat du côté de Ridwa. Puis il est retourné à Médine sans embûche. Il y est resté durant le mois de Rabih I et une partie du mois de Jamadi 1er."

d'attendre. Ils ont remarqué dans le voisinage des gens qui s'occupaient des palmiers. Ils ont voulu les observer et apprendre leurs techniques de travail, ce qui prouve qu'ils n'avaient aucune expérience dans l'agriculture ni dans le monde du travail. En effet, les compagnons de Mahomet, notamment les migrants, ignoraient le travail manuel. Mais ils excellaient dans le pillage et les razzias. Ainsi, en attendant, Ali et Ammar se sont endormis[7].

Suite à cette cinquième tentative, Mahomet envoie une sixième brigade, portant le nom d'Abdallah ben Jahch. Elle échoue aussi, en dépit du pillage et du combat. Accompagné de huit migrants, Abdallah devait assurer une mission de prospection pour espionner Qoraych et renseigner Mahomet[8]. Lors de cette mission, ils ciblent une caravane de Qoraych dirigée par Amrou al-Hadhari. Les Arabes ont l'habitude de sanctifier quatre mois dans l'année, durant lesquels ils s'interdisent de combattre ou de faire la guerre. Les tribus respectaient toujours cette tradition et considéraient le combat durant ces mois comme illicite, mais aussi comme une violation flagrante et criminelle des traditions. Qu'en est-il alors si on attaque une caravane pacifique?

Or, le désir des compagnons migrants de Mahomet de se venger était très fort, et leur besoin d'argent très pressant. Après en avoir débattu ensemble, ces migrants trompent les gens de la caravane en faisant semblant d'abord d'être pacifiques. Ensuite, même durant un mois sacré, ils attaquent la caravane et les quatre individus qui l'accompagnent. Sur ces quatre, ils tuent le chef par une flèche et en capturent deux, tandis que le quatrième réussit à fuir. Puis, ils conduisent les chameaux avec la marchandise et les deux prisonniers à Médine. Avant de rencontrer Mahomet, ils partagent le butin entre eux et lui réservent le cinquième. Les partisans ne sont pas concernés par cette affaire, ni de près ni de loin. Il semble que Mahomet était très choqué, puisqu'il ne pouvait pas imaginer qu'une mission de prospection se transforme en une violation des us et des coutumes. Il condamne l'action de ces migrants, non pas parce qu'il s'agit d'une agression contre Qoraych, mais parce qu'ils n'ont pas respecté les mois sacrés. Il leur dit: "Vous ai-je ordonné de combattre durant les

---

[7] Idem, 3: 43. Sous le titre: "L'invasion d'al-Achira".
[8] Idem, 3: 45. Sous le titre: "Brigade d'Abdallah ben Jahch". "Mahomet a donné un message à Abdallah, lui demandant de ne pas l'ouvrir avant deux jours de voyage. En l'ouvrant, Abdallah lit: Si tu tiens compte de ce message, tu continueras ton chemin jusqu'à Nakhla, entre la Mecque et Taëf. Alors tu guetteras les gens de Qoraych et tu nous donneras de leurs nouvelles."

mois sacrés[9]?" Tout le monde les blâme, car leur acte est susceptible de lui causer des soucis avec les autres tribus. Et Qoraych ne cesse de l'accuser: "Mahomet et ses compagnons violent les mois sacrés, font couler le sang, volent les biens et capturent des hommes[10]."

La nouvelle se propage très vite. Il semble que le "téléphone arabe" fonctionnait déjà. Embarrassé, Mahomet doit trouver rapidement une solution en ayant recours à la révélation. Il fait alors venir un verset qui justifie l'attaque: *"Ils t'interrogent sur le fait de faire la guerre pendant les mois sacrés. Dis:"Y combattre est un péché grave, mais plus grave encore auprès d'Allah est de faire obstacle au sentier d'Allah, et d'expulser de là ses habitants. La sédition est plus grave que le meurtre[11]."* Ibn Ishaq explique ce verset:

> Si vous les avez tués durant les mois sacrés, c'est parce qu'ils vous empêchaient d'aller dans le sentier d'Allah... d'accéder à la mosquée interdite.... Donc, ce qu'ils ont fait est plus grand aux yeux d'Allah que tout autre chose[12].

Ce qui veut dire qu'Allah approuve le meurtre de celui qui conduisait la caravane, la captivité de deux autres et le pillage de la marchandise, même durant le mois sacré. Le meurtre, la captivité et le pillage seraient aux yeux d'Allah moins grave que son dénigrement par une tribu qui empêche les musulmans de croire en lui, qui les expulse de la mosquée interdite [la Kaaba] et ses environs. C'est un acte de sédition qui est plus grave aux yeux d'Allah que le meurtre causé par les musulmans.

Suite à cette justification, Mahomet prend le cinquième du butin, maintient captifs les deux otages, et réclame en contrepartie la libération de deux musulmans prisonniers à la Mecque. Il avertit qu'il ne libèrera personne avant que ses deux amis arrivent chez lui: "Si vous les tuez, dit-il, nous tuerons les vôtres[13]." Mais Mahomet ne respecte pas sa parole. L'auteur de sa biographie note que l'un des deux otages s'est converti à l'islam et Mahomet ne pouvait que le garder, mais il libère l'autre[14].

Le comportement d'Abdallah ben Jahch lors du partage du butin était habituel chez les coupeurs de route. Il était d'usage que le chef de la

---

[9] Idem, 3:45
[10] Idem
[11] Le Coran 2,27
[12] Ibn Hicham, op. cit., 3:45. "Brigade d'Abdallah ben Jahch, sous le titre: Le Coran approuve ce que fait Ibn Jahch."
[13] Idem, 3:46
[14] Idem, 3:46

bande prenne le cinquième, alors que les autres se partagent le restant. Suite à cet évènement, Mahomet fait venir un verset coranique pour faire de cette tradition mafieuse une révélation céleste et une législation divine, toujours en vigueur entre les moudjahidines. Ce verset dit: *"Sachez que, de tout butin que vous avez ramassé, le cinquième appartient à Allah, au messager, à ses proches parents, aux orphelins, aux pauvres, aux voyageurs[15]."*

Après cette attaque, Mahomet continue toujours à guetter les gens de Qoraych. Il attend des occasions propices pour se venger d'eux, leur faire du mal, piller leurs biens et leurs marchandises pour en profiter lui et ses compagnons. Ils se reposent plusieurs semaines avant de lancer de nouveaux raids contre les caravanes et les commerçants, notamment contre les gens de leur tribu.

Motivations et épisodes de l'invasion de Badr

Un mois et demi après le dernier raid, les adeptes de Mahomet apprennent qu'une importante caravane de transport appartenant à Qoraych se trouvait en route. Dans la plus ancienne biographie de Mahomet, il est dit:

> Le messager d'Allah apprend que Sofiane ben Harb conduisait une grande caravane commerciale en provenance de Syrie, transportant des biens et des marchandises pour Qoraych. Trente à quarante hommes l'accompagnaient[16].

Cette occasion semble très prometteuse pour Mahomet. S'il parvient à l'intercepter et à s'emparer de ce butin, il serait en mesure de soulager les ansârs qui les accueillent. Attaquer cette caravane serait également la plus grande razzia qui servira ses objectifs: se venger de sa tribu et amasser beaucoup d'argent pour ses compagnons. Aussitôt, il mobilise les siens, leur disant: "Voici les chameaux de Qoraych transportant leurs biens. Attaquons-les, Allah vous accordera un grand butin[17]." Bien entendu, Mahomet associe Allah à cette équation. Il l'a déjà sollicité pour justifier l'invasion précédente. Il espère qu'il leur facilitera cette fois-ci aussi l'interception de la caravane et la mainmise sur la marchandise.

Mahomet ne considère pas ses invasions comme des opérations de gangstérisme, mais plutôt comme une action divine sacrée, un djihad

---

[15] Le Coran 8,41
[16] Ibn Hicham, op. cit., 3:46
[17] Idem

pour la cause d'Allah. Or, certains de ses compagnons qui n'étaient pas enthousiastes au début pour mener une telle aventure, la rejettent. Mais, Mahomet insatisfait de leur attitude, leur fait venir deux versets coraniques leur reprochant ce comportement.

> *Comme ton seigneur t'a fait sortir de ta demeure, malgré la répulsion d'une partie des croyants. Ils discutent avec toi au sujet de la vérité après qu'elle fut clairement apparue, comme si on la poussait clairement vers la mort et qu'ils (la) voyaient*[18].

Les compagnons de Mahomet ont le sentiment qu'on les conduit à la mort. Les opérations à venir ne seront pas comme les précédentes. Il est clair que Qoraych a déjà appris une bonne leçon de la razzia précédente et ne laissera plus sa caravane sans protection. Elle saura défendra sa dignité avec force et son commerce contre Mahomet et ses compagnons. C'est ce que pensaient ses partisans qui voulaient s'emparer facilement de butin, sans se mouiller dans des combats risqués.

Informé à temps du plan de Mahomet et de ses compagnons, le patron de la caravane de Qoraych, Sofiane ben Harb, change rapidement de direction. En même temps, il envoie un émissaire auprès des gens de son clan les invitant à se préparer à défendre leur commerce contre Mahomet et ses brigands. Mis au courant de ce plan, Mahomet et son gang auraient préféré s'emparer du butin sans confrontation militaire. Il évoque même cette situation dans le verset suivant pour expliquer comment l'invasion de Badr s'est déroulée.

> [*Rappelez-vous*], *quand Allah vous promettait qu'une des deux bandes serait à vous. Vous désiriez vous emparer de celle qui était sans armes, alors qu'Allah voulait par ses paroles faire triompher la vérité et anéantir les mécréants jusqu'au dernier*[19].

Dans le commentaire de ce verset, Tabari[20] explique: "Vous souhaitez vous emparer des chameaux sans combattre le clan de Qoraych dont les hommes sont venus vous en empêcher par le combat et la guerre[21]." Mahomet les allèche avec l'argent et la facilité de s'emparer de la caravane, d'autant plus que le nombre de combattants dépasse les 300, alors que celui des accompagnateurs de la caravane est estimé entre 30 et

---

[18] Le Coran 8,5-6
[19] Le Coran 8,7
[20] Il a vécu au IXe et Xe siècle après J.C.
[21] Tabari, op. cit., 9:126. Explication du verset 8,7

40. Il semble donc facile d'immobiliser la caravane et de s'emparer de sa marchandise.

Tabari ajoute encore une fois que Mahomet "a missionné ses compagnons, leur évoquant la quantité d'argent que transporte la caravane et le nombre restreint de ses accompagnateurs. Alors, ils se sont mis en route, ne voyant dans la cargaison de la caravane qu'un grand butin pour eux et ne croyaient pas à un grand combat en cas d'affrontement[22].

En fait, les compagnons de Mahomet ont en aversion la confrontation pour diverses raisons. D'abord, ils ne sont pas préparés pour le combat. Ensuite, ils seraient contraints de combattre contre des individus de leur tribu ou de leur famille. Enfin, ils ne sont pas missionnés à cet effet dès le début.

Cependant, la caravane qu'ils devaient intercepter échappe à leurs griffes. Son chef emprunte une autre route et arrive indemne au sein de sa tribu. Entre-temps, les combattants de sa tribu Qoraych se sont mobilisés pour affronter Mahomet qui se trouve coincé entre deux choix: soit retourner bredouille comme les fois précédentes, devenir la risée des gens, et être accusé de lâche par Qoraych, soit se trouver contraint d'affronter l'armée de sa tribu, alors que le but initial de ce rezzou lui échappait dans tous les cas. La décision, effectivement difficile, se complique encore, car c'est la première fois que les *partisans* l'accompagnent et constituent presque les deux tiers des combattants. Mahomet veut s'assurer qu'ils soutiennent toujours sa décision de se venger de sa tribu et de l'asservir, alors que le besoin d'argent lui cause de gros soucis. Il s'efforce alors de les convaincre et de les mettre devant le fait accompli. Car, l'aventure guerrière pour s'emparer de l'argent et des biens de Qoraych se transforme en un désir de confrontation et de combat.

Selon Tabari, "Mahomet eut peur que les *partisans* ne le soutiennent que lorsqu'il se trouve menacé chez eux, et refusent de le rejoindre pour combattre un ennemi de leur pays[23]." Pour cette raison, Mahomet n'osait pas les interroger directement. Il louvoya jusqu'au moment où il prétendit vouloir connaître leur avis. "Ô gens! Donnez-moi un conseil!", leur demande-t-il[24]. Alors, les *partisans* comprennent qu'ils sont visés. Il ne savait pas s'ils allaient le soutenir dans son plan ou le défendre seulement. Toutefois, il s'assure qu'ils ne vont pas seulement l'aider dans l'attaque

---

[22] Idem
[23] Idem
[24] Idem

des caravanes, mais aussi dans la confrontation avec sa tribu. Leur porte-parole, Assaad ben Maaz, lui dit alors :

> Ô messager d'Allah ! Il semble que vous souhaitez que nous soyons avec vous ? Il répond : 'Bien entendu'. Il (Assad) lui dit : Nous avons cru en vous, témoigné de la vérité que vous nous avez apportée et donné notre accord et notre engagement pour vous écouter et obéir. Alors, en avant, ô messager d'Allah ! Au nom de celui qui vous a envoyé, si vous nous montrez la mer et vous y allez, nous irons avec vous. Personne d'entre nous ne fléchira. Nous n'avons pas peur d'affronter demain notre ennemi. Nous sommes résistants en guerre et sérieux dans le combat[25].

Très heureux de cette réponse, Mahomet y voit un augure favorable.

Assaad lui garantit l'appui des combattants des Aws et des Khazraj dont les noms sont révélateurs. En arabe, Aws signifie les loups et Khazraj les lions. Mahomet qui a mobilisé 231 de ces lions et loups, s'adresse à ses partisans : "Allez-y avec la bénédiction d'Allah et réjouissez-vous ! Allah m'a promis l'un des deux groupes. Au nom d'Allah, je pense au combat demain[26]."

Mahomet réussit donc à réunir migrants et partisans dans le combat. Ce fut la véritable première guerre dans l'histoire de l'islam. Les razzias et les escarmouches précédentes n'étaient rien par rapport à cette bataille ayant conduit à la grande invasion de Badr[27]. Au début, le combat n'était pas du goût des compagnons de Mahomet, et le Coran le confirme : *"Le combat vous a été prescrit alors qu'il vous est désagréable. Or, il se peut que vous ayez de l'aversion pour une chose alors qu'elle vous est un bien. Et il se peut que vous aimiez une chose alors qu'elle vous est mauvaise. C'est Allah qui sait, alors que vous ne le savez pas[28]."* Effectivement, le combat est désagréable pour tout le monde, mais Allah l'impose via Mahomet ou vice versa. Il sait ce qu'ils ne savent pas.

La confrontation entre les deux partis approche. D'un côté, Mahomet avec ses compagnons et ses partisans, de l'autre, une armée de Qoraych, sa tribu mère. Des pères face à leurs enfants. Des frères face à leurs frères. Des proches face à leurs proches. Tout cela devait se produire suite à un ordre venu d'Allah, même si c'est désagréable pour les compagnons de

---

[25] Idem, 9:126. Explication du verset 8,7
[26] Tabari, op.cit., 9:126. Explication du verset 8,7
[27] Badr est le nom de la localité où cette invasion eut lieu.
[28] Le Coran 2,216

Mahomet. Son armée avance vers celle de Qoraych, avec deux banderoles noires, dont l'une est portée par son cousin Ali et s'intitule "le châtiment"[29]. C'est la même que nous voyons aujourd'hui chez Daech, al-Qaïda, Boko Haram et maintes organisations islamistes. Cette banderole noire n'est pas une invention d'al-Qaïda, comme certains observateurs le croient, mais c'est celle de Mahomet. Les organisations islamistes aujourd'hui ne font qu'appliquer la sunna de Mahomet dans la guerre, une banderole noire suivie de sang et de lambeaux de corps humains. Même l'écriture sur cette banderole et sa forme[30] trouvent leur origine dans l'islam. Trois lignes qui se lisent de bas en haut: "Mohammad, messager, Allah[31]."

Lors des préparatifs, les compagnons de Mahomet arrêtent deux jeunes qui cherchaient de l'eau pour l'armée de Qoraych. Ils leur demandent le nombre de combattants de leur armée. Ils ne savent pas, mais ils leur disent que cette armée égorge chaque jour neuf ou dix chameaux pour se nourrir. Alors Mahomet fait son calcul et estime, suite à cette information, que l'armée de Qoraych doit compter entre 900 et 1000 combattants. En entendant les noms de certains d'entre eux, il dit à ses compagnons: "La Mecque vous envoie les fruits de ses entrailles[32]."

Les récits islamiques disent que Qoraych ne voulait pas affronter Mahomet et sa bande, après le passage indemne de leur caravane. Or, l'un de ses leaders, dit Abou al-Hakam, insiste pour aller jusqu'à Badr, de s'y installer durant trois jours. Il aurait dit: "Nous y égorgerons des *jozor* [chameaux][33], nous donnerons à manger, nous offrirons du vin à boire, nous écouterons les chanteuses. Ainsi les Arabes entendront parler de nous, de notre grand cortège et de notre rassemblement et continueront à nous craindre. Donc, en route, marchons[34]!" Ils voulaient manifester leur grandeur et leur fierté. Ne prévoyant plus une confrontation après le sauvetage de la caravane, car leur souci c'était d'organiser une grande manifestation festive. C'est désolant que l'amour de se montrer, de

---

[29] Ibn Hicham, op.cit., 3:54. "Mention de la vision de Atika fille d'Abdel-Mottalib", sous le titre de "Les deux banderoles du Messager."
[30] Tirmizi, Sunan, 5:266. Il est dit qu'il s'agit d'un morceau de tissu, "qui était noir et carré et faite de la peau d'une tigresse". Titre: "Les deux banderoles du Messager."
[31] A propos du sceau qu'utilisait Mahomet pour signer, et que ses successeurs utilisaient après lui, "trois lignes y étaient sculptées: *Mahomet* sur une ligne, *messager* sur une deuxième, et *Allah* sur une troisième." Sahih Bukhari 5:2205 et 3:1131. Livre des vêtements: "Faut-il que la sculpture sur le sceau soit en trois lignes."
[32] Ibn Hicham, op.cit., 3:60, sous le titre: "Les musulmans ont capturé deux hommes de Qoraych qui leur transmettaient des renseignements."
[33] Le mot arabe "al-Jozor" signifie camélidés. Dans l'encyclopédie "Lissan al-Arab": "al-jozor" ou "al-jozour" signifie la chamelle égorgée, son pluriel est "jazā'ir" et "jozor".
[34] Ibn Hicham, op. cit., 3:61. Abou Sofiane demande à Qoraych de faire demi-tour.

se vanter, de se glorifier, soit une habitude arabe toujours en vigueur. Dans l'autoglorification il y a exagération qui ne reflète pas la réalité. Cela nous rappelle l'invasion américaine de l'Irak en 2003. Le ministre de l'Information à l'époque, Mohammad Saïd al-Sahhâf, multipliait les déclarations tonitruantes dans les médias, notamment sur Aljazeera, pour relater les victoires chimériques des forces irakiennes sur les troupes américaines, alors que la capitale Bagdad était sur le point de tomber.

À l'approche de la confrontation, un des proches de Mahomet lui conseille de faire vider toutes les citernes d'eau potable dans la région, et d'en garder seulement une en réserve pour ses combattants. Ainsi, si la guerre s'intensifie, on fera souffrir l'ennemi de soif[35]. En effet, il faisait très chaud à ce moment de l'année. C'était probablement l'été, et la soif est mortelle dans la péninsule arabique à cette période. Cette stratégie mise en application porte vite ses fruits. Il y a trois cents combattants face à environ mille qui festoient, boivent et dansent... Ayant bien dormi[36], les trois cents se sont préparés pour le combat et disposent d'eau, tandis que l'ennemi ne se rend pas compte de ce qui se trame contre lui, ni de l'assèchement des puits. L'Arabe sacralise l'eau. Il ne peut pas imaginer que les mœurs de l'ennemi pourraient se dégrader au point pour le faire mourir de soif après la menace des épées. Pour lui, les mœurs doivent être respectées, même en temps de guerre. Mais c'était le dernier souci de Mahomet. Il a déjà violé tous les pactes que lient les tribus arabes entre elles, notamment le respect des mois sacrés. Alors, pourquoi respecterait-t-il les autres accords et coutumes?

L'un des Qoraychites ayant observé de près l'armée de Mahomet, en fait à son retour un rapport très alarmant:

> Ô gens de Qoraych! J'ai remarqué que les gens venus de Médine sont bien préparés pour nous affronter. Ils n'ont de refuge que leurs épées. Au nom d'Allah! Dès qu'un homme d'entre eux est tué, un autre de chez nous le sera. S'ils parviennent à tuer parmi nous un nombre d'hommes égal aux leurs, quelle sera notre raison de vivre après[37]?

Certes, les compagnons de Mahomet étaient pétris de vengeance, de haine acerbe, passionnés de se venger de Qoraych. Leurs yeux jetaient des

---

[35] Idem, 3:63. "Al-Hobab montre au messager l'endroit de l'affrontement."
[36] Le Coran décrit le sommeil ou plutôt le repos des combattants musulmans comme une bénédiction divine venue du ciel: *"Et quand il vous enveloppa de sommeil comme d'une sécurité de sa part, et du ciel, il fit descendre de l'eau sur vous afin de vous en purifier, d'écarter de vous la souillure du diable, de renforcer les cœurs et d'en raffermir les pas."* (8,11)
[37] Ibn Hicham, op. cit., 3:64. "Qoraych tente de se retirer du combat."

éclairs exactement comme nous l'observons aujourd'hui sur les visages des combattants de Daech. Des gens ont renoncé à tout sens humain et perdu toute compassion. Ils regorgeaient d'une passion flamboyante pour le meurtre, l'effusion de sang et la vengeance.

S'adressant à ses combattants, l'un des notables de Qoraych insiste sur un point très sensible. Il dit: "Même si on combat Mahomet et si on en sort vainqueurs, aucun de nous ne pourra regarder l'autre en face. Il est sûr que l'un d'entre nous va tuer le cousin paternel ou maternel de l'autre ou le fils de son clan[38]." Cet individu parlait avec beaucoup d'humanité. Il ne pouvait pas imaginer comment celui qui tue le fils d'un oncle ou d'une tante oserait regarder en face son père ou sa mère, même si la victime faisait partie des compagnons de Mahomet. Or, celui-ci a déchiré les liens familiaux pour les remplacer par ceux de la religion.

Le combat ne tarde pas à éclater. Les épées s'entrechoquent. Les récits islamiques parlent de 70 victimes et de 70 captifs dans le camp de Qoraych[39], tandis que le nombre des victimes dans les rangs des combattants de Mahomet s'élevait à 14, 6 migrants et 8 partisans[40]. Par la suite, Mahomet réclame une rançon de 4000 dirhams pour chaque captif[41], une somme colossale à l'époque. Celui qui gagnait alors 50 dirhams par an, n'avait pas droit à une aide[42]. Mahomet obtient, pour libérer chaque captif, une somme qui suffisait à entretenir 80 personnes par an. Cette opération lui rapporte donc ce qui est nécessaire pour faire vivre plus de cinq mille personnes. Lui et ses compagnons s'enrichissent grâce à cette invasion et ne se trouvent donc plus à la merci des partisans.

Mahomet et la traite des captifs

Mahomet ne réclame pas de rançon pour tous les captifs, car il en tue quelques-uns sur le chemin de retour à Médine. Il ordonne à son cousin Ali de tuer un certain *al-Nadhir ibn al-Hârith*[43]. Et un peu plus loin, il lui ordonne de tuer *Oqba ben Abi Mo'ayt*. Celui-ci, prosterné devant Mahomet, le supplie de l'épargner, d'avoir pitié de lui, puisqu'il est dit de

---

[38] Idem, 3:65
[39] Idem, 3:174. Le nombre de tués parmi les polythéistes à Badr.
[40] Idem, 3,164-166. Les martyrs parmi les musulmans le jour de Badr.
[41] Idem, 3:100
[42] Mahomet dit: "Celui qui sollicite l'aide et avait ce qu'il lui suffit, aura, le jour de la Résurrection, sur le visage des écorchures, des égratignures ou des boutons." On lui demande: "Que veut dire – ce qu'il lui suffit -?" Il répond: "Cinquante dirhams ou leur équivalent en or". (Sunan al-Tirmizi 3:370. Livre de la zakat.
[43] Ibn Hicham, op. cit., 3:93. "Ibn Ishaq dit: Au moment où le messager d'Allah se trouvait à Safra', al-Nadr ben al-Harith a été tué par Ali ben Abi Talib, comme certains individus bien informés de la Mecque m'ont raconté."

lui (Mahomet) dans le Coran: *"Nous ne t'avons envoyé qu'en miséricorde pour l'univers[44]."* Le biographe Ibn Ishaq écrit: "Lorsque Mahomet ordonna qu'on tue Oqba, celui-ci lui a demandé: "Ô Mahomet, qui va s'occuper de mes enfants?" Mahomet lui a répondu: "Le feu[45]."

Pourquoi Mahomet a-t-il tué certains prisonniers et accepté la rançon pour d'autres? Il a tué *al-Nadhir*, parce qu'il était son adversaire et même son concurrent à la Mecque. Il était fin connaisseur des histoires et des récits des anciens, notamment les récits persans et grecs. Lorsque Mahomet commençait à raconter des histoires, *al-Nadhir* venait et disait aux gens que ces histoires n'étaient que des légendes plagiées des anciens. Il leur racontait des histoires et des légendes plus belles et plus fameuses. Il s'adressait aux gens qui écoutaient et leur disait avec cynisme:

> Ô gens de Qoraych! Au nom d'Allah, je raconte mieux que lui. Mes récits sont meilleurs que les siens." Puis il leur racontait des histoires sur les rois de Perse, Rustom et Espendiar, et leur demandait: "Mahomet raconte-t-il mieux que moi[46]?

Dans le Coran, Mahomet évoque *al-Nadhir* et répond à ses dires *"Quand nos versets lui sont récités, il dit: Des contes d'anciens[47]."* En le tuant, Mahomet se venge pour apaiser une rancune personnelle. Il ne supportait pas qu'on se moque de lui ni de ses paroles ni de sa prophétie, qu'on traite ses récits avec dédain et sarcasme.

Quant à *Oqba*, il était l'un des opposants les plus farouches à Mahomet. Il venait souvent l'écouter à la Mecque et lui posait des questions ardues et compliquées, afin de le ridiculiser devant son public et de dire aux gens que c'était un prophète menteur[48]. Une fois, Oqba lui a craché au visage[49]. Et une autre fois, il jeta sur les épaules de Mahomet, durant la prière, ce que rejette la chamelle après la mise-bas. Le public présent rigolait et se moquait de lui[50]. Ainsi, l'envie de vengeance de Mahomet était le facteur déterminant dans le meurtre de ces deux individus.

S'agissant des autres prisonniers, Mahomet demande conseil à ses compagnons avant de prendre une décision à leur égard.

---

[44] Le Coran 21,107
[45] Ibn Hicham, op. cit., 3:93
[46] Idem, 2:52
[47] Le Coran 68,15
[48] Ibn Hicham, op. cit., 2:130. Une fois, des juifs ont envoyé quelqu'un pour lui poser une question quant à Alexandre le bi-cornu, selon Ibn Ishaq.
[49] Idem, 2:147
[50] Sahih Muslim 12:119. Livre du djihad et des biographies: "Le mal que le prophète a subi de la part des polythéistes et des hypocrites."

Que pensez-vous des autres captifs? Abou Bakr lui répond: Ô messager d'Allah, ce sont des gens de votre famille et de votre clan. Garde-les et ne te précipite pas. En revanche, Omar lui répond: Ô messager d'Allah, ils t'ont traité de menteur et chassé de chez eux. Il faut leur couper les cous. Quant à Abdallah Ibn Rawaha, il lui conseille: Ô messager d'Allah, cherche une vallée où on trouve beaucoup du bois. Jette-les au fond et allume le feu[51].

Ces réponses révèlent une grande dureté de cœur chez les compagnons de Mahomet. Celui-ci se tut un instant avant d'approuver le conseil d'Abou Bakr et de réclamer une rançon pour les autres captifs. Une fois l'argent encaissé, il prétend qu'Allah lui a révélé un verset qui s'accorde avec l'avis d'Omar. C'est le verset 8,67 qui dit: *"Un prophète ne devrait pas faire des prisonniers avant d'avoir prévalu (mis les mécréants hors du combat) sur la terre. Vous voulez les biens d'ici-bas, tandis qu'Allah veut l'au-delà. Allah est puissant et sage[52]."* Ce qui veut dire qu'Allah était mécontent de Mahomet et d'Abou Bakr qui ont favorisé la décision relative à la rançon. Ils auraient dû d'abord intensifier le meurtre sur terre et l'irriguer avec le sang des mécréants. Ils n'auraient pas dû garder les prisonniers, mais plutôt les exterminer. Suite à la révélation de ce verset coranique, Mahomet et Abou Bakr pleurent leur erreur et regrettent de ne pas avoir tué les prisonniers[53].

Il semble que Mahomet hésitait entre l'argent et le meurtre par vengeance. Ce n'est qu'après avoir touché une grosse somme d'argent qu'il a regretté son action. Il aurait dû tuer les captifs et régler définitivement cette question. Il s'est fait des reproches dans le Coran, pour exprimer des remords. Il a préféré "l'argent" de ce monde, alors qu'il aurait dû avantager l'aspect de sa foi et de sa conviction qui consiste à "tuer les mécréants" au détriment de l'aspect matériel.

Daech et les captifs entre l'égorgement et la rançon

Ici émerge une règle fondamentale que les organisations islamistes mettent en application, y compris l'EI. Elles préfèrent tuer les prisonniers plutôt que de les libérer contre une rançon. Mais elles sont parfois contraintes d'accepter la rançon, lorsqu'elles ont besoin d'argent ou si elles peuvent en tirer profit. L'EI a échangé 49 otages turcs capturés

---

[51] Tabari, op. cit., 10:32. Explication du verset 8,67
[52] Le Coran 8,67
[53] Tabari, op. cit., 10:32. Explication du verset 8,67

en juin 2014 à Mossoul[54]. Cette opération n'aurait pas eu lieu si le gouvernement turc n'avait pas prodigué des promesses, des concessions et des aides à l'EI. La position stratégique de la Turquie, la facilité du passage des combattants étrangers à travers son territoire, l'importance du transit du pétrole grâce à ses ports et des denrées vers les régions sous contrôle de l'EI, représentaient des atouts majeurs ayant contribué à libérer les otages turcs. Donc, c'est l'intérêt suprême de l'EI qui était déterminant. Quant aux autres otages, notamment américains, leur sort était inévitablement fatal: l'égorgement. On les exploite de la manière la plus abjecte dans la propagande médiatique, avant de les égorger avec un sang-froid ahurissant, comme on avait égorgé ceux qui ont ridiculisé Mahomet. L'EI, comme toutes les organisations islamistes, considérant l'Amérique comme son ennemi n°1, cherche à égorger tout américain qui tombe entre ses mains et manifeste publiquement sa fierté d'avoir réalisé un tel exploit.

À l'instar de millions de spectateurs américains, j'ai suivi ce qu'a dit Mme Shirley Sotlov, la mère du journaliste Steven Sotlov qui couvrait la guerre en Syrie, où Daech l'a capturé et menacé de mort. Sa mère a supplié Bagdadi d'épargner son fils, lui disant: "Je vous prie d'user de votre pouvoir pour sauver la vie de mon fils! De grâce, imitez l'exemple du messager Mahomet[55]!"

J'ai eu pitié de cette pauvre femme qui, mue par son amour maternel et son désespoir, avait adressé ce message. Mais ce qu'elle ne savait pas, à l'instar de la majorité des peuples occidentaux, c'est que si Bagdadi voulait imiter son prophète, il aurait égorgé tous les enfants de cette dame avec sang-froid, exactement comme le Prophète a fait avec les *Nadhir* et *Oqba*. Il leur dira ce que son maître a dit à propos des enfants d'*Oqba*, qu'ils aillent au feu. C'est le véritable exemple que Mahomet a laissé à ses partisans. Le problème des gens en Occident, c'est qu'ils se comportent naïvement et de façon innocente avec des gens dont les esprits sont imprégnés par la vie de Mahomet. Ce sont des gens qui ne s'apitoieront jamais face aux sentiments humains des prétendus mécréants. Ces musulmans suivent la charia islamique et appliquent ce que Mahomet a dit, fait et ordonné de faire. Le Traité de Genève concernant le traitement des prisonniers ne les

---

[54] Alarabia.net, "Libération de tous les otages turcs chez Daech".
[55] BBC, "La mère de l'otage américain supplie le groupe EI de libérer son fils".

intéresse pas. Ils sont imperméables aux sanglots des mamans, des sœurs, des épouses. Ils ne suivent que Mahomet, leur "beau modèle".

Mahomet a conduit l'invasion de Badr. Il a forcé les pères à combattre leurs enfants, les enfants à combattre leurs pères, le frère à combattre son frère. Il s'est même servi du Coran qui ordonne: *"Tu n'en trouveras pas, parmi les gens qui croient en Allah et au Jour dernier, qui prennent pour amis ceux qui s'opposent à Allah et à son messager, fussent-ils leur pères, leur fils, leurs frères ou les gens de leur tribu*[56]*."* Ce verset est "descendu" spécialement à l'occasion de cette guerre. Abou Obeida al-Jarrâh, un compagnon de Mahomet, a tué son père lors de cette bataille. Abou Bakra voulut tuer son fils Abd al-Rahman. Mossaab ben Umayr a tué son frère Obeid. Omar Ibn al-Khattab a tué un de ses proches. Hamza, l'oncle de Mahomet, et Ali, son cousin, ont tué des proches[57]. Si Mahomet a conduit ses compagnons à tuer leur proche famille, on ne peut pas imaginer que Bagdadi aurait de la compassion envers une mécréante américaine et renoncer à l'égorgement de son fils.

C'est la vérité amère que les gens en Occident ne veulent pas saisir. L'autorité de Mahomet sur ses compagnons était plus forte que le lien familial. L'autorité de sa biographie est toujours très forte aujourd'hui dans les esprits de ses partisans, lorsqu'ils décident de l'appliquer littéralement. Elle s'avère beaucoup plus puissante et efficace que les sentiments humains qu'on exprime pour les apitoyer.

Au lendemain de la diffusion de la vidéo de l'égorgement du journaliste Steven Sotlov le 2 septembre 2014, le porte-parole de cette famille, Barack Birvi, lut devant les médias un message adressé au chef de l'EI, l'invitant à débattre avec lui pour voir si le Coran recommande la violence ou non. "Vous clamez, lui dit-il, que le mois de Ramadan est un mois de miséricorde. Où est votre miséricorde[58]?" Ce pauvre type, lui non plus, ne savait de l'islam que ce qu'en disent les polémistes maquilleurs et enjoliveurs de cette croyance. Il ne savait pas que l'invasion de Badr, durant laquelle le père égorgea son fils, le fils son père, le frère son frère, le proche son proche, eut lieu en plein Ramadan, le prétendu mois de la miséricorde et du pardon. Il ne savait pas que les musulmans continuent toujours à fêter chaque année le 7ᵉ jour de Ramadan *l'invasion de Badr* comme une victoire divine, alors qu'elle n'était "qu'une simple razzia

---

[56] Le Coran 58,22
[57] Ibn Kathir, op. cit., 8:186. Explication du verset 58,22
[58] CNN en arabe, "Un porte-parole de la famille Sotlov défie Bagdadi."

contre une caravane commerciale pacifique". Birvi ignore aussi que le verset descendu à cette occasion, dit: *"Et ton seigneur révéla aux anges: "Je suis avec vous: affermissez donc les croyants. Je vais jeter l'effroi dans les cœurs des mécréants. Frappez donc au-dessus des cous et frappez-les sur tous les bouts des doigts"*[59]*."* C'est un verset très clair qui dévoile qu'Allah avait envoyé ses anges pour soutenir les envahisseurs à Badr, afin de frapper au-dessus des cous, de les trancher avec les épées et d'amputer les membres du corps. Barack Birvi ignorait aussi que c'est au mois de Ramadan que Mahomet a lancé sa grande attaque contre sa tribu lors de son retour à la Mecque avec une armée de dix mille combattants.

Effectivement, de retour dans sa tribu au sein de laquelle il est né et a grandi, Mahomet donne ses instructions à ses compagnons avant d'entrer à la Mecque:

> Ô compagnons! Est-ce que vous voyez les crapules de Qoraych? – Oui, répondent-ils. - Regardez, si vous les rencontrez demain, fauchez-les définitivement (en montrant avec sa main comment faire). Ce jour-là, nul ne s'est dressé devant eux sans être abattu[60].

Monsieur Birvi crut-il que celui qui n'a pas eu pitié de sa tribu, mais qui a plutôt ordonné à ses compagnons de les faucher, aurait eu pitié d'un juif américain comme Steven Sotlov? Celui-ci n'était, aux yeux d'al-Baghdadi, qu'un simple juif mécréant qui méritait d'être assassiné. Dans son message, Birvi se référait à un verset coranique pour dire à Baghdadi que le Coran est un livre de paix. Il récita même en arabe le verset qui dit: *"Combattez dans le sentier d'Allah ceux qui vous combattent, et ne transgressez pas. Certes. Allah n'aime pas les transgresseurs*[61]*!"* Or, ce pauvre Birvi ignore totalement la raison de la descente de ce verset, ni les circonstances. Si ce verset interdit l'agression, pourquoi alors Mahomet a-t-il agressé la caravane de Qoraych? N'est-ce pas un acte d'agression qui ressemble aujourd'hui à ce que font les pirates? La caravane l'avait-elle agressé? N'a-t-elle pas pris la fuite pour l'éviter?

Ce que Monsieur Birvi ne savait pas non plus, c'est que le verset auquel il s'est référé, révèle deux problèmes. Le premier, il n'est pas valable dans le cas de Steven Sotlov, puisqu'il est israélo-américain, issu de deux États hostiles à l'EI. Donc, il est leur ennemi par sa croyance religieuse comme

---

[59] Le Coran 8,12
[60] Sahih Muslim, 12:101. Livre du djihad: "La conquête de la Mecque."
[61] Le Coran 2,190

par sa nationalité, et donc un ennemi de l'islam. Ainsi s'inscrit-il dans le cadre de la première partie du verset, *"Combattez dans le sentier d'Allah ceux qui vous combattent"*. Étant donné que Sotlov venait d'un État qui les combat, alors il devenait licite de le combattre et de le tuer.

Le deuxième problème se trouve dans l'expression *"Ne transgressez pas"*. Elle n'interdit pas de tuer les prisonniers comme Sotlov et d'autres. Elle signifie, "Ne tuez pas les femmes, ni les enfants, ni les personnes âgées[62]." La référence de Monsieur Birvi était incongrue. Lui et nombre de ses semblables se trompent. Bien qu'ils constatent l'horreur des drames perpétrés par l'EI, ils ne comprennent pas encore le lien intrinsèque entre ces horreurs et l'islam. Ils empruntent des citations ici ou là sans vérifier toute la biographie de Mahomet pour voir si ce que fait Baghdadi aujourd'hui ne correspond pas exactement à ce que Mahomet faisait autrefois, ou bien si c'est totalement inexact.

L'ami de Sotlov a porté atteinte à son souvenir. Au lieu de lui rendre justice et chercher sérieusement les véritables raisons qui ont conduit l'EI à l'égorger, il a défendu, sans le savoir, l'islam et ses horreurs.

Bagdadi est docteur en sciences islamiques. Il sait très bien que Ramadan est un mois de miséricorde, mais exclusivement pour les musulmans. Il connait aussi le cadre et les circonstances de chaque verset coranique. Il maitrise très bien la Sunna et les Hadiths. Même les membres de son conseil et tous les oulémas de l'islam connaissent bien l'islam. C'est pourquoi ils ne vont jamais le laisser agir contre le Coran et les Hadiths. Tout ce qu'il a fait correspond exactement à la biographie du Prophète, à ses instructions, aux versets coraniques. C'est pour cette raison que de nombreux attentats terroristes sont perpétrés durant le mois de Ramadan qui est le mois du djihad, de la guerre sainte, pour la cause d'Allah. L'attentat de Sousse en Tunisie, revendiqué par l'EI, faisant 39 victimes et 40 blessés parmi les touristes, eut lieu au mois de Ramadan[63]. Le Califat a été annoncé au mois de Ramadan. L'explosion de la mosquée Al-Imam al-Sadiq au Koweït, tuant 25 personnes, s'est produite au mois de Ramadan[64]. L'expulsion des chrétiens du Mossoul eut lieu au mois de Ramadan. La liste est très longue. Ramadan est le mois du djihad islamique et non pas de la miséricorde comme l'imaginait Monsieur Birvi.

---

[62] Tabari, op. cit., Explication du verset 2,190 et 2,111
[63] *Alarabiya.net*, "Tunisie: Daech revendique l'attentat de Sousse."
[64] *Al-Horra*: "Daech revendique l'attentat de la mosquée au Koweït."

La scène d'égorgement de tout individu, quelles que soient sa nationalité, sa couleur, sa religion, son ethnie, est atroce et monstrueuse. Les différentes scènes d'égorgement filmées en vidéos bouleversent l'existence de nombreuses personnes. Cependant, dans le monde arabo-musulman, que de fois avons-nous lu et relu de tels récits! Que de fois avons-nous célébré et glorifié ces actes comme étant des actions nobles et courageuses! Que de fois les prédicateurs dans les mosquées les récitent-ils et nous invitent-ils aussitôt à scander le *takbîr* (crier: Allah akbar), parce que l'égorgement et la coupe des têtes est une sunna prophétique. Au cours de l'invasion de Badr déjà évoquée, il y avait un individu, ennemi de Mahomet, qu'on appelait *Abou Hakam*, que Mahomet haïssait, ainsi que son nom. Alors il l'a nommé *Abou Jahl*. Celui-ci a été blessé au cours du combat et gisait par terre. Alors, un certain Abdallah ibn Massoud, un des compagnons de Mahomet, constata qu'il vivait encore. Par fierté, il mit son pied sur sa poitrine. Ibn Massoud n'avait pas un statut important au sein de Qoraych, puisqu'il était un simple berger de moutons, donc de condition modeste. Par contre, *Abou Hakam* faisait partie de la noblesse de cette tribu. D'une grande sagesse, on l'appelait *Abou Hakam* (l'homme sage). C'est pourquoi, en voyant un simple berger mettre le pied sur sa poitrine, il a manifesté son dégoût et considéré ce geste comme abject et d'une grande bassesse. Il lui dit: "Toi, le petit berger de moutons, tu as été promu à un statut ignoble[65]." Alors, Ibn Massoud prit son épée et coupa la tête de l'agonisant. Plus tard, il racontera avec fierté: "J'ai taillé sa tête et l'ai amenée à Mahomet, lui disant: Ô messager d'Allah, voici la tête de l'ennemi d'Allah, Aba Jahl[66]."

L'égorgement est une Sunna mahométane. Établie par Mahomet, et confirmée par le Coran, elle a été appliquée par les plus proches de Mahomet, comme Ibn Massoud. Les membres des organisations islamistes le savent très bien. Le jordanien Abou Mohammad al-Maqdissi, un des célèbres théoriciens des groupes djihadistes dans le monde, a défendu l'égorgement des Américains, notamment celui de Nick Berg, ordonné par Zarqawi. En effet, Maqdissi dit dans l'un de ses discours:

---

[65] Ibn Hicham, op. cit., 3:80. Titre: "La tête de l'ennemi d'Allah est entre les mains du messager d'Allah."
[66] Idem

> La coupe de têtes fait partie de cette religion. L'égorgement et le meurtre sont destinés aux ennemis d'Allah. Tout cela fait partie de la religion, comme il est dit dans la biographie du seigneur des moudjahidines, et comme il l'a, lui-même, instauré et appliqué dans son djihad et son appel aux siens[67].

D'ailleurs, Mahomet avait dit à sa tribu Qoraych, lorsqu'il vivait parmi elle, en mettant son doigt sur son cou et en menaçant d'égorgement: "Ô gens de Qoraych, au nom de celui qui a mon âme dans sa main, je suis venu à vous avec l'égorgement[68]." Il avait prononcé cette phrase, avant qu'il ait constitué son armée et émigré de la Mecque à Médine. Cela veut dire qu'il attendait l'opportunité pour exécuter ses menaces. Il était donc, dès le début, convaincu de cette procédure qu'est l'égorgement. Cette déclaration fait voler en éclat toute prétention qui dirait que les guerres de l'islam ne sont que défensives. D'ailleurs, Mahomet avait proféré ses menaces d'égorgement avant qu'aucune guerre n'ait eu encore lieu.

À ce propos, le verset dit: *"Lorsque vous rencontrez (au combat) ceux qui ont mécru frappez-en les cous. Puis, quand vous les avez dominés, enchaînez-les solidement*[69]*."* Donc, frapper les cous et les couper fait partie du Coran, de la Sunna et de la Sira. Mahomet avait déjà établi les premières bases de son État islamique. Le groupe EI (Daech) ne fait qu'appliquer ses instructions et ses préceptes. Si les gens ont de l'aversion à l'encontre des actions de Daech, ils doivent avant tout chercher à en connaître les sources où les moudjahidines trouvent leur modèle. Si Mahomet n'avait pas égorgé et établi le culte de l'égorgement, ils n'auraient jamais pu justifier leur action ni trouver si facilement un appui dans les textes sacrés. Voici comment Qurtubi, un exégète du Coran, né en Andalousie au XIIIe siècle, explique le verset (47,4) cité plus haut:

> Il dit - *Frappez-en les cous* – et non pas - *Tuez-les* – car dans la première expression, il y a de la rugosité et de la dureté, ce qui est plus fort que de tuer. En effet, cette expression décrit ici le meurtre de la façon la plus abjecte: tailler le cou ou le socle de la tête du corps, sa partie supérieure la plus éminente[70].

---

[67] CNN arabe, "Les théoriciens de Daech répliquent à Maqdissi: Vous aviez déjà défendu Zarqawi à propos de la coupe des têtes."
[68] Ibn Hicham, op. cit., 2:41.
[69] Le Coran 47,4
[70] Qurtubi, Exégèse, 16:230. Explication du verset 47,4

Donc, le Coran voudrait que le meurtre soit effectué de la manière la plus abjecte possible, afin de diffuser l'horreur au sein des ennemis. Et c'est justement ce que cherche l'EI. Alors, le but principal des vidéos qu'il diffuse, c'est de terroriser les gens, les effrayer et de présenter l'image de la force et de la détermination de ses combattants, pour provoquer la désintégration des forces de l'ennemi. C'est un moyen efficace qui facilite sa défaite. L'EI a appliqué cette stratégie terrorisante à l'armée irakienne qui a dû fuir devant ses militants et déserter les villes. Ainsi l'EI a réussi à occuper en 2014 Mossoul, la deuxième grande ville du pays, d'une manière qui a effrayé le monde entier, terreur que l'EI a semée dans les cœurs des gens au travers d'une campagne médiatique bien orchestrée.

La stratégie terroriste adoptée par l'EI correspond parfaitement à celle du Coran qui dit au verset 8,60: *"Préparez [pour lutter] contre eux tout ce que vous pouvez comme force et comme cavalerie équipée, afin d'effrayer l'ennemi d'Allah et le vôtre, et d'autres encore que vous ne connaissez pas en dehors de ceux-ci mais qu'Allah connaît[71]."* Eh bien, le Coran recommande aux croyants de bien préparer la logistique et de manifester la force nécessaire pour effrayer les ennemis. Et c'est sûr, les vidéos qui illustrent les scènes d'égorgement vont bien dans le sens de cet objectif. Mahomet lui-même manifestait sa fierté en ordonnant à ses partisans de frapper les cous des mécréants ou des ennemis, en disant de lui-même: "J'ai été envoyé pour frapper les cous et serrer les chaînes[72]." Ses partisans avaient l'habitude de prononcer une expression bien connue, chaque fois qu'ils rencontraient un individu qui méritait, à leurs yeux, le meurtre. Ils demandaient l'autorisation à leur chef: "Est-ce qu'on frappe son cou, ô messager d'Allah[73]?"

Bien entendu, les scènes d'égorgement et de la frappe des cous font partie de notre culture islamique. Nous avons appris que c'était un fait normal et banal qu'il faut exercer à l'encontre des mécréants, les ennemis d'Allah. Mahomet et ses compagnons ont appliqué cette stratégie contre les mécréants et leurs ennemis. Donc, rien n'empêche que les musulmans aient recours à cette stratégie contre leurs ennemis les mécréants. Si

---

[71] Le Coran 8,60
[72] Tabari, op. cit. 9:133. Explication du verset 8,12
[73] Al-Ahwazi qui explique dans son œuvre Sunan d'al-Tirmizi, dit: "Mahomet ordonnait pour cette raison qu'on frappe le cou de celui qu'il voulait tuer. C'est ainsi que cette expression est entrée dans le jargon de ses compagnons. Si l'un d'entre eux rencontre un individu qui mérite la mort, alors il demande à Mahomet: ô messager d'Allah, veux-tu bien me permettre de lui frapper le cou. (Tuhfat al-Ahwazi 4:546. Livre ad-Dayyat [les rançons]: Titre. "A propos de celui qui baisse sa tête devant un rocher."

l'EI en fait usage aujourd'hui, c'est qu'il s'appuie sur la base solide du patrimoine islamique. Personne n'est en mesure de le vaincre en vertu de cette base. Alors, si on veut combattre l'EI, il faut combattre la base sur laquelle il s'appuie.

Mahomet et les brigands

Mahomet avait fait alliance avec un autre groupe d'individus, qu'on appelait *Sa'âlik* (brigands). Ce sont des bandits assimilables à des coupeurs de routes. Leurs tribus les ont rejetés, car ils avaient commis des crimes odieux. Ils vivaient donc en dehors des cadres tribaux dans des baraques propres à eux. Leurs tribus les ont désavoués, ne voulant pas assumer la responsabilité de leurs délits envers d'autres tribus. Il arrivait qu'ils attaquent une tribu, enlèvent l'un de ses membres et le tuent. Donc, les tribus dont ils sont issus ne voulaient plus s'engager à assumer les conséquences de ces délits, ni payer les indemnités ou les rançons qui s'imposaient, ni entrer en guerre les unes contre les autres. L'historien irakien, Jawwad Ali, décédé en 1987, qui a enseigné l'histoire des Arabes et écrit l'une des grandes encyclopédies sur l'histoire des Arabes avant l'islam, leur a réservé un chapitre bien détaillé, dans lequel il les qualifie de *sa'âlik*.

> Les *sa'âlik* formaient un groupe d'individus rebelles à l'autorité de leurs familles, de leurs tribus et de leurs clans pour diverses raisons… Ils comptaient sur eux-mêmes pour se défendre, et sur leur force pour assurer leur survie. Pour y arriver, ils menaient des raids sur les routes et les chemins, attaquaient les camps dispersés des bédouins, à titre individuel ou en groupe. A cet effet, ils se regroupaient pour constituer des bandes puissantes ayant en commun un objectif unique[74].

Mahomet s'est révélé comme un véritable guide pour ces brigands. Sa propre mission était un appel à la révolte contre la tribu et ses coutumes. Et les brigands sont, par nature, des insurgés contre leur milieu.

Le premier d'entre ces brigands qui a répondu à l'appel de Mahomet, était Abou Zharr al-Ghifâri. Shams al-Din al-Zhahabi, un érudit d'origine turkmène, né en Syrie, qui a vécu au XIIIe et XIVe siècle, auteur de plus de deux cents livres, avait écrit à son propos :

---

[74] Jawwad Ali, L'histoire détaillée des Arabes avant l'islam, 10:128

> Abou Zharr était un homme qui cible bien, très audacieux, voire effronté. Tout seul, il était capable de couper une route, d'attaquer des attroupements isolés en pleine nuit à cheval ou à pied. Il ressemblait à un prédateur. Il prenait d'assaut un quartier et pillait ce qu'il voulait. Puis, Allah a infusé l'islam dans son cœur[75].

Abou Zharr est la quatrième personne qui crut en Mahomet et devint musulman[76]. Il était de la tribu "Ghifar" dont les hommes étaient des *sa'âlik*, coupeurs de route. Cette tribu était bien connue pour son interception de pèlerins et de caravanes[77]. Abou Zharr, devenu musulman, tenta de retourner, à la demande de Mahomet, dans sa tribu. Il devait le rejoindre plus tard, dès qu'il aurait reçu la nouvelle de la victoire des musulmans[78]. Il partit et en informa son frère, sa mère et sa tribu. Ils se convertirent à l'islam, ainsi que la moitié de la tribu. Quant à l'autre moitié, elle se convertit à l'islam après l'hégire de Mahomet vers Médine[79]. En fait, Mahomet aimait la tribu des Ghifar, parce qu'ils étaient de bons combattants, très efficaces dans les razzias, le pillage et bien entrainés. Mahomet leur réservait même une invocation particulière au cours des prières. Il disait: *"Ghifar, ghafara Allah laha"* (Allah a pardonné à Ghifar)[80].

Quant à Qoraych qui se rend compte que des tribus rebelles, comme Ghifar, se sont converties à l'islam, Mahomet y fait allusion dans le verset qui dit: *"Et ceux qui ont mécru dirent à ceux qui ont cru: "Si ceci était un bien, ils (les pauvres) ne nous y auraient pas devancés"[81]."* Certains exégètes disent à propos de ce verset: "Lorsque cette tribu sauvage, Ghifar, se convertit à l'islam, Qoraych, informée, dit: Si les Ghifar sont devenus ses alliés, si cela était bon, ils ne nous auraient pas devancés[82]." Ils les connaissaient bien et savaient qu'ils étaient des brigands, des bandits. Si l'islam était bon, les brigands ne l'auraient pas choisi. C'est ce qu'on reprochait à Mahomet au début de sa mission, puis aussi plus tard lorsqu'il s'est installé à Médine.

Parmi les brigands il y avait encore un certain Abou Bassir qui s'est converti à l'islam et rejoint Mahomet à Médine. Or, suite à la conclusion du pacte de Hudaybiya, Mahomet remet Abou Bassir aux délégués de

---

[75] Shams al-Din al-Zhahabi, *Siyar a'lam an-nubala'* [Biographie des gens nobles], 3:383-384
[76] Idem
[77] Idem, 3:384. Abou Zharr disait que dans sa tribu il y avait des gens qui pillaient les pèlerins.
[78] Sahih Bukhari, op. cit., 3 1294. Livre des Manâqib: Le récit de la conversion d'Abou Zharr à l'islam.
[79] Shams al-Din al-Zhahabi, op. cit., 3:382
[80] Sahih Bukhari, op.cit., 3:1294. Livre des Manâqib: Citations: Aslama, Ghifara, Johaina, Ashja'a"/
[81] Le Coran 46,11
[82] Qurtubi, op. cit., 16:190. Explication du verset 46,11

Qoraych. Mais il ne tarde pas d'échapper à leur vigilance et s'enfuit après avoir tué l'un d'entre eux. Il part et s'installe loin de la ville où il crée une bande de fuyards, issus de Qoraych, devenus musulmans. Mais ce n'était qu'une ruse de la part de Mahomet pour se libérer de toute obligation concernant le non-respect du Pacte de Hodaybiya[83]. Ce pacte prévoyait la livraison aux siens de tout individu de Qoraych qui rejoint Mahomet, même s'il devient musulman. Alors, tout individu qui fuit les musulmans rejoint Abou Bassir et pas Mahomet.

> Plus de 70 des leurs se joignirent à Abou Bassir et se mirent à mener des raids contre les Qoraych. Chaque fois qu'ils prenaient un de leurs membres, ils le tuaient. Et chaque fois que l'un des [animaux, des femmes ou des enfants des Qoraych] passait près d'eux, ils s'en emparaient. Enfin, les Qoraych écrivirent au messager d'Allah pour lui réclamer leurs enfants (les 70 qui s'étaient convertis à l'islam), car c'est lui qui les avaient reçus à Médine[84].

Mahomet réussit à tromper Qoraych malgré le Pacte conclu. Il laisse Abou Bassir créer un groupe de musulmans loin de Médine, afin qu'il ne soit pas contraint de les livrer à Qoraych. En même temps, il les autorise à se comporter comme des coupeurs de route, au point que la tribu de Qoraych se trouve forcée de demander son aide pour les intégrer dans sa communauté, en renonçant à son droit de réclamer leur retour chez eux. Ainsi Mahomet ne demandait jamais des comptes aux auteurs de violence et de brigandage, qui trouvaient toujours, en revanche, un bon accueil auprès de lui à Médine.

Daech et les brigands

C'est ainsi que se comporte aujourd'hui l'EI. Il intègre dans ses rangs tous les rebelles, c'est-à-dire "les *sa'âlik* du monde", notamment ceux qui se révoltent en Europe et en Amérique. Ces gens trouvent dans l'islam un refuge ou un lieu sûr leur permettant de se venger de la société sans se culpabiliser, puisque leurs actions, plutôt leurs délits et crimes, seront glorifiés à l'ombre de l'islam et transformés en actes héroïques, comme

---

[83] L'une des conditions du Pacte conclu entre Mahomet et son clan stipule: "Les deux parties ont décidé de s'abstenir de faire la guerre pendant dix ans. Pendant ce temps, les gens seront en sécurité et nul ne mettra la main sur l'autre, sauf celui qui rejoint Mahomet de Qoraych sans l'autorisation de son tuteur, Mahomet le rendra alors aux siens, et quiconque parmi ceux qui sont avec Mahomet retourne chez Qoraych, il ne sera pas livré." (Ibn Hicham, op. cit., 4:50-51)

[84] Ibn Hicham, op. cit., 4:58 ; Sahih Bukhari 2:974, Livre des conditions: "Les conditions du djihad, de la réconciliation avec les gens de guerre, et l'écriture des conditions."

c'était le cas autrefois avec "les *sa'âlik* de Mahomet et de l'islam". Bien qu'Abou Bassir ait été un meurtrier, un hors-la-loi, aux yeux de Mahomet, il était plutôt un musulman qui a accompli son devoir pour soutenir la religion et ses frères. Mahomet a appliqué la même logique aux soixante-dix autres "brigands" qui faisaient partie du groupe d'Abou Bassir. De nombreux dissidents du groupe Al-Nosra, une filiale d'al-Qaïda, et des autres organisations islamistes à l'intérieur de la Syrie, ont rejoint l'EI, même s'ils avaient commis les crimes les plus abjects et étaient poursuivis par la justice. Leur adhésion à l'EI les absout de tous les crimes précédents, exactement comme Mahomet avait absout ses adhérents de leur brigandage et de leurs crimes commis antérieurement. Ainsi, l'islam absout et enterre tout ce qu'il lui précède[85].

Actuellement, les exemples qui illustrent ce phénomène sont légions. Le tunisien, Ahmad al-Rouwayssi, impliqué dans le meurtre de plusieurs personnalités politiques en Tunisie, poursuivi par la justice de son pays pour des délits - trafic de drogue, chef de mafia, crimes divers -, a été condamné en 2006 à 14 années de prison. Il prend la fuite en 2011 lors de la révolution pour la Libye avec de nombreux autres prisonniers, rejoint l'EI à Syrte et devient l'un de ses cadres les plus influents et les plus dangereux. Là il change son nom et devient "Zakariya al-Tounissi". Il est tué en mars 2015[86].

Des cas similaires sont nombreux. Baghdadi lui-même était prisonnier en Irak sous le contrôle des forces américaines dans le camp de Bouka. Lors de sa libération en 2009, il dit à ses geôliers américains: "Rendez-vous à New York.[87]" Un tel exemple s'applique à de nombreux anciens prisonniers (30 à 40) à Guantanamo. Ils ont rejoint l'EI ou d'autres organisations islamistes combattantes en Syrie[88], ainsi que l'américain Douglas McAuthur qui intègre l'EI en Syrie et devient le premier américain tué pour la cause de Daech. Il est abattu dans un combat entre l'Armée libre et l'EI le 24 août 2014. Douglas était poursuivi par la justice américaine, condamné pour plusieurs délits en 2000, pour des vols en

---

[85] Musnad Ahmad 5:231. "L'islam enterre ce qui le précède, et la *hijra* (l'exode) aussi."
[86] *As-sabah* (quotidian tunisien): "De *Ilius* le devin à Abou Zakariya *le terroriste*".
[87] Alarabiya.net, "Le chef de Daech aux Américains: Notre rendez-vous est à New York."
[88] *Fox News*, "Sources: Former Guantanamo detainees suspected of joining ISIS, other groups in Syria."

IX ∽ Brigands et invasions Les brigands de Mahomet et de Daech

2001[89], pour trafic de drogue en 2003, et pour d'autres délits comme la conduite sans permis et le mensonge dans des enquêtes de police[90].

Tous ces cas révèlent la rébellion. Un petit délinquant se convertit à l'islam, rejoint l'EI et se fait tuer pour la cause de ce groupe. De surcroît, la conversion à l'islam au sein des prisons en Occident, représente l'un des facteurs les plus dangereux. Les prisonniers se convertissent pour profiter des privilèges et de la protection des bandes islamistes qui sont très puissantes au sein des prisons. Les musulmans profitent d'une très bonne nourriture dans les prisons britanniques par exemple, bénéficient d'un espace plus large dans la cour de promenade, sont dispensés du travail le vendredi pour pouvoir accomplir leur prière[91]. Ils sont solidaires pour pouvoir protéger tous les prisonniers musulmans. Pour cette raison, de nombreux prisonniers non musulmans se convertissent à l'islam pour adhérer à cette bande puissante de gangsters, exactement comme ceux qui ont adhéré aux *sa'âlik* de Mahomet. Il les protégeait comme ils le protégeaient aussi de la violence du Qoraych. En plus, Mahomet fermait les yeux sur tous les délits qu'ils commettaient ou avaient déjà commis.

Un autre exemple c'est celui d'Alton Nolen qui a égorgé une ex-collègue de travail à Oklahoma, et poignardé une autre avec un couteau. Il avait auparavant été emprisonné pour trafic de drogue, agression contre un agent de sécurité et évasion de la prison en 2011. Condamné à six ans de prison, il s'y est converti à l'islam et ressort en 2013[92]. Patrick T. Dunleavy, dans son livre, *The Fertile Soil of Jihad: Terrorism's Prison Connection,* en dit ceci: "Son cas est typique, une personnalité instable, ayant un fort penchant pour la violence. Il fait la connaissance de l'islam en prison et s'y engage[93]." Effectivement, ce cas typique ressemble à de nombreux prisonniers et criminels qui trouvent dans l'islam leur bonheur, non pas pour se corriger et devenir des gens respectables, mais pour justifier leurs crimes, renforcer leur instinct belliqueux, et le transformer en violence sacrée, en jihad pour la cause d'Allah. C'est exactement ce qu'a fait Mahomet avec ses *sa'âlik* (les brigands). Il a exploité leur énergie destructrice en faveur de sa cause, la cause islamiste.

---

[89] *The Washington Post*, "How Douglas McAurthur McCain became the first American to die fignting for the Islamic Statez."
[90] CNN, "Douglas McAuthur McCain; From American kid to jihadi in Syria."
[91] *Daily Mail*, "Prisoners convert to Islam to win parks and get protection from powerful Muslim gangs."
[92] *The Washington Post*, "What we know about Alton Nolen..."
[93] *Fox News*, "Oklahoma beheading suspect likely radicalized behind bars, say experts."

La majorité des cadres de l'EI est irakienne[94], comme la plupart des proches de Mahomet était de Qoraych, ainsi que les califes qui lui ont succédé, car la confiance est accordée ou plutôt réservée à ce clan. Ainsi a fait Baghdadi. Il accorde toute sa confiance à des Irakiens qui avaient surtout joué un rôle militaire dans l'armée de Saddam Hussein. Ils étaient les *sa'âlik* de Saddam. Ils se sont repentis et ont changé de voie et mis leur gangstérisme au service du parti du Baath irakien, à celui de l'EI, de l'islam, de la cause d'Allah. Parmi eux figure le calife-adjoint, Abou Muslim al-Turkmani, ainsi qu'Abou Abd al-Rahman al-Bilawi, le grand chef militaire de Daech[95].

Les *sa'âlik* de Mahomet justifiaient leurs actions en se disant en mission de la part d'Allah et considéraient l'argent qu'ils obtenaient par l'agression comme un bien qu'Allah leur octroyait. En leur facilitant le pillage des riches, il châtiait ces derniers. Il les utilisait comme moyens pour appliquer la volonté divine sur terre. Jawwad Ali décrit ainsi ce phénomène: "Les *sa'âlik* des Arabes, leurs gangsters ainsi que leurs patrons considéraient les biens et l'argent ramassés dans les razzias et le pillage, comme grâces et bénédictions. C'était l'argent qui appartenait de droit à ceux qui en sont privés, car il était gagné par avarice, impiété et ingratitude. Donc, Allah les a envoyés et leur a octroyé ces biens[96]." Est-ce que Mahomet ne croyait pas à cela? Ne croyait-il pas qu'Allah l'avait envoyé pour obtenir ses biens à l'ombre de sa lance[97]? Mahomet est l'enfant de son milieu tribal, et l'islam l'est aussi. Il s'est abreuvé de ses coutumes, les a transformées en une religion sacrée dont nous payons le prix jusqu'à nos jours.

Le groupe EI voudrait redonner vie à ces coutumes par le biais de la religion. Il s'agit des coutumes des bédouins qui menaient des raids et des rezzous contre les tribus voisines, pour les piller et profiter de leurs biens. Aujourd'hui, ils attaquent les chrétiens, les expulsent de leurs maisons, les prennent comme butin qu'Allah leur donne. Ils mènent des attaques contre les institutions du régime irakien, qualifié de mécréant, s'emparent des armes et des véhicules, et considèrent tout cela comme butin venant de la providence divine. Allah en prive l'ennemi à leur profit. De même

---

[94] *Alarabiya.net*, "Les 20 personnalités importantes de Daech sont irakiennes, sauf un syrien."
[95] Idem
[96] Jawad Ali, op. cit., 10:129
[97] Sahih Bukhari, 3:1067, "Le fils d'Omar rapporte du Prophète qui a dit: Allah a déposé ce dont j'ai besoin à l'ombre de ma lance, et lancé les vils et les humbles pour combattre ceux qui s'opposent à mes ordres." Livre du djihad et des biographies: "Ce qui a été dit sur les lances."

pour les puits du pétrole, Allah leur a facilité l'occupation et la vente du carburant, et c'est aussi un don de sa part. Ils touchent des rançons de leurs ennemis et les proclament comme cadeaux venant d'Allah. Ils pillent les sites archéologiques et vendent les trésors qu'ils y trouvent, sous prétexte que c'est un butin qu'Allah leur a offert. *The New York Times* dresse un tableau des revenus de l'EI en 2014: 600 millions $ (extorsion, brigandage, impôts), 500 millions $ (vol des banques, notamment en Irak), 100 millions $ (revenus du pétrole vendu illégalement) et 20 millions $ (des rançons)[98]. La richesse de l'EI se trouve à l'ombre de ses lances et de ses armes, brigandage et gangstérisme moderne par excellence. Aucune frontière n'est reconnue ni respectée, exactement comme pour Mahomet qui n'a jamais reconnu les tribus ni leurs coutumes et traditions. Ou bien elles lui obéissaient sans réserve ou il les transformait en cibles légales. L'EI applique le même plan d'action, en se référant au Coran, à la Sunna et aux Hadiths. Ou bien on lui obéit et on se soumet à ses conditions, ou bien les rebelles subiront ses attaques, ses attentats, ses razzias et les crimes abjects de ses crapules, les *sa'âliks*.

---

[98] *The New York Times*, "ISIS Finances Are Strong."

X

Daech ressuscite le patrimoine islamique
Rapt, massacre, expulsion, destruction

Daech et le massacre de Spyker

Daech ou le groupe EI a publié les photos qui montrent des jeunes irakiens menottés en route vers la mort, entassés dans des camions, giflés au visage, battus, fouettés, insultés, traités comme du bétail, alignés dans un grand fossé. En face d'eux se tiennent des combattants encagoulés de l'EI tirant sur eux. Des photos épouvantables diffusées dans les médias secouent le monde entier. 1700 jeunes soldats-étudiants, destinés à intégrer les forces aériennes, suivaient leur formation à la base militaire de Spyker à Tikrit. Au lendemain de la chute de cette ville au pouvoir de Daech, ces jeunes sont froidement fusillés le 12 juin 2014[1].

---

[1] CNN arabe, "Daech, les bandes de Saddam ou un troisième groupe, qui a tué les 1700 jeunes soldats…"

Auparavant, on leur a fait comprendre que désormais le calme régnait, que leurs chefs leur accordaient, selon les déclarations de quelques rares survivants, un congé de plusieurs jours pour se détendre. Ce qui veut dire que certains cadres parmi les responsables étaient impliqués dans cette manigance, puisque des centaines de jeunes soldats sortaient sans armes dans la rue, après l'ouverture des portes de ladite base militaire. Ils cherchaient des moyens de transport pour rejoindre leurs familles. Habillés en civil, ils se sentaient trahis. Les uns ont été amenés dans des palais qui appartenaient à Saddam, où ils seront fusillés. D'autres ont été conduits dans un endroit en plein air, où des tranchées sont creusées. Allongés dans ces fossés, ils seront mitraillés sans pitié[2].

Des photos, prises par satellite, montrant des fosses collectives où ces jeunes ont été liquidés, confirment ces faits. Deux endroits de ce genre au moins ont été détectés dans les environs de Tikrit. La plupart de ces jeunes étaient chiites[3]. Les médias ne précisent pas les chiffres exacts. Par contre, les statistiques irakiennes confirment que leur nombre s'élevait à 1566 jeunes recrues[4]. Le groupe EI manifestait sa fierté d'avoir commis ces exécutions collectives, diffusant des photos et des vidéos sur son site comme sur les réseaux sociaux, notamment sur Twitter, et attribuant l'exclusivité de cette action à ses militants, bien que des membres du parti Baath aient pu également participer[5]. Ce massacre se révèle comme l'un des plus graves dans l'histoire moderne de l'Irak, un crime de guerre par excellence. Mais Daech l'a-t-il conçu de sa propre initiative? N'y a-t-il pas un antécédent dans le patrimoine islamique? Ce groupe ne justifie-t-il pas ce comportement en se référant aux textes religieux et à la Sira de Mahomet?

À la vue de ces photos, je me suis rappelé aussitôt du récit des juifs des Qorayza, lequel était bien incrusté dans mon esprit depuis ma lecture, tout jeune, de la Sira de Mahomet, un livre qui se trouvait dans la bibliothèque de mon père. Il s'agissait d'une tribu installée, depuis belle lurette, dans une localité proche de Médine, cette ville devenue lieu de résidence de Mahomet, siège de son État-major, et d'où il lançait ses invasions. Elle ressemble aujourd'hui à la ville de Raqqa pour l'EI. En fait, le récit des Qorayza nécessite des explications préliminaires précisant

---

[2] *Acharq al-Awsat*, "Le massacre de Spyker: le gouvernement tente d'occulter ses détails…"
[3] *Russia Today*, "'ISIS commits mass murder, advertises it': Iraq executions detailed."
[4] *Sumariya News*, "Les droits de l'homme: le nombre exact des disparus suite aux deux massacres de Spyker et Badouch est de 1997".
[5] *Acharq al-Awsat*, "Le massacre de Spyker: le gouvernement tente d'occulter ses détails…"

les évènements survenus dans la vie de Mahomet, notamment le génocide de cette tribu juive et l'expulsion d'autres tribus voisines.

Mahomet se débarrasse des tribus juives

Stimulé par le succès de l'invasion de Badr, Mahomet et ses partisans ont décidé de poursuivre ce genre d'attaques qui n'avaient pas toujours abouti aux résultats escomptés et dont quatre avaient totalement échoué[6]. Il a menacé alors les tribus juives voisines de Médine, notamment celle de Banou Qaynouqa, leur adressant le message suivant: "Ô vous juifs, méfiez-vous de ce qu'Allah a descendu sur Qoraych. Vous avez cependant appris que je suis un prophète envoyé par Allah… Vous avez lu cela dans vos livres, et un engagement vous lie à Allah[7]."

Mahomet guettait les occasions pour tuer les juifs ou pour les expulser s'ils ne se convertissaient pas. Leur refus signifiait qu'ils ne croyaient pas en sa prophétie, qu'ils le considéraient comme un faux-prophète, même s'ils ne l'avouaient pas publiquement. Ce qui a suffi à Mahomet pour mettre ses intentions latentes en application, depuis le pacte qu'il avait conclu avec les Aws et les Khazraj à la Mecque, et qui fut appelé *la deuxième Aqaba*, [faisant allusion au lieu où le pacte fut conclu]. Il avait approuvé leur intention de rompre leurs engagements avec les juifs de Médine et leurs voisins. Ils lui avaient dit à cette occasion-là: "Il y a entre nous et les hommes des liens – et nous les couperons. Il s'agissait des juifs[8]." Mahomet leur avait répondu: "Plutôt votre sang sera le mien et votre destruction la mienne. Je serai des vôtres et vous serez des miens. Je combattrai quiconque vous combattrez et je ferai la paix avec quiconque vous la ferez[9]."

Dès son arrivée à Médine, il scrutait les occasions pour honorer sa promesse. Il a offert aux juifs deux options: la confrontation ou la conversion à l'islam. Puis, il a cherché des prétextes spécifiques pour justifier les attaques contre leurs tribus. Même les auteurs du Sira évoquent des motifs invraisemblables pour ces invasions. Voici, à titre d'exemple, une raison citée par un biographe pour justifier la menace proférée contre la tribu des Banou Qaynouqa, alliée des Khazraj. On dit que des gens de cette tribu juive ont harcelé une femme arabe qui ne voulait

---

[6] Il s'agit des invasions dites de Banou Slim, al-Souwaq, Zhi Amr, Al-Far' de Bahran.
[7] Ibn Hicham, op. cit., 3:224. "Ordre donné à Qaynouqa, ce que le Messager leur a dit et leur réponse."
[8] Idem, 2:266. "L'ordre de la deuxième Aqaba. Engagement du Messager."
[9] Idem

pas ôter son voile et montrer son visage. Suite à son refus, quelqu'un lui attacha ses vêtements dans son dos. En se levant, ses parties intimes se dévoilèrent. Un homme musulman, témoin de cette scène, alla alors tuer un juif, l'auteur présumé de cet acte. Les juifs se vengèrent aussitôt de ce meurtrier. Dès qu'il apprit cette nouvelle, Mahomet déclara la guerre à la tribu des Banou Qaynouqa[10]. Il les assiégea avec son armée pendant quinze jours[11]. Totalement épuisés, ils finirent par se rendre. Mahomet, qui était décidé à les tuer, se rétracta suite à l'intervention d'un homme très influent au sein des Khazraj, dit Abdallah ben Abi ben Saloul[12], qui l'en dissuada. Ce dernier, connu pour son hostilité à Mahomet, était appelé le chef des hypocrites, car il faisait semblant d'être musulman, alors qu'il haïssait Mahomet[13]. Vu sa notoriété au sein de sa tribu, il obligea ce dernier à renoncer à sa décision. Le nombre des combattants de la tribu juive concernée s'élevait à plus de 700[14]. En dépit de ce renoncement, Mahomet tint à expulser toute cette tribu de sa localité.

Ce récit semble bel et bien invraisemblable. En ce temps-là, le voile n'était pas d'usage et aucune femme n'en portait. Pire encore, le châtiment d'une dispute entre un juif et un musulman, finissant par leur meurtre, justifie-t-il le siège d'une tribu, le massacre de ses hommes? Le Coran ne dit-il pas: *"Chacun n'acquiert [le mal] qu'à son détriment: personne ne portera le fardeau [la responsabilité] d'autrui[15]."*

En réalité, ledit prétexte fut ultérieurement inventé pour justifier l'expulsion des juifs.

Tandis que Mahomet était occupé avec cette affaire, les gens de Qoraych préparèrent leur vengeance après leur défaite à Badr. C'est la bataille d'Ohod, survenue durant la troisième année de l'hégire, qui finit par la victoire de Qoraych. Mahomet y aurait perdu la vie si ses compagnons ne l'avaient pas protégé à temps. Il était blessé à la tête et une de ses dents s'était cassée. Au cours de cette bataille[16], son oncle Hamza fut tué et son corps malmené[17].

---

[10] Idem, 3:225
[11] Idem, 3:226
[12] Idem, 3:225-226
[13] Idem, 3:384. "Celui qui rencontre des juifs, et ceux qui font partie des hypocrites parmi les ansârs à Médine."
[14] Idem, 3:225. "Ordre donné à Banou Qaynouqa, intervention de Ben Abi en leur faveur."
[15] Le Coran 6,164
[16] Ibn Hicham, op. cit., 3:264. "L'invasion d'Ohod, et la blessure du Messager."
[17] Idem, 3:253

Suite à cette défaite déshonorante, Mahomet chercha un ennemi plus faible pour s'approprier une victoire rapide. Il voulait vite compenser cet affront et faire remonter le moral de ses combattants qui venaient de perdre soixante cinq de leurs collègues[18]. Naturellement, Mahomet ne trouva comme nouvelle cible qu'une tribu juive, les Nadhir, qui restait toujours neutre vis-à-vis des belligérants. Durant la quatrième année de l'hégire, Mahomet demanda l'aide de cette tribu pour réunir une somme d'argent destinée à payer la rançon de deux victimes que ses hommes ont tuées. Rappelons ici que Mahomet n'avait pas besoin d'argent, surtout que les sommes qu'il avait touchées de Qoraych après l'invasion de Badr lui suffisaient largement. Les Nadhir lui répondirent: "Voulez-vous qu'on vous aide à lutter contre ceux que vous avez aimés[19]?" Puis ils vont en discuter avec les autres membres du clan. Entre temps, Mahomet qui attendait leur réponse près d'une habitation du village, quitta subitement le lieu et retourna à Médine sans prévenir ses compagnons. Ces derniers apprennent plus tard que l'ange Djibril l'aurait mis en garde contre un complot que les juifs tramaient en secret contre lui, à savoir qu'ils allaient jeter une pierre sur lui du haut d'un mur pour le tuer. Alors, il leur déclara la guerre et ordonna qu'on prépare les chevaux et les matériaux nécessaires pour envahir cette tribu, uniquement parce qu'il s'est imaginé qu'ils débattaient ensemble non pour collecter de l'argent, mais plutôt pour organiser son assassinat.

Après six nuits de siège, ils n'ont pas cédé. Il commença alors par brûler leur palmeraie ainsi que leurs champs. Dès qu'il ordonna qu'on coupe et brûle les palmiers, les juifs considèrent ce comportement comme une violation des coutumes et des traditions entre les tribus. "Ô Mahomet, lui disent-ils, vous interdisez la corruption et vous châtiez leurs auteurs, alors, que vous arrive-t-il maintenant pour ordonner qu'on coupe et brûle les palmiers[20]?" Pour se justifier, il attribua son ordre à un verset coranique descendu à cet effet, lui accordant l'autorisation de le faire: *"Tout palmier que vous avez coupé ou que vous avez laissé debout sur ses racines, c'est avec la permission d'Allah et afin qu'il couvre ainsi d'ignominie les pervers[21]."* Alors, affolés par ces atrocités, les gens de Nadhir se rendirent à condition qu'on leur permette de quitter définitivement les lieux et d'emporter avec

---

[18] Idem, 3:317. "Nombre des martyrs à Ohod."
[19] Idem, 3:387
[20] Idem, 3:388
[21] Le Coran 59,5

eux ce qu'ils peuvent de leurs affaires. Mahomet les autorisa à le faire. Il s'appropria aussitôt leurs demeures, leurs biens, leur palmeraie et tout ce qu'ils n'ont pas pu emporter avec eux[22]. Il considéra ce qu'il leur est arrivé comme un acte de vengeance ordonné par Allah, et qu'il n'est lui-même que l'exécutant de cette colère divine contre les juifs et les mécréants.

Cela ne ressemble-t-il pas à ce que l'EI faisait avec les chrétiens expulsés de leurs domiciles, les contraignant à fuir à pied en abandonnant tous leurs biens? Cela ne correspond-t-il pas à ce que les combattants de l'EI ont fait avec les demeures des chrétiens sur lesquelles ils ont écrit la lettre arabe "noun", c'est-à-dire *nasrâni* (chrétien), avant de s'en approprier gratuitement? C'est ainsi que Mahomet s'est comporté avec les Nadhir qui ont perdu tout ce qu'ils avaient acquis au cours de leur vie. Et le Coran se félicite de cette expulsion purement raciste:

> *C'est lui* [Allah] *qui a expulsé de leurs maisons, ceux parmi les gens du Livre qui ne croyaient pas, lors du premier exode. Vous ne pensiez pas qu'ils partiraient, et ils pensaient qu'en vérité leurs forteresses les défendraient contre Allah. Mais Allah est venu à eux par là où ils ne l'attendaient point, et a lancé la terreur dans leurs cœurs*[23].

Allah lui-même a effrayé les Nadhir, les contraignant à se livrer à Mahomet, à abandonner leurs demeures. Lors de leur départ, ils ont, en tant que juifs pieux, décroché les versets de la Thora apposés sur les poteaux de leurs portes en raison d'une recommandation talmudique[24]. Ils ont arraché donc les poteaux de leurs demeures pour prendre avec eux les versets de la Thora, et ne pas laisser Mahomet et ses compagnons les saccager. Ne comprenant pas la raison de cet agissement, Mahomet s'en est étonné et crut que les juifs détruisaient eux-mêmes leurs demeures. Il y voyait un des signes de la victoire divine selon un verset qui dit: *"Ils démolissaient leurs maisons de leurs propres mains, autant que des mains des croyants. Tirez-en une leçon, ô vous qui êtes dotés de clairvoyance*[25]*."*

Mahomet a donc expulsé les Nadhir définitivement de leur localité conformément aux ordres décidés par Allah. C'est pourquoi ils devaient lui rendre grâce puisqu'il n'a pas voulu qu'ils soient torturés ni tués par Mahomet. Il s'est contenté de leur expulsion: *"Et si Allah n'avait pas*

---

[22] Ibn Hicham, op. cit., 3:389. "L'ordre d'expulser Banou Nadhir en l'an 4"
[23] Le Coran 59,2
[24] Deutéronome 6,4-9. Cette recommandation se dit "Mizouza" en hébreu et qui signifie "le pilier de la porte" (Door jump). Les juifs perpétuent cette tradition qu'on trouve encore dans certains hôtels en Israël et dans les demeures des juifs conservateurs.
[25] Le Coran 59,2

prescrit contre eux l'expatriation, il les aurait certainement châtiés ici-bas; et dans l'au-delà ils auront le châtiment du Feu²⁶."

J'ai entendu cette même expression de la bouche d'un musulman très proche de l'EI. Il m'a appelé directement au téléphone de la Suède. Son nom est Ahmad, un nom qu'on donne aussi à Mahomet en islam. Il intervient dans mon émission "Question audacieuse" au cours du débat sur le sujet suivant: "Mahomet était-il miséricordieux?" En lui demandant si l'action de l'EI à l'encontre des chrétiens était un acte de miséricorde, il m'a répondu: "Oui, et ce n'est que de la miséricorde de les avoir laissés partir vivants, en les expulsant seulement de chez eux²⁷."

Comme ex-musulman, je comprends très bien ce genre de raisonnement, dont les racines fondamentales se trouvent dans l'idéologie coranique. Le verset précédent montre bien la miséricorde d'Allah et de Mahomet, puisqu'ils n'ont pas voulu assassiner la tribu des Nadhir. Ils se sont contentés de leur expulsion loin de leurs attaches et racines ancestrales. Quelle miséricorde! Ou plutôt quelle mascarade!

Mahomet poursuivit ses invasions. D'ailleurs, le terme arabe, *ghazou*, signifie "aller à la recherche de l'ennemi, envahir quelque chose, le vouloir, le réclamer et s'efforcer par tous les moyens de l'accaparer ou de l'obtenir²⁸." Cette définition est une réplique à ceux qui prétendent que les guerres et les invasions de Mahomet étaient purement défensives, et rarement offensives. La preuve c'est que chaque fois qu'une attaque était décidée, Mahomet en surprenait la cible, ce qui est bien illustré dans ses invasions spécifiques.

Dans la razzia de *Zat ar-riqâ'*, Mahomet attaque les Banou Thaalaba et Banou Mohârib, dans l'intention de les isoler des Qoraych. Mais il se rend compte de leur force de résistance. Alors, par peur, il se retire et retourne chez lui bredouille²⁹. Aussitôt il établit pour la première fois une prière spéciale, dite *"la prière de la peur"*.

Deux mois plus tard, il lance une autre attaque contre Abou Sofiane, le patron du commerce des Qoraych, et la nomme "Badr 2"³⁰. La confrontation attendue n'a pas eu lieu, puisque Abou Sofiane réussit à l'éviter.

---

[26] Le Coran 59,3
[27] "Question audacieuse". Emission n° 370, du 7.8.2014. "Mahomet est-il une miséricorde pour l'humanité.
[28] *Lissan al-arab*, lettre [غ]"ghayn", terme "ghaza"
[29] Bokhari, *kitab al-Maghazi* (Livre des invasions). "L'invasion de Zat ar-Riqâ'"
[30] Ibn Hicham, op. cit., 4:410. "L'autre invasion de Badr, au mois de Chaaban, an 4 de l'hégire"

Puis vient l'invasion dite *Doumat al-jandal* (Rocher)[31]. Mahomet l'entreprend après six mois de repos sans combat[32].

Pourtant, les invasions des tribus juives et des tribus voisines ont repris vite. Les Nadhir, déjà expulsés, n'ont pas oublié leur humiliation. Mus par le désir de vengeance et soucieux pour la protection des leurs frères dans d'autres tribus, ils encourageaient des tribus arabes à combattre Mahomet et ses compagnons qui constituaient désormais un risque existentiel pour tous leurs voisins. D'autant plus que Mahomet n'arrêtait pas ses invasions, ni l'expulsion des gens de leurs demeures, ni la torture, ni la menace envers d'autres tribus juives et arabes. Alors, Qoraych se lançait, sous la direction d'Abou Sofiane et avec le soutien d'autres tribus, contre Médine pour assiéger Mahomet et ses troupes. C'est la première fois qu'on peut parler d'une guerre défensive de la part de Mahomet, mais offensive de la part de ses ennemis. Bien entendu, c'est une réaction naturelle contre toutes les invasions que Mahomet a déjà lancées contre eux. Cette situation ressemble bien aux agissements de l'EI qui attaque des cibles en Irak, en Syrie et en Turquie. Mais lorsque ses adversaires réagissent, il qualifie aussitôt leur réaction comme une attaque contre lui.

Cette offensive menée par Qoraych et ses alliés s'est déroulée deux mois après la dernière invasion lancée par Mahomet. Au cours de cette attaque, Médine est assiégée[33], ce qui force Mahomet à ordonner qu'on creuse un grand fossé au nord de la ville pour faire face à toute attaque possible. Cette invasion prend alors le nom du "fossé", ainsi que celui des "associés", nom donné d'ailleurs à une sourate du Coran, en allusion aux groupes qui se sont coalisés pour attaquer Mahomet.

L'idée de creuser un fossé fut inspirée par Soliman al-Fârissi (le persan). Il la proposa à Mahomet comme tactique stratégique lui permettant de se protéger contre les lances et les chevaux des ennemis[34].

Cependant, les conditions des musulmans se dégradaient et que certains hypocrites commençaient à émerger au sein de leurs rangs[35]. Une certaine peur s'installa. Dans ce contexte, Mahomet chargea un de ses compagnons d'aller voir les juifs de Qorayza et solliciter leur aide,

---

[31] Lissan al-arab, lettre [ج] "jîm", terme "jandal"
[32] Ibn Hicham, op. cit., 3:415. "L'invasion de Doumat al-jandal, au mois de Rabih 1er, an 5 de l'hégire"
[33] Idem, 3:416-418
[34] Idem, 3:427. Ibn Hicham révèle qu'on racontait que c'est Selman al-Farisi (le Persan) qui a donné ce conseil au messager d'Allah.
[35] Idem, 3:425. "Alors la calamité s'aggrave, la peur s'intensifie. Leur ennemi leur est venu d'en haut et d'en bas, de telle sorte que les croyants pensaient au pire. Alors certains hypocrites multipliaient les mauvaises rumeurs."

considérant qu'il avait déjà conclu un pacte avec eux, bien que les livres de la Sira n'en disent pas mot avant cette date. Suite à la négation de l'existence d'un tel pacte, Saad ben Maâz s'est trouvé désolé d'apporter à Mahomet une si mauvaise information. Sur le chemin du retour, Saad est touché par une lance des assiégeants, ce qui conduit à sa mort quelques jours plus tard (v. ultra)[36].

Au niveau stratégique, Mahomet ne s'est pas contenté de creuser le fossé ni de faire du marchandage avec les juifs. Il tenta aussi, mais vainement, de se réconcilier avec les assiégeants. Il leur envoie quelqu'un, dit Naïm, pour semer la zizanie dans leurs rangs, et il lui dit: "Tente de les tromper si tu peux. La guerre n'est qu'un bluff[37]." En effet, il est licite pour un musulman de mentir en temps de guerre[38]. Les hadiths de Mahomet confirment la légitimité du mensonge de la part d'un musulman dans des cas spécifiques, notamment durant les guerres, puisqu'il s'agit d'une imposture[39]. Effectivement, la tentative de Naïm, le messager de Mahomet, pour diviser les adversaires, finit par donner ses fruits. C'est lui qui infusa dans leurs rangs des troubles et des disputes.

Après un mois de siège, les conditions météorologiques se dégradaient. Les musulmans attribuèrent ce changement à une intervention divine en leur faveur. Suite à la machination de Mahomet, au mauvais temps, et au fossé creusé, le siège a été levé. Médine a repris sa vie normale sans que les coalisés puissent obtenir gain de cause. Ce qui occupait, par contre, Mahomet, c'est de se venger des juifs de Banou Qorayza qui ont refusé de le soutenir.

Mahomet égorge les hommes les Banou Qorayza

Dès la fin du siège, les musulmans ont déposé les armes, manifestant leur soulagement d'avoir échappé à cette lourde menace. En revanche, leur patron ne voulait pas que la détente s'installe avant qu'il se soit débarrassé des juifs installés au sud de la ville, c'est-à-dire les Banou Qorayza. Dans leur réponse à Saad ben Maaz, Mahomet trouva un prétexte suffisant pour les accuser de la violation du pacte, bien que l'observateur averti ne

---

[36] Idem, 3:424. Les juifs de Banou Qorayza ont dit: "Il n'y a ni pacte ni contrat avec Mahomet. Alors Saad ben Maâz les insulte et ils ont fait de même."
[37] Idem, 3:431
[38] Idem, 3:433. Titre: "Naïm a bluffé les associateurs."
[39] Sahih Bukhari. Ibn Chihab rapporte: "Je n'ai jamais entendu qu'on autorise les gens à dire des mensonges que dans trois cas: la guerre, la réconciliation entre les gens et la conversation entre hommes et femmes." (Titre: Interdiction du mensonge). Voir aussi dans Sahih Bukhari: "La guerre est un bluff", un hadith rapporté par Abou Hereira.

puisse rien reprocher à leur neutralité. Ils n'ont pas soutenu les assiégeants ni défendu Mahomet. Or, celui-ci, ne reconnaissant pas la neutralité. Considérait celui qui n'est pas avec lui, sera automatiquement contre lui.

Il déclara donc la guerre contre les Qorayza, prétextant que l'ange Djibril lui a apporté un décret divin directement du ciel. "Sa majesté divine t'enjoint d'attaquer les Qorayza[40]." Alors, un muezzin se leva et annonça aux gens le début d'une guerre. "Le messager d'Allah ordonne au muezzin d'annoncer aux gens: celui qui écoute et obéit ne priera ce soir que dans les demeures des Qorayza[41]." Après l'annonce de la guerre, Mahomet partit à la tête d'une armée et assiégea cette tribu. À son arrivée, il les appela: "Ô frères des singes! Est-ce qu'Allah vous méprise-t'il au point qu'il déverse sur vous sa rancune[42]?" Le siège dura vingt-cinq jours. Épuisés, les Qorayza acceptèrent le jugement que Mahomet voulait prendre à leur égard. Ils espéraient avoir le même sort que celui des Nadhir ou des Qaynouqa, c'est-à-dire leur expulsion. Mais Mahomet avait déjà appris une bonne leçon de ses décisions précédentes. Il ne s'est pas remis du comportement des Nadhir, qui, suite à leur expulsion, ont incité les autres tribus à se révolter contre lui. Quant aux Qaynouqa, il ne les aurait jamais laissés libres sans l'intervention du notable médinois, Ben Salloul.

Les Qorayza étaient autrefois les alliés des Aws avant l'arrivée de Mahomet à Médine. Ils espéraient que cette ancienne relation jouerait en leur faveur. Alors, Mahomet se comporta en bon stratège et de façon très intelligente. Il demanda aux Aws d'arbitrer eux-mêmes la situation, leur disant: "Ô gens d'Aws, n'accepteriez-vous pas que l'un d'entre vous soit l'arbitre? Ils répondent: Si. Alors, le messager leur dit: Faites donc venir Saad ben Maâz[43]!" Celui-ci, se trouvant sur son lit d'agonie, avait déjà subi des insultes de la part des Qorayza, lors de sa négociation avec eux au nom de Mahomet. Il avait même été touché, sur son chemin de retour, par une lance à cause d'eux. Il a souhaité pouvoir se venger des Qorayza avant de mourir. Il disait toujours: "Ô Allah! Ne me laisse pas mourir avant que mes yeux ne se moquent des Qorayza[44]." C'est à lui donc que Mahomet confia la tâche de les juger. Effectivement, il a

---

[40] Ibn Hicham, op. cit., 3:436. "L'ordre d'Allah transmis par l'ange Djibril au messager concernant la guerre contre Banou Qorayza."
[41] Idem, 3:436
[42] Idem, 3:437. "L'invasion de Banou Qorayza, en l'an 5 de l'hégire: Ali informe le Messager de ce qu'il a entendu chez Banou Qorayza."
[43] Idem, 3:443. "L'invasion de Banou Qorayza: Saad chargé d'arbitrer sur l'affaire deBanou Qorayza."
[44] Idem, 3:431. "Saad mort en martyr."

prononcé un verdict extrêmement sévère: "Je décide, dit-il, qu'on tue les hommes, qu'on partage leurs biens, que leurs progénitures et leurs femmes soient réduits à l'esclavage[45]." Quel verdict! Tuer tous les hommes matures, prendre tous les enfants et les femmes comme captifs de guerre, les exposer au marché des esclaves pour les vendre et les acheter comme des bestiaux ou des denrées négociables.

Mahomet était-il satisfait de ce verdict? Il l'était, et Allah aussi. La décision de Saad ben Maâz correspondait exactement à la volonté d'Allah. L'auteur de la Sira rapporte que Mahomet s'est adressé à Saad: "Tu les as jugés exactement comme Allah l'avait décidé du haut de son septième ciel[46]!" Suite à ce verdict cynique et tyrannique, Mahomet les enferma au domicile de l'un de ses proches de Banou Najjar. Si cette scène avait été filmée ce jour-là, elle n'aurait pas été différente de ce que fait Daech aujourd'hui, probablement plus choquante encore. La Sira la décrit ainsi: "Le messager les emprisonne à Médine dans la maison d'une femme du clan de Banou Najjâr. Puis, il va au marché de la ville et y fait creuser des fossés. Ensuite, il les fait venir par groupes. On leur coupe les têtes dans ces fossés. Il y avait parmi eux les ennemis d'Allah, Houyayy ibn Akhthab et Kaab ibn Assad, les deux chefs de cette tribu. Ils étaient au moins six-cents ou sept-cents, ou au plus, huit-cents ou neuf-cents[47]."

En une seule journée, on traîna six-cents à neuf-cents jeunes et adultes, l'un après l'autre, pour les décapiter devant Mahomet. Leurs corps ont été balancés dans les fossés creusés. Face à ces scènes macabres, Mahomet ne manifesta aucun sentiment de pitié ni de miséricorde parce que leur crime c'est d'avoir osé lui dire non, au moment du siège, et parce que son ami le blessé Saad ibn Maaz s'est mis en colère contre eux et les a ainsi jugés.

Daech imite Mahomet dans l'égorgement

L'EI n'a-t-il pas fait la même chose avec les jeunes de la base militaire de Spyker en Irak? N'a-t-il pas creusé des fossés dans lesquels il les balançait et les fusillait? Ne s'est-il pas inspiré de la Sira de son prophète?

À la seule vue de ces photos et à la lecture de l'information, je me suis tout de suite rappelé l'image de cette scène et l'ai associée à ce que j'avais lu, tout jeune, concernant l'assassinat des Qorayza dans la Sira du prophète.

---

[45] Idem, 3:443. "L'arbitrage de Saad."
[46] Idem, 3:443. "Allah satisfait de la sentence de Saad." Sahih Muslim dit: "Tu les as jugés selon la sentence d'Allah." Puis il dit une fois: "Tu as jugé avec la sentence du roi." (Sahih Muslim, Livre du djihad et des biographies. "L'autorisation de tuer celui qui viole le pacte.")
[47] Ibn Hicham, 3:444. "Comment Banou Qorayza ont été retenus et assassinés."

J'ai imaginé les jeunes qui criaient, enchaînés, lors de leur conduite à l'abattoir. Par contre, Mahomet, assis confortablement, observait avec ses compagnons, leur décapitation, du matin au soir, jusqu'à ce que ses militants-égorgeurs se fatiguent de commettre ces crimes ignobles. Car, si l'égorgement de chaque individu ne durait qu'une minute, l'égorgement de six-cents d'entre eux aurait nécessité au moins dix heures.

Les autres prisonniers des Qorayza ne savaient pas ce qu'on leur faisait. Ils s'interrogeaient entre eux: Que va faire Mahomet de nous? Quelqu'un répondit: "Ne voyez-vous pas qu'aucun n'est revenu encore? Au nom d'Allah, c'est la mort qui nous attend[48]!" Le seul moyen de distinguer les adultes qui doivent être égorgés des enfants qui n'étaient pas pubères mais destinés à l'esclavagisme, c'était le poil. Celui qui n'avait pas un poil à la barbe, sous ses aisselles ou autour de son sexe, n'était pas considéré comme adulte. Un des survivants a dit: "On nous amenait devant le prophète. Il nous examinait. Celui qui avait des poils était condamné à mort et celui qui n'en avait pas, comme moi, était sauvé[49]." Dans un autre récit, un survivant a dit: "J'étais l'un des premiers que Saad avait amenés ; j'ai cru qu'on allait me condamner. Ils ont regardé mon sexe et n'ont rien trouvé qui pousse, alors ils m'ont envoyé à l'esclavage[50]." Mahomet lui-même supervisait l'opération de l'égorgement et la distinction entre adultes et enfants. Il a aussi supervisé le partage des biens, des femmes et des enfants, et participé à la vente des chameaux, des chevaux pour financer les prochaines invasions[51]. Il a choisi pour lui-même les femmes les plus belles, notamment *Rayhana*[52], il l'a prise d'abord comme captive. Comme elle lui appartenait, il avait le droit de copuler avec elle et de la vendre.

Mahomet et ses compagnons se partagent les femmes

Les autres tribus juives commencèrent alors à craindre pour elles-mêmes une attaque surprise de la part de Mahomet. Elles se fortifièrent et s'équipèrent pour se défendre si besoin. Elles savaient que Mahomet guettait les motifs, les justifications et les occasions pour mener n'importe quelle razzia, puisqu'il a attaqué les tribus des Nadhir, Qorayza et

---

[48] Idem, 3:444-445
[49] Tirmizi, Sunan, 5:195. Livre des biographies: "Le verdict révélé." (Le hadith est rapporté par Atiya al-Qirzhi (de Banou Qorayza)
[50] Sahih Ibn Hayyan, 5:100. "L'invasion et le djihad. Mention de la raison qui distingue entre la captivité et le combat."
[51] Ibn Hicham, op. cit. 3:450. "Partage des biens de Banou Qorayza."
[52] L'auteur de la Sira dit: "Le messager a choisi pour lui Rayhana fille de Amrou ben Khanâqa, une femme de Banou Qorayza. Elle est restée chez lui jusqu'à sa mort." (Ibn Hicham, op. cit., 3:350)

Qaynouqa sans raison valable ni convaincante. Cependant, se préparer à se défendre s'avérait un crime aux yeux de Mahomet qui s'octroyait le droit d'attaquer les tribus à tout moment. À peine a-t-il appris que la tribu des Mostalaq se préparait, il lui déclara aussitôt la guerre, juste un an après le génocide des Qorayza. Il les attaquait, et leur appliquait le même sort qu'aux autres: tuer les hommes, réduire les enfants et les femmes en esclavage[53]. Comme d'habitude, en tant que seigneur il choisissait pour lui les femmes les plus belles. Cette fois-ci, il en prit *Jouwayriya*, la fille d'al-Hârith, et distribua les autres femmes à ses compagnons[54]. Pour les beaux yeux de *Jouwayriya*, il libéra certains membres de ses proches, car un certain lien familial le liait dorénavant à eux.

Au cours de cette invasion, les compagnons eurent beaucoup de captives et voulaient les garder pour les vendre ultérieurement. Mais comme leur engouement sexuel était très fort, une question s'est posée. Ont-ils le droit de copuler avec elles et de procéder au *coïtus interruptus* pour éviter qu'elles tombent enceintes? Car ainsi ils pourront toujours toucher un meilleur prix en cas de vente, car la femme avec enfant à charge ne valait pas grand-chose sur le marché. Bokhari rapporte à ce propos le récit suivant:

> Nous avons effectué avec le messager d'Allah la razzia des Mostalaq. Nous y avons capturé des femmes arabes des plus nobles. Le temps passé loin de nos femmes devenait long. Nous avons voulu pratiquer le *coïtus interruptus* avec les captives de peur que la conception n'empêche la revente. Nous avons demandé au messager si nous pouvions agir ainsi. Sa réponse était claire: Vous pouvez le faire sans craindre de préjudice. Allah ne laisse créer un être vivant sans sa volonté[55].

Pour eux le problème est de savoir si le *coïtus interruptus* est licite ou non. Bien entendu, Mahomet leur demandait de ne pas en faire usage, car les naissances sont entre les mains d'Allah. L'acte sexuel en soi, l'entrée du sperme dans le vagin d'une femme ou non, ne change rien à la

---

[53] Ibn Hicham, op. cit., 4:13-14. "L'invasion de Banou Mustalaq au mois de Chaabqn en l'an 6 de l'hégire", sous le titre "La raison du Messager à propos de leur invasion." L'auteur de la Sira dit: "Allah a écrasé les Mustalaq et en a tué certains d'entre eux. Le messager d'Allah s'est emparé de leurs enfants et de leurs femmes et s'est appropriés de leurs biens."
[54] Idem, 4:19. Sous le titre "Hadith *Jouwayriya*, la fille d'al-Hârith", l'auteur de la Sira dit: "Le Messager d'Allah avait déjà capturé beaucoup de femmes qu'il a distribuées aux musulmans. Parmi ces captives, il y avait *Jouwayriya*, la fille d'al-Hârith ben Abi Dharar, devenue une des femmes du Messager d'Allah."
[55] Sahih Bukhari, 1516. Livre des invasions: "L'invasion des Mustalaq de la part de Ghoza'a, et c'est l'invasion d'al-Muraysih."

volonté d'Allah qui décide s'il y aura des bébés ou non. Donc, Mahomet ne croyait pas à l'efficacité des moyens de contraception.

Quatre mois plus tard, et en dépit d'une trêve avec les siens, Mahomet attaqua cette fois-ci, et à l'improviste, l'oasis de Khaybar peuplée de juifs. Un jour où ces derniers se trouvaient en route pour leur travail comme d'habitude, ils sont attaqués sans préavis et sans raison. Le biographe de Mahomet rapporte le récit de son serviteur Anas ben Mâlik:

> Les ouvriers de Khaybar nous aperçoivent au moment où ils partaient au travail avec leurs outils agricoles. À la vue du messager d'Allah et de son armée, ils crient: Voici Mahomet et le Khamis [l'armée] avec lui. Ils prennent aussitôt la fuite. Le messager d'Allah crie alors: *"Allah akbar, khorribat Khaybar"* (Allah est plus grand, Khaybar est déjà détruite). Si nous envahissons la place d'une tribu, le mauvais sort s'emparera vite de ses gens[56].

Depuis lors, l'expression *Allah akbar* devient le slogan annonçant l'attaque des mécréants et leur meurtre. L'impact de la surprise est très douloureux pour les habitants de Khaybar. Sorti vainqueur, Mahomet leur appliquait presque le même châtiment que celui de Banou Qorayza. Son serviteur, Anas ben Mâlik, raconte les faits: "Le messager d'Allah est arrivé. Il tue leurs combattants et prend en captivité la progéniture et les femmes[57]." Mais il épargna certains d'entre eux à condition qu'ils lui cèdent leurs biens et leur argent. C'est ce qui s'est passé en effet[58].

Comme d'habitude, le même scénario se répétait après chaque invasion. Mahomet choisissait la plus belle parmi les femmes. Son biographe dit "qu'il a choisi pour lui, parmi les captives, Safiya la fille de Huyyay ben Akhthab, qui était dans le lot de Kinânah ben al-Rabih ben al-Khofayq avec deux de ses cousines[59]." Safiya était mariée, et Mahomet venait de tuer son mari, son père et son frère. Malgré tout cela, il l'a choisie pour lui et copula avec elle au plus mauvais jour da sa vie, avant que ses larmes ne sèchent de ses douleurs. Le serviteur de Mahomet dit à ce propos: "Dès l'arrivée du messager à Khaybar, Allah lui ouvre la fortification. On lui parle de la beauté de Safiya. Son mari vient d'être tué et elle était

---

[56] Ibn Hichâm, op. cit., 4:69. "La fuite des gens de Khaybar à la vue du Messager." Cité par Bukhari et Muslim.

[57] Sahih Bukhari, 1:321-322. Livre de la peur. "Le réveil très tôt avant l'aube et la prière lors de l'attaque et de la guerre."

[58] Ibn Hichâm, op. cit., 4:79. Le siège de Khaybar. "Le messager d'Allah a assiégé le gens de Khaybar dans leur fortification… Se rendant compte du danger de ce guet-apens, ils lui ont demandé de les expulser et de leur épargner la vie. Et c'est ce qu'il a fait."

[59] Idem, 4:70

encore jeune mariée. Il la choisit pour lui. Il sort avec elle. En arrivant au barrage d'al-Rawhâ, il demande qu'on la prépare [la coiffer, la maquiller et la parfumer]. Aussitôt fait, il va copuler avec elle[60]."

On attribua à Safîya ce qu'elle a elle-même raconté, selon le Hadith qu'elle haïssait fortement Mahomet. "Le messager d'Allah était le plus haïssable pour moi, car il a tué mon mari, mon père et mon frère[61]." Les Hadiths racontent que Mahomet ne cessait de lui présenter ses excuses, jusqu'à ce qu'elle parvienne à oublier ses chagrins. Mais, la douleur profonde peut-elle disparaître si vite après le meurtre du mari, du père et du frère, d'autant plus que le meurtrier n'est autre que celui qui l'a prise comme servante, comme marchandise, et qui a violé son corps? Quel est le ressenti de l'homme qui tue les êtres les plus chers d'une femme, et qui vient par la suite lui demander de coucher avec lui? Si le chef de l'EI avait procédé ainsi, les agences de presse lui auraient donné les pires qualificatifs. C'est évidemment le viol le plus terrible et le plus ignoble au niveau psychique et physique.

Tous ces récits sont relatés en détail dans la Sira de Mahomet, qu'on nous enseigne. On nous les présente comme l'œuvre de l'homme, "notre meilleur modèle" en tout, et de surcroît, nous devons l'aimer et le considérer comme messager d'Allah, et maître de l'humanité toute entière.

Daech imite Mahomet dans le rapt des femmes

Rien ne m'étonne lorsque j'entends que les militants de l'EI vendent les femmes des Yézidis au marché, car je sais déjà que Mahomet et ses compagnons ont légalisé cet esclavagisme autorisé par Allah lui-même, puisque c'est *halal*, conformément au verset qui dit: "*Couchez* [signifie: faites l'amour, ou mariez-vous] *avec des femmes autant qu'il vous plaît, deux, trois, quatre, mais si vous craignez d'être injustes avec celles-ci, alors une seule, ou ce que vos mains droites ont acquises* [esclaves et captives de guerre][62]."

L'islam fixe le nombre des épouses à quatre pour le musulman, mais ne précise pas le nombre de "celles que sa main droite parvient à acquérir". Le bien acquis par la main droite n'est pas limité. Ainsi, Mahomet et ses compagnons choisissaient autant qu'ils voulaient de femmes après les guerres et les invasions, à condition que le partage soit juste et que chacun

---

[60] Sahih Bukhari, 2:778. Le livre des ventes: "Peut-on voyager avec une esclave avant de la libérer?"
[61] Sahih Ibn Habban, 5:233
[62] Le Coran 4,3

ait son lot. Et pourtant, il était licite, pour n'importe quel musulman, de vendre, d'acheter ou d'échanger des femmes comme il lui plaisait. C'est ce qu'a fait Mahomet après l'invasion de Khaybar, en choisissant pour lui Safîya qui ne faisait pas partie de son lot, mais de celui d'un de ses compagnons. Mais il l'a échangée contre une autre. Le serviteur de Mahomet raconte ainsi l'invasion de Khaybar:

> Les femmes captives ont été rassemblées. Dihya est venu dire à Mahomet: 'Ô messager d'Allah, donne-moi une servante d'entre elles'. Mahomet lui répond: 'Va et choisis-en une'. Dihya choisit Safîya. Or, un homme vient voir Mahomet et lui dire: 'Ô messager d'Allah, tu as donné à Dihya, Safîya, la fille de Huyyay, maîtresse de Qorayza et de Nadhir, alors qu'elle ne convient qu'à toi'. Mahomet fait venir l'intéressé ainsi que Safîya. Dès qu'il la regarde, il somme Dihya d'aller choisir une autre captive. Le messager d'Allah la prend, l'affranchit et l'épouse[63].

Puisque ce comportement était habituel et routinier pour Mahomet, il l'est donc également pour les membres de l'EI. Ils ne font que l'imiter, lui et ses compagnons, et tentent de faire revivre les gloires de leurs ancêtres.

Mahomet et ses compagnons prenaient les femmes des mécréants, les réduisaient en esclavage et s'en délectaient. Ainsi, lorsque l'occasion s'est présentée aux membres de l'EI, ils ont appliqué ce qu'ils ont lu dans leurs livres saints, aux femmes yézidies. *Siwa*, une radio américaine, rapporte comment l'une des survivantes yézidies décrit leur drame:

> Après avoir conduit notre groupe vers la région de Sanjar, ils nous ont rassemblées dans une grande salle. Nous étions une soixantaine de jeunes filles, de femmes et de jeunes garçons. Ils nous ont séparées des garçons. Puis, ils ont conduit les femmes et les enfants à Mossoul. Là, ils ont obligé les jeunes filles à rester avec des combattants de l'EI qui châtiaient sévèrement toute jeune fille qui refusait d'obéir à leurs ordres[64].

Mahomet et ses compagnons n'ont-ils pas fait la même chose avec les tribus qu'ils ont envahies? N'ont-ils pas séparé les jeunes hommes des femmes et des enfants? N'ont-ils pas tué les hommes et partagé les jeunes filles? Cette jeune survivante yézidie confirme que l'EI a emprisonné "presque trois mille femmes, jeunes filles et enfants[65]." Amnesty International parle de l'incarcération par l'EI de centaines, éventuellement

---

[63] Sahih Bukhari, 1:145-146. Livre de la Prière: "Ce qu'on dit de la jambe."
[64] Radio "Sawa": "La yézidie Mâriya raconte son histoire: Voici ce que nous a fait Daech."
[65] idem

de milliers de jeunes filles, dont certaines n'avaient pas encore atteint l'âge de douze ans. Ils les séparaient de leurs mères. Puis, ils les vendaient, les offraient ou les contraignaient à épouser des combattants de l'EI ou de ses sympathisants. Amnesty International décrit tout cela comme crimes de guerre et crimes contre l'humanité[66].

Mahomet n'a-t-il pas séparé Safiya de sa famille avant de copuler avec elle? Ses compagnons n'ont-ils pas séparé des centaines de jeunes filles du même âge de leurs parents, avant de les réduire en esclavage et de les utiliser comme machines pour décharger leurs pulsions sexuelles? Mahomet n'a-t-il pas accepté comme cadeau une jeune fille, nommée "Mariya la copte"?[67] N'a-t-il pas copulé avec elle? Devenue enceinte, ne lui a-t-elle pas donné un enfant nommé Ibrahim? Si Mahomet est "le meilleur modèle" que le musulman doive imiter et suivre, alors nous nous trouverons devant un problème extrêmement terrible. Comment pouvons-nous critiquer le comportement des musulmans qui sont contraints à suivre le modèle de Mahomet sans le critiquer lui-même d'abord? Si Mahomet était inscrit dans un contexte historique déterminé et que tout est achevé avec ce contexte, on n'aurait pas de problème. Or, Mahomet demeure au regard de tous les musulmans, du patrimoine islamique et des traditions musulmanes, un modèle transcendant l'histoire et la géographie, et valable pour demeurer le meilleur, même au XXIe siècle. Ses comportements et ses actions sont assimilés, selon les critères de notre siècle, à des crimes de guerre et des crimes contre l'humanité. Or, dans l'optique de ses adeptes et de l'EI, ils demeurent des modèles. Il leur incombe de continuer le combat et de les actualiser.

Mahomet avait toujours l'habitude d'allécher ses partisans et de leur miroiter l'acquisition de femmes dans les razzias. Il leur disait: "Allez aux invasions et vous aurez comme butin les filles des jaunes", c'est-à-dire les femmes byzantines[68]. Ce sont toujours les femmes qui les attirent dans ce monde comme dans l'au-delà. Si le combattant musulman décède, il trouvera des femmes au paradis qui l'attendent. "Il y épousera 72 houris[69]." Mais s'il reste sur terre, il aura des femmes qu'il prendra comme

---

[66] Amnesty International, rapport intitulé: "Fuite de l'enfer: torture, esclavagisme sexuel dans les prisons de Daech en Irak." Version anglaise, décembre 2014, p. 4, 15.
[67] Ibn Hicham, op. cit., 1:42
[68] Tabari, op. cit., 10:105. Explication du verset 9,49
[69] Ce hadith se répète dans plusieurs récits. Tirmizi rapporte: "Le martyr aura aux yeux d'Allah six vertus: il sera pardonné d'un seul coup de tous ses péchés et verra aussitôt son siège au paradis ; il sera délivré des tortures du tombeau ; il sera dispensé de la grande peur ; il aura sur sa tête la couronne de la majesté et dont chaque pierre précieuse (corindon) vaut tout ce monde ; il épousera soixante douze houris ; il sauvera

captives de guerre. Par contre, certains de ses compagnons se sont trouvés bien ennuyés lors d'une des invasions de copuler avec des captives tout en sachant qu'elles étaient mariées et qu'ils connaissaient leurs époux. Ils avaient honte de ce qu'ils allaient faire[70]. Or, Mahomet eut recours au texte coranique pour surmonter leur gêne et les autoriser à passer à l'acte selon le verset qui dit: *"Il vous est interdit de copuler avec les femmes déjà mariés, à moins qu'elles ne soient vos captives de guerre[71]."* Donc, c'est le livre d'Allah qui l'autorise et le rend halal! Si le Coran libère les premiers musulmans de ce problème, il est bien évident qu'il en libère aussi les musulmans d'aujourd'hui. Le livre d'Allah n'est-il pas intouchable et valable en tout temps et tout lieu.

L'EI ne se gêne pas de publier les récits des captives de guerre et de les justifier à la lumière du Coran, du Hadith et du Sira. De plus, il considère que l'abandon par le monde musulman de la sunna du messager d'Allah constitue un acte honteux dont il faut se libérer. Ainsi l'EI manifeste toute sa fierté d'avoir réactualisé cette sunna délaissée. Il s'enorgueillit de l'avoir appliquée aux femmes yézidies. Ses oulémas développent cette question dans le n°4 de la revue *Dabeq*. L'un d'entre eux y publie un article intitulé: *Relance de l'esclavage avant l'heure,* dans lequel il dit: "L'EI a traité cette question avec ce groupe [les femmes yézidies] conformément aux avis des doctes de la charia à propos du traitement des polythéistes[72]." Et d'ajouter:

> Après leur captivité, les femmes et les enfants des Yézidis ont été partagés conformément à la charia entre les combattants de l'EI qui ont participé à la bataille de Sanjar. Le cinquième du butin fut réservé à l'autorité de l'EI pour le dispatcher en conséquence à qui de droit[73].

---

soixante-douze de ses proches." (Livre des vertus du djihad. Titre: La récompense du martyr)

[70] Ce hadith est rapporté dans plusieurs livres dont Sahih Muslim qui dit: "Le jour de la razzia de Hanîn, le messager d'Allah envoie une armée à Outas. Ils rencontrent un groupe d'ennemis et les ont combattus. Des captives de guerre tombent entre leurs mains. Certains compagnons du messager d'Allah se trouvent embarrassés en copulant avec des femmes déjà mariées avec des polythéistes. Aussitôt, Allah, sa grande majesté, leur fait descendre le verset suivant: "Il vous est interdit de copuler avec les femmes déjà mariés, à moins qu'elles ne soient vos captives de guerre."(4,24) Elles vous seront licites, si leurs menstrues sont terminées. (Sahih Muslim, Livre de l'allaitement: L'autorisation de la copulation avec une captive de guerre après vérification de ses menstrues. Si elle est mariée, son mariage se dissout automatiquement par la captivité).

[71] Le Coran 4,24
[72] *Dabeq*, N°4, p.14-15 (Version anglaise)
[73] Idem

Le même auteur ajoute encore: "Les familles yézidies tombées en captivité seront vendues maintenant tout comme les compagnons du Prophète avaient vendu les femmes des polythéistes[74]." Puis, il conclut:

> Qu'on se rappelle bien que la captivité des mécréants et la considération de leurs femmes comme acquisition légale de la main droite, représente une des composantes fondamentales de la charia. Quiconque nie cette évidence ou s'en moque, sera un négateur et un moqueur des versets du Coran, du Hadith, et par conséquent un apostat de l'islam[75].

On peut donc se demander comment réagissent ceux qui prétendent que l'EI n'a aucun lien avec l'islam? Qui a donc des liens avec l'islam? N'est-ce pas celui qui redonne vie à la sunna du messager de l'islam et la met en application? Les pays musulmans ont aboli l'esclavage, non pas par conviction de sa nature criminogène, mais plutôt sous la pression de la communauté internationale. Et pourtant l'esclavage fait partie de la charia islamique. Les pays musulmans sont les derniers à avoir signé les traités interdisant l'esclavage. Le Qatar ne les a signés qu'en 1952, le Yémen et l'Arabie Saoudite qu'en 1962. En revanche, la Mauritanie est le dernier pays qui les a signés en 1980, bien que l'esclavage reste toujours en vigueur dans certaines de ses régions. Au Yémen, plusieurs cas récents ont été relevés à propos de la traite d'esclaves[76]. Par contre, aucune fatwa, venant d'une autorité religieuse musulmane, n'a été jusqu'alors décrétée pour interdire l'esclavagisme, car c'est totalement incompatible avec la charia qui l'autorise et l'encadre légalement. La preuve c'est que Mahomet lui-même considérait tout esclave qui fuit son maître comme un mécréant passible de la peine capitale. Donc, il ne jouit d'aucune garantie pour sa vie[77]. Il a même dit qu'Allah n'accepte pas la prière de l'esclave qui fuit le domicile de son maître[78].

Le cheikh saoudien, Saleh al-Fawzân, membre du Comité permanent des Recherches scientifiques et des Fatwas en Arabie Saoudite, considère l'esclavage comme une législation coranique:

---

[74] Idem, p.15
[75] Idem, p.17
[76] CNN arabe: "Servantes et esclaves au troisième millénaire: l'esclavage de retour dans des pays arabes."
[77] Un hadith dit: "Tout esclave qui désobéit à son maître, devient mécréant, s'il ne se repent pas.". Et un autre dit: "Tout esclave qui désobéit, son maître n'en assumera plus la responsabilité." (Sahih Muslim, Livre de la Foi: "La déclaration d'un esclave rebelle comme mécréant."
[78] Sahih Muslim, 2:49. Livre de la Foi: "La déclaration d'un esclave rebelle comme mécréant."

> Ce précepte est étroitement lié aux enseignements du Coran. Il ne peut être aboli tant que le djihad pour la cause d'Allah existe, car il en fait partie... C'est le jugement d'Allah. Aucun compromis ni concession ne peut le modifier. Si l'esclavage était caduc, l'islam l'aurait déclaré ainsi, comme il a fait avec l'intérêt usuraire et l'adultère. L'islam est courageux et ne fait pas de complaisance[79]."

Mahomet et ses compagnons possédaient des esclaves[80]. Il a même légiféré en conséquence[81] et tout particulièrement pour la vente et l'achat des femmes. Personne ne peut aujourd'hui accuser l'EI de la violation de l'islam. Même ceux qui ne respectent pas l'islam, le font uniquement sous la contrainte internationale. Par contre, ils peuvent toujours clamer haut et fort que "l'acquisition par la main droite" ou l'esclavage des femmes captives en temps de guerre, est interdit selon la charia, mais ce n'est qu'une soumission, ni plus ni moins, de la part des pays musulmans. Si c'est une soumission, l'EI n'en veut pas, car, aucune créature ne peut s'opposer ou se rebeller contre son créateur[82]. Donc, il vaut mieux continuer à appliquer la charia d'Allah, vendre au marché les captives, les échanger ou les offrir. Effectivement, c'est l'islam que nous avons lu et appris dans nos premiers livres de religion, le Coran, les livres des exégètes, le Hadith, la Sira.

Jâbir, un des compagnons de Mahomet, estimait que le marché des femmes était normal aux yeux de son maître, du fait qu'il ne l'avait jamais interdit. "On vendait nos concubines, les mères de nos enfants. Mahomet était parmi nous et n'y voyait aucun inconvénient[83]." Al-Châfiï, fondateur d'une école juridique portant son nom, dit dans son grand traité:

> Le messager d'Allah a capturé les femmes des Qorayza et leur progéniture. Il en vendait même aux polythéistes. Le juif Abou al-Chahm lui a acheté une vieille dame avec son fils. Le messager a même envoyé trois groupes de ses captives à Tihama, à Najd et en Syrie. Ainsi comptait-il acquérir en contrepartie des chevaux, des armes, des chameaux et de l'argent[84].

Bref, Mahomet a fait du commerce avec ses captives. Il les a vendues, échangées et souvent utilisées pour allécher les combattants. Il se gardait

---

[79] CNN arabe, "Les informations concernant la réduction en esclavage des femmes yézidies par Daech dérange un dignitaire saoudien."
[80] Ibn al-Qayyim a cité vingt-huit esclaves hommes, outre les esclaves femmes, que possédait Mahomet. Il en a affranchis certains et d'autres non. (Ibn al-Qayyim, *Zâd al-ma'âd*, 1:111)
[81] Le *hadith* qui dit "On ne sépare pas une mère de son fils" est cité dans Al-Bayhaqi, *Al-Sunan al-kubra*, 13:458. "La séparation entre mère et enfant."
[82] Musnad Ahmad, 1:212. Il est dit: "On n'obéit jamais à une créature qui se rebelle contre Allah."
[83] Musnad Ahmad, 4:266.
[84] Al-Châfiï, *Kitab al-'Omm* (Le livre de la mère), 7:599

toujours les plus belles. C'est ainsi qu'agit aujourd'hui l'EI. Il réactualise le passé dont les jeunes musulmans sont férus. On nous a toujours rabâché la gloire, la beauté, la pureté de ce passé et c'est ce qu'on peut vivre et souhaiter de mieux. Ils ont semé en nous la nostalgie d'une utopie éphémère que nous tentons d'adorer ou dont nous tentons de retenir quelques bribes.

Ainsi sommes-nous parvenus à croire que notre sous-développement et notre défaite sont dus à notre éloignement de ce "modèle divin" du passé que Mahomet avait élaboré au VIIe siècle après le Christ. L'EI serait cette fenêtre à travers laquelle les jeunes piétistes aiment à se référer aux écrits des juristes (*fuqaha*), aux prédicateurs des chaînes satellitaires islamiques, aux discours des barbus, aux explications des livres des salafistes, à l'enseignement des écoles, bref, à cette fierté du passé..., la fierté d'envahir les mécréants, de capturer leurs femmes, leurs enfants, et de les vendre, la fierté de tuer les hommes, d'humilier leurs femmes et leurs enfants.

On nous a enseigné que la grandeur de l'islam réside dans le soutien qu'Allah lui assure, que l'humiliation est réservée aux mécréants. Pour cette raison, l'EI a publié des dépliants distribués à ses partisans et sur Internet, sous le titre de *Questions et réponses sur la captivité des femmes et l'affranchissement des jougs*. On y répond à trente-deux questions à la lumière de la charia islamique. Voici les quatre premières questions-réponses:

1. "Qu'est-ce que la captivité?" Réponse: "Ce sont les femmes capturées en temps de guerre".
2. "Qu'est-ce qui rend licite la captivité?" Réponse: "C'est la mécréance qui nous permet de distinguer entre les mécréants selon la classification faite par un dignitaire religieux après leur capture et leur détention en terre d'islam."
3. "Est-il licite de capturer toutes les femmes?" Réponse: "Les oulémas ne font pas de distinction à ce propos, s'il s'agit des femmes des gens du Livre ou de païennes."
4. "Est-il halal de faire l'amour à une captive?" Réponse: "Oui, il est licite, en vertu de l'enseignement d'Allah dans le verset qui dit: '*Et ceux qui préservent leurs sexes [de tout rapport], si ce n'est qu'avec leurs épouses ou les esclaves qu'ils possèdent [ou que leurs mains droites ont acquises], car là vraiment, on ne peut pas les blâmer*[85], et ce que leurs mains droites ont acquises comme femmes en temps de guerre[86]."

---

[85] Le Coran, 23,5-6
[86] Dépliant publié par la Librairie Al-Himma: *Questions et réponses sur la captivité des femmes et l'affranchissement des jougs*.

Toutes ces questions et ces réponses s'appuient sur la doctrine de l'islam, les interprétations des juristes bien vénérés en islam. Que tous ceux qui proclament que l'EI contredit l'islam par ses agissements, veuillent bien le prouver au regard des textes et des avis des oulémas. Qu'ils cessent de balancer des propos en l'air n'ayant aucun fondement, ni justificatif. En effet, les arguments doctrinaires de l'EI sont islamiquement crédibles et authentiques par leur référence à la vie de Mahomet, "le beau modèle", et à celle de ses compagnons. Que ceux qui contredisent l'EI ou tentent de l'écarter de l'islam, veuillent bien mettre en lumière ses erreurs et les dévoiler. Est-ce que l'EI a commis un seul acte incompatible avec ce que le messager de l'islam a commis?

Mahomet, un envahisseur jusqu'à la dernière minute de sa vie

Jusqu'à sa mort, Mahomet n'a cessé de lancer des razzias. Après le génocide de Khaybar, certaines tribus, obsédées par la terreur, se livraient à lui. Pour avoir la paix, les gens de Fadk lui cédèrent la moitié de leurs propriétés[87]. En effet, tout ce qui est acquis par reddition, revenait exclusivement à Mahomet[88]. C'est le même système que les mafias appliquent en rançonnant ceux qui cherchent la tranquillité.

L'année suivante, Mahomet envoya une armée de trois mille combattants pour attaquer les Byzantins, mais ils sont revenus bredouilles. C'est l'invasion dite de *Moutaa*. Durant la même année, il a conduit lui-même une armée de dix mille combattants[89] contre sa propre tribu à la Mecque. Il aurait, selon certains hadiths, ordonné à ses compagnons de tuer tout individu de Qoraych qui s'opposerait à eux: "Ô compagnons! Voyez-vous ces ramassis de Qoraych? - Oui, répondent-ils. - Si vous les rencontrez, leur dit-il, fauchez-les. Alors, il fait signe de sa main droite et la met sur sa gauche en disant: Notre rendez-vous est à Safa. Puis un hadith ajoute: Tout individu qui était visible ce jour-là, fut abattu[90]."

Durant la même année, eurent lieu les invasions de Honayn et de Taëf. Puis, durant la neuvième année de l'hégire, celle de Tabouk. Même, lors de

---

[87] Ibn Ishaq: "Après avoir achevé les gens de Khaybar, les gens de Fadk ont été terrorisés. Ils sont alors venus voir le messager d'Allah et conclure avec lui un accord de paix en lui cédant, en contrepartie, la moitié de leurs biens. Ibn Hicham, op. cit., 4:99.

[88] Tout ce qui est acquis sans guerre, reviendra à Mahomet seul. Ce qui est étrange, c'est qu'il appelle cela "une réconciliation", alors que la reddition est faite par peur de l'épée avec l'acceptation de conditions injustes et odieuses: lui donner la moitié de leurs biens à condition qu'il ne les envahisse pas

[89] Ibn Hicham, op. cit., 4:135, sous le titre: "Qoraych détectait ses nouvelles [de Mahomet]."

[90] Sahih Muslim, 12:105. Livre du djihad: La conquête de la Mecque. (Certains hadiths indiquent que Mahomet avait pardonné à sa tribu. Mais ces hadiths sont rejetés et considérés comme faibles par des oulémas de l'islam, comme Al-Albani.)

sa maladie au cours de la onzième année de l'hégire, Mahomet préparait une armée pour attaquer les Byzantins et confia son commandement à son petit-fils adoptif, Oussama ben Zayd ben Hâritha[91].

Bref, durant tout son séjour à Médine et jusqu'à sa mort, Mahomet menait des invasions, des guerres, sans jamais chercher à faire la paix. Le Coran, d'ailleurs, n'appelle à la paix qu'en cas de défaite. *"Ne faiblissez donc pas et n'appelez pas à la paix alors que vous êtes les plus hauts* [les plus forts][92]*."* La paix n'est pour lui qu'une simple tactique militaire provisoire et jamais un objectif définitif. Le biographe de Mahomet recense l'ensemble des invasions menées par Mahomet durant les dix années passées à Médine. "Le messager d'Allah, dit-il, a effectué vingt-sept invasions[93]." Il a aussi ordonné trente-huit campagnes militaires[94]. Cependant, certains oulémas musulmans surestiment le nombre de ces campagnes et parlent de cinquante-six[95]. En somme, il a mené quatre-vingt-trois opérations militaires durant dix ans environ, une opération en moyenne tous les quarante-trois jours.

Un homme qui lance une guerre tous les quarante-trois jours méritera-t-il le Prix Nobel de la Paix? Sera-t-il considéré comme un homme de paix? Or, Mahomet était un grand homme de guerre par excellence. Il cherchait les guerres et s'efforçait d'inventer des motivations, le plus souvent peu valables. Sa biographie évoque les missives adressées aux rois voisins les invitant à embrasser l'islam – c'est-à-dire à se rendre – ou à subir la guerre[96]. Il ne leur laissait jamais d'autre choix que de se soumettre à sa nouvelle religion, et de l'accepter comme messager d'Allah. Sinon, il leur déclarait la guerre pour s'accaparer de leurs biens, s'emparer de leurs femmes et de leurs enfants, couper les routes de leur commerce, détruire leurs intérêts. Ces missives comprenaient, entre autres, l'expression "Convertis-toi, et tu auras la vie sauve!" (*Aslim, taslam*), une expression qui signifie avoir la paix en adhérant à l'islam, sinon c'est la mort.

Cette stratégie n'est-elle pas la même qu'appliquent aujourd'hui les organisations islamistes? Al-Qaïda n'a-t-elle pas maintes fois menacé l'Occident pour le forcer à accepter ses revendications, et éviter la guerre

---

[91] Ibn Hicham, op. cit., 4:385. "Envoi d'Oussama ben Zayd en Palestine."
[92] Le Coran 47,35
[93] Ibn Hicham, op. cit., 4:394
[94] Idem, 4:395
[95] Nawawi, Explication de Sahih Muslim, 12:135. "Une différence s'est produite dans l'identification du nombre des invasions et des campagnes. Ibn Saad parle de vingt-sept invasions et cinquante-six campagnes"
[96] Ibn Hicham, op. cit., 4:386. "Le messager d'Allah a envoyé des messagers munis de missives aux rois dans la région les invitant à se convertir à l'islam."

contre ses intérêts partout dans le monde? C'est la même stratégie adoptée par le groupe EI. Certes, après avoir consolidé les assises de leur État, ses cadres prévoient que le calife autoproclamé adressera des missives similaires aux pays voisins et les invitera à embrasser l'islam. Sinon, il leur déclarera la guerre. Voilà comment l'EI poursuit exactement la même stratégie que Mahomet, le messager de l'islam.

XI

Daech et le djihad: l'invasion, un devoir islamique

L'épée de Mahomet plus efficace que son Coran

À son décès, Mahomet laisse une armée bien équipée sous la direction d'Oussama ben Zayd pour attaquer les Byzantins. De son vivant, il n'était pas parvenu à réaliser ce rêve. Ce sont ses compagnons et successeurs qui s'y engageront. L'État islamique devient alors un grand empire et s'étend de la Chine à la France en moins d'un siècle de temps. Cette expansion s'est-elle produite par l'effet de l'amour des gens pour l'islam ou bien par l'impact des épées des musulmans? Qui a appris aux musulmans l'engouement des invasions? Mahomet n'était-il pas leur beau modèle? Pourquoi ses compagnons ont-ils mené après sa mort de multiples guerres et invasions? En effet, l'islam se répandait par la puissance militaire et jamais par la persuasion intellectuelle. Le développement culturel ne voit le jour qu'au moment où l'empire islamique commence à l'époque abbasside à connaître un certain essor, soit un siècle et demi après la disparition de son fondateur. D'ailleurs, il est raisonnable de dire que la conviction devrait se produire par la persuasion, les livres, le raisonnement. Or, le recours à la force demeure en islam le seul moyen d'une persuasion contraignante avec le fameux slogan: "Convertis-toi à l'islam, tu auras la vie sauve." Sinon, tu n'échapperas pas à l'épée de l'État islamique.

Est-il possible de convaincre des peuples à accepter très vite une religion spécifique? Les livres islamiques ne parlent que de "conquête" rapide de l'Égypte, de l'Afrique du Nord, de l'Andalousie. La raison de qualifier cette invasion de conquête, c'est, disent-ils [les livres], parce que ces régions étaient fermées face à l'islam et parce que c'est Allah qui les a ouvertes devant les musulmans comme il a ouvert la Mecque devant Mahomet avant sa conquête[1]. L'année de son entrée victorieuse dans sa ville natale s'appelle "l'année de la conquête". Maints versets coraniques ainsi que la sourate 40, intitulée *Al-Fath* (la conquête), en parlent. De même, les deux premiers versets de la sourate *An-Nasr* (la victoire) disent: *"Lorsque vient la victoire d'Allah ainsi que la conquête, tu verras les gens entrer en foule dans la religion d'Allah*[2]*."* C'est ainsi qu'on associe intimement la conquête à une victoire militaire sur les ennemis, laquelle aurait entraîné une soumission collective à la religion d'Allah qu'est l'islam.

Les exégètes du Coran croient que la sourate *An-Nasr* parle de l'entrée de Mahomet à la Mecque de façon victorieuse, "en ouvrant son pays"[3]. La soumission des gens pour les contraindre à embrasser l'islam constituait une stratégie efficace dans la vie et l'action de Mahomet. Ses plus proches compagnons l'ont ainsi comprise. L'un d'entre eux, Abou Hereira, commente le verset coranique, [*"Vous êtes la meilleure communauté suscitée pour les hommes. Vous ordonnez le convenable, et vous interdisez le blâmable*[4]*"*]. Il en dit: "La meilleure communauté pour les gens, c'est celle qui conduit ses ennemis avec des chaines aux cous pour embrasser l'islam[5]." C'est dans ce sens que les premiers musulmans ont compris ce verset coranique.

Aujourd'hui, Daech ou l'EI applique la même règle. S'il accorde le choix aux chrétiens de Mossoul entre le paiement du tribut, la conversion

---
[1] Encyclopédie *Lissan al-Arab*, La lettre [ف] Fa: *al-Fath* signifie "conquérir la terre de la guerre". Pluriel *Fotouh*. Et *al-Fath* signifie aussi: *victoire, ouverture*.
[2] Le Coran 110,1-2
[3] Tabari, op. cit., 30:343. Explication de la sourate *An-Nasr*: "Ô Mahomet, si la victoire d'Allah t'a été accordée sur ton clan, les Qoraych". *Al-Fath*: "Après l'ouverture de la Mecque, tu as vu les différents groupes et tribus arabes, venant même du Yémen, ainsi que les tribus de Nazar, entrer en masse dans la religion d'Allah".
[4] Le Coran, 3,110
[5] Sahih Bukhari, 4:1660. Livre de l'exégèse. Explication du verset 3,110.

à l'islam ou l'expulsion⁶, il ne laisse, en revanche, aux Yézidis que le choix entre l'islam ou la mort⁷. La vidéo qui montre des dizaines de Yézidis saluant des membres de l'EI, renonçant à leur mécréance et adhérant à l'islam⁸, n'est qu'un bluff médiatique. Tout se fait par une pression coercitive, comme Mahomet et ses compagnons faisaient autrefois.

Ibn Taymiya, l'un des pères des Salafistes, explique l'islam de façon encore plus frappante. "Les piliers de l'islam, a-t-il écrit, sont un livre qui guide et une épée qui accorde la victoire⁹." C'est donc l'épée de Mahomet et non pas son coran qui imposa l'islam aux tribus arabes, à leurs voisins, avant de se constituer en empire. Mahomet n'avait que quelques dizaines de partisans à la Mecque avant son exode pour Médine où leur nombre s'accroîtra pour atteindre plus de dix mille. Preuve en est lors de sa conquête de la Mecque, il était accompagné de dix mille combattants¹⁰. Pourquoi Mahomet n'est-il pas parvenu à convaincre les Mecquois durant les treize années de sa vie comme messager par la récitation du Coran? En réalité, ils se moquaient de lui. Étant faible et ne disposant pas encore d'une si grande armée, il respectait le verset coranique qui dit: *"Et quand ils te voient, ils ne te prennent qu'en raillerie: Est-ce là celui qu'Allah a envoyé comme messager¹¹?"* Les Mecquois, de surcroît, se moquaient du Coran, au point que Mahomet recommandait à ses partisans dans le Coran de ne pas s'asseoir avec les gens de son clan, ni de discuter avec eux du Coran, objet de leur raillerie: *"Dans le livre, il vous a déjà révélé ceci: lorsque vous entendez qu'on renie les versets d'Allah et qu'on les raille, ne vous asseyez point avec ceux-là jusqu'à ce qu'ils entreprennent une autre conversation¹²."*

Que s'est-il alors passé? Ont-ils soudainement changé d'avis depuis qu'il a constitué une armée de dix mille combattants? La réponse se trouve chez un poète syrien du VIIIᵉ siècle, Abou Tammâm, qui dit: "L'épée est plus efficace que les livres. Sa pointe tranche entre le sérieux et le jeu."

---

⁶ Le tribut (*jizya*), une législation coranique régie par le verset 9,29: *"Combattez ceux qui ne croient ni en Allah ni au Jour dernier, qui n'interdisent pas ce qu'Allah et son messager ont interdit et qui ne professent pas la religion de la vérité, parmi ceux qui ont reçu le Livre, jusqu'à ce qu'ils versent la capitation par leurs propres mains, après s'être humiliés."*
⁷ Le verset 9,5 a été appliqué aux Yézidis: *"Après l'expiration des mois sacrés expirent, tuez les associateurs où que vous les trouviez. Capturez-les, assiégez-les et guettez-les dans toute embuscade. Si ensuite ils se repentent, accomplissent la Salat et acquittent la Zakat, alors laissez-leur la voie libre."*
⁸ France 24, "vidéo: L'EI contraint les prisonniers Yézidis à embrasser l'islam". D'autres sites ont publié cette vidéo.
⁹ Ibn Taymiya, *Recueil de fatwas*, 10:13
¹⁰ Ibn Hicham, op. cit., 4:153. Ibn Ishaq dit: "Il [Mahomet] a poursuivi son avance jusqu'au plateau de Zhahrân avec dix mille musulmans."
¹¹ Le Coran 25,41
¹² Le Coran 4,140

Effectivement, l'épée de Mahomet était plus éloquente, plus tranchante, plus contraignante que son Coran.

Le djihad, source de revenus en islam

Mahomet clamait souvent que l'épée représente la clé de sa mission et qu'elle est la source de sa subsistance. Que de fois répétait-t-il le hadith suivant: "Ma subsistance est déposée à l'ombre de ma lance. L'abjection et l'opprobre frappent ceux qui s'opposent à mes ordres[13]." L'épée n'amène pas seulement les gens à l'islam, mais elle apporte aussi beaucoup de biens et de revenus à l'EI. La guerre ne leur accorde pas seulement la victoire sur leurs adversaires, puisqu'ils se battent les uns contre les autres et soumettent d'autres par la force à leur autorité, mais elle constitue pour eux une large source de biens et de revenus. Dans la revue *Dâbiq* on dit: "Ce hadith signifie qu'Allah n'a pas envoyé son messager pour acquérir ce monde, ni ses richesses, ni pour s'approprier ses sources, mais plutôt pour l'unifier avec l'épée[14]." Donc, Allah n'a pas envoyé Mahomet pour travailler, faire des efforts, mais il a déposé sa subsistance à l'ombre de son épée avec laquelle il combattait les mécréants.

La biographie de Mahomet et de ses compagnons révèle qu'ils n'ont exercé aucun métier dès l'avènement de l'islam. Mahomet cesse d'être commerçant à partir du jour où il annonce être un messager d'Allah. Sa profession était uniquement de faire la guerre, de mener des razzias, de s'emparer des biens des groupes attaqués afin d'entretenir ses femmes et ses demeures[15]. Ses compagnons n'ont exercé aucune profession après leur adhésion à l'islam. Même les deux premiers califes, Abou Bakr et Omar, ne faisaient que combattre à côté de lui. C'est le cas aussi de tous les autres compagnons qui vivaient des razzias, des invasions, du butin et des tributs imposés. Ils n'ont jamais gagné un sou à la sueur de leur front, mais de la mainmise sur les biens des autres. Pourquoi s'étonner donc des agissements de l'EI qui applique la même stratégie aujourd'hui? C'est ce modèle qualifié de divin qu'on nous présentait dès notre tendre

---

[13] Sahih Bukhari 3:1067. Livre du djihad et des biographies: "Ce qui est dit sur les lances."
[14] *Dâbiq*, N° 4, Article: Ma subsistance est déposée à l'ombre de ma lance.
[15] À titre d'exemple, lorsque Mahomet chassa les Nadhir de leur campement, il prit leur argent et s'empara de leurs biens. Il en dépensait alors pour ses femmes et achetait des armes. (Sahih Bokhari 3:1064. Livre du djihad) Un verset coranique (59,6) traita également cette question: *"Le butin provenant de leurs biens et qu'Allah a accordé sans combat à son messager, vous n'y aviez engagé ni chevaux, ni chameaux; mais Allah donne à ses messagers le pouvoir sur qui il veut, et Allah est omnipotent."*

âge comme le meilleur jamais offert à l'humanité. On nous disait toujours que la nation musulmane a vécu sa splendide époque selon ce modèle.

C'est ainsi que les musulmans acquièrent la conviction de l'importance du djihad pour répandre l'islam dans le monde. Si le djihad n'était pas la meilleure et la plus courte voie pour y parvenir, Mahomet ne l'aurait pas imposé à ses partisans qui étaient réticents. *"Le combat vous a été prescrit alors qu'il vous est désagréable. Or, il se peut que vous ayez de l'aversion pour une chose alors qu'elle vous est un bien. Et il se peut que vous aimiez une chose alors qu'elle vous est mauvaise. C'est Allah qui sait, alors que vous ne savez pas[16].*" C'est ainsi que Mahomet appâtait ses partisans en leur expliquant que le fait de tomber en martyr dans le combat constituera le plus haut degré de la foi. Il promettait aux martyrs des récompenses et la possibilité d'assouvir pleinement leurs passions sexuelles. Il répétait lui-même devant eux qu'il souhaitait mourir en martyr, puis renaître pour mourir de nouveau en martyr. Il a même juré trois fois dans un hadith: "Au nom de celui qui a mon âme entre ses mains, je souhaite tuer pour la cause d'Allah et être tué, puis revivre de nouveau pour tuer et être tué[17]." Si Mahomet lui-même souhaitait mourir en portant son épée pour combattre en faveur de l'expansion de l'islam, que dire alors de la position de ses partisans! Si un musulman se trouve profondément convaincu dans sa foi, lit de tels textes, il sera inévitablement touché et enclin à suivre son prophète qui est son *beau modèle*, et à appliquer sa sunna.

Oussama ben Laden a commenté ce hadith sur une vidéo diffusée par la Fondation As-Sahab, l'organe médiatique d'al-Qaïda:

> Sachez que le sceau des prophètes et des messagers a souhaité accéder à ce rang sublime. Alors, réveillez-vous et réfléchissez: Quel est ce rang auquel la meilleure des créatures voulait parvenir? C'est devenir martyr. Le seigneur des cieux et de la terre faisait des révélations à ce noble et digne prophète, qui résume cette vie par ces mots: 'je souhaite accéder à ce rang'. Sachez donc, que le plus heureux d'entre vous est celui qui est choisi par Allah pour accéder à la dignité de mourir en martyr[18].

L'impact des hadiths de Mahomet est déterminant sur l'esprit de l'*homo islamicus*. Ainsi, chaque fois qu'on lui rappelle et récite ces

---

[16] Le Coran 2,216
[17] Sahih Bukhari, 6:2641. Livre des souhaits: "Ce qui est dit sur le souhait et celui qui a souhaité mourir en martyr."
[18] Ce texte est publié sur les sites djihadistes. Produit par la Fondation As-Sahab. De nombreux commentaires sur Youtube souhaitent à Oussama ben Laden l'accès au Paradis, le considèrent comme un grand héros ayant résisté à la tyrannie américaine. Certains commentaires le nomment "Le lion de l'islam".

dires, sa conviction de leur véracité se consolide davantage. Ce que les moudjahidines utilisent n'est rien d'autre qu'un rappel de ces hadiths, avec référence au verset qui dit: *"Et rappelle; car le rappel profite aux croyants[19]."* En effet, la pierre angulaire s'incruste dans nos esprits par l'éducation religieuse que nous subissons tout au long de notre vie. Il n'y a pas de doute que l'amour de la mort soit l'un des principes dont nous nous sommes imprégnés dès notre tendre enfance.

L'islam et la culture de la mort

Mahomet promet et garantit le paradis à celui qui porte l'épée dans la voie d'Allah. Ainsi encourageait-il ses compagnons au djihad:

> Allah assume les garanties à celui qui s'engage dans son chemin. Il ne le laisse s'engager que pour le djihad en sa faveur, pour croire en moi et approuver mes messages. Il m'a rassuré de le faire entrer au paradis ou de le ramener à son domicile avec son salaire ou son butin[20].

Mahomet garantit aux moudjahidines le paradis ou le butin. S'ils vivent dans ce monde, ils auront l'argent et les femmes. S'ils meurent, ils auront un butin matériel d'un autre genre. Il leur promet la satisfaction de toutes leurs passions sexuelles et matérielles. Il imagine pour eux un paradis digne de l'imaginaire d'un arabe bédouin vivant dans le désert sans eau et sous une chaleur torride. Dans ce contexte, il leur miroite un paradis où ils seront allongés, *"accoudés sur des divans, n'y voyant ni soleil ni froid glacial"[21]*. Ils n'auront plus à subir la chaleur brûlante du désert durant le jour, ni la température glaciale dans la nuit. Il leur promet surtout *"des jardins sous lesquels coulent les ruisseaux"*, une description qui se répète maintes fois dans le Coran[22], *"une ombre étendue"[23]* dans un paradis où ils jouiront de l'ombre de arbres fruités dans des jardins, dignes des récits de "Mille et une nuits", où *"les ombrages les couvriront de près, et les fruits inclinés bien bas* [à portée de leurs mains]*[24]."* Tout cela convient bien à la mentalité de celui qui vit dans la Péninsule arabique dans un climat naturel implacable. C'est une belle promesse pour les

---

[19] Le Coran, 51,55
[20] Sahih Muslim, 13:18. Livre de l'Imara: "Le mérite du djihad pour la cause d'Allah."
[21] Le Coran 51,13
[22] Le Coran, 2,25 ; 3,15 ; 4,13, etc.
[23] Le Coran 56,30
[24] Le Coran 76,14

croyants ordinaires. Quant au martyr, il jouira en plus de *ce que "nul homme n'a jamais vu ni entendu, ce à quoi nul homme n'a jamais pensé*[25]."

Mahomet racontait à ses partisans que "les portes du paradis se trouvaient à l'ombre des épées[26]" et que les moudjahidines y accéderont aussitôt après leur décès dans le combat. Et d'ajouter: "Tout péché commis par un martyr sera pardonné[27]." Le martyr musulman qui meurt dans la voie d'Allah se distinguera alors d'un autre musulman par six vertus spécifiques: "Il sera pardonné de tous ses péchés et verra aussitôt son siège au paradis ; il sera délivré des tortures du tombeau ; il sera dispensé de la grande peur ; il aura sur sa tête la couronne de la majesté dont chaque pierre précieuse [corindon] vaut tout ce monde ; il épousera soixante-douze houris ; il sauvera soixante-douze de ses proches[28]."

Que de fois ai-je entendu ces hadiths dans les discours, les prêches, les conversations, les débats avec mon père et d'autres dignitaires religieux. Ce sont des notions que même les musulmans ordinaires connaissent et que les spécialistes de l'islam mémorisent par cœur. Le fait d'incruster ces hadiths dans nos esprits dès notre enfance, nous faisait croire que cette loi divine nous conduira impérativement au paradis. Alors il ne faut plus s'étonner de voir les jeunes musulmans, férus de leur religion, rejoindre les organisations islamistes, qui leur favorisent un milieu adéquat pour le djihad et l'acquisition des vertus énoncées plus haut. Ces motivations font croire à l'individu piétiste et rigoriste qu'une autre vie existe avec ces qualités et ces descriptions. Elles l'incitent à tout abandonner afin d'y accéder et d'en profiter.

L'islam nous enseigne d'aimer la mort et de la préférer à la vie. Mahomet nous apprend comment mourir dans la voie d'Allah et jamais comment vivre pour Allah. C'est dans ce contexte que les chefs de groupes islamistes rabâchent toujours: "Nous sommes une nation qui aime la mort comme vous aimez la vie." Cette phrase seule résume le drame et la misère que nous vivons dans le monde musulman. Nous glorifions la mort en tout. Nous méprisons la vie et toute sa beauté. Nos jeunes n'apprennent jamais comment aimer ni comment respecter et aimer la vie, mais seulement

---

[25] Sahih Bukhari, 3:1185. Livre du début de la création: "La description du paradis". En fait, cette description est plagiée du Nouveau Testament, premier épître de Saint-Paul aux Corinthiens 2,9, qui dit: "*Ce que nul homme n'a jamais vu ni entendu, ce à quoi nul homme n'a jamais pensé, Dieu l'a préparé pour ceux qui l'aiment.*"
[26] Sahih Muslim 13:38. Livre de l'Imara: "La garantie du paradis au martyr."
[27] Idem, 13:27. Livre de l'Imara: "Celui qui est tué pour la cause d'Allah, ses péchés seront pardonnés, sauf la dette."
[28] Sunan Ahmad, 5:117 ; Sunan at-Tirmizhi 5:246.

comment vivre après la mort. La vie dans ce monde demeure pour eux obsolète, insipide, sans valeur.

Cette conception n'émane pas du néant. Elle est lancée au début de l'islam par l'un de ses grands chefs, Khalid ibn al-Walid que Mahomet appelait *Sayf al-islam* (l'épée de l'islam). C'est lui qui adresse une missive au roi de Perse, dans laquelle il lui ordonne: "*Aslim taslam* - Deviens musulman et tu auras la vie sauve, ou accepte pour toi et ton peuple le contrat de *Dhimmi*, sinon tu endosseras seul toute responsabilité. Je suis venu à toi avec des gens qui aiment la mort comme vous autres, vous aimez la vie[29]." Un nouveau adhérent à l'EI répéta récemment cette phrase sur You Tube: "Nous sommes des gens qui aiment la mort pour la cause d'Allah, comme vous aimez la vie. Au nom d'Allah! Nous sommes des gens assoiffés pour boire du sang[30]." Cet homme est celui qui a menacé d'égorgement les membres de la communauté alaouite en Syrie. Les médias l'ont appelé "l'égorgeur palestinien", car il vient d'un village proche de Nazareth. Son véritable nom est Rabih Chehadé, 26 ans (en 2014). Après des études d'ingénierie mécanique, il se marie et rejoint aussitôt l'Armée Libre Syrienne, avant d'intégrer l'EI et de se radicaliser, selon le quotidien égyptien *Al-Youm al-Sâbi'*. Il prend alors un nom de guerre Abou Mossaab al-Saffouri, en relation avec le nom du village palestinien "Safoura la déplacée"[31].

Cet égorgeur clame d'abord son appartenance à "la nation islamique", un groupe qui aime la mort comme ses adversaires aiment la vie. Il manifeste sa fierté d'être poche d'Ismaïl Haniyé, le leader du mouvement Hamas à Gaza qui a déclaré dans l'un de ses discours: "Oui, nous sommes un peuple qui aspire à la mort, tout comme nos ennemis aspirent à la vie[32]." En réponse à la question adressée au site qatari Islamweb: "Qui est l'auteur de la phrase – Je viens à vous avec un peuple qui adore la mort comme vous, vous aimez la vie? – Haniyé répond: Khalid ibn al-Walid." Et il cite la référence, avant de conclure cette fatwa par la phrase suivante: "Qu'Allah soit satisfait de Khalid et accorde des gens de son calibre à notre nation qui se trouve en ce moment asservie et humiliée[33]."

---

[29] Cité par Tabari (op. cit.), Ibn Khaldoun (op. cit.) et Ibn Kathir, *Al-Bidaya wal-nihaya*, 7:348
[30] Cette vidéo était visible sur Youtube puis effacée. Elle fut remise une fois, puis de nouveau interdite. Le lecteur peut se référer au quotidien égyptien *Al-Youm al-Sâbi'*, sous le titre: "La vidéo: L'un des militants de Daech reconnaît que nous sommes des gens assoiffés du sang."
[31] Idem.
[32] *Asharq al-Awsat*, Discours prononcé par Ismaïl Haniyé lors d'un rassemblement à Gaza le 23 mars 2014. Voir le clip Vidéo MEMRI TV.
[33] Islamweb, fatwa "L'auteur de la phrase: Je viens à vous avec un peuple qui adore la mort comme vous,

XI ⁓ Daech et le djihad: l'invasion, un devoir islamique

Pour quelle raison voit-on maints individus répéter cette phrase, si elle ne fait pas partie du patrimoine mémorable de l'islam et rappelle son auteur, Khalid ibn al-Walid, l'un de ses grands piliers? Ce dernier donne lui-même la réponse. Il raconte que le messager de l'islam l'appelait *Sayf Allah*: "Tu es, lui dit-il, une des épées d'Allah dégainée contre les polythéistes! Et il m'a souhaité la victoire et m'a nommé *Sayf Allah*. Ainsi me suis-je acharné contre eux[34]." En effet, Khalid Ibn al-Walid s'est révélé le chef militaire le plus habile qui rendait service à Mahomet dans ses invasions, mais aussi au premier calife Abou Bakr dans les guerres d'*al-Ridda* (guerres de l'apostasie). C'est lui aussi qui conduira les invasions contre l'Irak et la Syrie et les soumettra à l'autorité de l'islam sous les deux califes Abou Bakr et Omar. Il n'est donc plus étrange de voir aujourd'hui les combattants de l'EI en Syrie et en Irak se référer à lui, comme modèle que les musulmans doivent suivre dans leur combat contre les mécréants et les ennemis de l'islam.

L'EI n'est pas l'unique groupe qui glorifie la mort et déteste la vie, mais toutes les organisations islamistes le font, y compris les Frères Musulmans. Ce mouvement se présente moins radicalisé et plus modéré que l'EI. Or, son symbole est constitué de deux épées surmontées de l'expression "Et préparez", extraite du verset coranique qui dit: *"Et préparez [pour lutter] contre eux tout ce que vous pouvez comme force et comme cavalerie équipée, afin d'effrayer l'ennemi d'Allah et le vôtre, et d'autres encore que vous ne connaissez pas en dehors de ceux-ci mais qu'Allah connaît[35]."*

Faut-il encore rappeler ici le célèbre slogan des Frères Musulmans: "Allah est notre objectif, le prophète Mahomet notre chef, le Coran notre loi, le djihad [la guerre sainte] notre voie la mort pour la cause d'Allah notre plus grand souhait." Quoi de plus clair pour montrer la relation de l'islam avec la culture de la mort?

L'Occident et la culture de la vie

Durant l'été 2014 j'aie visité la ville de New York avec ma petite famille. Nous voulions voir où se trouvait autrefois le *World Trade Center*, les deux tours détruites le 11 septembre 2001, et dont le souvenir demeure toujours présent dans ma mémoire. Je me suis rappelé comment j'avais suivi, atterré, cet évènement tragique, en compagnie d'un ami américain

---

vous aimez la vie."
[34] Tabari, op. cit., "Puis vient la treizième année de l'hégire."
[35] Le Coran 8,60

dans sa maison au Maroc. Ces souvenirs ne s'effaceront jamais de mon esprit. Le spectacle était effrayant à la télévision, dans les médias, sur Internet, notamment l'image du sang, des décombres, de la mort partout. Je ne pouvais pas imaginer que l'Amérique allait se relever après ce drame qui a secoué ce pays et ciblé l'un des symboles prestigieux de sa civilisation.

Et me voilà aujourd'hui devant ce gigantesque monument. Je vois deux cascades à la place des deux tours. Le bruit de l'eau éclipse le vacarme de la ville. Sa vue émet l'espoir et donne l'impression que la vie y a repris son cours. Des touristes prennent des photos. D'autres visitent le musée créé au même endroit où sont consignés les évènements douloureux de cet attentat. Un jardin entoure ces lieux. Les gens s'y rendent pour se promener, se reposer, se rafraîchir, se détendre. On y observe un arbre appelé "l'arbre de la vie" qui a résisté et survécu en dépit de l'explosion et de la destruction. Lorsque les agents de sauvetage le remarquaient après l'attentat, ils le déracinèrent de cet endroit, le plantèrent dans un autre endroit et l'entretinrent. Neuf ans plus tard, il regagne sa place initiale. Entouré d'un simple grillage, cet arbre incarne le récit de la vie dans cet endroit qui fut, pour un moment, le grand théâtre de l'horreur. Sur les murs en bronze entourant les cascades, les noms des 2977 victimes sont sculptés à titre de commémoration. Ils sont inscrits sans ordre ni logique pour incarner l'absurdité du terrorisme qui a décimé brutalement des milliers d'amis, plongé des milliers de leurs connaissances dans l'angoisse et l'amertume.

Avec mes enfants et mon épouse, nous contemplions cette vue et le message transmis par le nouveau design de ce lieu. Le grand message qui saute aux yeux, c'est le défi de l'Occident à l'absurde, et la capacité du peuple américain à reprendre vie et à surmonter l'ignominie de la mort. Les noms des victimes sont immortalisés. L'arbre incarne le symbole de ce grand défi dans cet endroit que les terroristes musulmans voulaient transformer en cimetière pour humilier l'Amérique. L'eau s'impose ici comme le meilleur symbole de la beauté et de la vie. Un message sublime qui défie le slogan de Khalid ibn al-Walid et des terroristes du monde entier, leur clame: "Nous sommes une nation qui aime la vie beaucoup que vous, qui aimez la mort." Certes, la vie vaincra et demeurera au-dessus tout.

L'islam dénigre la vie sur terre

Pourquoi l'Occident aime-t-il la vie, tandis que nos pères et notre religion nous apprennent l'amour et la glorification de la mort? Mon père me parlait en permanence de la mort et exploitait chaque fois le décès de quelqu'un pour évoquer la vanité de la vie. Il nous rabâchait régulièrement un hadith qui dit: "Si le monde valait aux yeux d'Allah une bagatelle [l'aile d'un moustique], il n'aurait pas donné à un mécréant un peu d'eau à boire[36]." Ce qui signifie que la jouissance des biens de cette vie sur terre de la part des mécréants est un grand argument qui confirme son affadissement. Le Coran confirme également cette vision et rappelle à l'ordre les musulmans qui admiraient les biens dont jouissaient les autres: *"Que leurs biens et leurs enfants ne t'émerveillent point! Allah ne veut par là que les châtier dans la vie présente, et voir leurs âmes tomber en mécréance[37]."* Bref, le Coran interdit à Mahomet et aux musulmans de s'émerveiller devant le confort des mécréants. Allah leur octroie des biens dans ce monde, afin de les torturer dans l'au-delà. Quel cynisme divin!

Je posais des questions à mon père à propos des touristes français qui venaient au Maroc. Ils traversaient les souks de notre village, prenaient des photos, se déplaçaient dans des bus luxueux. Ils avaient une belle prestation, des caméras modernes. Je lui demandai: Pourquoi Allah leur accorde-t-il plus de biens qu'à nous les musulmans qui sont censés être mieux qu'eux? Avec sa simplicité habituelle, il me répondit: Allah leur donne beaucoup de choses sur terre et les châtie dans l'au-delà. Quant à nous musulmans, il nous en prive dans ce monde et nous les réserve dans l'autre.

Cette vision émane des versets coraniques et des hadiths qui nous attribuent des places privilégiées après la mort. Tandis que les autres peuples s'efforcent de vivre sur terre, de créer, d'innover, de moderniser, pour pouvoir vivre plus longtemps avec moins de souffrances, nous cherchons, nous musulmans, en permanence, des excuses pour justifier notre sous-développement et notre régression. Bien entendu, nous n'osons pas avouer que c'est la religion qui en est le principal handicap et que le virus siège dans le fruit

En effet, de nombreux hadiths interdisent aux musulmans de s'occuper des affaires de ce monde et les incitent à s'investir dans le djihad. "Si vous faites des échanges, dit Mahomet, si vous vous contentez des semences et

---

[36] Tirmizi, op. cit., 7:22. Livre de l'ascétisme: "Ce qui est dit à propos de la vanité de ce monde."
[37] Le Coran 9,55

si vous abandonnez le djihad, Allah vous frappera d'une abjection terrible et ne la retirera qu'à votre retour à la religion[38]." Ce qui signifie que si les musulmans travaillent dans le commerce, l'élevage de bestiaux ou l'agriculture, ils trouveront l'opprobre dans leur vie. Ils n'en seront pas libérés sans retourner à l'islam et au djihad.

Daech se réfère à ce hadith dans sa revue *Dâbiq*. L'auteur en tire la conclusion suivante: "Le mieux qu'un croyant puisse faire, c'est de passer son temps à obéir à Allah, dans le djihad pour la cause d'Allah, et dans l'appel à son obéissance[39]." Ainsi trouve-t-on de nombreux musulmans qui croient au djihad et à cette conception de l'islam dans les pays occidentaux, vivre dans la dépendance totale des aides sociales, alors qu'ils passent leur temps à appeler à l'islam. Ils considèrent l'argent de l'Occident comme un don *halal* que les mécréants leur doivent. Ils estiment que vivre sans travailler correspond à une imitation saine et sacrée du messager d'Allah. Ainsi se libère-t-on pour la prédication et le djihad. Ridha Siâm, un allemand d'origine égyptienne qui rejoint l'EI, se révèle comme le meilleur exemple à cet égard. Vivant en Allemagne, jouissant de sa nationalité, touchant environ trois mille euro par mois comme allocations familiales et diverses, il passait tout son temps dans l'appel à l'islam et au djihad au cœur même de cette Allemagne mécréante[40]. C'est le paroxysme de l'exploitation et du cynisme! La cause ne réside-t-elle pas dans cette conception religieuse qui programme son endoctrinement et sa radicalité?

Le Coran cite plus de trente fois le djihad dans la voie d'Allah. Entre autres, il dit: *"Et si vous êtes tués dans le sentier d'Allah ou si vous mourez, un pardon de la part d'Allah et une miséricorde valent mieux que ce qu'ils amassent[41]."* En revanche, il n'appelle nulle part à la vie pour la cause d'Allah, mais la méprise: *"Cette vie d'ici-bas n'est qu'amusement et jeu. La demeure de l'au-delà est assurément la vraie vie. S'ils savaient[42]!"* Le Coran glorifie ce qui est au-delà de la mort: *"La demeure dans l'au-delà sera meilleure pour ceux qui sont pieux. Eh bien, ne comprenez-vous pas[43]?"* Puis, ce livre prétendu "saint" compare la vie à une végétation qui plait aux mécréants, mais qui ne tardera pas à se faner: *"La vie présente n'est que*

---

[38] Sunan Abi Daoud, 9:348
[39] *Dâbiq*, N° 4, Titre: "Il a déposé ma subsistance à l'ombre de mon épée."
[40] Al-Bawwaba News, "La vérité sur le biscornu", le numéro deux au sein de Daech.
[41] Le Coran 3,157
[42] Le Coran 29,64
[43] Le Coran 6,32

XI 〜 Daech et le djihad: l'invasion, un devoir islamique ———————— 263

jouissance trompeuse[44]. " Maints autres versets détestent la vie à outrance et lui préfèrent la mort[45]. Certains d'entre eux vont jusqu'à inciter les jeunes à sacrifier leur vie par le djihad, afin de gagner une vie meilleure.

D'autres versets incitatifs aux échanges commerciaux parlent dans le sens de vendre et d'acheter, c'est-à-dire "conclure une transaction", de telle sorte que l'être humain soit amené à vendre sa vie sur terre pour un prix. Il la sacrifie pour la gagner après la mort. Cette transaction est bénéfique selon le verset coranique qui dit:

> *Certes, Allah a acheté des croyants, leurs personnes et leurs biens en échange du paradis. Ils combattent dans le sentier d'Allah: ils tuent, et ils se font tuer. C'est une promesse authentique qu'il a prise sur lui-même dans la Thora, l'Évangile et le Coran. Et qui est plus fidèle qu'Allah à son engagement? Réjouissez-vous donc de l'échange que vous avez fait: Et c'est là le très grand succès[46].*

Donc, Allah achète aux croyants leurs âmes qu'ils doivent sacrifier pour lui. En contrepartie, il s'engage trois fois dans un pacte consigné dans "la Thora, l'Évangile et le Coran" [47] de leur accorder le paradis. Par conséquent, les croyants se réjouissent de cette transaction, puisqu'ils en sortent gagnants. Ici l'on se demande: Si Allah a acheté aux croyants leur âme, pourquoi la leur a-t-il donnée avant?

Le Coran détaille ce sujet dans d'autres versets. Il dit notamment: *"Qu'ils combattent donc dans le sentier d'Allah, ceux qui troquent la vie présente contre la vie future. Et quiconque combat dans le sentier d'Allah, tué ou vainqueur, nous lui donnerons bientôt une énorme récompense[48]."*

Certains musulmans du début de l'islam trouvaient le djihad extrêmement difficile. Ils le refusaient et préféraient la vie d'ici-bas contre les promesses après la mort, surtout qu'ils n'en disposaient d'aucun indice. Alors, le Coran les réprimande: *"Ô vous qui croyez! Qu'avez-vous? Lorsque l'on vous a dit: "Élancez-vous dans le sentier d'Allah"; vous vous êtes appesantis sur la terre. La vie présente vous agrée-t-elle plus que l'au-delà? - Or, la jouissance de la vie présente ne sera que peu de chose, comparée à l'au-delà[49]!"* Donc, il les incite à ne pas s'incliner ni à s'enliser dans les

---

[44] Le Coran 57,20
[45] Le Coran 10,24 et 18,45.
[46] Le Coran 9,111
[47] Pas de trace d'un tel pacte dans la Thora ni dans l'Évangile, comme le prétend le Coran, alors que jurer par les trois est sacré en islam.
[48] Le Coran 4,74
[49] Le Coran 9,38

attractions de la vie sur terre, dan un plaisir insignifiant par rapport au grand plaisir qui les attend dans l'au-delà. En fait, ces versets contribuent à une compréhension sérieuse de la psyché des moudjahidines, puisqu'ils constituent les bases religieuses sur lesquelles s'appuie le musulman lorsqu'il s'engage dans le djihad.

Il parait alors surprenant et illogique que le médecin australien, Tareq Kamleh, ait sacrifié son poste et sa vie dans un pays aussi développé que l'Australie, pour rejoindre Daech et s'exposer à tous les dangers. Ce choix qui semble absurde pour un observateur extérieur, s'inscrit pourtant, pour un musulman rigoureux, dans une séquence très logique conforme au Coran. À peine les autorités australiennes ont-elles lancé un avis de recherche à l'encontre de Kamleh, raillé de l'Ordre des médecins, qu'aussitôt il réplique sur son blog: "Je m'en fous de votre Ordre de médecins et de votre passeport! Je suis conscient de ce que je fais et décidé de rester ici[50]." L'homme occidental ne comprendra probablement pas cette logique ni cette réflexion qu'expriment souvent ceux qui sont imprégnés des enseignements de l'islam, cette croyance qui conçoit la recherche de la mort au combat pour la cause d'Allah comme le meilleur choix fait par un croyant. D'autant plus que Mahomet le confirme:

> Ce qui est meilleur pour les gens c'est l'exemple d'un homme qui tient bien la bride de son cheval pour la cause d'Allah. Il monte sur sa monture dès qu'il entend le bruit d'une guerre. Il se lance en s'envolant vers les endroits de la mort et des combats[51].

Si vous, lecteur, étiez un musulman, croyant fermement à ce hadith, vous auriez un choix à faire, soit obéir pour être conséquent avec votre conviction, soit ignorer ces paroles, soit se rebeller. Dans ce cas-ci, vous seriez banni de la communauté et traité comme traître de la religion.

Rôle des séductions eschatologiques dans l'incitation au djihad

L'islam nous éduque toujours dans la logique du bâton et de la carotte, ou selon l'expression des doctes de l'islam, par "l'incitation et l'intimidation" [at-targhîb wat-tarhîb]. Inciter, séduire ou donner envie en islam c'est faire miroiter un paradis enchanteur, féérique, envoûtant, alors qu'intimider c'est faire peur par le feu et la menace du croyant

---

[50] Born for a Palestinian Moslim and a German Catholic mother who converted to Islam. *The Sunday Morning Herald,* "Australian Islamic State doctor Tareq Kamleh's sudden change after mystery trip in 2013." *The Guardian,* "ISIS doctor Tareq Kamleh: I don't care about losing Australian Citizenship." 21.6.2015
[51] Sahih Muslim, 13:31. Livre de l'Imâra: Le mérite du djihad...

récalcitrant. Mahomet appliquait cette logique dans le djihad. Il stimulait l'envie de mourir pour la cause d'Allah par les flatteries sexuelles et les pulsions permanentes. En revanche, il favorisait l'intimidation par la mise en garde contre le retard de répondre à l'appel du djihad, et le risque de s'exposer à la colère et à l'exaspération d'Allah. Un verset de *La Conquête* s'adresse dans ce sens à ceux qui s'abstiennent d'adhérer aux rangs des moudjahidines:

> Dis [toi Mahomet] *à ceux des Bédouins qui restaient en arrière: Vous serez bientôt appelés contre des gens d'une force redoutable. Vous les combattrez à moins qu'ils n'embrassent l'Islam. Si vous obéissez, Allah vous donnera une belle récompense, et si vous vous détournez comme vous vous êtes détournés auparavant, il vous fera subir un châtiment douloureux*[52].

Pour susciter davantage la séduction, maints autres versets et hadiths parlent de la beauté des houris du paradis coranique, celles que l'homme arabe souhaite posséder. Ce sont *"des houris aux yeux grands et beaux, pareilles à des perles en coquille*[53]*"*, des femmes belles ayant des yeux d'une grande blancheur et d'un noir très foncé, *"des houris cloîtrées dans les tentes,... qu'avant eux aucun homme ni djinn n'a déflorées*[54]*"*. Le Coran poursuit leur description: *"C'est nous* [Allah] *qui les avons créées à la perfection, et nous les avons faites vierges, gracieuses, toutes de même âge*[55]*"*, c'est-à-dire *"très amoureuses, affectueuses, nées à la même date.*[56]*"*

Les exégètes du Coran considèrent la description de leurs seins comme un critère de beauté, puisque le Coran en dit: *"Pour les pieux ce sera une réussite: jardins et vignes, et des (belles) aux seins arrondis, d'une égale jeunesse, et coupes débordantes*[57]*."* C'est la description d'un jardin dont rêve le bédouin dans le désert. Il aime l'avoir garni de raisins, de jeunes femmes aux seins assaillants[58] et de coupes pleines de vin en permanence[59].

Le Coran immortalise cette grande pulsion sensuelle du bédouin au VIIe siècle, comme une jouissance paradisiaque possible dans la vie future. Tout musulman qui applique les préceptes de sa religion, en profitera. Jouir des houris est une récompense réservée à tout musulman craignant

---

[52] Le Coran 48,16
[53] Le Coran 56,22-23
[54] Le Coran 55,72 et 74
[55] Le Coran 56,35-37
[56] Tabari, op. cit., 72:103
[57] Le Coran 78,31-34
[58] Tabari, op. cit., 30:32. "Les seins sont bien arrondis et fermes."
[59] Idem, "Une coupe pleine de manière serrée et violente."

Allah, mais pas à tout martyr. La différence réside dans le nombre défini par Mahomet lui-même: "Chaque croyant musulman, explique-t-il, aura au paradis deux épouses parmi les houris. Il verra le haut de leurs cuisses à travers les os et les muscles[60]." On remarque ici que le critère de la beauté pour l'homme arabe c'est la forte blancheur de la peau, puisqu'il verra le haut des jambes des femmes derrière l'os et le muscle dans leur éclatante couleur blanche. Quant au martyr, il jouira de soixante-douze houris[61], chacune d'entre elles sera beaucoup plus sublime que tout ce qu'il y a sur cette terre. Mahomet le confirme dans un hadith: "Si une des femmes du paradis jette un coup d'œil sur la terre, elle éclairera ce qui les sépare et le remplira de parfum. Son voile sur sa tête est mieux que tous les biens de la terre[62]."

Les observateurs et les analystes n'accordent pas suffisamment d'importance au phénomène des houris dans la motivation qui stimule les moudjahidines. Sinon, comment expliquent-ils cet engouement des jeunes au djihad? Les ouvrages du patrimoine islamique, notamment ceux de Bokhari, Tirmizi et Dâri, consacrent des chapitres entiers à "la description des femmes du paradis coranique et de leurs qualités". Ils n'auraient jamais réservé tant de place à ce sujet, s'il n'était pas si important, et si maints hadiths ne l'avaient évoqué. Personne n'ignore que les hadiths constituent la base de la culture djihadiste dans le monde musulman, et que le sexe s'avère déterminant pour s'engager dans le djihad.

Le Coran met également l'accent sur les jouissances au paradis, notamment sur le commerce sexuel. *"Les gens du paradis seront, ce jour-là, dans une occupation qui les remplit de bonheur; eux et leurs épouses seront sous des ombrages, accoudés sur les divans[63]."* Commentant ces versets, Tabari estime que "cette occupation des gens du paradis n'est que grâce, défloraison, amusement et jouissance, contrairement à ce qui arrive aux gens du feu"[64]. En effet, Allah accordera à chaque musulman pour la copulation permanente la puissance de cent hommes. Et Mahomet dit à ses partisans: "On accordera au croyant dans le paradis pour le commerce sexuel la puissance de tant et tant. – On lui demande: Ô messager d'Allah!

---

[60] Sahih Bukhari, 3:1188
[61] Musnad Ahmad, 5:117. Un hadith cité par Ahmad dit: "Le martyr aura auprès d'Allah six mérites... il sera marié avec soixante-douze houris."
[62] Sahih Bukhari, 3:1029-1030
[63] Le Coran 36,55-56
[64] Tabari, op. cit., 32:14

Comment parviendra-t-il à cette performance? – Il leur répond: il aura la force de cent hommes à la fois[65]."

Vu l'ampleur des jouissances au paradis coranique pour satisfaire les désirs et les pulsions, personne de ceux qui ont accédé à ce lieu n'est retourné, ou aime retourner sur cette terre, à l'exception du martyr qui voudrait revenir non pas pour y revivre, mais plutôt pour mourir de nouveau et pouvoir décupler par la suite les jouissances dans l'au-delà. Mahomet le confirme: "Nul croyant qui meurt et trouve tant de biens chez Allah, ne souhaitera retourner sur cette terre et jouir de tous ses biens, sauf le martyr. Celui-ci appréciera l'ampleur de la récompense qui l'attend par la grâce de mourir de nouveau en martyr[66]." Ce sont les jouissances charnelles qui transmuent la mort dans la voie d'Allah en un immense plaisir que le martyr au djihad aspire à en régaler goulûment.

Il est indéniable que ce grand nombre de citations et de préceptes incitant au djihad avec le recours à des flatteries sexuelles attractives, ne puisse imprégner fortement le conscient ainsi que l'inconscient des jeunes musulmans. Nous avons toujours entendu et nous entendons encore tous ces récits dans les prêches du vendredi, dans les écoles, dans les programmes scolaires, sur les sites officiels des gouvernements islamiques. Tous les sites du djihad, sans exception, mettent l'accent sur la satisfaction des pulsions sexuelles que le martyr aura immédiatement après sa mort. On l'explique à la manière de Mahomet qui disait à ses partisans que "le martyr sentira le frôlement de la mort comme celui qui subit une simple piqûre"[67], et qu'il commencera aussitôt son merveilleux voyage dans un monde de jouissances et de plaisirs.

Le vin dont rêve le musulman sans oser s'en approcher sur cette terre, coulera devant lui au paradis comme des fleuves. Le Coran le confirme: *"Voici la description du paradis promis aux pieux: il y aura là des ruisseaux d'une eau jamais malodorante, des ruisseaux d'un lait au goût inaltérable, des ruisseaux d'un vin délicieux à boire, ainsi que des ruisseaux d'un miel purifié. Il y a là, pour eux, des fruits de toutes sortes[68]."* Le commerce sexuel qui ne s'arrêtera jamais, se fera t'il dans un paradis ou dans un lupanar?

Le jeune musulman qui ne trouve jamais l'occasion de goûter au plaisir sexuel dans un délire spirituel, son corps se trouve secoué dès

---

[65] Tirmizi, op. cit., 7:249
[66] Sahih Bukhari, 3:1029
[67] Musnad Ahmad, 3:575
[68] Le Coran 47,15

qu'il entend le prédicateur ou l'imam décrire la beauté des houris du paradis. Il s'imagine en train de les déflorer l'une après l'autre dans une jouissance permanente, tandis qu'il se trouve ici bas toujours célibataire, frustré, privé de tout ce qu'il désire. Même s'il jouit de ces plaisirs dans ce monde, il souffrira par conséquent des remords et des châtiments du feu, en contrevenant aux préceptes de sa religion. Alors, il ne lui restera que le martyr et le djihad comme moyens pour accéder à ces jouissances sans peur ni pression, avec la bénédiction du dieu Allah lui-même. Toutes ces passions constituent des motivations très fortes et très importantes dans l'étude du cas de chaque djihadiste. Bref, le sexe demeure une véritable motivation et un incitateur au djihad.

Le djihad et le sexe

Pour sensibiliser et appâter les jeunes aux combats, Mahomet utilise aussi le sexe dans ce monde. Il autorise le commerce sexuel avec les captives de guerre ainsi que le "mariage de jouissance". Durant les razzias, il autorisait ses combattants à jouir avec les femmes pour une courte durée moyennant payement, sous forme d'un "mariage provisoire", une pratique assimilée à la prostitution. Sahih Muslim dit: "Le jour de la conquête de la Mecque, le messager d'Allah autorisa ses compagnons à jouir ainsi avec les femmes[69]." D'autres hadiths reconnaissent que ce genre de mariage perdura jusqu'au temps du califat d'Omar qui l'aurait interdit. L'un des compagnons de Mahomet a raconté: "Avec une poignée de dattes et de blé, nous nous réjouissions ainsi du temps du Messager d'Allah et d'Abou Bakr, avant qu'Omar ne l'interdise[70]." Mahomet avait autorisé cette pratique pour maintenir le moral de ses combattants qui se plaignaient des pressions psychiques et de la frustration loin de leurs épouses. Ainsi relate un hadith rapporté par l'un des compagnons: "Nous étions dans une razzia avec Mahomet. Nous lui avons demandé: est-ce que nous pouvons masturber? Il nous a interdit de le faire, mais il nous a autorisés à coucher avec les femmes pour une durée déterminée[71]."

Les moudjahidines pratiquent cette coutume jusqu'à nos jours. Ils ont besoin de femmes et du mariage dit "provisoire", puisqu'ils savent qu'ils peuvent succomber à tout moment. C'est pourquoi ils se dépêchent pour pouvoir décharger leurs pulsions sexuelles. Parfois, on marie la

---

[69] Sahih Muslim, 9:158
[70] Idem, 9:155. Hadith rapporté par Jâbir ben Abdallah.
[71] Idem, 9:154. Hadith rapporté par Abdallah ben Massoud.

veuve d'un martyr à un futur candidat au martyr. Puis elle passe comme marchandise itinérante de l'un à l'autre[72]. Des bourses et des récompenses sont accordées aux nouveaux mariés. Les naissances sont encouragées pour accroître la démographie de l'EI. Tout cela s'effectue en se référant à la Sira du Prophète, aux Hadiths, aux versets coraniques. L'EI dispose d'un comité juridique légal qui instruit chaque cas et s'assure de la conformité des mesures prises par ses émirs et ses cadres. Bien entendu, ce comité trouvera dans les textes religieux de nombreux arguments qui approuvent l'utilisation du sexe comme stimulant. Notons que les sunnites ont déjà interdit le mariage de jouissance ou provisoire, tandis que les chiites le recommandent toujours. Toutefois, le commerce sexuel et l'encouragement à sa pratique sont toujours présents, abstraction faite des multiples appellations et des connotations religieuses qu'on lui attribue.

Les sites islamistes et les vidéos diffusées par l'EI expliquent que le texte religieux constitue le fondement essentiel de la doctrine du djihad. Ces vidéos montrent les martyrs souriants après leur décès, une propagande médiatique qui consiste à faire comprendre qu'ils aperçoivent déjà leurs passions assouvies au paradis. L'organisation Hamas applique la même stratégie lors de l'enterrement de ses combattants. Si on tape l'expression "sourire du martyr" sur internet, on se rendra compte de l'ampleur de son impact sur les enfants de ma nation. Effectivement, ils croient que les morts souriants jouissent déjà des plaisirs du paradis. Ce sourire n'est jamais considéré comme une sorte de crispation qui affecte tout corps humain après le décès. En fait, cette vision n'a aucun lien avec les jouissances du paradis, d'autant plus qu'on l'observe chez les tués du Front al-Nosra comme chez ceux de Daech, alors que ce sont deux groupes diamétralement opposés. Chaque fois que la photo de l'un des martyrs est publiée, on écrit: "Tel martyr fils de... Allah le reçoit". Ce qui signifie qu'il est déjà effectivement un véritable martyr qui vient d'être accueilli auprès d'Allah.

Le site de France 24 a dévoilé le compte Twitter d'un membre de l'EI. Il cherchait à appâter les djihadistes par la jouissance sexuelle dans la vie future. Il criait fort pour encourager ses amis aux opérations-suicides:

> Permettez-moi d'attirer rapidement votre attention à propos de la description de leur suprême beauté [celle des houris aux yeux noirs]…

---

[72] Le mariage est pratiqué au sein de l'EI pour différents objectifs: satisfaire les besoins sexuels des moudjahidines, développer la démographie par les naissances, l'utiliser comme un guet-apens pour les filles étrangères. Pour cela, l'EI offre des bourses pour les actes de mariage et les naissances. Voir: The World Post, "How ISIS is using Marriage as a Tap."

> Détournez votre regard loin du décor de ce monde et regardez bien vers le haut, vers le paradis, pour vous réserver une ravissante houri... Je souhaite voir l'un d'entre vous foncer immédiatement dans une action [une opération-suicide]..." Puis il conclue: "Cher frère! C'est à toi d'imaginer cette belle scène: un homme entrant chez une houri ravissante, qui l'assoie sur sa cuisse, qui lui fait boire du miel dans une tasse en argent, et qui essuie sa bouche avec la sienne[73].

D'où empruntent-ils toutes ces descriptions imaginées? D'où viennent les chants du djihad que fredonnent les moudjahidines avant de se faire exploser? Un chant peut toutefois enflammer l'effervescence d'un combattant qui croit à tout mot qu'il prononce, comme dans celui-ci:

> Ô fiancé des superbes houris, toi l'assoiffé de jouir avec elles au paradis! Dépêche-toi! Ton parcours ne dure qu'une heure de temps! Un paradis très doux t'attend. Sa douceur est éternelle[74].

D'autres chants similaires fusent sur internet. Les moudjahidines les chantent pour exprimer leur engouement de joindre rapidement les houris. Ils reconnaissent qu'ils ne peuvent plus patienter et pleurent à cause de cet éloignement. Des centaines de vidéos, disponibles sur le marché, sont produites par des dignitaires religieux, dans lesquelles ils décrivent les splendeurs de la beauté des houris qui attendent impatiemment les moudjahidines. Que dire aussi des milliers de fatwas qui évoquent le bonheur indescriptible avec les houris du paradis coranique!

Il s'avère, cependant, très étrange de voir des pays musulmans dénoncer et même condamner cette doctrine qui pousse des milliers de jeunes à rejoindre l'EI. Ils oublient que ces jeunes ont déjà appris à la maison et dans leurs écoles l'amour du djihad et de la mort dans la voie d'Allah. Ils souhaitent obtenir ce qu'ils ont entendu et voir enfin leurs rêves réalisés. Le comportement de ces pays demeure paradoxal et schizophrénique par excellence. D'une part, ils incitent, dans leur système scolaire et leur enseignement religieux, les jeunes à la mort au djihad pour la cause d'Allah, et d'autre part, ils dénoncent leur intégration dans cette culture incitative à la mort. Est-il possible d'anéantir cette idéologie terroriste sans assécher totalement ses sources religieuses? Le terrorisme émerge avec chaque appel à la mort dans la voie d'Allah. Il surgit aussi avec toute incitation à vendre la vie terrestre contre un paradis utopique imaginé dans l'au-delà.

---

[73] France 24, "L'attraction sexuelle pour appâter les moudjahidines aux opérations suicides."
[74] Ces vers sont extraits d'un long poème très célèbre dit "Al-Nouniya" d'Ibn al-Qayyim al-Jouziyah, un "savant" musulman de Damas (XIIIe-XIVe s.).

XII

Le califat, un rêve devenu cauchemar

La nostalgie du passé et le califat

La gloire de la nation musulmane qu'incarne son passé, s'invite toujours dans l'actualité. C'est ce passé qu'on sème dans nos esprits sans jamais nous préparer à la vie réelle. J'ai grandi en entonnant des louanges à l'héroïsme de Mahomet, de ses compagnons, en admirant les splendeurs de l'empire islamique, en répétant avec fierté le discours de Tariq ben Ziyad (mort vers 740). Il l'a prononcé avec fougue et éloquence sur la colline qui porte aujourd'hui son nom, *Gibraltar,* et qui donne sur l'Andalousie. Il cherchait à mobiliser ses soldats, à stimuler leur moral au combat, à les inciter au martyre afin d'élever l'étendard de l'islam sur la terre des mécréants.

> Ô gens, dit-il, où est l'échappatoire? L'ennemi est devant vous et la mer derrière vous! Au nom d'Allah, soyez patients. Sur cette île vous êtes plus perdus que les orphelins dans les banquets des avares. Votre ennemi vous pointe avec son armée. Il dispose suffisamment d'armes et de forces. Et vous, vous ne disposez que de vos épées. Vous n'avez d'armes que ce que vous arracherez des mains de l'ennemi. Sachez que si vous supportez un peu ce qui est plus dur, vous vous réjouirez longtemps de ce qui est plus confortable et plus agréable. Ne souhaitez rien à vous-mêmes plus qu'à moi. Votre chance sera plus grande que la mienne. Vous avez entendu parler de ce qu'on va trouver sur cette île comme belles houris parées de perles et de corail[1].

Tariq ben Ziyad voulait propager l'islam et "conquérir" l'Andalousie. Dans son discours, il rend hommage au calife Walid ben Abd al-Malik. Celui-ci lui a confié une mission sacrée qui "consiste à diffuser la parole d'Allah et sa religion sur cette île, à récolter un butin qui sera uniquement réservé à vous [combattants], sans lui et sans les autres musulmans[2]."

J'ai appris ce discours par cœur en cours d'histoire à l'école primaire, ainsi qu'une tirade attribuée à Oqbah ben Nâfih[3], au moment où il fonçait sur sa monture vers l'Océan Atlantique après avoir traversé le Maroc. Il aurait dit:

> Ô Allah, je reconnais avoir atteint ce qui m'est possible. Sans cette mer, j'aurais continué le combat contre ceux qui ont mécru, afin qu'on n'adore personne d'autre que toi[4].

Les musulmans ont gouverné l'un des plus grands empires du monde. Les livres scolaires sont truffés de récits quant à ses grandeurs historiques. Les prêches, les discours politiques, les films et feuilletons télévisés en raffolent en permanence. Bien qu'émerveillés de revivre les chroniques de ce passé historique, nous nous interrogions à juste titre: Pourquoi les musulmans vivent-ils donc aujourd'hui dans une décadence? Qu'ont-ils fait de leur passé? Pourquoi nos pays sont-ils déchirés? La réponse nous vient aussitôt: Il faut revenir à l'islam pour récupérer ses splendeurs d'antan.

Le retour à l'islam signifie le retour au califat que toutes les organisations islamiques luttent pour rétablir[5]. Même les pays monarchiques ou

---

[1] Ibn Khallikân, *Wafiyât al-aayân* (Dictionnaire biographique), 3:161
[2] Idem
[3] Oqbah ben Nafi al-Fihri (622-683), chef militaire arabe envoyé en 670 par Moawiya pour conquérir et propager l'islam en Afrique du Nord.
[4] Abu Bakr al-Mâliki, *Riyâdh an-nofous* (Les sources spirituelles), 1:39
[5] Le mouvement des Frères musulmans voit le jour en 1928, quatre ans après la chute de califat ottoman.

républicains enseignent dans leurs écoles et dans les médias que le califat devrait être rétabli. Face à ce rêve souhaité par tous les musulmans, tout homme sage et réaliste doit s'interroger: Comment ces responsables, fermement accrochés à leurs trônes et à leurs privilèges, croient-ils encore au califat? Pourquoi continuent-ils à enseigner à leurs citoyens que leurs régimes ne sont pas légaux et que le califat est le meilleur régime instauré par les califes pour l'État islamique? Le *frériste* égyptien Qaradawi ne dénie pas au groupe EI l'idée de rétablir le califat, mais il réprouve seulement le droit à Baghdadi d'occuper le poste du calife, prétextant que les conditions nécessaires lui font défaut[6]. Autrement dit, si le mouvement des Frères Musulmans avait pris l'initiative et déclaré le rétablissement du califat, Qaradawi l'aurait aussitôt approuvé et soutenu.

Le site du Ministère qatari des Affaires islamiques énonce dans une fatwa que "le rétablissement du califat s'impose comme un devoir légal incombant à tous les musulmans[7]." Puis il ajoute que tout musulman doit contribuer à l'établir pour faire face aux pays de la mécréance, sous-entendus "les pays occidentaux précisément".

> La prédication islamique a, de prime abord, besoin en ces temps-ci d'instaurer *Dar al-islam* (l'État islamique) pour appliquer le message et la doctrine de l'islam... Cet État doit également ouvrir ses portes à tout croyant qui émigre des pays de la mécréance, de la tyrannie et du sectarisme[8].

L'Union des Oulémas musulmans (UMOM) a vite réagi à la déclaration du califat par le groupe de l'État islamique et clarifié sa position dans un communiqué qui dit:

> Nous rêvons tous du califat islamique conformément à la sunna du Prophète. Nous souhaitons qu'il soit rétabli le plus vite possible... Nos esprits y pensent et nos cœurs y aspirent. Cependant, il nous faut un encadrement légal ainsi qu'une sérieuse préparation à tous les niveaux[9].

La différence entre l'UMOM et le groupe EI réside dans la forme et non dans le fond et se résume en une question: La déclaration du califat par ce groupe répond-elle à toutes les conditions requises légalement ou non? Le califat doit être un jour rétabli, puisque les textes religieux

---

[6] Deutsche Welle, en arabe, "Qaradawi: Le califat de Daech ne remplit pas les conditions requises."
[7] Islamweb, "Le rétablissement du califat est un devoir légal qui incombe à tous les musulmans."
[8] Idem
[9] L'UMOM "confirme que la déclaration du califat islamique nécessite…"

l'exigent. Personne ne peut le nier. Sinon, on trahirait les textes sacrés qui stipulent son rétablissement sur ses assises initiales et la création d'un État islamique capable de faire face à la mécréance qui constitue, aux yeux de l'islam, "une seule communauté"[10].

Les racines du califat et du conflit

Mahomet décède sans laisser de testament clair explicitant quel régime de gouvernance mettre en application après lui. Il ne fait pas même allusion dans un verset coranique susceptible de trancher cette question. Alors, pour lui choisir un successeur, ses compagnons se réunissent dans un endroit dit *al-Saqîfa*. Au cours du débat, un conflit émerge entre les partisans et les compagnons, pour savoir qui jouira effectivement de la priorité de lui succéder. On suggère d'abord la création d'un duumvirat représentant les deux groupes. Or, les proches de Mahomet rejettent cette suggestion, notamment Omar ibn al-Khattab qui propose la candidature d'Abou Bakr comme calife. Toute l'assemblée finit par l'approuver et lui faire allégeance. En fait, les compagnons ont exploité l'absence d'Ali ben Abi Talib, gendre et cousin de Mahomet, et toute sa famille, occupés dans la préparation de l'enterrement du défunt. Ils choisissent alors Abou Bakr comme calife et imposent le régime du califat comme fait accompli.

Cette affaire allume l'étincelle qui fait éclater une dispute séculaire entre les chiites [le groupe d'Ali ben Abi Talib et la famille de Mahomet dite [*Ahl al-Bayt*] d'un côté, et les compagnons de l'autre. Cette rivalité se transformera dès lors en conflit sunnito-chiite dont les épisodes se multiplient et perdurent jusqu'à nos jours. Donc, les racines des tensions manifestes ou latentes entre l'Iran chiite et l'Arabie Saoudite sunnite remontent aux évènements qui se sont déroulés il y a plus de 1400 ans. C'est ainsi que nous sommes toujours viscéralement liés, voire prisonniers, de ce passé lointain.

Au début du califat d'Abou Bakr, certaines tribus arabes, contraintes par la force de l'épée à se convertir à l'islam, refusent en 774 de payer la *zakat* au trésor créé à Médine. Elles croyaient que c'était non seulement une contrainte, mais surtout un lourd fardeau financier qui devait disparaître avec celui qui l'avait institué. Abou Bakr et les autres compagnons réagissent vite. Ils considèrent les auteurs de ce refus comme

---

[10] Les doctes de l'islam répètent très souvent cette expression qu'on trouve dans les livres du patrimoine islamique. Voir l'exégèse d'Ibn Kathir, 8:480, qui s'appuie sur al-Châfi'i.

ennemis et traitres de l'islam. Abou Bakr déclare que ses premières guerres seront celles de l'apostasie. Un hadith authentique relate les faits:

> Après le décès de Mahomet et la nomination d'Abou Bakr comme calife, certaines tribus arabes ont mécru. Alors, Omar ibn al-Khattab dit à Abou Bakr: - Comment combattre les gens alors que le messager d'Allah disait: J'ai reçu l'ordre de combattre les gens jusqu'à ce qu'ils disent, 'Il n'y a de dieu qu'Allah, et celui qui le dit, sa vie et ses biens seront épargnés, et il en rendra compte auprès d'Allah'. Alors, Abou Bakr lui réplique: - Au nom d'Allah, je combattrai celui qui sépare la prière de la *zakat*, car celle-ci est un droit dû au trésor. Au nom d'Allah, si des gens sages qui la payaient au messager d'Allah, m'empêchent de la collecter maintenant, je les combattrai. Aussitôt Omar ibn al-Khattab lui annonce: - Je vois qu'Allah vient d'ouvrir le cœur d'Abou Bakr pour déclencher la guerre. J'ai compris que c'est la vérité[11].

Abou Bakr déclare alors la guerre aux tribus qui ont refusé de payer la zakat, bien qu'ils pratiquent toujours d'autres obligations religieuses, comme la prière et autres. Effectivement, "ces guerres d'apostasie", déclarées par le nouveau calife, sont menées par Khalid ibn al-Walid, qualifié de "l'épée bien acérée d'Allah".

Cet exemple constitue une réponse directe à tous ceux qui prétendent que le groupe EI n'a aucun lien avec l'islam, car l'ensemble de ses victimes sont musulmanes. Ils ont oublié toutefois que toutes les victimes du premier calife Abou Bakr étaient aussi musulmanes. Même l'un d'entre eux a protesté avant d'être tué. Il s'est adressé à Ibn al-Walid: "Tu me tues, alors que je suis musulman et que je prie en direction de la *qibla*. Ibn al-Walid lui riposte: Si tu étais musulman, tu ne refuserais pas de payer la *zakat* ni d'inciter ton clan à ne pas la payer. Au nom d'Allah, tu seras tué avant ce soir[12]."

À la mort d'Abou Bakr, Omar lui succède comme calife suite à une recommandation directe de son prédécesseur[13]. Omar était un migrant de Qoraych, gendre de Mahomet aussi et l'un de ses proches compagnons. Son califat dura dix ans. Othman, un autre gendre de Mahomet et migrant, lui succède. Avant sa mort, Omar propose qu'on choisisse un calife parmi six candidats qu'il a lui-même désignés[14]. Personne de la

---

[11] Sahih Muslim, 1:174-180. Livre de la foi: L'ordre de combattre les gens jusqu'à ce qu'ils témoignent qu'il n'y a pas de dieu qu'Allah et que Mahomet est son messager."
[12] Al-Waqidi, *Harb ar-Ridda* (la guerre de l'apostasie), p. 107
[13] Ibn Kathir, *Al-Bidâya wal-nihâya*, 7:18
[14] Tabari, op. cit., 2:580

famille de Mahomet ni des partisans n'est devenu calife avant l'assassinat d'Othman. C'est Ali ben Abi Talib, un hachémite, gendre de Mahomet, son cousin et son meilleur élève, qui devient alors quatrième calife.

Ali croyait toujours que les gens de la famille avaient plus de droit au poste de calife que les autres, bien qu'il ait auparavant accepté celui de ses trois prédécesseurs. Dès sa nomination, Ali devait faire face à un conflit avec Moawiya, le Wali de Damas, quant à la manière de gouverner. Ce dernier se comportait comme gouverneur indépendant de Syrie. Entre temps, Ali transfère la capitale du califat de Médine à Koufa en Irak et y gouverne cinq ans, une période faite de divisions et de guerres, notamment contre Aïcha, l'épouse préférée de Mahomet. Il mène également des guerres contre son propre camp, notamment contre les *Khawâridjs*[15], mais aussi contre Moawiya. Il finit par être assassiné par des musulmans aussi[16], comme Othman[17].

La situation se crispa après son décès. Ses adversaires empêchent son enterrement pendant trois jours. Ils jettent des pierres sur son corps lors des funérailles[18]. Son fils Hassan lui succède pendant quelques mois seulement, avant d'être forcé à la reddition par l'armée de Moawiya et à laisser le califat à ce dernier[19].

Le conflit pour le pouvoir était la principale raison des disputes. Le fanatisme tribal et sanguinaire en était le déclencheur et le moteur. Après le décès de Moawiya, son fils Yazid lui succède. Le califat reste l'apanage de Banou Omayya [le clan de Moawiya] durant plus de quatre vingt-dix ans, et non des Hachim, la lignée de Mahomet. Pendant ce temps eurent lieu toutes les expansions et les conquêtes de l'empire islamique, y compris l'invasion de l'Afrique du Nord et de l'Andalousie. Puis vint le califat des Abbassides (en relation avec la famille de Mahomet et son oncle Abbâs). Son avènement fait suite à une rébellion contre le califat des Omeyades, considéré comme faux et illégitime, puisque le pouvoir a été arraché par la force, alors que le droit revenait à la famille de Mahomet. Le califat des Abbassides dure plus de cinq siècles. Bagdad devient la capitale islamique par excellence. Elle vit une renaissance intellectuelle rayonnante. Durant cette période, les célèbres œuvres de l'antiquité gréco-romaine sont

---

[15] Les sortants (*al-khawaridjs*) sont une branche de l'Islam apparue lors du premier conflit entre Ali et Moawiya. Le mot est aujourd'hui utilisé pour désigner les hérétiques ou les contestataires de l'islam.
[16] Abd al-Rahman ben Maljam l'a tué. Voir Ibn Kathir, *Al-Bidâya wal-nihâya*, 6:218
[17] Idem, 5:185
[18] Tabari, op. cit., 2:687
[19] Ibn Kathir, *al-Bidâya wal-nihâya*, 8:21

traduites en arabe. Certains califes deviennent célèbres, comme Haroun ar-Rachid, par leur amour pour la poésie, le chant et la bouffonnerie. Abou al-Abbas, un de ses premiers califes, appelé "al-saffâh" (le bourreau), tue un grand nombre de personnes, notamment du clan des omeyyades à Damas. Il déterre même leurs tombeaux[20]. Il pille leurs biens. Ce bourreau est enterré à Al-Anbar en Irak, où se trouve aujourd'hui le fief des organisations fondamentalistes irakiennes. Le groupe d'al-Qaïda en Irak y prend son essor. Aujourd'hui, c'est le groupe EI qui est le maître de ces lieux où l'ombre du bourreau règne encore, annonçant davantage d'assassinats et d'égorgements.

Plusieurs califats succèdent à celui des Abbassides. Celui des Ottomans est le plus important, puisqu'il dure du XVIe au premier quart du XXe siècle. Dès sa chute en 1924, les musulmans cherchent en vain de le rétablir. Voilà donc, en bref, l'histoire de califat dont rêve toujours le monde musulman.

Les textes incitatifs au rétablissement du califat

Parmi les textes fondateurs du régime du califat, on trouve certains qui accordent la priorité aux évènements du premier siècle de l'islam. Celui-ci demeure, aux yeux des musulmans, le meilleur, en dépit des conflits, des guerres, de l'effusion de sang qu'il a connus. La raison en est que le hadith de Mahomet doit être au-dessus de toute logique. C'est lui qui dit: "Le meilleur de ma communauté, c'est ma progéniture, puis ceux qui l'ont suivie[21]." Il faut donc que ce hadith soit authentique, même si le premier siècle a connu plus de quinze mille tués[22]. Parmi les textes fondateurs que les prédicateurs rabâchent aussi du haut des tribunes, dans les médias comme dans les manuels scolaires, les musulmans considèrent certains comme des postulats infaillibles, dont le hadith qui dit:

> La prophétie demeurera en vous, tant qu'Allah la veut. Puis, il la retire s'il veut. Le califat appliquera la méthode de la prophétie tant qu'Allah la veut... Après, elle tombera dans le domaine public et restera tant qu'Allah la veut... Puis elle deviendra un califat selon la méthode de la prophétie[23].

---

[20] Idem, 10:45
[21] Sahih Bukhari, 3:335. Livre des vertus des compagnons du Prophète.
[22] Tabari, op. cit., 3:58. "Dix mille tués des gens de Bosra et cinq mille des gens de Koufa."
[23] Musnad Ahmad, 5:342

Il est clair que ce hadith fut établi du temps des Abbassides, puisqu'il parle des étapes du califat jusqu'à l'époque abbasside, "selon la méthode de la prophétie". Celui qui l'a introduit, ou plutôt inventé, voulait lui donner un aspect légitime en conformité avec la parole de Mahomet. Il faut se rappeler que l'écriture et la rédaction d'ouvrages prospéraient aussi sous le régime des Abbassides. Même la rédaction de la Sira de Mahomet fut écrite sous ce régime, ainsi que des collections de hadiths et de traités de jurisprudence. En plus, de nombreux hadiths sont rédigés et attribués à Mahomet, notamment ceux qui concernent le type de gouvernance ou le louange de certaines personnes concernées par le régime de califat.

Le hadith en question fait partie aujourd'hui des dogmes constitutifs de la doxa sunnite. Il est impossible qu'on puisse douter qu'il est erroné en dépit d'arguments persuasifs qui dévoilent les raisons politiques de son élaboration. D'autant plus que Mahomet lui-même n'annone rien comme prophétie et ne prédit rien d'invisible selon le verset qui lui ordonne: *"Dis[-leur]: Je ne vous dis pas que je détiens les trésors d'Allah, ni que je connais l'inconnaissable[24]."*

Malgré tout, ce hadith demeure un pilier auquel se réfèrent ceux qui appellent à la restauration du califat. Ils affirment que c'est le moment du "règne obligatoire", qu'on doit imposer par la force et qu'il faut qu'il disparaisse pour céder la place au "régime du califat selon la méthode de la prophétie". Le cheikh saoudien, al-Arifi, appelle à l'application de ce hadith dans un prêche incendiaire prononcé au Caire sous le gouvernement des Frères musulmans. Il y incite les musulmans du monde entier à la solidarité comme au djihad. Il énonce ledit hadith et le commente:

> Nous attendons le rétablissement du califat islamique. Je vous jure au nom d'Allah que le califat islamique sera rétabli, je le vois maintenant de mes propres yeux. Ce qui se passe aujourd'hui dans les pays musulmans au niveau de l'union des oulémas de la communauté, ainsi que d'autres faits, confirment que le califat islamique s'est mis en marche[25].

Ce discours fut prononcé juste avant que le groupe EI ait déclaré le califat.

Al-Arifi manifeste également son enthousiasme pour le régime des Frères musulmans en Égypte, croyant avec certitude que le régime syrien allait tomber très vite et que les Frères Musulmans ou d'autres groupes islamistes gouverneront bientôt la Syrie. Il imaginait que ce scénario

---

[24] Le Coran 6,50
[25] CNN en arabe, "Al-Arifi appelle les Égyptiens à soutenir la Syrie: Le Califat va venir. Je le vois."

ferait boule de neige dans d'autres pays voisins. Ce cheikh reconnait que la période actuelle est celle du "règne obligatoire", un régime imposé aux croyants par la force, y compris le régime monarchique saoudien. Tous ces régimes sont, selon lui, illégitimes et vont disparaître automatiquement, puisqu'il n'y aura qu'un seul calife et que tous ses concurrents seront tués. Le régime islamique ne tolère qu'un seul calife, Ali ou Moawiya, puisqu'un hadith dit: "Si on fait allégeance à deux califes, tuez l'autre[26]." Alors, lorsqu'on déclare le califat et qu'un seul calife s'autoproclame, pourquoi ce cheikh saoudien ne le rejoint-il pas? Est-ce parce qu'il n'est pas issu de la mouvance *frériste*, comme il le souhaitait?

Daech et la déclaration du califat

Le 29 juin 2014, le groupe EI annonce le rétablissement du califat et la proclamation d'Abou Bakr al-Baghdadi [alias Ibrahim Awwad Ibrahim] comme calife de la communauté musulmane dans le monde[27]. L'annonce est faite dans un communiqué intitulé "Voici la promesse d'Allah", et lu par cheikh Abou Mohammad al-Adnani. Le titre explique que le califat est une promesse faite par Allah. En effet, lorsqu'on est familier avec l'idéologie des groupes islamistes, on sait bien qu'il s'agit d'une allusion au verset coranique qui dit: *"Allah a promis à ceux d'entre vous qui ont cru et fait les bonnes œuvres qu'il leur donnerait la succession sur terre comme il l'a donnée à ceux qui les ont précédés. Il donnerait force et suprématie à leur religion qu'il a agréée pour eux*[28]." Effectivement, Adnani commence son communiqué par la récitation de ce verset pour confirmer que le califat est une promesse divine faite à tous les musulmans pour gouverner le monde entier. Ceci leur accorde un droit prioritaire sur les mécréants, la possibilité de propager l'islam et la soumission du monde entier à la loi d'Allah.

> Voici la vérité du califat pour lequel Allah nous a créés. Ce régime n'est pas un simple pouvoir ni une répression ni une victoire ni une gestion, mais il englobe tout cela conformément à la charia et pour les intérêts des croyants dans l'autre vie et dans ce monde. Ses intérêts ne seront protégés que par la volonté d'Allah, l'imposition de sa religion et de sa charia[29].

---

[26] Sahih Muslim, 12:191. Livre de l'Imâra: "Si on fait allégeance à deux califes."
[27] L'annonce est faite avec enregistrement audio par le cheikh Abou Mohammad al-Adnani, porte-parole de l'EIIL (ou Daech), sous le titre "c'est la promesse d'Allah". Les médias arabes et internationaux ont aussitôt transmis cette information.
[28] Le Coran 24,55
[29] L'enregistrement du communiqué oral: "c'est la promesse d'Allah."

Dans ce communiqué, on évoque l'état de la communauté musulmane, autrefois et aujourd'hui. C'est l'approche que j'ai déjà soulignée et qui niche dans le conscient de tout jeune musulman. Quant à la comparaison entre les gloires du passé et les déceptions du présent, elle ne produit qu'amertume et angoisse. C'est ce qui fait croire au musulman que la raison de ce mal-être réside dans "l'éloignement de la religion":

> Ô communauté de Mahomet, tu es encore la meilleure! Tu en es toujours fière! Tu auras sûrement la dignité et la souveraineté! Le dieu de cette communauté est toujours là. Celui qui lui donna la victoire autrefois, le fera aussi de nos jours... Après un long sommeil dans les ténèbres, le temps est venu pour cette communauté de se réveiller, d'arracher les oripeaux de l'infamie, de se débarrasser de l'humiliation et de l'ignominie. Le temps des lamentations et des plaintes est révolu. L'aube de la puissance se lève. Le soleil du djihâd brille. Les lumières du bien nous annoncent de bonnes nouvelles. À l'horizon pointent les signes de la victoire. La bannière de l'État Islamique flotte déjà et son ombre s'étend d'Alep à Diyala[30].

Ces paroles révèlent clairement que la crise des jeunes musulmans trouve ses racines dans plusieurs facteurs que la religion et l'attachement au passé religieux ont provoqués. À cela s'ajoutent la considération des razzias comme un succès, l'implantation sur la terre des autres et son exploitation comme un exploit, l'observation du califat qui s'est érigé sur les crânes et les cadavres, l'esclavagisme des femmes et des enfants, comme une cause sacrée à imposer comme le meilleur régime sur terre. Cette nostalgie du passé trouve un écho très favorable dans l'esprit de tout jeune musulman fidèle à sa religion. Ce communiqué décrit aussi une vision exemplaire pour tout jeune musulman imbibé des enseignements de l'islam. Les expressions sont bien choisies pour toucher la sensibilité d'autres jeunes musulmans qui ne trouveront d'autres issues que d'accepter l'islam et de se soumettre au diktat de ses textes sacrés.

Adnani poursuivit la lecture du communiqué dans un style bien élaboré digne des prédicateurs du vendredi, ce qui permet à tout jeune musulman de l'écouter avec engouement, notamment lorsqu'il glorifie le rêve du califat.

> La communauté de l'islam n'a plus apprécié cette gloire depuis la perte de ce rêve qui repose dans les tréfonds de tout musulman. L'espoir du califat vibre dans le cœur de tout moudjahid[31].

---

[30] Idem
[31] Idem

Le communiqué ne se réfère pas seulement au ressenti des jeunes musulmans et à leur rêve que partagent des millions de musulmans, mais aussi aux textes qui constituent une autorité religieuse. Il cite vingt versets coraniques et quatre hadiths avec leur exégèse, enrichis d'arguments légaux. Ce qui prouve que ce communiqué, élaboré avec intelligence et érudition, est digne des grands oulémas musulmans.

Parmi les textes, on cite le verset qui dit: *"Ton seigneur confia aux anges: Je vais établir sur la terre un Khalifa[32]"*, suivi du commentaire de Qurtubi: "Ce verset est la base essentielle pour établir un calife qu'on écoute et auquel on obéit, afin de réunir en lui la parole et les exécutions des préceptes du califat. Aucun désaccord à ce propos ne doit surgir au sein de la communauté ni entre les imams[33]." Tout cela montre que les oulémas de l'islam approuvent dans leur totalité l'obligation de restaurer le califat. Dans ce contexte, le forcing du groupe EI dans la déclaration du califat les embarrasse, alors qu'ils ne cessent d'appeler à son rétablissement, sans pouvoir avancer d'un pouce. Le groupe EI donne donc à ce concept une réalité concrète et met tout le monde devant le fait accompli. De surcroît, il déclare que l'inaction ou l'abstention d'approuver la déclaration de l'État califal au moment où toutes les conditions sont assemblées, constitue une faute grave qui mérite châtiment.

> Compte tenu de ce qui précède, le Conseil consultatif de l'État islamique s'est réuni pour débattre cette question. Il constate, avec l'aide d'Allah, que cet État jouit de toutes les conditions du califat, que les musulmans tomberont dans le péché s'ils délaissent cette obligation. Aucun empêchement ni excuse légale ne nous pardonnera ce péché si nous retardons son rétablissement. L'État islamique, dont les dirigeants se composent de gens d'autorité et de noblesse, de chefs militaires et d'un conseil consultatif, a décidé de proclamer le rétablissement du califat islamique[34].

Cette déclaration signifie l'existence d'un seul État islamique, d'un seul calife et l'abolition de tous les États et royaumes islamiques qui ont perdu leur légalité.

Les cadres de l'EI ont agi comme les compagnons de Mahomet. Le Conseil consultatif des moudjahidines s'est réuni à l'instar des compagnons à *Saqifat bani Sâ'ida* pour choisir un calife et lui prêter allégeance. C'est

---

[32] Le Coran 2,30
[33] Qurtubi, op. cit., 1:279
[34] L'enregistrement audio du communiqué.

ainsi que les compagnons de Mahomet se comportèrent pour choisir le premier calife Abou Bakr. Pour cette raison, le communiqué de l'EI ajoute: "Nous attirons l'attention de tous les musulmans sur le fait qu'à partir de la proclamation du califat, il leur incombe de faire serment d'allégeance et de soutenir le calife Ibrahim... Ainsi, tous les émirats, les groupes, les autorités et les organisations qui se trouvent sous son pouvoir ou protégés par son armée, deviennent caducs et illégaux[35]."

Cette déclaration du rétablissement du califat n'est qu'une donne naturelle et logique. Les imams en rêvent et le voient très proche. Les jeunes y sont déjà sensibilisés depuis plusieurs décades. Si un groupe l'annonce en respectant les conditions légales requises, alors les jeunes musulmans pourront le rejoindre en conséquence naturelle de ce qu'ils ont appris. En revanche, le rêve de la restauration du califat islamique se transforme alors en cauchemar pour les pays musulmans qui autorisent ces enseignements mais ferment les yeux sur leur contenu. Et pourtant, ils continuent à publier sur leurs sites et dans leurs manuels scolaires et universitaires que le califat est une doctrine islamique qui va se réaliser sans faute. Donc, face aux jeunes qui quittent tout pour rejoindre le califat, ces pays se trouvent incapables de justifier légalement ce phénomène, tout en condamnant le droit du groupe EI à rétablir le califat.

Abou Bakr Bagdadi ne porte pas ce nom fortuitement, mais à dessein. Le premier calife après Mahomet s'appelle aussi Abou Bakr. Comme le califat revient pour la première fois après plusieurs décades, il faut donc que ce retour soit similaire à celui du premier calife. Les tribus ont apostasié du temps de ce dernier après la mort de Mahomet. Alors, le groupe EI a le droit de considérer les autres pays islamiques en état d'apostasie face à l'islam, puisqu'ils vivent une période d'éloignement de la religion. C'est pour cela que le nouvel Abou Bakr leur déclare la guerre pour les ramener au véritable islam. Le monde musulman au Moyen Orient a été divisé, il y a presque un siècle, par le traité de Sykes-Picot qui a fixé les frontières de l'Irak, de la Syrie, du Liban et de la Jordanie. C'est un acte d'humiliation et de soumission aux mécréants occidentaux et de division du pays de l'islam. Donc, il est temps de restaurer le califat islamique pour former un seul État qui libérera le monde musulman de toutes les idoles de l'Occident mécréant, de la laïcité, de la démocratie et des valeurs intruses.

---

[35] Idem. [Ndt: Adnani a été tué en Syrie en août 2016. Dreuz.info/2016/08/31/la-russie-a-indique-mercredi-que-lune-de-ses-frappes-en-syrie-etait-a-lorigine-de-la-mort-du-numero-2-du-groupe-etat-islamique.]

Le communiqué en question annonce enfin la restauration du califat.

> Au nom d'Allah, vous condamnerez la démocratie, la laïcité, le nationalisme et toutes les poubelles de l'Occident et ses idées, et vous retournerez à votre religion et votre croyance. Au nom d'Allah! Vous allez dominer la terre et soumettre l'Orient et l'Occident à l'islam. C'est la promesse qu'Allah vous a faite[36]!

Une autre vidéo de propagande, distribuée quelques jours avant l'annonce du califat, est intitulée "Briser les frontières" [sous-entendu: faire disparaître les frontières entre la Syrie et l'Irak]. Elle cible la suppression de toutes les frontières tracées par l'Occident mécréant. Cette vidéo de douze minutes commence par une chanson dont l'un des vers dit:

> "Ô ma nation, sois heureuse! Nous avons surmonté les frontières!
> Il n'y a plus sur notre sol de trace pour les petits-enfants de singes!"

Sur cette vidéo apparaissent Omar Chichani et Adnani devant les autres combattants. Ils font des génuflexions de gratitude à l'endroit où la frontière vient d'être supprimée. Ce geste signifie que la victoire vient d'Allah. C'est encore une sunna que les musulmans empruntent à Mahomet, qui dit: "Si une chose lui faisait plaisir ou si on lui annonçait une bonne nouvelle, il se prosternait pour remercier Allah[37]." Dans cette même vidéo, des membres de l'EI prennent successivement la parole. Adnani incluait dans son discours cette phrase: "La prière et la paix sur celui qui a été envoyé avec l'épée comme miséricorde pour le monde", une allusion très claire à Mahomet le prophète de l'islam. Puis il ajoute:

> De la promesse d'Allah … ce que son prophète … a dit: Le Califat fonctionnera selon la méthode de la prophétie… Après la disparition des frontières de la servilité et la destruction de cette idole qu'est le patriotisme, il n'y aura que le Califat… La promesse d'Allah, c'est d'effacer les frontières de la carte et de les gommer des esprits[38].

L'objectif du rétablissement du califat, c'est l'unification de la communauté musulmane sous un seul étendard, la déclaration du djihad pour soumettre le monde à l'islam, comme Mahomet et ses compagnons, dont Abou Bakr, l'avaient fait. Et voici maintenant le nouveau calife Abou Bakr qui rétablit le califat pour redonner à cette nation ses gloires perdues.

---

[36] Idem
[37] Bayhaqi, *al-Sunan al-kubra*, 3:334. "La génuflexion de gratitude".
[38] Vidéo, "Briser les frontières"

Les conditions requises pour un calife

Les conditions nécessaires pour le calife sont-elles de nouveau réunies pour valider le cas d'Abou Bakr Baghdadi? D'abord, il faut être de la lignée de Qoraych afin que les musulmans lui obéissent. Dans le communiqué en question, il est dit: "Comme le calife Ibrahim réunit en lui toutes les conditions du califat définies par les oulémas, les gens détenant le pouvoir au sein de l'EI lui ont prêté allégeance[39]." Donc, le choix d'Ibrahim Awwad n'est pas gratuit. À cela s'ajoutent d'autres considérations, notamment sa prétendue appartenance à la dynastie de Mahomet. Ce qui signifie qu'il est qoraychite et correspond aux hadiths cités et disant: "Le califat dans Qoraych[40]", "le califat dans Qoraych, même s'il en reste deux[41]", "cette affaire [sous-entendu le califat] dans Qoraych, quiconque s'y oppose, sera renversé par Allah[42]." C'est le même hadith sité par Adnani dans son communiqué.

L'autre condition c'est l'allégeance. Il n'est pas obligatoire qu'elle soit publique. Il suffit qu'un groupe de gens, dits *Ahl al-hall wal-rabth*, [ceux qui détiennent un pouvoir religieux], prêtent allégeance au premier calife après Mahomet. Tous les musulmans ne s'étaient pas réunis, mais seulement un petit groupe qui ne représentait qu'une petite minorité. Lors de la désignation d'Othman comme troisième calife, six personnes étaient présents[43]. Par conséquent, il devient difficile pour un jurisconsulte de valider ce choix ou les critères nécessaires. Et pourtant, ces conditions sont par nature très floues et imprécises. Tant que le candidat est qoraychite et choisi par un groupe de musulmans, il peut être reconnu comme calife. Par contre, Qaradawi dénonce ce choix sous prétexte que "le califat est une représentation et ne peut être légalement ni traditionnellement confirmé que lorsque toute la nation approuve sa candidature[44]." Ce soi-disant président de l'UMOM oublie que cette condition n'a jamais été requise pour le choix d'un quelconque calife. Il oublie également que la nation musulmane n'a jamais été unanime sur le choix de l'un des califes durant toute son histoire et qu'une bande d'individus décidait pour toute la nation. Les chiites et les sunnites étaient-ils une seule fois unis pour choisir un calife? Ali était-il d'accord

---

[39] Enregistrement audio, "C'est la promesse d'Allah."
[40] Musnad Ahmad, 5:202
[41] Sahih Muslem, 12:157. Livre de l'Émirat: "Les gens suivent Qoraych et le califat dans Qoraych."
[42] Sahih Bukhari, 3:1289. Livre des exploits: "Les exploits de Qoraych."
[43] Tabari, op. cit., 2:580
[44] *Al-Quds al-arabi*, "Qaradawi juge caduque, selon la charia, la déclaration du califat en Irak."

sur le choix d'Abou Bakr comme premier calife? Tous les musulmans étaient-ils d'accord sur le choix d'Omar ou d'Othman?

Quant au nouveau calife, Abou Bakr Bagdadi, il est doué en jurisprudence, puisqu'il détient un doctorat en droit islamique[45]. Il exerçait la fonction d'imam dans une mosquée à Samara au nord de Bagdad[46]. Il réunit donc toutes les conditions légales nécessaires pour assumer cette fonction. Même s'il s'est imposé par la force, certains oulémas estiment qu'il est habilité pour rester calife et que personne ne peut dénier son pouvoir. Pour clarifier aux pieux musulmans qui cherchent à connaître le point de vue légal sur le califat, le communiqué se réfère à l'imam Ahmad (fondateur de l'école hanbalite, VIIIe-IXe s.) qui dit: "Lorsque quelqu'un prend le pouvoir par l'épée, devient calife et se nomme chef des croyants, tout croyant devra le considérer comme Imam, fusse-t-il pieux ou pervers[47]." C'est ce qui est effectivement arrivé dans l'histoire islamique. Abdelmalik ben Marwan, qui gouverna de 685 à 705 à Damas, se heurta à Abdallah ibn al-Zobayr à propos du califat de la Mecque. Il l'assiégea et le tua avant de forcer les gens à se soumettre à lui. Et pourtant, il fut nommé calife des musulmans[48]. Donc, il ne faut pas s'étonner de voir Baghdadi s'emparer du califat en vertu d'un conseil consultatif composé de ses amis et de ses proches. D'autant plus qu'il est conscient que la prise du pouvoir par la force est validée par la charia islamique.

Le califat entre le passé et le présent

Les moudjahidines et les membres du groupe EI choisissent des pseudos ayant trait à des personnalités qui sont des modèles à suivre dans certains domaines. C'est le cas, par exemple, d'Abou Mossaab al-Zarqawi. Il prend le prénom d'un compagnon de Mahomet, un certain Mossaab qui avait renoncé à tous les biens de ce monde pour la cause de l'islam et qui fut tué dans l'invasion d'Ohod en protégeant Mahomet.[49] Quant au calife Baghdadi, il choisit le prénom Abou Bakr, dans l'intention de ranimer la conception initiale du califat. Le premier califat ressemble à celui d'aujourd'hui. Ainsi nous pouvons remarquer que le premier discours de Baghdadi s'avère quasi identique à celui du premier calife

---

[45] *Europress*, en arabe, "Des informations dévoilées pour la première fois sur le chef du groupe Daech, le terroriste Abou Bakr..."
[46] BBC arabe, "Qui est Abou Bakr al-Baghdadi le chef du groupe de l'EI?"
[47] Ibn Doyan, *Manâr as-Sabîl* (L'éclairage du chemin), 5:399
[48] Idem
[49] Tabari, op. cit., 4:93

Abou Bakr, prononcé lors de son acclamation comme calife après le décès de Mahomet et dont la Sira en parle:

> Abou Bakr prit la parole, rendit grâce à Allah et à ce don, et dit: Ô croyants, je suis nommé votre suzerain alors que je ne suis pas le meilleur d'entre vous. Si je me comporte bien, alors aidez-moi, et si j'en abuse, redressez ma voie... Obéissez-moi comme j'ai obéi à Allah et à son messager. Si je leur désobéis, vous ne serez plus obligés de m'obéir[50].

Le premier calife prononce ces paroles, juste après l'allégeance qu'on lui a prêtée. Le président Morsi les répète dans son premier discours au lendemain de son élection à la présidence de l'Égypte[51]. Puis, dans son premier prêche du vendredi 4 juillet 2014 à la Grande Mosquée de Mossoul, Baghdadi, autoproclamé calife, prononce, entre autres, les phrases suivantes:

> Grâce à Allah et à ce don, je suis conscient de cette charge immense. Je suis conscient de cette loyauté bien lourde. Je suis nommé votre suzerain alors que je ne suis pas mieux que vous. Si vous me trouvez juste, aidez-moi, et si j'ai tort, conseillez-moi et redressez ma voie. Obéissez-moi comme j'ai obéi à Allah à travers vous. Si je lui désobéis, vous n'êtes plus obligés de m'obéir[52].

Ces paroles ne sont-elles pas quasi identiques? Le groupe EI ne cherche-t-ils pas à appliquer ce qui est consigné dans la Sira du Prophète? Ses cadres ne connaissent-ils l'islam bien mieux que les imams. Ils ne récitent pas ces paroles pour solliciter des bénédictions seulement, mais pour les appliquer aussi. Ils occupent des postes dans la hiérarchie religieuse, ce qui les conduit à traiter avec courtoisie avec les autorités politiques. Ainsi citent-ils les textes relatifs au djihad et aux combats et les expliquent-ils. Mais si on leur demande de les appliquer, alors ils se taisent.

Mon père lisait les versets relatifs au combat jour et nuit. Je lui demandais pourquoi ne les appliquait-il pas et se contentait-il seulement de les lire. Il me répondait que les circonstances ne lui permettaient pas. Ce qui veut dire que si les circonstances avaient été favorables, il les aurait appliqués. La même chose est vraie pour tous les imams et doctes de l'islam. Les circonstances ne leur permettent pas de se lancer eux-mêmes dans le djihad. Ils y incitent seulement, décrètent des fatwas, expliquent les versets et les injectent dans les cerveaux. Si le moment pour passer à l'acte sonne, nous

---

[50] Ibn Hicham, op. cit., 4:450
[51] *Al-Youm al-Sâbi'*, "Vidéo: le président Morsi dans son premier discours dit: Sans le sang des martyrs, il n'y a pas de liberté. Je serai à égale distance de tout le monde. Aidez-moi tant que j'obéis à Allah à travers vous..."
[52] Institution al-Furqan, "Le prêche du vendredi à la Grande Mosquée de Mossoul".

trouverons des jeunes déjà bien imprégnés de ces enseignements coraniques et prédisposés à affronter les canons. Quant aux imams, ils poussent les enfants des autres au "martyre", mais jamais les leurs.

Face à cette hypocrisie, le groupe EI s'est engagé à faire appliquer les textes sur le terrain. Les jeunes musulmans sont fatigués d'entendre, de recevoir, d'accepter les reproches, d'observer les conditions dégradantes de la communauté de l'islam, sans qu'aucun responsable ne bouge. C'est pourquoi, lorsque ces jeunes se rendent compte que le groupe EI réunit d'autres jeunes dynamiques bien sensibilisés au djihad, cherchant à récupérer de nouveau les gloires du passé par l'épée, ils se présenteront par milliers comme volontaires pour adhérer à leurs rangs. Ils y découvrent l'écho de ce qui les stimule depuis tellement d'années à travers les différents moyens d'enseignement et de communication, et qui impacte leur conscient et inconscient. Ils se trouvent alors mûrs pour passer à l'acte et à participer à faire revivre les exploits glorieux de ce prétendu califat.

L'EI procède alors à l'égorgement des membres de la communauté chiite, leur attribuant les qualificatifs les plus abjects. Dans les vidéos, il montre la procédure de l'exécution de ces *apostats*, cette *armée safawide*, ces *rawafids*. On qualifie les Alawites syriens de *Nossayrites*. Tous ces termes sont empruntés à des sectes islamistes anciennes, dans le seul objectif de les humilier, les injurier, les insulter, les bannir de l'islam pur. La raison en est que les premières guerres du calife Abou Bakr étaient menées contre les apostats parmi les musulmans qui refusaient de payer la zakat. À cause de ce refus, ils ont été qualifiés d'apostats. De même, lorsque des politiciens, des gens des médias et des écrivains tentent de dire que Daech n'a rien à voir avec l'islam, sous prétexte que ce groupe tue plus de musulmans que d'autres gens, nous remarquons que c'est le même argument qui fut également utilisé contre le premier calife Abou Bakr. On lui reprochait d'avoir tué plus de musulmans que d'autres gens. Même le calife Ali a tué plus de quatre mille individus parmi ses partisans dans la bataille de *Nahrawan*[53]. Dans sa guerre contre Aïcha, des milliers de musulmans ont été tués dans la bataille dite *al-Jamal*[54]. De même, dans les combats de *Siffîn* entre Ali et Moawiya, plus de 70.000 musulmans furent tués[55]. Si tout cela est arrivé au cours du premier siècle de l'islam, considéré comme étant le plus beau et le plus glorieux modèle, que dira-t-on de ce qui se passe aujourd'hui ?

---

[53] Ibn Kathir, *al-Bidâya wal nihâya*,, 6:218
[54] Idem, 7:247
[55] Ibn Abi Chîba, *Mussannaf* (Le classificateur), 8:725. "Le nombre des tués à Siffîn atteint plus de 70.000. Pour les compter, on a placé un roseau à côté de chaque victime. Puis, on a procédé au comptage des roseaux".

Comment pouvons-nous dénier à l'État islamique son islam à cause de ses guerres contre d'autres groupes musulmans? Si nous appliquons ce même critère, alors le premier calife Abou Bakr, Aïcha, Ali, Moawiya et Abdallah ibn al-Zobayr ne seront pas considérés comme musulmans, puisqu'ils ils ont combattu et tué d'autres musulmans. En outre, le Coran explique clairement (49,9) que les combats inter musulmans sont possibles, et qu'il est licite pour les musulmans de combattre un de leurs groupes afin de le soumettre à la loi d'Allah: *"Et si deux groupes de croyants se combattent, faites la conciliation entre eux. Si l'un d'eux se rebelle contre l'autre, combattez le groupe qui se rebelle, jusqu'à ce qu'il se conforme à l'ordre d'Allah."*

J'ai signalé plus haut que les sunnites ne considèrent pas les chiites comme musulmans mais comme mécréants. Les combattre s'impose donc stratégiquement comme une priorité pour le groupe EI, d'autant plus que l'ennemi le plus proche est à combattre avant l'ennemi lointain. C'est à ce propos qu'émerge le premier désaccord entre l'EI et al-Qaïda. Il est d'ailleurs clair que certains *loups solitaires* perpétuent sporadiquement des attentats individuels en Occident, mais ce n'est pas la méthode générale qu'applique le groupe EI. Celui-ci voudrait nettoyer son territoire, en premier, des apostats chiites avant de se lancer dans la récupération d'autres régions et leur annexion au califat.

Quant aux chiites, ils sont excommuniés, car déclarés mécréants par les grands oulémas de l'islam. Ibn Taymiya en a dit des choses odieuses: "La première secte survenue en islam c'est celle des chiites et des *khawârdjs*. Elle a émergé sous le califat d'Ali qui a châtié les deux parties. Ali a décimé les *khawârdjs* et brûlé la majorité des chiites[56]." Notons que ce calife n'était pas un simple musulman, mais l'un des grands symboles en islam.

Quant aux Alawites, "ils sont, toujours selon Ibn Taymiya, plus mécréants que les juifs, les chrétiens et tous les polythéistes. Leur danger maléfique pour la communauté de Mahomet, s'est avéré plus nocif que celui des mécréants qui combattent les musulmans[57]."

Faut-il encore s'étonner de l'acharnement de l'EI contre les chiites après le massacre terrifiant de jeunes soldats chiites au centre de Spyker[58]? Et l'Arabie Saoudite n'accuse-t-elle pas toujours les chiites d'apostats[59]?

---

[56] Ibn Taymîya, *Fatâwas*, 3: 279
[57] Idem
[58] *Russia Today*, "Photos: Daech annonce l'assassinat de 1700 soldats-étudiants à l'Académie militaire à Takrit."
[59] *Revue des Recherches islamiques*, "La sentence concernant les gens qui mangent des bêtes égorgées par ceux qui sollicitent, en cas de péril, l'aide de-Hassan, de Hussein et d'Ali."

Il n'est donc pas étrange que l'EI trouve des sympathisants sunnites dans les régions où ils sont majoritaires. Ces sunnites sont, en effet, imprégnés par les enseignements qui condamnent les chiites en tant que mécréants et considérés pires que le juifs et les chrétiens. Bref, une coexistence entre ces deux communautés s'avère difficile tant que l'histoire et les évènements du passé continuent à dominer leurs rapports et les conditionnent.

Les régimes et les peuples musulmans face à l'obsession du califat

Les pays musulmans ne semblent pas concernés par le rêve du califat qui constitue pourtant une partie de leur stratégie et un composant de leur existence. Le Maroc, par exemple, est gouverné par un monarque, le roi Mohammed VI, qui prétend descendre de la lignée de Mahomet. Sa famille prit le pouvoir des Saadites et des Dalaïtes au XVIIe siècle, et gouverne le pays depuis. Ce roi porte le titre, *émir des croyants,* qui ressemble à celui du calife. D'ailleurs, le premier à qui ce titre fut attribué était le deuxième calife Omar qui succéda à Abou Bakr. Comme on trouvait ridicule de donner à Omar *le calife* le nom du *calife du Prophète,* alors, on lui attribua le titre de *l'émir des croyants.* Donc, il fut le premier à porter ce titre dans l'histoire de l'islam[60]. Aujourd'hui, le roi du Maroc le porte également sous prétexte qu'il est qoraychite de la lignée de Mahomet, comme si la question concernait l'existence d'un petit califat qui peut gouverner chacune des provinces de l'islam. C'est ainsi qu'on utilise toujours la religion pour apprivoiser les peuples, dont les gouverneurs ne sont pas choisis pour leur compétence ni par voie démocratique, mais en vertu de la relation sanguine et ethnique. Le sang du roi serait plus noble que celui des autres, ce qui lui accorderait le droit de les gouverner.

Ce même concept s'applique également à la famille royale en Jordanie. Hussein ben Ali al-Hachimi, fondateur de ce royaume, faisait partie des Qoraych et de la même lignée que Mahomet. En tant que Chérif de la Mecque, il conduit la révolution contre les Ottomans, et s'autoproclame comme calife au lendemain de la chute de leur califat en 1924. Les Saoudiens se soulèvent aussitôt contre lui et l'expulsent du Hijaz[61]. Ses deux fils sont Abdallah qui devint roi de la Jordanie, et Fayssal roi

---

[60] Ibn Saad, *At-Tabaqât al-kubra*, 3:281
[61] Blog du Dr. Ahmad al-Rissouni, "Fatwa historique du savantissime cheikh Rachid Ridha: la succession et le califat et l'habileté du chérif de la Mecque".

d'Irak. Sans leur appartenance à une lignée familiale, ils n'auraient jamais pu régner sur ces deux pays. Le règne de Fayssal en Irak prend fin en 1958, alors que la monarchie perdure en Jordanie. Son maintien est largement tributaire des enseignements islamiques qui stipulent que le calife doit être un noble qoraychite, comme si les autres ethnies ou dynasties n'avaient aucun droit de gouverner les musulmans, puisqu'elles ne jouissent d'aucune haute qualité de noblesse.

Ce pur racisme sous couverture religieuse s'impose aussi en Arabie Saoudite où le régime politique s'identifie à la religion. Depuis sa création au XVIIIe siècle, une relation fusionnelle s'est instituée entre l'islam et la famille régnante. Le premier roi Mohammad ben Saoud se rallie au chef religieux Mohammad ben Abd al-Wahhâb. Ils instaurent un État quasi similaire à celui du groupe EI, et se partagent le pouvoir politique et religieux[62]. Plus tard, le mariage du roi Abdelaziz avec la fille de Mohammad consolide encore cette osmose. En 1986, le roi Fahd renonce à son titre *Sa Majesté le Roi* et s'attribue celui de *Serviteur des deux Lieux Saints*[63], pour octroyer une sacralité supplémentaire à son régime.

Ces manipulations contribuent à scléroser davantage les pays musulmans. Sans l'abandon définitif de ces préjugées, leurs peuples ne pourront jamais s'en libérer ni connaître un climat démocratique. D'ailleurs, ceux qui s'accrochent encore à ces concepts, se trouvent agglutinés au Moyen Âge, tandis que les jeunes générations ont urgemment besoin de se libérer de ces entraves et de rejoindre le cortège de la civilisation moderne.

Le groupe EI adopte le slogan "il demeure et s'étend", pour dire au monde que cet État ne disparaîtra pas, mais qu'il doit se consolider et s'étendre comme du temps des premiers califes. Les cadres de l'EI diffusent cette stratégie, l'annoncent et forcent leurs adversaires à clamer: "Il demeure et s'étend[64]." Ce rêve de califat se transforme en obsession pathologique pour beaucoup de jeunes musulmans qui se mobilisent jusqu'à l'épuisement pour sa réalisation. Les *Jeunes Frères Musulmans* luttent toujours pour son rétablissement selon le "modèle de la prophétie", comme le *Groupe Justice et Bienfaisance* au Maroc, ainsi que tous les jeunes des autres organisations islamistes. C'est ainsi que l'on conduit, hélas, les

---

[62] Le Centre al-Jazeera pour les études, "le salafisme saoudien au pouvoir".
[63] Site du Ministère saoudien des Affaires étrangères, Titre: Le roi Fahd ben Abdelaziz Âl Saoud.
[64] Ceci apparait clairement dans une vidéo où les membres de l'EI forcent les combattants du Front al-Nosra à se gifler les uns les autres et à répéter le slogan de l'EI "Il demeure et s'étend". Site Alarabiya.net, "Vidéo: Lorsque des combattants d'al-Nosra tombent entre les mains de l'EI…"

jeunes vers l'abîme de l'égarement, car leur rêve ne verra jamais le jour à cause de sa nature utopique qui empoisonne leur existence et la nôtre.

En effet, ces jeunes ignorent que la réalité de la vie, son évolution ainsi que les rapports des forces imposent impérativement de nouvelles relations interétatiques, de plus en plus complexes, tant au niveau des objectifs que des alliances. Est-il possible que tous les pays musulmans puissent être gouvernés par un seul homme et se conformer à une seule structure étatique? Au siècle dernier, de nombreux pays arabes ont tenté sans succès de créer des fédérations ou des confédérations. L'unité entre l'Égypte et la Syrie initiée par Gamal Abdelnasser n'a tenu qu'une courte durée. La Jordanie et l'Irak ont essayé en vain de constituer une fédération commune. Toutes les tentatives destinées à créer l'Union entre les pays de l'Afrique du Nord sont nées mortes. Que dire alors de l'idée d'un seul calife ou d'un seul califat? Tant que les écoles religieuses demeurent différentes et les ethnies diverses, il sera impossible d'établir un califat. En revanche, les institutions religieuses musulmanes, au lieu d'inciter les jeunes à s'investir et à s'intégrer dans le nouveau monde, et à accepter la culture des autres même si elle est différente, continuent à les enfoncer dans un passé obscur et à les séparer du présent. Elles contribuent donc largement à favoriser l'émergence de plusieurs générations de jeunes handicapés mentaux, psychiques, déchirés entre le passé et le présent, incapables de comprendre les raisons de leur sous-développement ni celles du progrès des autres. Cette génération croit toujours que son éloignement de la religion constitue le facteur fondamental de leur sous-développement. À cela s'ajoute leur obsession que le monde entier complote contre l'islam et les musulmans, ce qui les incite encore à s'accrocher fermement à l'islam comme unique élément fondamental de leur identité. Tant qu'ils persistent à rejeter toute autre identité ou culture et sans enterrer le passé qui les handicape, ils n'avanceront jamais vers un futur prospère et prometteur.

XIII

Daech et Mahomet
L'égorgement et l'autodafé des mécréants sont licites

Y a-t-il un lien entre l'égorgement et l'islam?

Nombreux sont ceux qui disent que l'islam est une religion de paix, que l'égorgement que nous voyons dans les mass media et que les combattants de l'EI s'ingénient à présenter, à filmer et à diffuser, n'a rien à faire avec l'islam. Pourquoi? C'est parce que Mahomet, le messager d'Allah, est venu comme *miséricorde pour le monde*[1]. "Comment l'égorgement peut-il donc faire partie de sa sunna et de sa charia? Ce ne sont que des bandits et des voyous qui ont confisqué l'islam des mains de la grande majorité des musulmans et l'ont profondément déformé et mutilé".

---

[1] Ils se réfèrent au verset (21,107): *"Nous ne t'avons envoyé que miséricorde pour l'Univers."*

Ce sont les récits et les arguments que répètent régulièrement les défenseurs de l'islam, leurs collaborateurs et leurs partisans. Cependant, quiconque lit la Sira dudit messager d'Allah et réfléchit à ses hadiths et à son Coran, se heurtera à une quantité énorme de versets et de textes extrêmement violents. Il découvrira maints actes terribles qui confirment l'existence d'une violence sacrée, que les musulmans croient immuable, intouchable et toujours applicable, même de nos jours.

Certes, l'on trouve des versets pacifistes, mais nul ne peut nier l'existence de tant d'autres d'une extrême violence. Les versets de paix remontent au temps où Mahomet était faible, au début de sa mission à la Mecque où il ne disposait pas encore d'une armée. Quant aux versets violents, ils apparaissent durant la période où il devient puissant et s'entoure d'une grande armée, au cours des dix dernières années de sa vie passées à Médine. Face à ce paradoxe, les croyants musulmans, à la recherche d'une interprétation justificatrice, parlent d'abrogation. Cela signifie que les versets du djihad consignés dans le Coran après l'hégire, abrogent les versets de paix antérieurs, même si cette théorie de l'abrogation, très dominante chez les doctes de l'islam, se révèle inacceptable, voire déconcertante. Comment pouvons-nous expliquer la violence de Mahomet et les assassinats commis? Toute la violence qu'il a exercée avait-elle pour but de se défendre? Les razzias menées contre les autres tribus visaient-ils la défense de son clan? L'interception des caravanes commerciales et leur pillage n'avait-elle pour objectif que de se défendre? Les invasions et les guerres menées par les compagnons de Mahomet et par ses califes, l'étaient-elles pour leur sécurité personnelle? La mobilisation d'une armée de plus de dix mille combattants pour conquérir l'Égypte et l'Afrique du Nord et envahir l'Europe, ainsi que la traversée de la mer, faisait-elle partie de la défense? Aucun esprit, logique, serein, sain, n'acceptera des justifications banales, obsolètes, éphémères, destinées à défendre aveuglément une religion en occultant des vérités de bon sens et des questions sérieuses.

En effet, Mahomet était un véritable combattant, un professionnel chevronné. Il ne pouvait manger ni survivre sans les razzias et les guerres. Tuer était pour lui une habitude innée, inhérente. Il possédait neuf épées et donnait à chacune un nom[2], exactement comme les chefs des groupes mafieux qui attribuent aujourd'hui un nom à chacune de leurs armes. L'une

---

[2] Ibn Qayyim, *Zâd al-ma'âd*, 1:126

des épées de Mahomet était très célèbre. Elle portait le nom de *zhul-fiqâr*, c'est-à-dire celle qui est *truffée de dents* [ayant la forme de vertèbres bien acérées], susceptible de bien trancher les cous. Mahomet en fait plus tard cadeau à Ali. Je me rappelle cette épée bien décrite dans le film *Le message* [*Ar-risâlat*], et présentée sous la forme d'un serpent à deux têtes. On n'y montre pas Ali, mais l'épée avec laquelle il sciait les cous des polythéistes, ennemis de l'islam. Mahomet possédait une autre épée nommée *al-'adhab*[3], [le coupant], et une troisième nommée *al-battâr*[4] [l'amputeur], pour amputer ou arracher les membres des adversaires. Mahomet possédait également sept cuirasses, six protège-corps en acier et cinq lances[5]. C'était un homme de guerre par excellence. D'ailleurs, il a proféré sa première menace d'égorgement à la Mecque, où il vivait pacifiquement avec sa famille et son clan. Il y rencontrait de la résistance, mais en paroles seulement. Personne n'utilisait la violence contre lui. Une fois, alors qu'il tournait autour de la Ka'ba, des gens se moquaient de lui. Alors, il s'arrêta et leur adressa une menace terrible: "Ô gens de Qoraych! Entendez-moi bien! Sachez que je suis venu à vous avec l'égorgement[6]." Donc il les prévient qu'il va leur trancher les têtes, et c'est ce qu'il fera ultérieurement.

L'égorgement est donc une sunna du prophète Mahomet depuis qu'il a lancé sa mission à la Mecque. Cependant, il ne passe pas à l'acte, pas avant d'avoir la force et les moyens. Ce *hadith* est largement utilisé par les imams dans le monde musulman comme en Occident. C'est ainsi que le cheikh Hani as-Sibâ'î, réfugié à Londres, justifie l'assassinat de Nick Berg par le groupe d'al-Qaïda en Irak:

> Ces gens d'al-Qaïda s'appuient-ils sur des bases légales présentes dans la charia ou non? Ils disent qu'elles existent. Et la preuve en est que Mahomet s'adresse dans un hadith aux gens de Qoraych en posant sa main sur le cou: 'Je suis venu à vous avec l'égorgement.' Effectivement, il a égorgé[7].

À son tour, le cheikh marocain Mohammed al-Fazazi utilise ce *hadith* pour défendre l'égorgement et l'assassinat en disant: "Au nom d'Allah! Je suis venu à vous avec l'égorgement[8]." Même l'imam koweïtien Nabil

---

[3] Idem, 1:126
[4] Idem
[5] Idem
[6] Ibn Hichâm, op. cit., 2:41
[7] Youtube, "Hani as-Sibâ'i défend les moudjahidines en Irak dans l'affaire de Nick Berg."
[8] Cheikh Mohammed al-Fazazi: Youtube: "Voici la Palestine! Quelle est la solution?"

al-'Aawadi se réfère, dans sa série sur "la vie du prophète", au même hadîth. Il estime que Mahomet menaçait déjà son clan d'égorgement lorsqu'il allait les combattre[9]. Sur le site qatari *Islamweb*, une fatwa confirme que ce hadith est authentique et qu'il visait les gens puissants de Qoraych[10]. Donc, le hadith de l'égorgement est très bien connu et utilisé dans les prêches des imams comme dans les discours des gouvernements islamistes.

En effet, l'égorgement ou la coupe des cous est un verset coranique avant qu'il soit évoqué dans le hadith. Le Coran recommande aux musulmans la procédure à suivre pour tuer leurs adversaires. *"Lorsque vous rencontrez [au combat] ceux qui ont mécru, frappez-en les cous. Puis, quand vous les avez dominés, enchaînez-les solidement[11]."*

Dans son explication de ce verset, Qurtubi dit:

> *Frappez les cous"* et non pas *"Tuez-les"*. Dans le premier, il y a plus de rudesse et de dureté que dans le second, à cause de la présentation de la tuerie par des descriptifs abjects, en ayant recours à la coupe du cou, à la séparation du membre qui constitue la tête du corps, sa partie supérieure et la plus noble[12].

Selon Qurtubi, le Coran utilise à dessein l'expression *"Frappez les cous"* pour mettre l'accent sur la dureté dans le meurtre. Dans le même contexte, l'on trouve un verset coranique similaire qui s'adresse cette fois-ci aux Anges et leur demande d'aider les musulmans dans leur guerre contre les mécréants. *"Et ton Seigneur révéla aux Anges: Je suis avec vous: affermissez donc les croyants. Je vais jeter l'effroi dans les cœurs des mécréants. Frappez donc au-dessus des cous et frappez-les sur tous les bouts des doigts[13]."* L'accent est mis ici sur le fait de frapper sur les cous, mais aussi sur les bouts des doigts et de les scier avec des épées. Un autre exégète, Tabari (IXe-Xe s.) ajoute: "Allah ordonne qu'on frappe sur les têtes des polythéistes, mais aussi sur les mains et les pieds[14]." Ce qui est étrange, c'est que de nombreux prédicateurs témoignent que le Coran ne peut être que pacifique, puisque le mot épée (*seif*) n'y figure pas[15]. Cependant, je pose la question: Comment les têtes sont-elles donc tranchées? Utilise-

---

[9] Cheikh Nabil al-Awadhi: Youtube, "La biographie du prophète", septième épisode.
[10] Islamweb, "Le niveau authentique du hadith: Je suis venu à vous avec l'égorgement."
[11] Le Coran 47,4
[12] Qurtubi, op. cit., 16:230
[13] Le Coran 8,12
[14] Tabari, op.cit., 9:133
[15] Ce sont des prédicateurs musulmans en Occident, comme Ahmed Deedat et Youssof Estes, qui utilisent cet argument.

XIII ⟡ Daech et Mahomet L'égorgement et l'autodafé des mécréants sont licites   297

t-on la fourchette et la cuillère ou l'épée? Les versets de combat et ceux de la coupe de têtes ne peuvent être plus clairs. Lorsqu'on accomplit l'acte, le meurtre en l'occurrence, il n'est plus nécessaire d'évoquer les moyens. C'est comme si on disait qu'un chef de la mafia est innocent du meurtre, puisqu'il n'a pas utilisé le mot *revolver* en donnant l'ordre à ses agents d'aller tuer tel ou tel.

L'islam et la coupe des têtes

Un membre de Daech, dit Abou Aïcha al-Gharib[16], est l'auteur d'un article intitulé *Réponse claire aux négateurs de l'égorgement des mécréants et des apostats*. Il y présente les preuves légales qui autorisent le groupe EI à égorger ses ennemis mécréants et apostats. Il s'appuie sur des références tirées du Coran, du Hadith, de la biographie de Mahomet et de celle de ses compagnons. Il considère ces références comme une réplique claire à tous ceux qui contestent et prétendent que les crimes de l'EI n'ont rien à voir avec l'islam. Parmi ses arguments figurent les versets coraniques relatifs au meurtre déjà cités, le hadith qui menace Qoraych d'égorgement, ainsi que l'extermination de Banou Qorayza et leur enterrement dans un fossé. Avant le massacre, une personne voulait savoir le destin de ses gens. La réponse lui est venue d'un proche de Mahomet, qui lui dit: "Ô Abou Lubaba! Veux-tu voir quelle est la sentence de Mahomet? Mais oui, lui répond ce dernier. Alors, ledit proche fait signe de sa main à la gorge et lui dit: l'égorgement[17]." Abou Aïcha, l'auteur de cet article évoque également la décapitation du juif Kaab ben al-Achraf. Il raconte comment Mahomet a demandé à ses combattants de se débarrasser de cet intrus. "Ils l'égorgent et lui remettent la tête entre ses mains. Mahomet s'en réjouit et remercie Allah[18]." Le même auteur cite aussi le récit de la décapitation d'un responsable de Qoraych, nommé Aba al-Hakam, par l'un des compagnons de Mahomet, "Abdallah ben Massoud", raconte les faits: "J'ai tranché sa tête et l'ai amenée à Mahomet, lui disant: Voici la tête d'Abi Jahl, l'ennemi d'Allah! …Je l'ai remise entre les mains du Messager qui a applaudi et rendu grâce à Allah[19]."

Le même auteur cite également un récit très connu dans le monde musulman à propos d'un certain Khalid ben Abdallah al-Qissari, un

---

[16] Il semble qu'il s'agit d'un syrien de Homs. Il serait mort, selon les comptes Twitter de certains de ses collègues, dans un attentat-suicide au milieu de l'année 2015
[17] *Just post it*, article: "Réponse claire aux négateurs de l'égorgement des mécréants et des apostats."
[18] Al-Mobarkfouri, *Al-Rahiq al-makhtoum* (Le Nectar enfermé), 1:220
[19] Ibn Hicham, op. cit., 3: 80

haut responsable omeyyade (VIIIe s.). Il vivait à Damas avant d'être nommé pour une courte période émir à la Mecque, puis en Irak, et plus précisément à *Wâssit*. Un vendredi, fête du Sacrifice, il prononce un discours commémorant les sacrifices que font les musulmans à l'instar d'Abraham. Ce jour-là, un certain Jaad ben Darham était attaché dans un coin de la mosquée à cause de ses opinions blessantes à l'égard de l'islam. Al-Qissari dit dans son discours :

> Ô croyants, vous avez accompli vos sacrifices, qu'Allah vous exauce! Moi je vais sacrifier Ja'd ben Darham qui a prétendu qu'Allah n'a pas pris Abraham comme véritable ami ni Moïse comme interlocuteur. Qu'Allah nous préserve de ses paroles. Puis il descend de la tribune et l'égorge[20].

Voici un grand commandant, un des émirs de l'État islamique, qui sacrifie un homme musulman, le jour de la fête du Sacrifice. Il l'égorge comme un mouton, au vu des imams et des dignitaires religieux du califat omeyyade, sans que personne ne proteste. Ibn Taymiya évoque cet égorgement et confirme que "l'émir l'a égorgé suite à l'approbation des oulémas de l'Islam[21]." En effet, Daech n'égorge pas quelqu'un devant les caméras sans que le Comité légal du groupe ait déjà vérifié pour ce cas les preuves religieuses et les antécédents dans l'histoire islamique, ainsi que les avis des juristes et des oulémas, et plus précisément ce qu'a fait Mahomet et ses proches. Ces preuves et arguments ne laissent aucun doute sur l'égorgement ou la décapitation comme sunna du prophète, l'ayant lui-même mise en pratique. Elle est imitée par ses successeurs et bénie par les oulémas de l'Islam.

L'égorgeur est un des symboles les plus abjects qu'on trouve chez Daech. Il est présenté dans les vidéos, déguisé et debout à côté de ses victimes enchaînées lors des différentes tentatives du tournage, sans qu'elles sachent quand leur décapitation aura lieu. C'est pourquoi on ne les voit pas résister à cause de la répétition des tentatives. Alors, la scène apparaîtra comme s'il s'agissait d'un simple tournage de film. Cependant, aucun esprit sain ne peut voir une tête coupée sans éprouver de la répugnance. En même temps, cela nous rappelle tous les récits rapportés dans les livres du patrimoine islamique. La tête de James Foley[22] ne diffère pas de celle du qoraychite Aba Hakam qu'Ibn Massoud avait mise entre

---

[20] Al-Bayhaqi, *Al-Sunan al-kubra*, 15: 285
[21] Ibn Taymiya, *Minhaj as-sunna an-nabawiya*, 3:165
[22] Il apparaît sur Youtube sous le titre "Message à l'Amérique" de la part de l'EI. Il est présenté d'abord en train de parler avant de le montrer égorgé.

les mains de Mahomet. Même la tête de Steven Sotlov[23] ne diffère pas de celle de Kaab ben al-Achraf ramenée à Mahomet qui acclame avec fierté "le succès des exécutants"[24].

De nombreuses autres têtes ont été coupées, celles du britannique David Heinz[25], de son compatriote Alan Hening[26], de l'américain Peter Kassig[27], ainsi que celles de dix-huit soldats syriens[28] et de tant d'autres. Toutes ces têtes sont tranchées au nom du Daech par l'égorgeur Mohammed Emwazi, surnommé "John", originaire du Koweït, et par d'autres miliciens.

Cependant, le fondement de cette pratique et sa légalité islamique viennent de la vie de Mahomet, *le beau modèle*, ainsi que des enseignements et des justifications qu'il a prodigués. Sans Mahomet, l'État de Baghdadi et la barbarie de Mohammed Emwazi n'auraient pas vu le jour. Si la barbarie et la décapitation sont sacrées et ont été pratiquées par l'un des plus fameux noms dans notre histoire et la personnalité la plus sacrée, pour laquelle nous, musulmans, nous nous sacrifions à tout moment, qui sommes-nous donc pour renoncer à les appliquer? Est-ce que les musulmans sont plus nobles que leur prophète pour s'abstenir de tout meurtre sous prétexte que c'est un acte barbare? Ou bien sont-ils plus dignes que les compagnons et les proches de Mahomet pour renoncer à la décapitation à cause de sa monstruosité? La sanctification de l'histoire islamique, la sacralité de la personnalité de Mahomet et la tentative de les écarter de toute critique, contribuent à freiner la lutte contre le terrorisme. Il est impossible de combattre le terrorisme sans combattre ses racines idéologiques, notamment celles qui sont sacrées et incrustées dans notre structure existentielle depuis notre naissance, et considérées comme une substance indivisible de la religion.

Daech applique les châtiments de la charia (al-hodoud)

Le 29 juillet 2015, l'Observatoire syrien des Droits de l'Homme annonce que Daech a déjà tué plus de trois mille personnes, treize mois

---

[23] Il apparaît dans une vidéo de l'EI sous le titre de *"Deuxième message à l'Amérique"*. Il est filmé d'abord en train de prononcer un discoursm puis la tête coupée.
[24] Ibn Saad, *At-Tabaqât al-kubra*, 2:33
[25] Il apparaît dans une vidéo de l'EI sous le titre de *"Deuxième message à l'Amérique"*, comme prochaine victime probable. Puis, on le montre égorgé dans une autre vidéo intitulé *"Message aux alliés de l'Amérique"*.
[26] Il est montré décapité dans une vidéo de l'EI sous le titre *"Un autre message à l'Amérique et ses alliés"*
[27] Il est montré décapité dans une vidéo de l'EI sous le titre *"N'en déplaise aux mécréants"* (Coran 9,32)
[28] Cette scène montre comment on fait parader des soldats syriens avant leur décapitation.

après l'instauration de son califat[29]. Tuerie sur les routes, exécution collective, lapidation, balancer des gens du haut des immeubles, autodafé, crucifixion, amputation de mains et de pieds, des châtiments pratiqués, consignés et filmés en vidéos par Daech. J'ai eu la nausée en les visionnant pour chercher à comprendre dans quelle mesure ces actes odieux étaient liés ou inspirés des préceptes de la charia islamique. En tant qu'ex-musulman, je voulais comprendre, d'un point de vie religieux, chacun de ces actes, en posant la question suivante: Y a-t-il un support référentiel légal - conforme à la charia - dans le Coran, la Sunna, ou les fatwas des dignitaires religieux? Autrement dit: Y a-t-il des antécédents similaires à un tel acte déjà consignés dans l'histoire islamique et justifiés légalement par des textes religieux?

Hélas, j'ai constaté que les sentences de Daech sont conformes à la charia islamique. Pour cette raison, ses responsables prennent garde, avant d'appliquer un châtiment, de lire souvent un communiqué approprié devant le public et les caméras de télévision, dans lequel ils précisent le type d'accusation et le châtiment légal prévu dans la charia. Le communiqué reprend les versets coraniques et les hadiths du prophète qui précisent la sentence. Daech ne procède jamais à l'exécution d'une sentence sans qu'il soit bien protégé par des preuves légales. Ainsi évite-t-il toute critique ou répulsion de la part de ses membres et de ses partisans. Sinon, on lui réclamerait la preuve légale, et alors des divisions ou des scissions pourraient éclater dans ses rangs. Il serait même qualifié de groupe sectaire, réfractaire, antireligieux et inventeur de châtiments non conformes à la charia. Une telle accusation équivaut par sa gravité à l'apostasie.

J'ai passé de longues heures à visionner les vidéos diffusées par les organes d'information de ce groupe, comme *Kasr al-hodoud* [Briser les frontières], *Salîl as-Sawârim* [Le brûleur des implacables], *Lahîb al-harb* [La flamme de la guerre], *Chifâ' as-sodour* [La guérison des cœurs], *Law kariha al-kâfiroun* [N'en déplaise aux mécréants], et tant d'autres publications audio-visuelles et écrites. On y observe la récitation de versets coraniques, des chants, la génuflexion des moudjahidines, leur prière, leur lecture du Coran, mais aussi comment ils tuent avec leurs mitraillettes devant les caméras. Commettent-ils de tels actes sans avoir la foi ni la conviction qu'ils sont en train d'accomplir un devoir religieux sacré? Qui leur fait croire qu'ils vont gagner le paradis coranique en participant aux

---

[29] Observatoire syrien des Droits de l'Homme, "Décapitation et exécution de plus de 170 enfants…"

amputations et aux décapitations, des actes odieux qui vont satisfaire à leur Allah? En réalité, sans les textes religieux ils n'auraient jamais acquis cette conviction.

Châtiment du voleur: amputation de la main

J'ai visionné maintes scènes où l'on ampute les mains des voleurs qui sont ensuite soignés à l'hôpital. Les juristes du groupe EI font savoir que l'amputation est faite par des spécialistes et non par des amateurs. De surcroît, ils réconfortent par la suite le voleur châtié et le consolent parce qu'il s'agit d'un musulman qui s'est soumis à la sentence d'Allah. D'où empruntent-ils cette sentence? Bien entendu du Coran, du verset qui dit: *"Le voleur et la voleuse, à tous deux coupez la main, en punition de ce qu'ils se sont acquis, et comme châtiment de la part d'Allah. Allah est puissant et sage*[30]*."* Mahomet lui-même avait appliqué cette sentence, selon sa coépouse Aïcha, à l'encontre d'une femme voleuse[31]. Un autre hadith raconte que Mahomet a amputé la jambe d'un voleur au niveau du genou[32]. Un autre hadith signale que la jambe d'une personne fut amputée au niveau du genou[33]. Mahomet a amputé la main d'un voleur et l'a attachée exprès à son cou, afin que les autres en tirent une leçon[34]. Jusqu'à nos jours, l'Arabie Saoudite applique ce châtiment sur les places publiques[35]. Ils décapitent toujours sur les places publiques[36]. Ce qui est étrange d'ailleurs, c'est que les grandes puissances qui condamnent publiquement les décapitations perpétrées par le groupe EI, continuent à entretenir des relations diplomatiques et cordiales avec l'Arabie Saoudite sans la contraindre à mettre un terme à cette pratique barbare

---

[30] Le Coran 5,38
[31] Sahih Bukhari, 6:2493. "Arwa rapporte un récit d'Aïcha que le prophète a amputé la main d'une femme".
[32] Ibn Abi Chiba, op. cit., 6:528. "Abou Bakr nous a raconté d'après Waki' qui a entendu Mayssara ben Ma'bad al-Lakhmi dire: J'ai entendu 'Adi ben 'Adi parler de Raja' ben Habwah que le Prophète lui a amputé une jambe au niveau du genou."
[33] Ce hadith est rapporté par Ahmad, at-Tirmizi, al-Bayhaqi et Abou Daoud. Ce dernier raconte dans *Sunan* 12:90: "Abd al-Rahman ben Muhayriz raconte: Nous avons interrogé Fudala ben Obayd si le fait d'accrocher la main amputée d'un voleur à son cou fait partie de la sunna. Il a répondu: On a amené une fois un voleur au messager d'Allah. On lui a coupé la main. Puis le messager ordonne qu'on l'accroche au cou de voleur." Il faut noter que ce hadith est cité dans *Sunan Abou Daoud* sous le titre: "A propos du voleur qu'on accroche la main à son cou."
[34] Qurtubi, 6:175. Explication du verset 5,38. "Le premier voleur que le messager d'Allah lui a coupé la main en islam était Al-Khiyyar ben Adi ben Nawfal ben Abd Manaf. Et la première femme était Murra bint Sofiane ben Abd al-Assad de la tribu Banou Makhzoum. Abou Bakr a amputé la main droite de celui qui a volé le collier. Omar a amputé la main du fils de Samrah, le frère d'Abd al-Rahman ben Samrah. Il n'y a pas de doute à ce propos.
[35] *Ar-Riyâd*, "Le Ministère de l'Intérieur: Application du châtiment du vol par la coupe de la main au niveau du poignet l'encontre d'un inculpé dans la région de La Mecque." 15 décembre 2015.
[36] *Sabq* (Journal en ligne): Décapitation d'un trafiquant de drogues à Riad."

qu'elle exerce publiquement comme le groupe EI, et souvent pour des accusations similaires, comme l'apostasie[37].

Daech et l'Arabie Saoudite ne constituent pas une exception dans ce contexte. Même le Code pénal du Soudan prescrit pour le voleur l'amputation de la main[38]. En Mauritanie, le Code pénal n'est pas plus tendre. L'article 351 dit:

> Le voleur sera châtié par l'amputation de la main droite au niveau du coude, par l'amputation de la jambe gauche au niveau du genou puis s'il récidive une deuxième fois, par l'amputation de sa main gauche au niveau du coude s'il récidive une troisième fois, par l'amputation de son pied droit, s'il récidive une quatrième fois, puis par le fouet et la prison, s'il récidive une cinquième fois[39].

Je ne sais pas comment un voleur, déjà amputé de ses deux mains et de ses deux pieds, peut encore voler! La Ligue des Pays arabes a même adopté l'amputation de la main du voleur dans un Code pénal unifié et approuvé par les ministres arabes de la Justice[40]. Notons ici que le niveau minimum du vol qui mérite l'amputation de la main de son auteur, n'a jamais été islamiquement défini, ni précisé. Certains l'évaluent en or à la valeur d'un quart de dinar du temps du prophète[41]. Ils disent que c'est l'équivalent d'un gramme et un quart d'or[42]. Cependant les hadiths rappellent que la valeur d'un objet volé pour lequel il faut châtier son auteur, pourrait être banale et insignifiante, comme le vol d'un œuf ou d'une corde. Ils se réfèrent à la parole de Mahomet qui aurait dit: "Que le voleur soit maudit, s'il vole un œuf, sa main sera amputée, et s'il vole une corde, sa main sera également amputée[43]."

Donc, le groupe EI ne légifère pas dans ce domaine. Il n'est pas non plus le premier à l'avoir appliqué. Mais ce sont des préceptes et des sentences bien consignés dans le Coran et la Sunna, que les États islamiques appliquent de façon disproportionnée. Certains remplacent l'amputation par la prison, non pas parce que l'islam le recommande, mais à cause des pressions internationales. D'autres adoptent des lois étrangères, comme

---

[37] *Al-Hayat*, "Condamnation en première instance d'un citoyen ayant insulté sa majesté divine."
[38] L'article 171 de la loi pénale au Soudan en date de 1991, stipule: "Celui qui commet un crime de vol sera châtié par l'amputation de la main à partir du poignet."
[39] Site du Ministère mauritanien de Justice, Le Code pénal, article 351.
[40] Ligue des Pays arabes, Le Code pénal arabe unifié, article 153
[41] Sahih Muslim, 11:151. "Aïcha rapporte que le Prophète dit: On ampute la main d'un voleur ayant volé un objet d'une valeur à partir d'un quart de dinar."
[42] Islamweb, Fatwa relative au châtiment du vol par l'amputation et son évaluation en rial qatari.
[43] Sahih Bukhari, 6: 2490

le Maroc qui s'inspire du Code pénal français. Cependant, ces pays sont qualifiés de mécréants par les islamistes, parce qu'ils appliquent une autre loi que celle d'Allah, puisque le Coran dit: *"Ceux qui ne jugent pas d'après ce qu'Allah a fait descendre, ils sont mécréants[44]."* Par contre, il y a des pays comme la Mauritanie et le Soudan qui ne tiennent pas compte de la pression internationale, puisqu'ils sont des pays isolés. D'autres, comme l'Arabie Saoudite, se moquent des pressions internationales comme des protestations des organisations des Droits de l'Homme, car ils détiennent la commande de la production du pétrole et le prix de ses dérivés. Pour cette raison, l'Arabie Saoudite préfère se plier aux préceptes de l'islam. Le châtiment de l'amputation de la main du voleur était une tradition avant l'islam[45]. Cependant, le malheur c'est que l'islam a fait de cette mauvaise tradition une religion, et l'a imposée aux gens sous une couverture religieuse. Et nous autres, nous en subissons encore aujourd'hui des conséquences désastreuses sur l'humanité. Et le groupe EI en est une.

Châtiment d'al-hirâba

Hadd al-hirârba signifie le châtiment prévu pour les bandits ou les voleurs de grand chemin. Dans ce contexte, le groupe EI publie chaque semaine les photos des apostats et ceux qui insultent la religion pour qui on a appliqué des châtiments et la peine de mort. Il applique tout particulièrement le châtiment *Hadd al-hirârba* [couper les mains et les jambes opposées] à l'encontre des accusés. Cette punition est prescrite dans le Coran: *"La récompense de ceux qui font la guerre contre Allah et son messager, et qui s'efforcent de semer la corruption sur la terre, c'est qu'ils soient tués, ou crucifiés, ou que soient coupées leur main et leur jambe opposées, ou qu'ils soient expulsés du pays. Ce sera pour eux l'ignominie ici-bas; et dans l'au-delà, il y aura pour eux un énorme châtiment[46]."*

Le groupe EI applique cette sentence aux coupeurs de routes ou les semeurs de troubles, bien que ce soit un crime très flou, difficile à définir, mais elle concerne tout délit commis par un individu qui coupe la route avec ou sans arme. Ce groupe n'est pas le seul à appliquer ce genre de châtiment, d'autres gouvernements islamiques y ont recours. L'Arabie Saoudite y a recours de temps à autre. Le 27 mars 2013, elle l'a appliquée

---

[44] Le Coran 5,44
[45] Qurtubi, op. cit., 6:175. Explication du verset 5,44. "On amputait la main du voleur avant l'islam. Le premier qui l'a ordonné en ce temps-là, c'était al-Walid Ibn al-Mughira. Alors, Allah l'a ordonnée en islam."
[46] Le Coran 5,33

à l'encontre d'un Yéménite accusé de meurtre et d'interception de route[47]. Le 4 août 2009, un chef de bandits est tué et crucifié, accusé d'avoir cambriolé des bijouteries. Ses associés ont subi l'amputation des mains et des jambes opposées[48]. Le 20 novembre 2014, deux Saoudiens accusés de viol d'une jeune fille ont goûté au même châtiment[49].

Même la loi mauritanienne prévoit ce châtiment: "Celui qui commet le délit, - couper la route -, sera sanctionné par la peine capitale, la crucifixion, ou l'amputation de la main et de la jambe opposées, ou bien par l'expulsion du pays. Tout collaborateur subira la même peine[50]." Un autre pays musulman, le Soudan, l'applique aussi. Son Code pénal stipule:

> L'auteur du crime d'*al-hirâba* sera sanctionné: a) par la peine capitale et la crucifixion pour meurtre ou viol ; b) par l'amputation de la main et de la jambe opposées pour un mal causé ou un vol d'argent [évalué à la lumière de la charia][51].

Les Ministres arabes de Justice ont adopté dans le Code pénal unifié de la Ligue des Pays Arabes la peine d'*al-hirâba,* notamment l'amputation de la main et de la jambe opposées[52].

L'on croyait que la crucifixion était un châtiment d'un passé lointain, mais hélas, il est toujours en vigueur au XXIe siècle, même à l'époque de l'Ipad, de l'Iphone et de l'Internet, puisque certains pays le pratiquent encore. Néanmoins malgré les crimes immondes commis par certains délinquants, le châtiment s'avère encore plus immonde. La communauté internationale doit condamner ce châtiment ainsi que les pays qui le pratiquent. Ce châtiment n'est pas uniquement d'inspiration coranique, mais ce qui est enseigné dans le Coran correspond exactement à ce que Mahomet a fait à l'encontre d'un groupe de nomades qui ont tué son berger et volé ses chameaux. Alors, "il les a attrapés, leur a coupé les mains et les jambes, crevé leurs yeux avec des clous chauffés. Puis il les a installés en plein soleil. Lorsqu'ils réclamaient de l'eau pour étancher leur soif, personne ne répondait à leur sollicitation[53]." Je n'ai jamais vu une

---

[47] *Ar-Riyad*, "Application du châtiment du meurtre et de crucifixion à l'encontre d'un Yéménite qui a assassiné un Pakistanais."
[48] *Okaz*, "Le meurtre et la crucifixion trois jours d'un chef d'un bande de vol d'or, et *al-hirâba* et la prison pour 22 délinquants."
[49] *France24*, Les autorités saoudiennes appliquent la sentence d'*al-hirâba* à l'encontre d'un yéménite qui a tué un Pakistanais après l'avoir violé. 28 mars 2013
[50] Ministère mauritanien de la Justice, Droit pénal, article 354
[51] Article 168 du Code pénal soudanais de 1991.
[52] Ligue des Pays Arabes, Le Code pénal arabe unifié de 1996, article 157.
[53] Sahih Bukhari, 6:2496

vidéo ni une photo de Daech qui chauffait des clous pour brûler les yeux des gens, comme le faisait Mahomet qui ne crevait pas seulement les yeux des bergers, mais qui leur amputait également les mains et les jambes et les laissait mourir de soif pour les torturer le plus possible. Certains récits disent que ces malheureux hurlaient pour obtenir une goutte d'eau, alors que Mahomet les regardait avec sadisme et leur répondait: "Le feu[54]!" Le groupe EI applique-t-il l'Islam lorsqu'il crucifie les gens? Bien entendu, il imite Mahomet, son action, ses ordres consignés clairement dans le Coran, dans des versets sacralisés jusqu'à nos jours, que les musulmans croient fermement valables pour tous les temps et tous les lieux.

Châtiment de la flagellation

Le groupe EI applique ce châtiment pour certains délits, notamment l'adultère commis par un homme célibataire, un délit appelé dans le langage de la charia islamique "le fornicateur non marié". Il est également appliqué à celui qui boit de l'alcool en public, une sanction prescrite dans le Coran: *"La fornicatrice et le fornicateur, fouettez-les chacun de cent coups de fouet*[55]*."* Ce verset stipule que cette peine soit exécutée en public et que personne ne manifeste de la pitié envers les incriminés, car il faut que les ordres d'Allah soient exécutés sans tenir compte des sentiments humains. *"Et ne soyez point pris de pitié pour eux dans l'exécution de la loi d'Allah - si vous croyez en Allah et au Jour dernier. Et qu'un groupe de croyants assiste à leur punition*[56]*."* Selon le Coran, sera châtié aussi par la flagellation celui qui accuse d'adultère "une femme chaste", une femme musulmane, sans fournir de preuve par "le témoignage de quatre personnes". Sinon, l'accusateur deviendra lui-même fornicateur et passible de flagellation, conformément au Coran: *"Et ceux qui lancent des accusations contre des femmes chastes sans produire par la suite quatre témoins, fouettez-les de quatre-vingts coups de fouet, et n'acceptez plus jamais leur témoignage. Et ceux-là sont des pervers*[57]*."* Selon les exégètes, ces versets sont ajoutés pour sanctionner ceux qui ont accusé d'adultère Aïcha, une coépouse de Mahomet, lors du fameux événement connu sous le nom: *"la sortie de l'Ifq."* Aïcha elle-même raconte cet épisode: "Lorsque le messager d'Allah a appris les faits et mon innocence, il a ordonné qu'on flagelle les deux

---

[54] Qurtubi, 6: 158. Explication du verset 5,33.
[55] Le Coran 24,2
[56] Idem
[57] Le Coran 24,4

hommes et la femme qui ont propagé une rumeur fausse et sournoise[58]." C'est ainsi que Mahomet a flagellé deux hommes et une femme ayant accusé Aïcha d'adultère, parmi lesquels figure son poète préféré, Hassân ibn Thâbit.

Une autre faute est également sanctionnée par la flagellation, bien que le Coran n'en dise rien, c'est la consommation d'alcool, et c'est la Sunna qui en donne la preuve. En effet, Mahomet a fouetté des consommateurs d'alcool à Médine et ses califes ont fait de même. "Mahomet a fouetté quarante individus, Abou Bakr quarante et Omar quatre-vingts[59]." Il semble que le calife Omar a doublé la peine pour combattre ce délit.

Les auteurs des hadiths ne mentionnent pas seulement la sanction de flagellation, mais aussi les instruments utilisés. Anas, un serviteur de Mahomet, dit: "Le messager d'Allah a fouetté les consommateurs d'alcool avec les branches des palmiers et les chaussures[60]." L'Arabie Saoudite flagelle des milliers de personnes chaque année, au point que le quotidien *Ar-Riyad* note que l'application de cette sanction vient d'atteindre son plus haut niveau, puisqu'un tribunal a condamné un accusé à quarante-mille coups de fouet[61], étalés, bien entendu, sur des semaines. Donc, la durée de l'exécution de la peine peut s'étaler sur plusieurs années. La dernière condamnation à 1000 coups de fouet qui a indigné et suscité la condamnation de la communauté internationale, c'est celle prononcée contre le bloggeur Ra'if Badaoui. Accusé d'apostasie et d'insulte à l'islam, le tribunal de la *charia* l'a condamné à mille coups fouets, étalés sur vingt séances hebdomadaires de flagellation, à dix ans de prison, à une amende d'un million de riyals (266 000 $) et à l'interdiction de voyage pendant dix ans à compter de la date d'expiration de sa peine de prison[62]. Son crime c'est qu'il a osé défendre sur son blog le libéralisme et critiquer certains enseignements en islam. La première de ces séances de 50 coups de fouet eut lieu le vendredi 9 janvier 2015 en public devant la mosquée d'Al-Jifâli à Djeddah, juste après la fin de la prière de vendredi[63]. Cette scène macabre s'est déroulée dans un cadre sécuritaire extrême avec interdiction de prendre des photos ou de filmer. Toutefois, certains individus ont réussi

---

[58] Ce hadith est cité dans *Sunan Abi Daoud*, mais aussi par At-Tirmizi, et dans *As-Sunan al-kubra* d'Al-Bayhaqi, 12: 499
[59] Sahih Muslim, 11:181. Livre des Châtiments: "Le châtiment de l'alcool."
[60] Musnad Ahmad, 3:955.
[61] *Ar-Riyad*: "Le châtiment de flagellation atteint un chiffre astronomique."
[62] France 24: L'Arabie Saoudite confirme la condamnation du bloggeur Ra'if Badaoui à la flagellation et à la prison.
[63] *Al-Hayat*, "Djedda: Devant une présence policière… le fondateur d'un site électronique a été flagellé."

à filmer Ra'if Badaoui, de taille frêle et fragile, recevant les cinquante coups de fouets de la part de la police religieuse et souffrant terriblement. C'était une scène insupportable, cruelle, rappelant les pratiques barbares du Moyen Âge.

De nombreux pays ont condamné ce genre de châtiment. Même le Parlement Européen a sommé l'Arabie Saoudite de cesser immédiatement ces flagellations. Le Président de ce Parlement, Martin Schulz, a adressé un discours très ferme aux autorités de ce pays:

> Il nous est impossible de trouver une différence entre les opérations de décapitation par Daech et le châtiment de flagellation ou de la peine capitale que pratique l'Arabie Saoudite sur une place publique[64].

Même le quotidien britannique, *The Independent,* a, lui aussi, critiqué durement le régime saoudien quant à ce procès. Il a comparé l'attitude de la Grande Bretagne à l'égard de l'Arabie Saoudite, notamment son silence assourdissant à propos de ces crimes, comme prémonitoire d'une future collaboration avec le groupe EI.

> Il serait affreux que la Grande Bretagne soit amenée un jour à reconnaître le régime du Califat de l'EI, de lui vendre des armes et de profiter de ses investissements. Puis elle lui présenta de façon très courtoise sa désapprobation à propos de la pratique de la décapitation... Ceci n'est pas plus affreux que l'entretien de relations officielles avec l'Arabie Saoudite qui suit une religion barbare n'acceptant aucune scission ni contestation. Ce pays pratique une peine capitale à application immédiate en cas d'apostasie. Il est même déterminé à diffuser le puritanisme wahhabite hors de ses frontières. C'est ainsi que l'Arabie Saoudite ne diffère en rien du groupe État islamique[65].

Les preuves sont nombreuses sur la propagation de cette peine dans les sociétés musulmanes. Les individus y croient en dépit de son inapplication dans maints États musulmans. Cependant, dès que des émeutes politiques éclatent, on réclame immédiatement son application, exactement comme ce qui se passe actuellement en Libye, ce qui s'est passé autrefois en Afghanistan du temps des Talibans, et ce qui se passe de nouveau dans les régions occupées maintenant par l'EI.

Rappelons que le châtiment de flagellation existe dans d'autres pays musulmans. Le Code pénal soudanais de 1991 autorise la flagellation

---

[64] Deutsche Welle, en arabe: "Le Parlement européen demande à l'Arabie Saoudite d'interdire la flagellation."
[65] *The Independent,* "UK, ministers have started to defend Saudi Arabia's flogging of Raïf Badawi..."

des enfants en vue de leur correction, à condition que le nombre des coups de fouet ne dépasse pas le nombre de vingt[66]. À propos de l'alcool, l'article 78 dudit Code prévoit "vingt coups de fouet pour celui qui en consomme, l'autorise ou le produit, s'il est musulman[67]." La peine du délit d'adultère commis par les célibataires, prévoit dans l'article 146 "cent coups de fouet pour celui qui n'est pas marié[68]." Reste la peine de celui qui lance de fausses rumeurs pour diffamer les femmes vierges, l'article 157 lui prescrit "quatre-vingts coups de fouet[69]".

Le Code pénal mauritanien, prescrit pour le délit d'adultère "cent coups de fouet en public et une année de prison avec l'expulsion[70]", "quatre-vingts coups de fouet pour le consommateur d'alcool[71]" et la même peine pour le diffuseur de mauvaises rumeurs sur les femmes vierges[72].

De même, le Code pénal unifié de la Ligue Arabe prescrit la peine de flagellation dans des cas spécifiques[73].

Ce ne sont que des exemples simples et précis. Cependant, les fatwas décrétées par les juristes et les imams sont innombrables. Il suffit de cliquer sur le moteur de recherche Google pour découvrir des centaines de sites qui diffusent des fatwas à ce sujet et qui sont bien documentées, détaillées, conformément aux préceptes de la charia islamique. En revanche, toute tentative de condamner ou d'incriminer le groupe EI, en disait qu'il n'a rien à faire avec l'islam, est un échec fatal, pour la seule raison que tous ces pays qui appliquent ces châtiments les puisent dans les mêmes sources que le groupe EI. Alors, pour être sérieux, il est indispensable de revoir les racines de ces châtiments, leurs sources et les raisons de leur adoption par les gouvernements des pays musulmans, mais aussi par le groupe EI, au lieu de fourvoyer et de faire des raccourcis, en déniant à ce groupe toute appartenance à l'Islam, et en réservant cette qualité aux pays musulmans qui appliquent, dans une large mesure, ce qu'il fait.

---

[66] L'article 47 du Code pénal soudanais de 1991 stipule que "la flagellation en vue de corriger l'inculpé est possible pour ceux qui ont atteint l'âge de dix ans, mais sans jamais dépasser les vingt coups."
[67] Code pénal soudanais de 1991, chapitre 2, article 78
[68] Code pénal soudanais de 1991, chapitre 2, article 157
[69] Idem
[70] Site du Ministère mauritanien de Justice, Code pénal, article 307
[71] Idem, article 341
[72] Idem
[73] L'article 149 de ce Code pénal unifié réclame "40 coups de fouet pour le consommateur d'alcool" (art.149), "80 pour le diffuseur de rumeurs" (art. 144), "100 pour l'adultère" (art. 141). L'article 167 explique la procédure à appliquer dans ce domaine à un homme ou à une femme.

Châtiment de la lapidation

La lapidation est l'une des plus importantes peines islamiques que le groupe EI a remise en pratique. Il a diffusé une vidéo qui exacerbe les esprits et donne la nausée. Il y montre certains de ses miliciens en compagnie d'une femme et de son père. Celui-ci refuse de lui pardonner alors qu'elle le supplie de le faire avant qu'elle soit lapidée. Les membres de l'EI lui demandent de faire un acte de repentance avant de passer dans l'autre vie. Ils l'ont enchaînée et lapidée à mort dans la région au nord de la ville de Hama en Syrie. Ce fut le premier cas dans cette région[74]. Début janvier 2015, ce même groupe a diffusé des photos de ses miliciens lisant un communiqué autour d'une femme couverte d'un *niqâb*. Puis on montre son cadavre après sa lapidation dans la province de Ninive[75]. La même sentence fut appliquée à l'encontre de plusieurs femmes à Raqqa, Deir ez-Zour et Tabaqa, sur un marché populaire après la prière du soir. Ils ont procédé à une lapidation à Raqqa, mais cette fois-ci ils ont amené un véhicule spécial plein de pierres pour faciliter la lapidation d'une femme sans avoir la peine d'aller les ramasser. Cette opération s'est déroulée sur le stade sportif de la ville, selon l'Observatoire syrien des Droits de l'Homme[76]. En somme, durant les cinq derniers mois de 2014, cette organisation a procédé à la lapidation de douze femmes[77].

En Somalie, le mouvement des moudjahidines, les Chabab, ont lapidé une femme en septembre 2014[78]. Le 14 décembre 2014, une autre organisation islamique en Somalie, dite le Parti de l'Islam, a lapidé un homme de 48 ans, Mohammad Aboukar Ibrahim. On l'a installé dans une fosse jusqu'au cou avant que le processus de lapidation à mort soit déclenché à la vue des habitants de son village *Avkoï*, situé à 50 km de la capitale Mogadishu[79]. La lapidation est appliquée dans d'autres régions contrôlées par des islamistes. En 2011, le mouvement des Taliban a lapidé deux personnes pour cause d'adultère. La scène, filmée sur vidéo, a été retransmise sur plusieurs sites et organes de presse[80].

---

[74] *Alarabiya.net*, Vidéo: "Daech lapide une femme accusée d'adultère dans la banlieue de Hama."
[75] *Al-Quds al-arabi*, Le groupe EI continue a semé les horreurs sur internet.
[76] Observatoire syrien des Droits de l'Homme, "Le groupe EI lapide une femme accusée d'adultère."
[77] CNN en arabe, l'Observatoire enregistre douze cas de lapidation pour cause d'adultère en cinq mois.
[78] *Ar-Riyad*, "Lapidation d'une femme à mort à cause de son mariage discret avec quatre hommes."
[79] *Daily Mail*, "Pictured: Islamic militants stone man to death for adultery in Somalia as villagers are forced to watch."
[80] *The Telegraph*, "Shocking footage emerges of Taliban stoning couple to death."

La lapidation est un châtiment islamique bien connu. Le Coran ne la mentionne pas, mais les musulmans croient qu'elle y était avant d'être abrogée, puisque le second calife Omar a dit:

> Allah a envoyé Mahomet pour la vérité et lui a révélé un livre dans lequel se trouvait le verset de lapidation. Nous l'avons lu et appliqué. Le messager a lapidé, et après lui nous avons lapidé aussi. Je crains qu'un certain temps ne passe et que quelqu'un dise: Au nom d'Allah, on ne trouve plus le verset de lapidation. Alors les gens s'égarent en laissant tomber un précepte révélé par Allah[81].

Bukhari rapporte qu'un homme est venu voir Mahomet et avoué avoir commis l'adultère. "Est-ce que tu souffres d'une folie quelconque?", lui demande le messager. Non! lui répond le visiteur. Alors Mahomet dit à ceux qui sont autour de lui: "Prenez-le et lapidez-le[82]!" Mahomet a également lapidé deux juifs, lorsque l'un d'entre eux lui a demandé quelle était la sentence de l'adultère[83]. Un vendredi, il a aussi lapidé un homme de la tribu *Aslim*, nommé Mâ'iz ben Mâlik[84]. Suite à cette peine, il dit dans son prêche: "Chaque fois qu'on se lance dans une invasion, il y a quelqu'un qui harcelait nos femmes. Je ne dois plus amener quelqu'un avec moi qui se comporte ainsi, sans le châtier[85]." Un hadith bien connu relate comment Mahomet a condamné à la lapidation une femme, appelée *al-Ghâmidîya*. On observe des cas similaires chez l'EI. Cette femme a reconnu son adultère devant Mahomet et lui a demandé de la purifier de son péché, lui disant qu'elle était enceinte. Il lui a ordonné de revenir le voir après l'accouchement.

> Elle revient plus tard portant son bébé. Elle lui dit: - Voici l'enfant que je viens d'avoir. Mahomet lui dit de nouveau: - Vas-y et allaite-le! Après le sevrage, tu reviendras me voir!" Quelques mois plus tard, elle sèvre son bébé et revient voir Mahomet: - Ô messager d'Allah! Voici le bébé, il est déjà sevré et commence à manger! Alors, Mahomet prend le bébé et le donne à un musulman. Puis il ordonne aux gens de lapider sa mère. Khâlid Ibn al-Walîd est venu avec une pierre et la lance sur sa tête. Le sang jaillit et lui éclabousse le visage. Alors, il l'insulte[86].

---

[81] Sahih Bukhari, 6:2504. Livre des combattants: "Lapidation de la femme enceinte pour adultère…"
[82] Idem, 6:2621. Livre des sentences: "Celui qui a porté un jugement dans la mosquée et a décrété que le châtiment légal s'applique, ordonne [que le coupable] soit tiré de la mosquée pour que le châtiment soit appliqué."
[83] Le fils d'Omar a rapporté: "Le messager d'Allah a lapidé deux juifs pour adultère, un homme et une femme que les juifs ont amené devant lui." Sahih Muslim, 11:172. Livre des châtiments: "Lapidation des juifs, des Dhimmis, pour cause d'adultère."
[84] Sahih Bukhari, 6:2502. Livre des combattants. "L'imam dit-il à l'accusé: As-tu touché ou fait un clin d'œil?"
[85] Sahih Muslim, 11:161. Livre des châtiments: "Celui qui reconnaît avoir commis l'adultère."
[86] Idem

L'ayant entendu, Mahomet lui interdit de l'insulter, car cette femme s'est repentie et s'est purifiée de ses péchés en acceptant la peine de lapidation qu'elle venait de subir.

Maint exemples révèlent que Mahomet a appliqué la lapidation à des personnes bien connues. Il a une fois ordonné à un certain *Anis* d'aller lapider une femme adultère. "Anis s'en va et lapider la femme en question[87]."

Le calife Ali a lapidé une femme un vendredi: "Je l'ai lapidée selon la Sunna du messager d'Allah[88]." Cette Sunna dit: "On flagelle la femme vierge et on l'expulse, et celle qui a perdu sa virginité (divorcée ou veuve), on la flagelle et la lapide[89]." Omar, le deuxième calife, dit: "Le messager a lapidé et nous lapidons après lui[90]." Donc, les califes ont appliqué la Sunna du Messager. Ils ont lapidé comme lui. Un consensus à ce propos est établi entre tous les compagnons. Ibn Qudâma [un hanbalite du XIIe siècle, né à Naplouse, en Palestine] considère que "la lapidation était en vigueur du temps de Mahomet, ce qui est confirmé par la fréquence des cas, comme par ses compagnons[91]." Il ajoute que "c'est le consensus des croyants, des oulémas, des compagnons qui, tous prônent la lapidation pour adultère commis par un homme ou une femme, hormis les *Khawaridjs*[92]."

Les Sunnites comme les Chiites prônent la lapidation. Dans l'Iran chiite, l'article 83 du Code pénal prévoit ce châtiment. Entre 1979 et 2009, ce pays a lapidé trente individus identifiés[93], sans compter le nombre des inconnus. Au Soudan sunnite, ce châtiment est également en vigueur[94]. La Mauritanie sunnite le prévoit dans son code pénal de 1983:

> Tout contrevenant, homme ou femme, confirmé par quatre témoins, par l'aveu ou par le fait d'être enceinte, sera passible de cent coups de fouet en public, d'emprisonnement avec expulsion pour un an s'il est vierge, et de lapidation à mort en public, s'il est divorcé ou veuf[95].

Au Qatar, la lapidation n'est pas en vigueur, mais le site Islamweb du Ministère qatari des Affaires religieuses prône ce châtiment et le promeut dans une fatwa datée du 14 septembre 2014:

---

[87] Sahih Bukhari, 2:959. Livre de la réconciliation. "S'ils se réconcilient injustement, leur réconciliation est invalide?"
[88] Idem, 6:2498. Livre des combattants: "La lapidation de celui qui est marié.".
[89] Sahih Muslim, 11:159. Livre des châtiments: "Le châtiment de l'adultère."
[90] Idem, 11:159. Livre des châtiments: "La lapidation d'une femme divorcée ou veuve en cas d'adultère."
[91] Ibn Qudâma, *Al-Mughni*, 12:307
[92] Idem
[93] Kusha HR, Ammar NH (2014) Stoning Women in the Islamic Republic of Iran: Is it Holy Law or Gender Violence. Arts Social Sci J 063: 5. Doi: 6200.1000063-2151/10.4172
[94] Article 146 du Code pénal soudanais de 1991
[95] Site du Ministère mauritanien de Justice, Code pénal mauritanien, art. 307

> L'origine de la lapidation ne se trouve pas seulement dans les Hadiths, mais Allah...l'a ordonnée dans un verset qu'on récitait du temps du messager. Puis, sa prononciation fut abrogée mais son effet demeure. Son application est toujours en vigueur jusqu'au jour de la résurrection[96].

Le Qatar, comme l'Arabie Saoudite, croit fermement en la pérennité de ce châtiment depuis Mahomet et jusqu'au jour de la Résurrection. Cependant, l'on pose la question au Qatar: Pourquoi n'avez-vous pas le courage de l'appliquer chez vous?

Sur le site officiel de l'institution des Fatwas en Jordanie, la fatwa 752 dit: "Le châtiment de lapidation est pour l'adultère vierge, et la flagellation pour l'adultère non vierge[97]." Même sur le site officiel saoudien de la Présidence des Recherches et des Fatwas, on s'interroge sur la validité de la lapidation en islam. Une fatwa confirme ce qui suit: "Il est bien établi dans la charia islamique que la lapidation est le châtiment de l'adultère, homme ou femme, en parole comme en acte[98]." En outre, le Code pénal arabe unifié adopté par la Ligue des Pays arabes, approuvé par tous les ministres de Justice, stipule: "L'auteur d'adultère sera châtié par lapidation à mort[99]."

Ces preuves, si nombreuses, confirment que l'EI n'a pas le monopole du châtiment de lapidation et ne le considère pas comme incompatible avec l'islam et ses enseignements. Ce qu'il applique sur le terrain, fait partie intégrante du patrimoine islamique. Certains le reconnaissent et l'appliquent, comme l'EI, d'autres le reconnaissent mais ne l'appliquent pas, au prétexte que les circonstances ne leur permettent pas. C'est le cas du Qatar, de la Jordanie, de l'Arabie Saoudite et d'autres pays membres de la Ligue arabe. Ces pays attendant des moments favorables pour sa mise en application. En revanche, l'EI est logiquement plus conséquent. Il applique ce qui est prescrit dans l'islam. Donc, il n'est pas étrange que les jeunes le rejoignent avec conviction, puisqu'ils sont conscients que des pays islamiques reconnaissent les préceptes de la charia islamique, ne dénigrent pas les châtiments prescrits, mais ne les appliquent pas sur le terrain.

---

[96] Islamweb, Fatwa: "Les avis des oulémas confirmant le châtiment de lapidation."
[97] L'institution publique des Fatwas, "La lapidation concerne-t-elle l'adultère veuf (ve) ou divorcé(e)?", Fatwa 752
[98] *Revue des Recherches islamiques*, Fatwa 1883, Première collection, vol.22, p. 27-30
[99] Ligue des Pays arabes, Le Code pénal unifié, 1997, article 141

Châtiment terrible des homosexuels

L'autre châtiment qui n'est pas moins abject que la lapidation, c'est celui que l'EI applique aux homosexuels. De nombreux cas sont relevés. Le châtiment consiste à jeter les homosexuels du haut des toits des immeubles. En effet, l'inculpé, mains et pieds menottés, yeux bandés, est amené sur le toit de l'immeuble le plus haut en ville. De là, on le pousse dans le vide. C'est le châtiment le plus abject et le plus barbare appliqué au XXIᵉ siècle. Les miliciens de l'EI en sont fiers. Ils filment la scène et la diffusent sur leurs comptes Twitter. Le 24 août 2015, le Conseil de sécurité de l'ONU a tenu une séance "historique", sur les attaques du groupe EI visant les homosexuels. Des témoignages très émouvants sont écoutés. Jessica Stern, directrice de la Commission internationale de droits de l'homme pour gays et lesbiennes, déclare que le groupe EI a déjà exécuté plus de trente individus accusés "d'actes similaires au peuple de Loth"[100]. Sobhi Nahas, un syrien originaire d'Idlib, l'un des témoins invités à cette séance, fait savoir que "le groupe EI jette les homosexuels du haut des immeubles ou les installe sur des places publiques pour être lapidés à mort par la foule[101]."

En décembre 2014, le groupe EI dans la *Wilayat de l'Euphrate* diffuse des photos d'un jeune homosexuel balancé du haut du toit d'un immeuble avec le communiqué suivant:

> À l'instar du premier calife de musulmans, Abou Bakr, le Tribunal islamique de la province de l'Euphrate [incluant des régions en Syrie et en Iraq sous le contrôle de Daech] a condamné un homme qui a commis le même acte que les gens de Loth. Il a été jeté du plus haut point en ville et achevé par la lapidation à mort[102].

En juillet 2015, le groupe EI diffuse un reportage illustré sur la condamnation d'un homme accusé du même délit que les gens de Loth. Il est balancé du haut d'un immeuble dans la wilayat de Ninive. Le 22 juin 2015, un homme, accusé d'homosexualité, est balancé du haut d'un immeuble dans la wilayat d'*Al-Khayr*. La même sentence a concerné, dans la wilayat *al-Jazeera*, un jeune pour la même inculpation, le 2 mai 2015.

---

[100] France 24, "Séance historique" du Conseil de Sécurité de l'ONU consacrée aux attaques du groupe Etat islamique contre les homosexuels.
[101] Deutsche Welle en arabe, "Séance historique du Conseil de Sécurité sur la persécution des homosexuels par Daech."
[102] CNN en arabe, "Vidéo: Daech condamne un homosexuel en le jetant d'un endroit très haut et en le lapidant par la suite.

On peut citer de nombreux autres cas, au cours desquels on pratique la décapitation par l'épée, comme à Ninive le 14 février 2015, la lapidation à mort de deux jeunes syriens près de Homs le 22 avril 2015, la propulsion de deux jeunes du haut d'un immeuble à Palmyre le 5 juillet 2015 inculpés pour le même délit que les "Gens de Loth"[103].

Où le groupe EI emprunte-t-il ces sentences? Pourquoi diffèrent-elles d'un endroit à l'autre ou d'une personne à l'autre?

D'abord, il faut souligner que tous ces châtiments conduisent au meurtre, la seule différence résidant dans la manière d'opérer. Cependant, toutes les écoles juridiques islamiques sont unanimes pour condamner à mort tous les homosexuels en l'absence de toute mention à ce propos dans le Coran. Ce livre parle seulement du châtiment qu'Allah administre aux gens de Loth qui ont commis la turpitude [sous-entendu l'homosexualité][104]. Ce châtiment est assimilé à des pierres descendues du ciel sur eux et appelées *la pluie divine*, c'est-à-dire le châtiment qui a inspiré aux musulmans la lapidation des homosexuels, applicable soit de façon isolée, soit en balançant l'inculpé d'un haut lieu. Si on épluche les hadiths, on trouve la parole de Mahomet qui dit: "Lorsque vous trouvez celui qui fait le même acte que les gens de Loth, tuez l'acteur actif et l'acteur passif[105]." D'ailleurs, c'est ce hadith que le groupe EI met en lumière dans son reportage sur les deux jeunes tués dans le wilayat de Homs. En fait, ces deux jeunes se sont trouvés ensemble lors de leur arrestation. Le hadith en question est utilisé ici pour justifier la sentence de la peine capitale.

Dans un autre hadith, Mahomet dit: "Lapidez celui qui est en haut et celui qui est en bas! Lapidez les deux à la fois[106]." Ceux qui recourent uniquement à la lapidation s'appuient sur ce hadith. Ceux qui jettent les "inculpés" du plus haut immeuble de la ville, se réfèrent aux avis de certains symboles islamiques comme Ibn Abbâs, qui répond à la question: "Quel est le châtiment qu'il faut administrer à un homosexuel? On regarde le bâtiment le plus haut dans le village et de là on le balance. Puis, on l'achèvera par la lapidation[107]." Ibn Taymiya est encore plus explicite:

---

[103] L'Observatoire syrien des Droits de l'Homme, "Le groupe EI exécute la première opération "jeter quelqu'un d'un haut endroit à Palmyre".
[104] Coran 27,54-58 ; 7,80-84 ; 26,160-173
[105] Musnad Ahmad, 1:494 ; Sunan at-Tirmizi, 4:627
[106] Sunan Ibn Maja, 2:856. Livre des châtiments: "Châtiment de celui qui fait comme les gens de Loth."
[107] Bayhaqi, *As-Sunan al-kubra*, 12:460. Livre des châtiments: "Ce qui est dit à propos du châtiment de l'homosexualité."

XIII ❧ Daech et Mahomet L'égorgement et l'autodafé des mécréants sont licites — 315

> Les compagnons sont unanimes sur la peine de mort à infliger à un homosexuel, mais ils ont varié dans la méthode. On dit que le calife Abou Bakr a ordonné son autodafé. Un autre voulait uniquement qu'il soit tué. Un troisième préconisait qu'on détruise un mur sur lui et qu'il meure sous les décombres. D'autres prônaient qu'il soit jeté du haut d'un mur et qu'on le lapide par la suite, comme Allah avait fait avec les gens de Loth. C'est cet avis que les anciens ont suivi. Ils avaient dit: Allah a lapidé les gens de Loth. Il a également prescrit la lapidation de l'adultère à l'exemple de celle des gens de Loth[108].

Les compagnons étaient donc unanimes sur la peine de mort avec quelques variantes quant à la procédure. D'autres ont préconisé que les homosexuels soient incarcérés dans un endroit pestilentiel et y finissent leur vie étouffés par des odeurs infectes. C'était l'avis d'Abdallah ben al-Zubayr. Quant aux califes Ali et Abou Bakr, ils penchaient davantage pour l'autodafé[109].

À la question adressée au cheikh saoudien, Mohammad Salih al-Munajjid, responsable du site "L'islam: Question et réponse": Quel est le châtiment de l'homosexualité? Y a-t-il une différence entre l'agent actif et l'agent passif?", la réponse est:

> La sentence de la peine de mort a requis l'unanimité des compagnons et des successeurs de Mahomet, y compris les califes dits *Rachidines*, sans exception. Ils l'ont tous appliquée, avec des variantes dans la procédure[110].

Puis il ajoute:

> Il est établi que Khalid Ibn al-Walid a trouvé dans un endroit en Arabie un homme qui forniquait avec un autre, comme avec une femme. Il a écrit à Abou Bakr as-Siddîq et lui demanda conseil. Après consultation d'autres compagnons, Ali ben Abi Talib, étant le plus intransigeant, dit: Seule une nation a commis de tels actes et vous savez comment Allah l'a châtiée. Je ne vois que l'autodafé. Alors, Abou Bakr en informe Khalid qui a brûlé l'inculpé[111].

Al-Hâfiz al-Munziri, un cheikh égyptien du XIIIᵉ siècle, a noté: "Les homosexuels ont été brûlés sur ordre d'Abou Bakr, de Ali, d'al-Zubayr et de Hicham Ibn Abd al-Malik, après leur décapitation avec l'épée ou

---

[108] Ibn Taymiya, Collection des Fatwas, 28:335
[109] La jurisprudence selon les quatre écoles juridiques, 5:123
[110] L'Islam, Question-réponse, "Le châtiment de l'homosexualité", fatwa 38622
[111] Idem ; Ibn Qudâma, *Al-Mughni*, 12:415

leur lapidation[112]." Seule l'école hanafite ne prône pas la peine de mort[113], puisque l'exception confirme la règle.

Le groupe EI n'est pas le seul à insister pour tuer les homosexuels. Des pays musulmans ont adopté cette peine dans leur code pénal. L'article 308 du Code pénal mauritanien précise: "Si des témoins confirment qu'un musulman a commis le crime d'homosexualité, celui-ci sera châtié par la lapidation en public[114]." L'article 148 du Code pénal soudanais de 1991 incrimine tout "acte de sodomie"[115] et précise:

> Est considéré comme pratiquant un crime de sodomie, tout homme qui fait entrer son sexe dans l'anus d'une femme ou d'un autre homme, ou qui aide un autre homme à faire pénétrer son sexe dans son anus à lui. Celui qui est incriminé de cet acte, recevra 100 coups de fouet ou une incarcération pendant cinq ans. S'il récidive, il aura le même châtiment. Mais s'il récidive une troisième fois, il sera condamné à la peine capitale ou à la prison à vie[116].

Donc, la peine de mort pour les homosexuels est une règle islamique. Certains pays musulmans ne l'appliquent pas, non pas parce que l'islam interdit son application, mais parce qu'ils font partie d'une communauté internationale qui les contraint à renoncer à des lois de sauvages. Ainsi échappent-ils à des problèmes juridiques, diplomatiques et surtout économiques. Pour cette raison, le Maroc ne prévoit pour les homosexuels qu'une peine allant de trois mois à trois ans de prison[117]. C'est une peine plus importante que celle prévue pour l'adultère. Elle ne dépasse en aucun cas une période d'un an de prison[118]. La raison de cette différence avec les autres pays musulmans, c'est, d'une part la présence coloniale de la France au Maroc dans le passé, et d'autre part la difficulté d'élaborer une loi qui s'appuie exclusivement sur l'islam dans le cadre des relations internationales de ce pays qui s'efforce d'améliorer sa réputation dans le respect des droits de l'homme. Les pays islamiques qui n'adoptent pas des lois incompatibles avec l'islam, mais des lois du droit positif, ne le font pas de bon cœur. Ils se trouvent contraints de respecter les résistances

---

[112] La jurisprudence selon les quatre écoles, 5:123
[113] L'école hanafite dit: "Pas de châtiment pour l'homosexualité. Il faut excuser, selon l'avis de l'imâm." Voir: La jurisprudence selon les quatre écoles, 5:122.
[114] Site du Ministère mauritanien de Justice, le Code pénal, article 308
[115] Jusqu'à nos jours, les musulmans ne donnent pas à leurs enfants le prénom de Loth, car il est associé dans la conscience collective à l'homosexualité.
[116] L'article 148 du Code pénal soudanais de 1991
[117] Ministère marocain de Justice et des Libertés, Code pénal, chapitre 489
[118] Idem

et les pressions internationales. Cependant, si l'occasion se présente, il est sûr et certain que le retour en arrière, même jusqu'à l'époque de Mahomet, devient très plausible. Tuer les homosexuels est, de la part du groupe EI, une pratique qui remonte à l'époque de Mahomet et se perpétue jusqu'à nos jours. Le groupe EI n'invente rien, mais revivifie la Sunna de Mahomet, de ses successeurs ainsi que des oulémas de l'islam. Alors, avant de condamner le groupe EI, nous devons nous attaquer aux sources auxquelles il puise son idéologie.

Châtiment de l'autodafé

Une vidéo prouve que le groupe EI a franchi un nouveau palier dans l'horreur ; c'est celle qui montre le pilote jordanien Maaz al-Kassasbeh en train de brûler vif dans une cage, et affirmant qu'il s'agissait du pilote jordanien capturé après le crash de son F-16 en Syrie le 24 décembre 2014. Cette vidéo, produite par l'institut *Al-Furqân*, l'une des agences médiatiques du groupe EI, porte le titre "Guérir les poitrines", une appellation tirée d'un verset coranique qui dit : *"Combattez-les. Allah, par vos mains, les châtiera, les couvrira d'ignominie, vous donnera la victoire sur eux et guérira les poitrines d'un peuple croyant*[119]*."*

Dans ce contexte, le message que l'EI cherche à diffuser est bien affiché, c'est le combat, la torture des ennemis, la guérison des poitrines des croyants. Ainsi se vengent-ils de leurs ennemis par la torture et le châtiment. Commentant ce verset, Tabari met l'accent sur sa finalité. "Le combat, écrit-il, guérit le mal qui ronge les cœurs d'un peuple qui croit en Allah et en son messager. Allah vous aide à tuer, par vos mains, les polythéistes, qui pratiquent la servitude et la répression[120]." Nul doute que le groupe EI cherche à effrayer les ennemis et à guérir les poitrines de ses partisans de la haine qui est dans leurs cœurs et l'exaspération qui s'enflamme dans leurs poitrines à cause des frappes de la coalition sur leurs positions. C'est pourquoi Maaz al-Kassasbeh est considéré comme une proie très précieuse entre leurs mains et le meilleur symbole pour transmettre leur message.

Le 24 décembre 2014, l'avion du jeune pilote jordanien est abattu[121], au moment où il tentait de se sauver après une panne technique survenue

---

[119] Le Coran 9,14
[120] Tabari, op. cit., 10:64
[121] Alarabiya.net, "Daech abat un avion jordanien et capture son pilote".

sur sa machine ou suite à un tir de missile sol-air[122]. Le jeune pilote atterrit dans l'Euphrate, dans une région contrôlée par l'EI. Les photos diffusées sur internet et les comptes sociaux personnels des partisans de l'EI, montrent les miliciens à genoux, remerciant Allah de leur avoir facilité la capture de cette proie. Sur une première photo, on lit: "Les soldats de l'EI rendent hommage à Allah à genoux après la capture du pilote jordanien mécréant." Le mot "mécréant" ici est très significatif. Il implique le châtiment qu'il va subir ultérieurement. Sur une autre photo il est écrit: "Ce sont les premières photos de l'apostat pilote jordanien, capturé suite à la destruction de son avion." Puis, on montre sa carte d'identité, les objets qu'il portait sur lui. Enfin, on ajoute la procédure de son autodafé le 3 février 2015. Or, il est fort probable que la date de l'exécution ait eu lieu un mois plus tôt, selon les estimations de certains analystes. La vidéo de 23 minutes comprend un préambule sur l'agression menée contre le groupe EI par les pays de la coalition, notamment la Jordanie. Puis viennent les aveux du pilote sur les détails de l'opération dont il était chargé. À la fin, on annonce les noms et les grades des pilotes jordaniens, ainsi que leurs adresses, avec l'annonce d'une récompense de cent dinars pour celui qui en tue un.

Il apparaît que la procédure de l'autodafé de ce pilote a été filmée avec une très haute compétence professionnelle. On voit Maaz s'approcher de l'endroit où l'exécution aura lieu. Il y observe les soldats et la destruction des positions de l'EI, pour lui faire voir l'effet du bombardement des forces de la coalition dont fait partie son pays, et lui aussi, en tant que pilote. Suit ensuite un flashback sur la destruction et les enfants tués, ainsi que les victimes brûlées par les bombes, pour lui montrer que le châtiment qui l'attend ressemble à ce qu'il a fait. Dans une cage avec le signe X, on montre Maaz, frottant ses pieds, ses vêtements mouillés de produits inflammables. Il baisse sa tête en "signe de repentir" pour ce qu'il a fait.

Il semble que le tournage a nécessité maintes répétitions. C'est ainsi que Maaz ne savait pas, d'après ce qui ressort de cette vidéo, qu'il allait mourir brûlé vif, puisqu'il n'a manifesté aucune résistance. Il est probable qu'on lui avait dit qu'il s'agissait d'un simple tournage de menace et de pression pour faciliter les négociations avec la Jordanie. En répétant le tournage maintes fois, il paraît très clair qu'il fut certainement surpris au

---

[122] L'armée américaine exclut la chute de l'avion par le groupe EI, tandis que ce dernier déclare dans les images diffusées qu'il a abattu l'avion par un missile. Deutsche Welle: "Daech capture le pilote jordanien mais n'a pas abattu son avion."

moment où le feu a été allumé. Sinon, il aurait néanmoins lancé un cri de détresse ou tenté de résister à l'intérieur de la cage avant que le feu ne le touche.

L'un des émirs d'une région ayant subi des frappes aériennes de la coalition, allume lui-même le feu pour se venger. Le feu se propage doucement en suivant une ligne marquée au préalable par des produits inflammables se dirigeant vers la cage. Le feu éclate dans les vêtements de l'otage qui saute, criant, hurlant comme un fou, pour éviter les flammes. Or, les produits inflammables cachés au sol selon un plan préétabli et dont ses vêtement étaient imbibés, ne lui laissent aucune chance de s'en sortir. Il tournait dans tous les sens en brûlant. Son corps carbonisé est exhibé coincé dans cette cage en fer qu'un bulldozer vient ensuite détruire. Son cadavre est couvert par les décombres, dans lesquels on aperçoit sa main carbonisée.

La vue de cette vidéo est insupportable. Elle froisse tous les sentiments. Elle s'achève par cette citation d'Ibn Taymiya: "Lorsqu'on inflige un châtiment atroce [comme la mutilation des cadavres ou brûlé quelqu'un vif] représentant une invocation pour eux [sous-entendu les mécréants] à embrasser la foi, ou une réprimande contre leur agression, ce sera un moyen légal pour appliquer les châtiments et le djihad licite[123]."

Le groupe EI publie ultérieurement un communiqué dans lequel il clarifie les preuves légales lui permettant d'user du châtiment de l'autodafé. Une fatwa était préparée d'avance, ce qui confirme que le groupe EI était conscient qu'il allait provoquer maintes contestations même de la part de ses propres partisans. Donc, il a préparé la réplique conforme à la charia ainsi que les preuves et les textes qui justifient le châtiment en question. Cette fatwa, numéro 60 en date du 19 janvier 2015, s'intitule: "Quelle est la sentence de brûler vif un mécréant?" La réponse est la suivante:

> Les Hanafites et les Chafiites ont autorisé l'autodafé de façon absolue... L'action des compagnons confirme cette autorisation. D'ailleurs, le prophète Mahomet lui-même a piqué les yeux des bergers [les Arniyînes] avec du fer chauffé... Khalid Ibn al-Walid a brûlé des gens du clan des apostats... certains oulémas ont interdit en principe de brûler quelqu'un de vivant, mais ils l'ont autorisé en cas de réciprocité, comme Mahomet avait fait avec les Arniyînes, en piquant leurs yeux avec des clous chauffés[124].

---

[123] Al-Furqân, Vidéo "Guérir les poitrines", minute 18:57. Cette citation se trouve dans de nombreux ouvrages islamiques, comme "Kitab al-forou", 6:218
[124] Dot Misr, "Sur quelle sentence *légale* Daech s'est appuyé pour brûler vif Al-Kassasba?" 9.2.2015

Cette fatwa du groupe EI est authentiquement religieuse et conforme à la charia islamique. Nul n'est en mesure de la dénoncer avec des références religieuses.

Où le groupe EI puise-t-il cette sentence? A-t-il trouvé des antécédents dans l'histoire islamique? Mahomet ou ses compagnons ont-ils usé de ce châtiment dont le groupe EI peut se servir pour justifier son acte?

De prime abord, il faut interroger le Coran qui dit: *"Et si vous punissez, infligez [à l'agresseur] une punition égale au tort qu'il vous a fait[125]."* Ce verset autorise le musulman à châtier l'adversaire avec les mêmes moyens utilisés dans son agression. Le groupe EI s'appuie sur ce verset pour justifier l'autodafé du pilote jordanien. Ce châtiment n'est donc que la réponse aux bombes que lancent les forces de la coalition sur les positions du groupe EI, ces bombes qui brûlent tout. Cet argument est tellement solide qu'aucun érudit musulman ne peut le réfuter tant que le musulman jouit du droit de réciprocité.

Plus tard, le groupe EI brûle vifs quatre irakiens chiites, qui ont été enchaînés comme des animaux destinés à un barbecue. Il diffuse par la suite une vidéo portant comme titre le verset cité plus haut *"Infligez une punition égale au tort qu'il vous a fait[126]."* Cette vidéo est une réaction contre le groupe dit " Concentration Populaire Chiite" qui a brûlé vif un musulman sunnite et qui a diffusé une vidéo en août 2015.

Le principe de réciprocité est coranique et confirmé par un autre verset qui dit: *"Quiconque transgresse contre vous, transgressez contre lui, à transgression égale[127]."* De surcroît, le Coran représente Allah en train de châtier les gens avec le feu et de s'en régaler, comme il dit dans le verset suivant: *"Certes, ceux qui ne croient pas à nos versets (le Coran), nous les brûlerons bientôt dans le Feu. Chaque fois que leurs peaux auront été consumées, nous leur donnerons d'autres peaux en échange afin qu'ils goûtent au châtiment[128]."* Mahomet a aussi menacé de brûler vifs ses partisans qui ne font pas la prière. "Au nom de celui qui a mon âme entre ses mains, jure-t-il, j'ai décidé de faire venir du bois, puis je fais annoncer la prière. J'ai ordonné à quelqu'un d'en informer les gens. Si certains ne répondent pas à cet appel, je brûlerai leurs demeures sur eux[129]." Si Mahomet voulait brûler les siens dans leurs demeures parce qu'ils ont manqué à l'appel

---

[125] Le Coran 16,126
[126] Alarabiya.net, Le groupe EI "grille" des éléments de la concentration populaire chiite...
[127] Le Coran 2,194
[128] Le Coran 4,56
[129] Sahih Bukhari, 1:231. Livre de l'Azhân: "Obligation de la prière collective."

de la prière, qu'aurait-il alors fait avec ses adversaires qui balançaient des bombes sur lui? Je ne crois pas qu'il aurait agi autrement que ses compagnons et partisans.

Revenons à Mahomet qui fait arrêter les meurtriers de son berger et les voleurs de ses chameaux. Il ordonne, sans aucun jugement préalable, qu'ils soient tués de la manière la plus horrible, et ceci même avant l'arrivée du Coran. Après l'amputation de leurs mains et pieds, il fait crever leurs yeux avec des clous chauffés au feu[130]. Et si le groupe EI avait agi ainsi avec Maaz? Cet acte aurait suffi à montrer que Mahomet avait eu recours au feu pour torturer ses ennemis et brûler leurs biens. Ali le calife a brûlé lui-même tout un groupe. Bokhari confirme son action. "On a amené des *Zanâdiqa* (athées ou manichéens) à Ali qu'il a brûlés vivants[131]." Il convient de rappeler ici que le groupe EI a considéré le pilote jordanien Maaz comme apostat, mécréant. Et les *Zanâdiqa* étaient des gens ayant apostasié l'islam[132]. Bokhari intègre ce récit sous le titre "La sentence des apostats". Ce qui signifie que le calife Ali a autorisé l'autodafé de l'apostat, comme il a fait avec les homosexuels. Peut-on alors exonérer de châtiment un accusé d'apostasie par le groupe EI, un combattant comme Maaz al-Kassassbeh?

Le premier calife, Abou Bakr, fait brûler un individu nommé *Al-Fujâ'a* qui a apostasié et tué des musulmans. Ibn Kathir rapporte ainsi ce fait: "Il (Ali) demande à son armée de l'arrêter et de l'amener devant lui… Il l'envoie dans une région dite *al-Buqay'*. Là on lui attache les mains derrière le dos et on le jette dans le feu. Il est brûlé emmailloté[133]." C'est similaire à ce que le groupe EI a fait avec Maaz al-Kassassbeh. *Al-Fujâ'a* était musulman avant d'apostasier et de participer à tuer des musulmans. Au regard du groupe EI, Maaz est né musulman, puis il a renoncé à l'islam parce qu'il a adhéré au régime de son pays et combattu dans ses rangs au lieu de rejoindre les moudjahidines et de les soutenir. Il n'était pas seulement un apostat, mais un apostat combattant avec les ennemis de l'islam. C'est une raison supplémentaire de le tuer tout comme le premier calife Abou Bakr avait tué *Al-Fujâ'a*. Abou Bakr al-Baghdadi ne fait qu'imiter ce dernier et les autres califes qui ont brûlé les homosexuels. Rien donc ne les empêche donc légalement, ou plutôt islamiquement, de

---

[130] Idem, 3:1099. Livre du djihad: "Si un polythéiste fait brûler un musulman, est-ce qu'on le brûle?"
[131] Idem, 6:2537. Livre du repentir des apostats et des obstinés: "Sentence des apostats…"
[132] Ndt: Sur les *Zanâdiqa*, voir l'étude richement détaillée de Melhem Chokr, *Zandaqa et Zindiks en islam au second siècle de l'hégire*. Ouvrage publié par l'Institut Français de Damas en 1993
[133] Ibn Kathir, *Al-Bidâya et al-nihâya*, 6:319

recourir à ce châtiment. Selon le cheikh égyptien, Al-Hâfiz ben Hajar al-Asqalani (XVe siècle), "quatre califes ont fait brûler des homosexuels, après leur décapitation par l'épée ou leur lapidation[134]." Donc, le groupe EI dispose d'une base solide qui justifie leur acte. Nul ne peut leur reprocher un comportement incompatible avec les fondamentaux de l'islam.

Suite à cet événement diffusé sur vidéo, une vague de condamnation surgit dans le monde musulman. Je me suis alors décidé à observer attentivement les réactions des imams et des oulémas qui, comme j'en étais certain, s'efforçaient d'éviter le piège embarrassant que le groupe EI leur a tendu. J'ai consulté Internet à propos des fatwas qui autorisent le recours au feu contre l'ennemi. C'est le site qatari Islamweb qui répond clairement à la question suivante:

> Comment concilier l'interdiction faite par le prophète de tuer par le feu et le comportement d'Abou Bakr qui a fait brûler, durant les guerres *d'ar-Ridda,* Ayâs ben Abd Yâlîl surnommé *Al-Fujâ'a?*" La réponse est la suivante: "L'autorisation de brûler vif est confirmée par l'action des compagnons de Mahomet qui, lui-même, a fait crever les yeux des *Arniyines* avec des clous chauffés au feu, comme Abou Bakr brûla les tyrans en présence des compagnons, comme Khalid ibn al-Walid extermina par le feu des apostats. Maints imams et oulémas ont autorisé qu'on fasse brûler des fortifications et des bateaux sur leurs propriétaires... Nul doute que Ayâs ben Abd Yâlîl, surnommé *Al-Fujâ'a,* méritait son châtiment. Allah a récompensé le calife de son messager pour son dévouement en faveur de l'islam[135].

Cette fatwa, diffusée sur un site qatari, a été supprimée le 3 février 2015, dès qu'on a commencé à la stigmatiser sur les réseaux sociaux. Par la suite, la Jordanie a interdit l'importation et la confiscation des livres d'Ibn Taymiya, parce que le groupe EI en a extrait la phrase qui clôture la vidéo autorisant l'autodafé et l'attaque brutale des cadavres[136].

Un rappel me semble très pertinent ici. Certains hadiths dits authentiques interdisent de brûler quiconque vif[137]. Cependant, les oulémas de l'islam estiment que cette interdiction n'est pas une interdiction d'abolition mais de "modestie", car le Prophète l'a faite par

---

[134] Al-Albâni, *At-Targhib wat-Tarhib* (La séduction et l'intimidation), 3:198
[135] Islamweb, "L'autodafé de Ayâs ben Abd Yâlîl surnommé *Al-Fujâ'a* par Abou Bakr as-Siddiq", fatwa n°71480
[136] Aljazeera.net, "La Jordanie émet des réserves quant aux publications d'Ibn Taymîya."
[137] Sahih Bukhari, 3:1098. Livre du djihad: "On ne torture pas de la même manière qu'Allah.". Il dit: "Le messager d'Allah nous charge d'une mission. Il nous dit: Si vous trouvez tel et tel, brûlez-les. Puis au moment où on se mettait en route, il nous interpelle et dit: Je viens de vous ordonner de les tuer avec le feu. Or, Allah seul utilise cette torture. Si vous les trouvez, tuez-les."

modestie, voulant laisser cette tâche à Allah seul[138]. Sinon, comment auraient-ils concilié cette interdiction avec la pratique de l'autodafé par Mahomet lui-même, par ses compagnons et ses califes après lui?

Invention de châtiments par Daech et Mahomet

Le groupe EI n'a jamais cessé d'inventer de nouveaux moyens pour propager la frayeur et la terreur comme une guerre psychique contre ses ennemis. Il cherche surtout à intimider les espions qui tentent de s'infiltrer dans ses régions, mais aussi à terroriser les soldats qui résistent et s'opposent à son intrusion dans de nouvelles provinces. C'est dans cet objectif qu'il diffuse d'autres vidéos truffées de scènes horrifiantes. Une vidéo, destinée aux espions pour leur dire ce qui les attend, est produite le 23 juin 2015 par la *wilayat* de Ninive sous le titre *"Si vous récidivez, nous récidiverons"*. Ce titre est emprunté à un verset coranique: *"Si vous récidivez, nous récidiverons. Nous avons assigné l'Enfer comme camp de détention aux mécréants[139]."* Ce verset est initialement une menace d'Allah à l'encontre des juifs, leur rappelant: *"Nous envoyâmes contre vous certains de nos serviteurs doués d'une force terrible, qui pénétrèrent à l'intérieur des demeures[140]."* Donc, s'ils reviennent, Allah reviendra aussi et chargera de nouveau ses mêmes serviteurs de les écraser. Le but de ce message c'est que le groupe EI reviendra et châtiera les espions qui tentent de pénétrer de nouveau chez lui.

La vidéo, d'une durée de 7m et 30s, présente des procédés extrêmement atroces pour décimer les gens. Une première séquence montre le groupe EI installant par la force trois individus dans un véhicule sur lequel il tire une roquette RPG, les déchiquetant par la force de l'explosion. Une deuxième séquence présente cinq individus enfermés dans une cage en fer à l'intérieur d'une piscine pleine d'eau. On enfonce doucement la cage et la caméra filme la souffrance de ces individus dans leur agonie sous l'eau. Une troisième séquence témoigne de la mort de sept individus, dont les mains sont attachées au cou par un câble de dynamite qui, une fois actionnée, provoque une explosion terrible déchirant leurs corps, faisant sauter les lambeaux de leurs corps dans tous les sens[141]. Qu'est-ce qui

---

[138] Asqalani, *Fath al-bâri fî Sahih Bukhari*, 6:259. Il est dit: "Cette interdiction ne signifie pas abolition, mais faite par modestie."
[139] Le Coran 17,8
[140] Le Coran 17,5
[141] Alarabiya.net, Vidéo: Daech procède à trois types de condamnation à mort par des "procédés nouveaux".

pousse ce groupe islamiste à procéder avec une telle sauvagerie dans le châtiment des prétendus espions?

C'est l'image de ce dieu que l'islam présente à ses croyants. Ce dieu qui dit à ses anges, le jour de la Résurrection, à propos de tout individu n'ayant pas cru en lui, dans la sourate *Al-Haqq* [Celle qui montre la vérité]:

> *Saisissez-le! Puis, mettez-lui un carcan; ensuite, brûlez-le dans la fournaise; puis, liez-le avec une chaîne de soixante-dix coudées, car il ne croyait pas en Allah, le très grand*[142]*."* Ce dieu appelé Allah se délecte de la souffrance de ses victimes: *"Le jour où le châtiment les enveloppera d'en haut et sous leurs pieds. Il [Allah] leur dira: "Goûtez à ce que vous faisiez!""*[143]

Cette image ne diffère pas de celle de Mahomet qui a fait "crever les yeux" de ses adversaires[144] et ordonnait qu'on torture ses victimes juives pour lui dévoiler où ils leur argent et leurs bijoux étaient cac[145]. Par conséquent, la différence réside dans les moyens technologiques. Le groupe EI dispose de roquettes RPG et de la dynamite que Mahomet n'avait pas. Au niveau du principe, pas de différence entre le recours de Mahomet aux clous et aux épées disponibles comme armes à son époque et le groupe EI qui dispose d'autres armes aujourd'hui. Mahomet a utilisé les catapultes, [les RPG de son temps] contre les gens de Taëf[146]. Ibn Hicham, dans sa biographie du prophète, affirme que "Mahomet est le premier, dans l'histoire de l'islam, à avoir utilisé les catapultes, et c'était contre les habitants de Taëf[147]."

Les oulémas de l'islam en concluent que, tant que Mahomet a autorisé le bombardement de ses ennemis avec les catapultes, le recours à la noyade sera également autorisé. Ibn Qudama le confirme: "Il est rapporté que le prophète a installé et utilisé des catapultes contre les habitants de Taëf. Donc le recours à noyer les adversaires dans l'eau est autorisé[148]."

L'histoire islamique est truffée d'images encore plus effrayantes que celles de Daech ou le groupe EI. S'il y avait eu à cette époque des caméras pour les filmer, nous serions horrifiés par ces scènes. Khalid Ibn al-Walid,

---

[142] Le Coran 69,30-33
[143] Le Coran 69,55
[144] Sahih Bukhari, 3: 1099
[145] Ibn Hicham, op. cit., 4:79. "Mahomet a dit à al-Zubayr de torturer le juif Kinâna ben al-Rabîh afin qu'il avoue où se trouve son argent. Al-Zubayr lui donnait des coups sur la poitrine jusqu'à l'épuisement. Puis, Mahomet l'a poussé vers Muhammad ben Musseilima qui le frappe sur le cou…"
[146] At-Tirmizi, *Sunan*, 8:38.
[147] Ibn Hicham, op. cit., 4:455
[148] Ibn Qudama, *Al-Kâfi*, 4:268

XIII. Daech et Mahomet L'égorgement et l'autodafé des mécréants sont licites

que Mahomet surnommait "l'épée d'Allah"[149], était un chef militaire d'une grande manigance et d'une férocité extrême à la fin de la vie de Mahomet et sous les califats d'Abou Bakr et d'Omar. Il a commis des crimes abominables. Il a tué une fois un individu nommé Malik ben Noueyra, parce qu'il a refusé de payer la *zakat* à Abou Bakr. De surcroît, il lui a pris sa femme[150] qui était réputée pour sa beauté. Les chroniqueurs de l'islam rapportaient que Khalid avait pris la tête de Malik, l'avait cuisinée et en avait mangé[151]. D'autres récits du patrimoine islamique racontent qu'il avait enfermé des hommes dans des étables pour animaux et les y avait brûlés[152]. En dépit de toutes ces atrocités, le calife Abou Bakr ne l'a pas arrêté ni démis de ses fonctions, bien que des gens l'aient dénoncé et réclamé son incarcération. Il ne craignait rien. La phrase qu'il a jadis prononcée, circule toujours parmi les musulmans. "Je ne remets jamais au fourreau une épée qu'Allah a dégainée contre les mécréants[153]."

Daech ou le groupe EI ne diffère en rien des autres groupes ou écoles islamiques ni de ce que les symboles de l'islam ont fait avant lui. Il n'est pas donc une nouvelle secte, ni un simple groupe qui se vante de l'islam, mais il s'appuie dans tout ce qu'il entreprend, sur des textes religieux légaux [conformes à la charia], comme sur des faits islamiques antérieurs. Ces preuves et ces arguments lui permettent de vaincre et de défier tous les dignitaires religieux et les érudits qui tentent de lui enlever la qualité de l'islam. S'ils le font, c'est uniquement pour dédouaner l'islam des accusations qu'on lance à ce groupe, mais sans vérifier sérieusement ni chercher méthodiquement la véritable relation entre Daech et l'islam.

La vérité amère que nous devons reconnaître et affronter, c'est que Daech applique l'islam à la lettre en suivant les pas de ceux qui l'ont établi et propagé dans toutes les régions... sur les pas de la première génération de l'islam... la génération de Mahomet et ses compagnons. D'ailleurs, il faut reconnaître que Daech ne représente pas tous les musulmans dans le monde, mais il est le plus rigoureux et le plus respectueux des préceptes et des châtiments prescrits dans le Coran et la Sunna.

---

[149] *Musnad Ahmad*, 6:406
[150] Ibn Kathir, *Al-Bidâya wal-Nihâya*, 6:322. "Khalid a choisi la femme de Malik ben Nouwayra, mère de Tamim et fille de Minhal, et était belle."
[151] Idem, 6 322. Khalid ordonna: "Coupez sa tête et mettez-la entre deux pierres pour la griller. Ce soir-là, il en a mangé pour horrifier les apostats parmi les bédouins."
[152] Az-Zahabi, *Siyar a'lâm an-nubala'* [Biographie des gens nobles], 3:231
[153] Ibn Kathir, op. cit., 6:322

~ XIV ~

"Je suis Charlie... Je suis Mahomet"

Charlie Hebdo et la liste des cibles

À peine avais-je entendu l'information concernant l'attentat contre Charlie Hebdo, que j'ai essayé de contacter Zineb El-Rhazoui, une amie marocaine qui travaille dans ce journal. J'étais quasi certain qu'elle faisait partie des victimes, d'autant plus qu'elle est bien connue comme journaliste athée d'origine musulmane. C'est elle qui appelait à manger publiquement en plein Ramadan au Maroc et réclamait haut et fort le respect de la liberté religieuse, ce qui lui a d'ailleurs causé des tracasseries avec les autorités marocaines, même avant de rejoindre la rédaction de Charlie Hebdo. Le jour de ce carnage, elle se trouvait en vacances au Maroc, où elle apprit la mauvaise nouvelle de la mort de ses collègues dont certains étaient de véritables amis. Quel choc vous envahit en apprenant qu'une personne avec laquelle vous avez travaillé hier, se trouve aujourd'hui assassinée, car elle a utilisé sa plume pour défendre une idéologie quelconque. Aucun esprit sain ne peut tolérer ni justifier un tel acte au XXIe siècle.

Cet attentat survenu le 7 janvier 2015, faisant douze tués et onze blessés[1], est l'œuvre des deux frères Kouachi, Chérif 22 ans et Saïd 34 ans, deux français musulmans d'origine algérienne[2]. Ils ont tiré sur leurs cibles en criant: *allah akbar*. L'un des deux a ajouté: "Nous avons vengé le Prophète[3]!" Parmi les victimes, se trouvait le rédacteur en chef de Charlie Hebdo, Stéphane Charbonnier, dont le nom figurait déjà, ainsi que dix autres, sur une liste publiée dans *Inspire*[4]. L'annonce était précédée de la phrase suivante:

> "Recherchés, vivants ou morts, pour crime contre l'islam." En face de cette annonce, une photo montrait une balle de revolver perçant la tête du pasteur Terry Johns qui avait brûlé un exemplaire du Coran. Sous sa photo, il était écrit: "Oui, nous pouvons, avec un balle par jour, exterminer les mécréants. Défendez le messager[5]."

Les dix autres cibles étaient:

- **Ayaan Hirsi Ali**, une somalienne, auteur du scénario du court métrage *Submission* du réalisateur hollandais Theo Van Gogh qui dénonce ce que dit l'islam sur la femme et comment la traiter. Projeté en août 2004[6], ce film révèle également des versets du Coran inscrits sur le corps d'une femme nue ayant subi des actes de violence. Le 2 novembre 2005, son réalisateur Van Gogh avait été assassiné par Mohammed Bouyeri, un Néerlandais musulman d'origine marocaine[7].

- **Carsten Jensen**, le chef de rédaction du quotidien danois *Jyllands-Posten* qui avait publié les caricatures de Mahomet en 2005, ayant déclenché la colère du monde musulman et des réactions extrêmement agressives en 2006, dont l'incendie d'ambassades occidentales[8].

- **Flemming Rose**, un autre journaliste du même quotidien, accusé d'être l'inspirateur de ces caricatures.

---

[1] France 24: "L'attentat contre Charlie Hebdo en plein cœur de Paris."
[2] CNN: "Qui sont les deux frères Kouachi, les auteurs de l'attentat contre Charlie Hebdo à Paris?"
[3] Deutsche Welle en arabe: "Les attaquants de Charlie Hebdo crient: Nous avons vengé le messager."
[4] *Inspire*, magazine d'al-Qaïda dans la Péninsule arabique, n° 10, printemps 2013, p. 14-15
[5] Idem
[6] Ce qui est écrit sur ce film sur http://www.imdp.com
[7] *The New York Times*: "Dutch Filmmaker, an Islam critic, is killed."
[8] Alarabiya.net, "Le récit d'une mobilisation populaire sans précédent contre les caricatures danoises."

- **Kurt Westergaard**[9], l'auteur de la plus célèbre de ces caricatures, celle qui montre Mahomet coiffé d'un turban en forme de bombe avec une mèche allumée. Il fut la cible de plusieurs tentatives d'attentat, même à l'intérieur de sa maison, de la part de jeunes musulmans[10].
- **Lars Vilks**, le caricaturiste suédois, cible de plusieurs attentats[11]. Il a été même agressé et frappé par des extrémistes musulmans[12].
- **Molly Norris**, une caricaturiste américaine qui a dessiné Mahomet sur des ustensiles domestiques et lancé en 2010 un "Jour où tout le monde dessine Mahomet"[13]. Suite à des menaces de la part des islamistes, elle vit cachée depuis 2010[14].
- Le pasteur **Terry Jones** qui a brûlé un exemplaire du Coran en Floride en 2010[15].
- L'égyptien **Maurice Sâdiq**, accusé d'avoir des liens avec la réalisation du film "Innocence de l'islam", qui critique Mahomet[16].
- **Geert Wilders**, homme politique néerlandais, bien connu pour sa réalisation du court-métrage *Fitna* (Sédition), très critique à l'égard de l'islam[17]. Il est également l'auteur d'un livre intitulé *Marked for Death: Islam's War Against the West and Me* (Regnery, 2012)[18]. Il vit depuis 2005 sous protection d'agents de sécurité[19].
- **Salman Rushdi** figure aussi sur cette liste. Frappé depuis 1989 par une fatwa qui lui a valu plusieurs tentatives d'attentat, il vit toujours sous protection policière[20].

Quel est le dénominateur commun de tous ces gens? Pourquoi sont-ils recherchés "vivants ou morts"? Pourquoi des musulmans d'origines

---

[9] *Al-Youm al-Sâbi'*, "Le caricaturiste de Mahomet reçoit le Prix de la liberté de la presse."
[10] BBC en arabe, "Le caricaturiste danois déclare craindre l'égorgement."
[11] CNN en arabe, "Danemark: Un tué dans une attaque sur un groupe où se trouve la caricaturiste suédois Lars Viilks et ses partisans."
[12] BBC en arabe, "Le caricaturiste suédois qui a suscité la colère des musulmans, cible d'un attentat."
[13] CNN, "After 4 years, American cartonist Molly Norris still in hiding after drawing prophet Mohammed."
[14] Idem
[15] *Russia Today*, "Le pasteur Terry Jones récidive et brûle un autre exemplaire du Coran."
[16] CNN en arabe, "Vaste contestation en Égypte contre le court-métrage qui insulte l'islam."
[17] CNN en arabe, "Le réalisateur du court-métrage "*Fitna*", critique l'islam et le Prophète et manipule le drapeau de l'Arabie Saoudite."
[18] *The Washington Times*, Book review of "Marked for Death".
[19] *New York Magazine*, "These Ten People Were Also Named Al Queda's Most wanted."
[20] Al-Hurra TV, "Un nouveau livre sur la vie de Salman Rushdi après sa condamnation à mort."

diverses tentent-ils de les assassiner? Si al-Qaïda et les organisations islamistes constituent une exception dans l'islam, pourquoi donc les musulmans du monde entier ont-ils déclenché toutes ces manifestations de protestation contre les caricatures de Mahomet? Pourquoi brûlent-ils alors les ambassades et réclament-ils la condamnation à mort des auteurs?

Textes islamiques exhortant à l'assassinat de quiconque critique Mahomet

Le dénominateur commun de tous ces gens c'est le blasphème à l'encontre de Mahomet. Ils l'ont insulté ou injurié d'une manière ou d'une autre, une vilenie qui constitue une faute passible de châtiment. Il n'est pas donc étrange que les deux frères Kouachi aient décidé d'assassiner les journalistes de Charlie Hebdo. Leur motivation ne vient pas du journal *Inspire* de l'organisation d'al-Qaïda, ni des incitations que proférait le cheikh islamiste yéménite Anouar al-Awlaqi, mais des textes islamiques que nous avons appris dès notre enfance et qui nous exhortent à tuer quiconque invective le messager. D'ailleurs, Mahomet lui-même nous a donné l'exemple et tué ses détracteurs qui ont agi de la sorte. Alors, la règle islamique bien connue est simple: Quiconque insulte Mahomet doit être tué. Le meurtrier de Theo Van Gogh était formellement de nationalité hollandaise, mais il incarnait en réalité l'identité musulmane. Devant le tribunal, il s'est adressé directement à la mère de Theo Van Gogh:

> J'assume complètement la responsabilité de mon acte. J'ai agi au nom de l'islam. Si un jour, on me libère, je récidiverai et ferai la même chose. Je me suis comporté en vertu de ma foi et non pas par haine de votre fils[21]." Puis il ajouta: "Je ne suis pas en mesure d'avoir de la compassion à votre égard, puisque vous êtes une mécréante[22].

Ces paroles n'ont-elles aucune relation avec la religion ou l'idéologie? Jusqu'où faut-il tourner autour du pot sans citer les sources de ces réflexions? Le magazine d'al-Qaïda qui déclare ouvertement que ces gens sont recherchés **"pour avoir insulté l'islam"**, demande aux musulmans dévoués "de défendre leur prophète[23]." Donc, défendre Mahomet, son nom et sa dignité représente le devoir le plus sacré en islam. Tout musulman qui se tue en tuant celui qui insulte Mahomet, ira immédiatement comme martyr au paradis. Effectivement, les frères

---

[21] Alarabia.net, "L'assassin du réalisateur néerlandais Van Gogh: s'il retourne à la vie, je le tuerai de nouveau et je ne présenterai jamais mes excuses à sa mère."
[22] Idem
[23] *Inspire*, n° 10, p. 14-15

Kouachi ont appliqué le châtiment prescrit par l'islam pour assassiner les journalistes.

Où trouve-t-on ces enseignements? Un flashback sur l'époque de Mahomet nous permet de trouver un poète juif, Kaab ibn al-Achraf, qui se moquait de lui[24]. Outré par sa réflexion, "Mahomet se met en colère et dit: 'Qui peut me débarrasser de ce Kaab qui me fait du tort?' Aussitôt, Mohammad Ibn Maslama, un de ses compagnons, s'est porté volontaire et demanda: 'Voulez-vous que je le tue?' Mahomet lui répondit: Oui! Ibn Maslama attire l'accusé une nuit de pleine lune sous prétexte d'une négociation, et le tue[25]."

Les frères Kouachi ont imité Ibn Maslama qui a reçu l'ordre de Mahomet. Si celui-ci dit aujourd'hui: "Qui peut me débarrasser des journalistes de Charlie Hebdo qui ont insulté Allah et son messager?" Saïd Kouachi lui répondra: "Ô messager d'Allah! Voulez-vous que je les tue?" C'est ainsi que tout s'est passé.

Cet exemple est un antécédent auquel les juristes de l'islam se réfèrent pour fixer la sentence qu'il faut administrer à "celui qui fait du mal au Messager". Le mal peut être d'ordre moral, comme la critique ou une caricature. Ibn al-Achraf a utilisé la poésie satirique pour se moquer de lui, tandis que les journalistes de Charlie Hebdo ont eu recours à leurs pinceaux. Mais tous ont payé de leur sang le prix de la liberté d'expression à cause des enseignements de Mahomet. Le juriste égyptien Ibn Hajar al-Asqalani commente le hadith ["Qui peut me débarrasser de Kaab Ibn al-Achraf"], et confirme la légalité de tuer celui qui insulte le messager[26]. Les juristes de l'islam en déduisent qu'il est légalement autorisé de tuer quiconque insulte le messager, puisque Mahomet lui-même l'a autorisé.

Les choses sont claires et ne posent aucun problème, sauf pour ceux qui veulent dédouaner l'islam de tout cela par n'importe quel moyen, même si c'est au détriment des enseignements de Mahomet. Sinon, l'islam ne sera plus l'islam. En clair, toute critique à l'encontre de Mahomet est un crime de lèse-majesté et passible de la peine de mort.

Dans l'histoire de l'islam l'on trouve aussi le récit d'un certain Abdallah Ibn Abi ben Salloul que les musulmans surnommaient "la tête des hypocrites". Ce qui signifie qu'il était musulman seulement

---

[24] Ibn Kathir, *Al-Bidâya wal-nihâya*, 4:6. "Il a critiqué les femmes des musulmans et s'est moqué de Mahomet et de ses compagnons."
[25] Sahih Bukhari, 3:1103. Livre du djihad: "Le mensonge pendant la guerre."
[26] Asqalani, op. cit., 5 442

en apparence. Il dit une fois à Mahomet qui venait le voir à dos d'âne: "Éloigne-toi de moi! L'odeur de ton âne me gêne[27]." Les compagnons de Mahomet n'ont pas toléré cette simple réflexion qui concerne l'âne et non pas le messager. L'un d'eux, outré, lui réplique: "L'odeur de l'âne du messager est plus agréable que toi[28]!" Un combat s'ensuit entre deux groupes qui cherchaient à défendre leurs opinions respectives à cause de l'âne de Mahomet. "Ils se sont querellés avec les mains, les bâtons et les chaussures[29]." Pour mettre un terme à ce combat, Allah intervient avec un verset qui dit: *"Et si deux groupes de croyants se combattent, faites la conciliation entre eux. Si l'un d'eux se rebelle contre l'autre, combattez le groupe qui se rebelle, jusqu'à ce qu'il se conforme à l'ordre d'Allah[30]."* Si les premiers musulmans n'ont pas supporté ni toléré la critique adressée à l'âne de Mahomet - en présence de celui-ci - comment vont-ils la supporter aujourd'hui, surtout si la critique cible directement Mahomet et non pas son âne? On peut s'étonner que les musulmans seuls, à l'exception de toutes les autres religions, cherchent toujours à venger leur prophète contre toute critique par l'assassinat et la destruction. *Charlie Hebdo* a critiqué et s'est moqué d'autres religions et dignitaires religieux chrétiens et juifs, sans que personne ne menace un de ses journalistes. Seuls les musulmans ont menacé ce magazine jusqu'au jour où deux d'entre eux sont parvenus à commettre l'un des crimes les plus ignobles de notre temps contre la liberté d'expression.

Les États islamiques entre religion et hypocrisie politique

La sentence concernant le meurtre de quiconque insulte Mahomet ou se moque de lui, est une décision approuvée à l'unanimité par tous les oulémas de l'islam. Le cheikh Ben Baz, mufti de l'Arabie Saoudite, la confirme très clairement:

> Les oulémas ont toujours approuvé le châtiment de meurtre prescrit à l'encontre de quiconque insulte, se moque ou médit du prophète… Nul doute que l'insulte comprend plusieurs variantes: la satire, l'humiliation, l'assimilation à une bête… L'auteur de tels actes ou propos n'est qu'un mécréant dont le sang et les biens sont légitimes[31].

---

[27] Sahih Bukhari, 2:958. Livre de la réconciliation: "A propos de la réconciliation entre les gens."
[28] Idem
[29] Idem
[30] Le Coran 49,9
[31] *Revue des Recherches islamiques*, "Celui qui se moque du Messager." N° 5, p. 254

Ce qui est d'ailleurs étrangement bizarre c'est que l'Arabie Saoudite qui enseigne que le sang et les biens de celui qui insulte le Prophète sont licites, condamne les attentats contre *Charlie Hebdo*[32]!

Si les journalistes de *Charlie Hebdo* étaient en Arabie Saoudite, auraient-ils joui de conditions meilleures? Il m'est difficile de spécifier de quel camp fait partie ce pays, lorsque l'un de ses responsables politiques déclare: "Le Royaume condamne fermement cet acte terroriste lâche que la religion de l'islam hanafite rejette[33]." Est-ce que l'islam rejette effectivement le meurtre de ceux qui se moquent de Mahomet? C'est là que la grande hypocrisie politique s'affiche ouvertement et sans scrupules. Son site officiel autorise - plutôt *hallalise* - l'effusion de leur sang [celui des journalistes], tandis que ses responsables présentent leurs condoléances au gouvernement français. C'est la schizophrénie dans laquelle pataugent les pays du monde musulman. D'une part, ils enseignent à leurs citoyens la haine de l'Occident mécréant dans différentes situations, à la mosquée, à l'école, mais aussi dans les médias et les sites électroniques, mais d'autre part, ils concluent des alliances avec les pays occidentaux et prétendent leur vouer de l'amitié. Ce qui est regrettable, c'est que les pays occidentaux se laissent leurrer depuis des années. Ils ne se rendent pas compte que ce qui se produit est d'une terrible duplicité mortelle pour eux.

Il est temps de forcer les pays musulmans à assumer leurs responsabilités. Ou bien ils doivent déclarer publiquement et ouvertement leur hostilité, ou bien ils doivent cesser d'appliquer deux politiques contradictoires, une pour l'intérieur et l'autre pour l'extérieur, une pour la consommation locale de leurs propres citoyens, et l'autre pour jeter de la poudre aux yeux des observateurs. Le site officiel du Qatar fait savoir dans un article intitulé "La sentence légale à l'encontre de celui qui insulte le messager", que "Quiconque insulte le messager sera tué, fût-il musulman ou mécréant[34]." Par contre, cet Émirat n'a pas hésité à condamner avec force et publiquement l'attentat contre Charlie Hebdo[35], tandis que les pauvres naïfs européens continuent à croire et à avaler les couleuvres de cette hypocrisie.

La participation des pays musulmans à la condamnation du massacre de Charlie Hebdo est une nécessité politique et pas une conviction religieuse. Par contre, le représentant du Maroc s'est retiré de la

---

[32] Alarabia.net, "L'Arabie Saoudite condamne l'attentat terroriste contre Charlie Hebdo."
[33] Idem
[34] Islamweb, "La sentence légale à l'encontre de celui qui insulte le Messager"
[35] Deutsche Welle, "Condamnation arabe très forte de l'attentat contre Charlie Hebdo."

manifestation organisée à Paris le dimanche 11 janvier 2015, au prétexte que des photos offensant le messager et l'islam, avaient été hissées. C'est une attitude bizarre et amusante, comme si le Maroc disait: Nous condamnons celui qui réprime la liberté d'expression avec le feu, mais nous l'interdisons chez nous! Le roi du Maroc condamne-t-il celui qui a insulté le prophète Mahomet, d'autant plus qu'il dit que c'est son grand aïeul le plus important, et que, sans lui, il ne serait pas assis aujourd'hui sur le trône du Royaume du Maroc? Ce pays a trouvé un exutoire. Son représentant accuse ceux qui ont hissé des photos ou des dessins durant la manifestation, et se retire, par conséquent, de la marche qui honore les victimes de ceux qui ont insulté le grand aïeul du roi alaouite chérifien.

Le cheikh saoudien, Mohammad Salih al-Munajjid, évoque sur son cite "la sentence prescrite pour quiconque insulte le Prophète":

> Les oulémas ont approuvé à l'unanimité que celui qui insulte le Prophète parmi les musulmans est considéré comme mécréant et qu'il faut le tuer... D'ailleurs, c'est le Prophète lui-même qui a décidé de tuer celui qui l'insulte ou lui fait du mal. Cette décision est applicable tant au musulman qu'au mécréant[36].

Cette fatwa a été supprimée le jour même où je l'avais dénoncée sur Twitter. De nombreux internautes l'ont captée et échangée entre eux. Heureusement, j'en garde une copie en réserve.

Critiquer Mahomet est une ligne rouge. Le contrevenant est passible de la peine de mort

Les menaces et le danger permanent qui sont braqués sur quiconque critique l'islam ou Mahomet ou le prend en dérision, constituent un témoin frappant de la position du monde musulman qui rejette de façon absolue la critique de son prophète, et cela est loin d'être un pur hasard. Les enseignements islamiques incarnent un dogme intangible qui dit qu'il incombe à tout musulman le devoir de tuer quiconque critique Mahomet. Le Coran prescrit ce châtiment: *"Et si, après le pacte, ils violent leurs serments et attaquent votre religion, combattez alors les chefs de la mécréance - car, ils ne tiennent aucun serment - peut-être cesseront-ils[37]."*

Le Coran, par conséquent, considère la critique de la religion comme une violation du pacte qui est puni par le combat et le meurtre. Qurtubi estime que "des oulémas ont déduit de ce verset l'obligation de tuer quiconque incrimine

---

[36] L'Islam, question et réponse, "Le châtiment de celui qui insulte le prophète", fatwa n° 22809
[37] Le Coran 9,12

la religion, puisqu'il est mécréant[38]." Donc, se moquer de l'islam est passible de la peine de mort. Les agresseurs des caricaturistes ou des journalistes, comme les frères Kouachi, sont les victimes de ces enseignements. Ils assument, bien entendu, la responsabilité de leur acte, mais les enseignements dont ils sont imprégnés, sont les principaux responsables.

Imaginons un petit enfant qui apprend dès son bas âge que celui qui insulte le Prophète doit être tué. Il l'apprend à la maison, à l'école et à la mosquée. Quelle sera sa réaction s'il voit une caricature de Mahomet coiffé d'un turban en forme de bombe avec une mèche allumée? Il réagira en fonction des apprentissages accumulés dans son inconscient et dans sa mémoire pendant toutes ces années. Donc, ces enseignements sont responsables de la situation que nous vivons actuellement. Sinon, comment expliquer la participation de millions de musulmans à des manifestations de colère, cassant, incendiant et détruisant tout sur leur passage à cause des caricatures.

Chérif Kouachi a déclaré sur BFM.TV, au moment où la police les traquait durant trois jours: "L'organisation d'al-Qaïda au Yémen m'a envoyé, moi Chérif Kouachi. J'étais là-bas et c'est Anwar al-Awlaqi qui m'a fourni l'argent nécessaire pour cette opération[39]."

Dans un autre reportage diffusé sur *Al-Malâhim* quelques jours après le massacre, un responsable d'al-Qaïda au Yémen, Hârith ad-Dhârî[40], déclare:

> Les ennemis d'Allah, ces immondes enfants de France, ont mécru et insulté son messager. Ils ont imaginé qu'Allah ne viendra jamais à son secours et qu'ils se trouvent à l'abri de son châtiment. Ils l'ont guetté. Mais Allah les a surpris là où ils ne l'attendaient pas. Il les a torturés grâce à ses fidèles. Allah est fidèle à sa parole: *Dis: Qu'attendez-vous pour nous, sinon l'une des deux meilleures choses? Tandis que ce que nous attendons pour vous, c'est qu'Allah vous inflige un châtiment de sa part ou par nos mains. Attendez donc! Nous attendons aussi, avec vous*[41]. Certains enfants de France ont dépassé les normes dans leur vision des prophètes d'Allah. Un groupe de croyants se sont mobilisés pour leur administrer une bonne leçon de morale et leur préciser les limites de la liberté d'expression. Ce sont des soldats qui croient en Allah et en son prophète. Ils vous attaquent. Ils ne craignent pas la mort. Ils adorent le martyre dans la voie d'Allah[42].

---

[38] Qurtubi, op. cit., 8:86
[39] France 24, "Vidéo: L'un des auteurs de l'attentat de Charlie Hebdo avoue avoir reçu de l'argent..."
[40] Membre du "Rassemblement yéménite pour la Réforme" d'Abdelmajid az-Zindani, et l'un des cadres d'al-Qaïda, a été tué par un drown américain le 31 janvier 2015. Voir Arabia.net, "La mort de l'un des chefs d'al-Qaïda, Harith al-Nazhari, le cerveau des attentats à Paris."
[41] Le Coran 9,62
[42] Just Post it, "les visages ont bien réussi", un slogan diffusé à propos de l'invasion bénie de Paris.

Al-Qaïda revendique cet attentat dans une vidéo diffusée par *Al-Malâhim* sous le titre "Je venge le messager d'Allah... Un message sur l'invasion bénie de Paris". Ce titre signifie que cette opération était préparée pour venger Mahomet et appelée "l'invasion de Paris", exactement comme Mahomet et ses compagnons qualifiaient leurs attaques barbares contre les tribus voisines de Médine "d'invasions bénies". La vidéo démarre avec les versets: *"Nous t'avons effectivement défendu vis-à-vis des railleurs, ceux qui associent à Allah une autre divinité. Mais ils sauront bientôt[43]."* Vient ensuite une citation vocale de l'ancien patron d'al-Qaïda, Oussama Ben Laden, qui dit: "Si la liberté de votre parole n'a pas de limites, que vos cœurs s'élargissent alors pour la liberté de nos actes[44]." Suit après une allocution du président d'al-Qaïda au Yémen, cheikh Nasr Ibn Ali al-Ounsi:

> Quant à l'invasion bénie de Paris, nous [al-Qaïda de la Péninsule arabique] la revendiquons comme une vengeance de notre prophète. Nous précisons à l'adresse de l'Omma que notre organisation a choisi la cible, élaboré la stratégie et choisi son commandant, afin de répondre aux ordres d'Allah et soutenir son messager. L'instruction venant de notre émir général, Ayman al-Zawahiri, a été respectée ainsi que le testament du cheikh Oussama Ben Laden... La coordination fut assurée par Anwar al-Awlaqi que l'Occident n'a jamais été en mesure d'approcher vivant ni après son martyre. Deux héros de l'islam ont exécuté cette opération, les frères Chérif et Saïd Kouachi. Qu'Allah ait leurs âmes[45].

Le groupe EI qui a fait scission avec al-Qaïda et se trouve en conflit avec le Front d'al-Nosra, s'en est félicité. Il a même diffusé une vidéo filmée à Raqqa intitulée "Des rencontres à propos des opérations bénies en France". Il s'agit de rencontres avec des Français ayant adhéré à ce groupe. Ils commentent les attentats qui ont ensanglanté Paris. L'un d'entre eux, portant une arme à la main, clamait:

> Cette opération [sous-entendu l'assassinat des journalistes de Charlie Hebdo] aurait dû avoir lieu depuis longtemps, car les *taghouts* en France et en Europe veulent détruire l'islam authentique. De telles opérations vont se poursuivre en France, en Belgique, en Allemagne, en Suisse, partout en Europe et en Amérique, *inchallah*. Je dis aux frères qui ne sont pas en mesure d'effectuer la *hijra* vers l'État islamique, et je répète: Faites tout ce que vous pouvez... tuez-les... égorgez-les... brûlez leurs véhicules et leurs demeures.

---

[43] Le Coran 15,95-96
[44] Al-Malâhim, "Vidéo sur l'invasion bénie de Paris".
[45] Idem

Un second Français ajoute: "Si vous ne pouvez pas effectuer la *hijra*, agissez en faveur de l'islam là où vous êtes. Nous avons reçu de bonnes nouvelles quant aux frères qui ont défendu l'islam et envoyé au feu ceux qui se sont moqués du messager. Continuez à les envoyer au feu." Vient ensuite un troisième Français d'origine maghrébine, avec des armes à la main. Il récite à l'intention de ses frères en France l'ordre suivant:

> Si vos croisez un policier, tuez-le! Tuez-les tous! Tuez tous les mécréants que vous rencontrez dans les rues pour les horrifier! [Puis il lève sa mitraillette et dit:] C'est la véritable voie pour la dignité, le chemin de la fierté, la gloire dans le djihad pour la cause d'Allah[46].

Le groupe EI a diffusé cette vidéo pour deux raisons: primo, en tant que publicité pour encourager les loups solitaires à perpétrer des attentats similaires ; secundo, afin de clarifier son attitude face à ce genre d'opérations, même si elles sont commises par d'autres groupes islamiques. En effet, le groupe EI et al-Qaïda s'accordent sur de nombreux points, malgré certains désaccords. Ils sont unanimes à propos du devoir de tuer quiconque insulte Mahomet ou l'islam, bien que le groupe EI tue chaque mois des accusés d'apostasie ou des gens ayant insulté le Prophète. Souvent il les décapite avec des sabres sur les places publiques ou les fusille.

Consensus à propos de la condamnation à mort de celui qui "insulte le prophète"

Mahomet a instauré le châtiment de meurtre pour quiconque le critique ou l'insulte selon son optique. Ali Ibn Abi Talib rapporte le hadîth suivant: "Il y avait une femme juive qui insultait le prophète. Elle tomba entre les mains d'un homme qui l'étrangla par étouffement et décéda. Alors, Mahomet autorisa l'effusion de son sang[47]." L'assassin n'est passible d'aucune peine. Ainsi encourageait Mahomet le meurtre de ceux qui le critiquaient ou l'insultaient. Il graciait très vite l'assassin et lui rendait hommage. Abou Abbas, un autre cousin de Mahomet, raconte lui aussi le récit d'un aveugle qui a tué son épouse, parce qu'elle a injurié le prophète:

---

[46] Centre d'information, Wilayat de Raqqa. Vidéo: "L'édition visuelle: rencontres à propos des attentats bénis en France."
[47] Sunan Ibn Daoud, 12:18. Livre des châtiments: "La sentence de celui qui insulte le prophète."

> Un aveugle avait une esclave qui lui avait donné un enfant. Elle insultait le Prophète et se moquait de lui. Son maître lui interdisait de le faire, mais elle ne l'écoutait pas. Il la grondait, et elle continuait. Une nuit, elle commença ses insultes, mais aussitôt cet aveugle prit un *mighwal* [cravache au centre de laquelle se trouvent des pointes acérées] et il l'a mis sur le ventre de l'esclave, appuya dessus jusqu'à qu'il l'ait tuée. Un bébé sortit d'entre ses jambes et le sang se déversa de tout côté. Le Prophète en fut informé le lendemain. Il réunit aussitôt des gens et leur dit: 'Je loue Allah! Un homme a fait ce qu'il a fait, et je dois lui infliger un châtiment'. L'aveugle dépassa les gens en tremblant et se mit entre les mains du Prophète en disant: 'Ô messager d'Allah! C'est moi qui suis son maître. Elle vous insultait et se moquait de vous. Je lui interdisais de le faire, mais elle refusait. Je criais sur elle, en vain. J'ai eu d'elle deux enfants qui sont comme des perles. Elle était ma compagne. Mais hier soir, quand elle t'a insulté et s'est moqué de toi, j'ai pris le mighwal, je l'ai mis sur son ventre et j'ai appuyé dessus, jusqu'à la tuer.' Aussitôt le Prophète dit: Soyez témoins que le sang de cette femme est *hadr* [c'est-à-dire qu'il est légal de le répandre][48].

Mahomet a-t-il pensé aux deux enfants que le père a privés de leur mère? A-t-il blâmé cet homme qui a tué "la compagne" qui s'occupait de lui comme aveugle? Non. Mahomet ne s'est intéressé qu'à la femme qui l'insultait. Il a justifié l'effusion de son sang. Quant aux deux orphelins, ils ont Allah!

Que pense le musulman en lisant ce récit? Un homme aveugle tue sa compagne, avec laquelle il partage sa vie et son intimité. Il la tue uniquement parce qu'elle conteste la prophétie d'un homme. Malgré tout, le patrimoine islamique le considère comme un héros et jamais comme un criminel. Ces récits encouragent-ils les musulmans à ne pas tolérer la critique ni à réagir par l'épée? Les manuels scolaires dans le monde musulman sont remplis de ce genre de récits. Les enfants musulmans y puisent leurs valeurs spirituelles et éthiques. Si, un jour, ils commettent un meurtre, il faudra en faire assumer la grande responsabilité à ceux qui glorifient ces récits.

Parmi les nombreuses publications qui traitent des châtiments prévus pour quiconque critique Mahomet, figurent notamment *As-Sayf al-Masloul ala shâtim ar-rassoul* (L'épée acérée sur le blasphémateur du messager de l'islam) de Takieddine al-Sabki (XIIIe-XIVe s.), ainsi que *As-Sârim al-masloul ala shâtim ar-rassoul* (Le glaive acéré sur le blasphémateur du messager de l'islam) d'Ibn Taymiya. Ces deux livres, disponibles dans toutes les institutions islamiques, y compris en Occident, exhortent

---
[48] Idem, p. 15

clairement au meurtre de ceux qui insultent Mahomet, même par un simple geste, si banal fût-il. Quiconque, par exemple, nie publiquement la prophétie de Mahomet est passible de la peine de mort. Ces deux livres, en usage dans les universités et les écoles religieuses, sont considérés comme des références de haute qualité. Celui d'Ibn Taymiya a fait l'objet de deux mémoires de maîtrise en Arabie Saoudite[49]. Sur sa couverture figure une épée dégainée au-dessus de la tête de celui qui critique Mahomet ou l'Islam.

Dans son livre, Ibn Taymiya met l'accent sur quatre thèmes:

> - Celui qui insulte le messager d'Allah doit être tué, fût-il musulman ou mécréant. - Même un Dhimmi doit être tué, sans lui trouver d'excuse. - Il faut le tuer sans l'inviter à se repentir, fût-il musulman ou mécréant. - La preuve de l'insulte et la différence avec la mécréance[50].

Ibn Taymiya recense les paroles et les actes de Mahomet de "celui qui l'a insulté" ou "s'est moqué de lui". Il recueille aussi les paroles des compagnons et leurs actions envers les contrevenants, ainsi que les avis des oulémas et leurs sentences. Il ressort du titre du livre que quiconque insulte le messager devra être tué par l'épée. Un des oulémas saoudiens, Bakr ibn Abdallah Abou Zayd, écrit dans la préface d'une édition de ce livre:

> Les oulémas sont unanimes dans leur avis sur celui qui insulte le messager. C'est un véritable mécréant qui sème la corruption sur terre. Il faut le tuer par solidarité avec le Messager et ne jamais l'amnistier. Il faut que la terre en soit purifiée pour l'expansion de l'islam[51].

C'est l'avis d'un des oulémas musulmans contemporains.

Dans son livre, Ibn Taymiya cite une phrase de Khithâbi (XIe s.): "Je ne connais aucun musulman qui s'est opposé au meurtre de l'insulteur de Mahomet[52]." Il se réfère aussi au fondateur de l'école hanbalite, Ibn Hanbal (VIIIe–IXe s.) qui dit:

> Quiconque insulte le Prophète ou le prend en dérision, sera tué, fût-il musulman ou mécréant. À mon avis, il faut le tuer et ne pas l'inviter à se repentir[53].

---

[49] Ibn Taymiya, *As-Sârim ul-Masloul ala shâtim ar-rassoul*. Éditions ar-Ramadi, ad-Damam, Arabie Saoudite.
[50] Idem, 1:166
[51] Idem, 1:8
[52] Idem, 2:15
[53] Idem, 2:16

Même le fondateur de l'école mâlikite, l'imam Mâlik, reprend et approuve le même avis avec l'ajout d'autres détails[54]. Il considère celui qui dit que le vêtement du prophète est sale, dans l'intention de le ridiculiser, est un blasphémateur qui doit être tué[55]. Quelqu'un a même été décapité, parce qu'il a dit que le prophète avait "une peau noire"[56]. Un autre a été tué, parce qu'il a comparé Mahomet à quelqu'un ayant un visage laid. Il aurait dit: "Voulez-vous connaître ses qualités? Il est comme ce passant-là par son caractère et sa barbe[57]." Il cite encore le cas d'un juif qui passait près d'un *Muezzin* qui psalmodiait "Il n'y a de Dieu qu'Allah et Mahomet est son messager". Le juif dit à l'intention du *Muezzin*: "Tu mens". L'imam Ahmad ibn Hanbal ordonne qu'il soit aussitôt tué[58].

Une fois, un chrétien dit qu'Allah préfère le Christ à Mahomet. Aussitôt Abou Mossaab al-Hilali, un neveu de l'imam Mâlik, ordonne de le tuer et de balancer son corps dans une déchetterie où les chiens sont venus le manger[59].

Avec tous ces témoignages et ces récits, l'on trouve encore des gens qui disent que le groupe EI et les frères Kouachi n'ont aucun rapport avec l'islam. L'imam Ahmad, l'imam Mâlik, Ibn Taymiyah, etc, eux aussi n'avaient-ils rien à voir avec l'islam? Qui a donc un lien avec l'islam, si les fondateurs de ces écoles juridiques ne sont pas musulmans?

Nous avons toujours été éduqués à rejeter toute critique visant l'islam, le prophète Mahomet et le Coran, et à considérer quiconque ose le faire comme un grand criminel. C'est pour cette raison que nous n'avons jamais avancé d'un pouce dans le monde musulman quant à la liberté d'expression. Mais nous sommes aujourd'hui dans une phase de balbutiement. Nos intellectuels sont "mécréanisés" et menacés de mort. Certains sont muselés par le terrorisme. Pire encore. Cette menace touche aussi les pays occidentaux. Beaucoup craignent de parler de l'islam ou de le critiquer en public. Les caricatures en sont la meilleure preuve. La citation que le Pape Benoît XVI avait prononcée dans une conférence et qui avait suscité l'ire du monde musulman, en est encore une preuve plus frappante.

---

[54] Idem, 3:979
[55] Idem
[56] Idem, 3:980
[57] Idem
[58] Idem, 3:996
[59] Idem, 3:997

Interdiction de critiquer Mahomet avec des lois relatives à la diffamation des religions

De nombreux pays musulmans ont adopté une loi interdisant la critique de l'islam, dissimulée dans un chapitre intitulé "Diffamation des religions". Ils interdisent la critique de Mahomet dans un autre chapitre intitulé "Insulte des prophètes", sachant qu'on n'a jamais vu dans le monde musulman, par exemple, une manifestation contre ceux qui critiquent le Christ. S'ils sont effectivement contre la critique de tous les prophètes, pourquoi alors trouvons-nous des récits contre le Christ traduits en arabe – comme le Da Vinci Code – et vendus librement dans tous les pays musulmans, alors qu'ils interdisent tous livres qui critiquent Mahomet ? La loi au Qatar qui interdit la critique de l'islam et de Mahomet sous le titre de "Diffamation des religions", prévoit sept ans de prison "pour quiconque attaque la puissance divine, l'invective ou lui porte atteinte, ou pour celui qui attaque l'un des prophètes ou des messagers"[60]. Nous savons, comme tout le monde, que celui qui est visé par cette loi, c'est Mahomet, et que parler de tous les prophètes fait partie de la *taqiya* (la dissimulation).

Dans ce contexte, le Maroc a élaboré un projet de loi prévoyant une peine d'un à cinq ans de prison pour quiconque "insulte de façon délibérée, invective, se moque ou porte atteinte à Allah ou aux prophètes et messagers"[61]. En 2012, Le Conseil du Peuple koweïtien adopte une loi qui prescrit la peine capitale à quiconque porte atteinte à Allah ou à son messager et ses épouses, une loi approuvée par quarante députés et rejetée par sept autres (six chiites et un libéral)[62]. En revanche, l'émir du Koweït refuse ces modifications juridiques[63], au prétexte qu'elles sont susceptibles de déclencher un conflit terrible dans le pays entre sunnites et chiites, vu que ces derniers n'accordent aucune sacralité aux compagnons ni à Aïcha, une des épouses de Mahomet, qu'ils détestent et insultent. Une telle loi aurait donc pu conduire à tuer tous les chiites du pays. C'est pour cette raison que l'émir rejette cette loi, afin d'éviter des émeutes à l'intérieur du pays. Et pourtant, un blogueur chiite fut condamné à dix ans de prison pour avoir "porté atteinte au Prophète et à ses épouses et s'être moqué de l'islam"[64]. L'Arabie Saoudite tente aussi depuis plusieurs années de

---

[60] Aljazeera.net, "Le Qatar interdit la diffamation des religions".
[61] L'article 219 du projet de loi pénale proposée par le ministre de la Justice et des Libertés, le 31 mars 2015
[62] Aljazeera.net, "La peine de mort au Koweït pour celui qui insulte la puissance divine et le prophète".
[63] Russia Today, "L'émir du Koweït refuse la peine de mort pour celui qui insulte la puissance divine et le prophète".
[64] Idem

faire adopter une loi à l'ONU, pour interdire "la diffamation des religions", sous-entendu l'islam[65]. Après l'attentat contre Charlie Hebdo, l'Arabie Saoudite a voulu exploiter ce drame pour relancer son projet. Son ambassadeur à l'ONU a réclamé encore une fois "l'interdiction de tout moyen permettant de diffuser des informations pernicieuses ou diffamatoires contre les religions ou les symboles religieux[66]."

Les pays occidentaux, les réseaux sociaux ainsi que les chaînes de télévision satellitaires demeurent l'unique exutoire pour les jeunes qui vivent dans les pays musulmans. L'Arabie Saoudite ainsi que d'autres pays musulmans en sont très conscients. C'est pourquoi le régime wahhabite guette toutes les occasions pour imposer à l'Occident une loi interdisant toute critique de l'islam. C'est purement et simplement une manifestation de dévouement pour protéger l'islam et Mahomet de toute critique, puisque la plupart des pays musulmans puisent la légalité de leurs régimes de l'islam. Ils savent bien que toute menace de l'islam mettra en question la légitimité de leur pouvoir politique.

Terroriser quiconque critique le prophète de l'islam

En 2014, un de mes amis me procure des livres scolaires au Maroc, notamment ceux de l'éducation islamique, afin de vérifier les thèmes enseignés aux élèves concernant la religion. Dans le manuel de la première année du primaire on trouve un résumé en fin de chaque leçon. L'élève doit l'apprendre par cœur et l'utiliser comme slogan. Dans l'un de ces résumés, on trouve la phrase suivante: "J'aime celui qui aime le messager et je considère comme ennemi celui qui ne l'aime pas[67]." Lorsqu'un enfant apprend à l'âge de six ans à devenir l'ennemi de celui qui critique Mahomet, alors l'on se trouve devant une machine à fabriquer des terroristes, qui un jour rejetteront toute critique et toute acceptation de l'autre et perpétreront des actes de violence contre quiconque critique Mahomet ou l'Islam[68].

À titre personnel, je vis dans cette situation tous les jours. Je peux être la cible d'un attentat à tout moment de la part des islamistes. Il m'est impossible d'entrer dans aucun pays arabe ou musulman. Des centaines

---

[65] Al-Horra TV, "Des tentatives islamiques pour faire adopter une loi internationale interdisant la diffamation des religions".
[66] Al-Youm al-Sàbi', "L'Arabie Saoudite réclame l'interdiction de toute diffamation à l'encontre des religions célestes, les prophètes et les livres sacrés."
[67] Manuel scolaire intitulé: "L'utile de l'éducation islamique", p. 26
[68] Avant l'achèvement de la rédaction de ce livre, le roi du Maroc Mohammed VI a ordonné la révision des manuels de l'éducation religieuse et les rendre plus tolérants. Source: *Hespress*.

de menaces de mort m'arrivent régulièrement. Je m'efforce d'occulter mon identité, de changer souvent ma résidence. Je ne donne aucune information sur mes déplacements. Tout cela, parce que j'ai osé refuser la culture du troupeau et décidé de critiquer publiquement l'islam. J'ai décidé de briser le silence et d'évoquer tous les tabous dans notre monde islamique. De nombreux jeunes me soutiennent, puisqu'ils se posent les mêmes questions et expriment les mêmes doutes. Par contre, tant d'autres souhaitent pouvoir me couper en morceaux, me brûler vif comme le pilote jordanien ou du moins me tuer comme les journalistes de Charlie Hebdo.

Pourquoi cette rage et cette rancune?

C'est la conséquence de cette éducation que nous subissons en famille, à l'école, à la mosquée, au sein de la société. Malheureusement, nous n'avons jamais appris à accepter la critique avec un esprit civilisé. La mentalité du désert et du tribalisme nous régente et nous conditionne. L'islam a transformé les traditions tribales arabes anciennes en dogmes sacrés, de telle sorte qu'il devient difficile au monde musulman de s'en débarrasser et de s'intégrer dans le cortège du XXIe siècle. Nos peuples continuent à endosser les contrecoups et les séquelles du septième siècle.

Le chercheur marocain, Ahmed Assid, met l'accent sur la problématique des programmes scolaires et leurs contradictions. Il cite, par exemple, les messages que Mahomet avait adressés aux rois de son temps pour les inviter à se convertir à l'islam, des messages qui font partie de ces programmes. En réalité, ce ne sont que des messages de menace, comme celui que Mahomet avait adressé à Hercule. Les livres scolaires islamiques disent que Mahomet l'a appelé à l'islam afin d'échapper aux guerres, sinon, il devrait assumer les conséquences. Voici le message:

> Au nom d'Allah, clément et miséricordieux! De Mahomet, le serviteur d'Allah, à Hercule l'empereur des Romains. Que la paix soit sur celui qui suit la direction! Je vous invite à embrasser l'islam, *Aslim taslam* (Convertis-toi à l'islam et tu auras la vie sauve). Si tu deviens musulman, Allah te récompensera deux fois. Mais si tu refuses, tu subiras l'erreur des partisans d'Arius[69].

Ce message n'est qu'une simple invitation que les responsables musulmans doivent adresser au monde entier. S'ils refusent, ils devront "payer la jizya" s'ils font partie des Gens du Livre (juifs et chrétiens. Et s'ils refusent de le faire, ils devront s'attendre à ce que l'État islamique les

---

[69] Sahih Bokhari, 3:1074. Livre du djihad: "Le prophète appelle les gens à se convertir à l'islam."

envahisse. Ce genre de réflexion est enseigné aux petits enfants dans les écoles. Ahmed Assid commente ce phénomène:

> En plus de ces programmes scolaires appliqués actuellement dans nos écoles, les enfants apprennent aussi les soi-disant 'Droits de l'Homme'. Lorsque vous apprenez à un élève le tronc commun dans le programme, ce message du prophète Mahomet, "Aslim taslam" (Convertis-toi à l'islam et tu auras la vie sauve), puis, vous lui parlez ensuite du dialogue des religions, des libertés, et d'autres choses, alors vous vous trouverez devant un paradoxe exaspérant. D'une part, on enseigne à l'enfant un message terroriste en lien avec la propagation d'une religion avec l'épée et la violence, et d'autre part, on discute avec lui des libertés et du choix libre d'une croyance. Dans un tel contexte, il est impossible de lui inculquer un message qui dit "Aslim taslam" et le considérer comme une des valeurs supérieures et nobles de l'islam[70].

Le commentaire d'Ahmed Assid fait allusion à ces messages du Prophète qui sont en totale opposition avec l'esprit de notre époque. Aujourd'hui aucun roi d'un pays musulman n'est en mesure d'envoyer un mémorandum au président d'un pays non musulman le sommant à embrasser l'islam, à payer la jizya ou à lui déclarer la guerre. Alors pourquoi enseigne-t-on encore ces messages aux élèves comme étant le meilleur moyen pour les convertir à l'islam? Les déclarations d'Ahmed Assid lui ont valu des protestations de colère de tout bord au Maroc, notamment de la part de la caste religieuse[71]. Ils les ont qualifiées comme insulte à l'encontre du Prophète même. Un cheikh salafiste a immédiatement traité Ahmed Assid de mécréant et appelé à sa condamnation à mort:

> Ahmad Assid a défié la *oumma*, ses sentiments, son histoire et sa civilisation. Il a déchiré les cœurs... Les imams de la sunna sont unanimes à considérer comme mécréant quiconque prononce des propos comme Assid. Il est hors de la religion, et mérite la mort[72].

Effectivement, en 2015 on arrête au Maroc une cellule faisant partie du groupe EI. Elle se préparait à assassiner plusieurs personnalités et, en premier lieu, Ahmed Assid[73], le mécréant qui a insulté le Prophète. Donc, il mérite le même châtiment que les journalistes de Charlie Hebdo. Si

---

[70] Hespress, "Les messages du prophète entre les rois qui en sont destinataires et Ahmed Assid".
[71] France 24, "Les déclarations d'un chercheur amazight quant au prophète déclenche contre lui la colère des salafistes..."
[72] Manara, "Abou an-Naïm condamne Assid et *hallalise* l'effusion de son sang".
[73] CNN en arabe, "Le marocain Ahmed Assid: Je ne changerai pas mon choix comme laïc à cause de la menace de Daech".

de telles menaces sont proférées au Maroc, un des pays musulmans les plus ouverts et les plus modernes, quel sera la situation dans les pays musulmans fermés et conservateurs?

Le dogme concernant l'obligation de tuer quiconque insulte le messager conduit le groupe EI à tuer tout individu accusé de ce délit sur les places publiques, l'organisation d'al-Qaïda à perpétrer le massacre de Charlie Hebdo, les pays musulmans à provoquer des manifestations violentes contre les caricatures danoises en 2006, ainsi que contre la citation faite par Benoît XVI la même année. C'est aussi à cause de ce dogme que la vie de Salman Rushdi, d'Ahmed Assid et de tant d'autres intellectuels dans le monde se trouve menacée. Des attentats sont commis pour protester contre ceux qui insultent le Prophète, comme celui de Garland près de Dallas au Texas le 3 mai 2015, visant un concours de caricatures de Mahomet, organisé par Pamella Giller et Robert Spencer, en présence du leader hollandais Geert Wilders. Les deux attaquants musulmans sont Elton Simpson (31 ans) et Nadir Soofi (34 ans)[74]. Le groupe EI a revendiqué aussitôt cet attentat dans un communiqué qui dit:

> Deux soldats du Califat ont perpétré un attentat contre une exposition de caricatures à Garland au Texas. Il s'agit d'un concours de caricatures insultant le messager d'Allah. Les deux militants ont tiré sur le lieu de l'exposition blessant un des gardiens chargés de la protection du centre[75].

Trois mois plus tôt, un attentat similaire s'est produit à Copenhague au Danemark, le 14 février 2015. Le musulman, Omar Abdehamid al-Hussein (22 ans)[76], d'origine palestinienne[77], ouvrit le feu sur le centre culturel Krudttonden où se déroulait un débat sur l'art, la satire et la liberté d'expression. Parmi les participants, il y avait le caricaturiste suédois Lars Vilks qui était la cible principale de cette attaque commanditée par Abou Omar Baghdadi, chef d'al-Qaïda en Irak. Suite à cet attentat, ce dernier déclare:

> Dorénavant nous allons tout faire pour liquider physiquement le caricaturiste Lars Vilks qui s'est moqué de notre prophète… Nous annonçons à l'aune de ce mois de générosité, celui de ramadan, l'octroi d'un prix de cent mille dollar à celui qui tuera ce criminel mécréant, ou de cent cinquante mille dollar s'il l'égorge comme un mouton[78].

---

[74] Russia Today, "Daech revendique l'attaque contre une exposition de caricatures du prophète Mahomet".
[75] CNN en arabe, "Daech revendique l'attentat au Texas".
[76] France 24, "Qui est l'auteur de l'attentat à Copenhague?"
[77] BBC News, "Denmark attacks: Large crowds mourn shooting victims."
[78] Al-Bachir et Albawaba, "Al-Qaeda offre 100.000 $ à celui qui tuera le caricaturiste suédois."

Cette attaque contre le centre en question est suivie d'une autre contre une institution juive, tuant deux personnes et blessant cinq policiers[79]. D'ailleurs en 2010, cinq musulmans sont arrêtés en Irlande. Ils se préparaient à assassiner le même caricaturiste suédois. En 2009, l'américaine Colin Larose, convertie à l'islam et surnommée "Fatima Jane" ou "Jihad Jane", est arrêtée et accusée de recrutement de terroristes pour assassiner ce même caricaturiste suédois. Elle est condamnée à dix ans de prison[80].

Toutes ces attaques trouvent leurs motivations dans des convictions religieuses. Leurs auteurs sont imprégnés des textes fondateurs de l'islam dont l'idéologie les propulse à risquer leur vie et les persuade que le paradis est garanti pour ceux qui meurent en défendant Mahomet[81]. Or ce dévouement et cette obéissance aveugle n'émanent pas de Mahomet lui-même, mais uniquement de l'islam. Cette religion peut transformer un jeune en terroriste sans compassion pour personne. Il met sa croyance au-dessus de tout sentiment. Il se rappelle en permanence la parole de Mahomet qui dit: "Personne d'entre vous ne peut vraiment croire, si je ne suis pas pour lui plus précieux que son père, que son fils et que tout le monde[82]." C'est pourquoi, aucune manifestation n'a été organisée dans le monde musulman pour dénoncer et condamner le massacre de Charlie Hebdo. Par contre, des milliers de manifestations ont eu lieu pour dénoncer une nouvelle caricature de Mahomet publiée dans le premier numéro de ce magazine après l'attentat[83]. Les manifestants criaient: "Je suis Mahomet" au lieu de "Je suis Charlie". Défendre Mahomet est prioritaire et prime sur toute compassion envers une victime tuée au nom de Mahomet. Son nom est plus sacré pour les musulmans que le sang des gens du monde entier, et particulièrement, si les tués ont osé le caricaturer.

---

[79] BBC News, "Denmark attacks: Large crowds mourn shooting victims."
[80] France 24, "Dix ans de prison pour Jihad Jane dans l'affaire des caricatures du prophète".
[81] C'est ainsi que Mahomet flattait ses partisans dans la bataille d'Ohod: "Celui qui les repousse, aura le paradis" Sahih Muslim, 12:116. "L'invasion d'Ohod."
[82] Sahih Bukhari, 1:14. Livre de la foi: "L'amour du messager vient de la foi."
[83] Russia Today, "Des manifestations dans des pays musulmans contre Charlie Hebdo".

XV

"Notre rendez-vous à Dâbiq"
Daech et les derniers jours

Des prophéties islamiques régissent la conscience des musulmans

"L'islam est conquérant, victorieux." "Notre combat contre la mécréance est permanente jusqu'à la fin de la vie." "Un grand combat aura lieu inévitablement entre le clan de la foi et celui de la mécréance." "La victoire sera, évidemment, en faveur des musulmans."

Ces slogans ont imprégné nos cerveaux depuis notre tendre enfance.

De nombreux hadiths authentifient cette croyance. Des imams, installés souvent sur leurs *minbars*, parlent du futur et prédisent que nous vivons nos derniers jours. Ils prétendent que les évènements que nous subissons actuellement ont été annoncés dans les prophéties islamiques. Ils certifient, à titre d'exemple, que l'islam avait annoncé l'apparition de très hauts immeubles. Et c'est confirmé, disent-ils, par la réponse de Mahomet à une question: "Quelles sont les signes de la fin du temps?" "On verra, répond-il, des gens sans chaussures, nus, infirmes, bergers, qui prolongent les bâtiments en hauteur[1]." Même si ce phénomène existait déjà avant l'islam, comme le phare d'Alexandrie, les stades, les temples romains, les couvents, les églises, les remparts, les châteaux forts, etc., les musulmans voient aujourd'hui dans la multitude de hauts immeubles et de gratte-ciels une preuve palpable de cette prophétie.

La conscience du musulman est également hantée par les prédictions concernant la période qui précède la fin du monde, notamment par celles qui évoquent une confrontation inéluctable entre musulmans et mécréants (chrétiens et juifs). Selon ces prophéties, le Christ reviendra à la fin des temps pour "briser la croix" et "exterminer le porc", deux symboles de l'idéologie et de la liberté chrétienne[2]. Une grande confrontation aura aussi lieu entre musulmans et juifs. La nature y participera. L'arbre et la pierre épauleront les musulmans contre les juifs. La pierre dira au musulman: "Voici un juif qui se cache derrière moi, viens et tue-le[3]." Une grande bataille, dite "La grande épopée", se produira, durant laquelle les musulmans et les mécréants s'affronteront. Constantinople, "jadis symbole et fief du christianisme", sera conquise[4].

Ces prédictions agissent de façon magique et captivent l'esprit du musulman, au point qu'il ne peut plus voir le monde qu'à travers cette vision eschatologique. Tout ce qu'il vit n'est qu'une prémonition de cette grande confrontation entre musulmans de l'Orient et mécréants de l'Occident, chrétiens et juifs.

Lors de "La Tempête du Désert", la guerre des forces de la coalition contre Saddam Hussein, j'étais encore au lycée au Maroc. Les jeunes étaient tous en faveur de Saddam, ce musulman qui a osé défier l'Amérique bien qu'il ait envahi le Koweït. Les prières ont été organisées partout. Les jeunes imploraient Allah d'accorder la victoire à Saddam. Ils ne voyaient que la corruption dans les pays du Golfe et Saddam était pour eux "le sauveur" tant attendu pour redonner à l'islam sa gloire d'antan.

Subitement, une vague de religiosité déferla comme si la fin du monde était imminente. Des hadiths, jamais entendus auparavant, circulaient

---

[1] Sahih Muslim 1:141. Livre de la Foi: "La foi, l'islam et l'aumône."
[2] Sahih Bukhari, 2:876. Livre des injustices: "Briser la croix et tuer le cochon." Un hadith authentique dit: "L'heure de la fin du monde n'arrive avant que le fils de Myriam ne vienne imposer la justice. Il cassera la croix, tuera le cochon, imposera la jizya. L'argent sera si abondant que personne ne voudra en avoir."
[3] Sahih Bukhari, 3:1070. Livre du jihad: "Le combat des juifs." Le hadîth dit: "L'heure n'arrive avant que vous combattiez les juifs. La pierre derrière laquelle se cache un juif, dira: "Ô musulman, derrière moi il y a un juif, viens et tue-le."
[4] Ibn Daoud, Sunan, 11:402. Livre des épopées: "La fréquence des épopées." Le hadîth dit: "La grande épopée, la conquête de Constantinople et la sortie de l'imposteur dans sept mois."

partout, dont l'un disait: "Le surprenant aura lieu entre Jamadi et Rajab [deux mois lunaires][5]." En effet, "La tempête du désert" a commencé au début de Rajab. Saddam en profite avec habileté et joue sur la fibre religieuse très sensible chez les musulmans. Il décrit sa guerre devant les médias comme une guerre fatale entre "musulmans et mécréants", entre le bien et le mal. Puis, il ajoute le slogan *Allah akbar* au drapeau irakien[6], pour gagner en sa faveur les masses musulmanes. De nouvelles prédictions surgissaient alors sous forme de hadiths pour soutenir Saddam et faire de lui l'homme venant de l'Orient pour défier et défaire les mécréants et les Occidentaux.

L'un de ces hadiths dit: "Des gens de la race jaune, des Francs et des gens d'Égypte, se réuniront dans le désert contre un homme dit Sâdim. Il n'y aura aucun survivant parmi eux. Quelqu'un demande: Ô messager d'Allah! Quand aura lieu tout cela? Il lui répond: Entre Jamadi et Rajab, vous verrez *al-'ajab* [un évènement surprenant]." Des médias islamiques, mais aussi laïcs, ont publié ce hadith[7]. Dans cette guerre, les peuples arabo-musulmans soutenaient Saddam, alors que leurs gouvernements respectifs appuyaient les forces coalisées contre lui. C'est une preuve supplémentaire qui confirme que nos peuples sont manipulés par une force motrice religieuse beaucoup plus puissante que toute considération politique ou économique. Les prophéties et l'idée de la victoire des musulmans sur les mécréants sont et resteront l'instrument-clé dont on se sert pour manœuvrer et dévoyer les émotions des peuples musulmans.

Au lendemain du déclenchement de cette guerre, le Maroc ferma les écoles et les universités. Craignant des manifestations géantes en faveur de Saddam Hussein, et les forces l'ordre étant dans l'incapacité de maintenir la sécurité, le roi Hassan II confia alors à l'armée le contrôle des rues. Cependant, dès l'envoi par Saddam Hussein de missiles sur Israël, les youyous des femmes retentirent dans les rues et les quartiers populaires de Casablanca. Le prénom *Saddam* est donné à de nombreux nouveau-nés, non seulement au Maroc, mais dans tout le monde musulman afin d'honorer celui qui affrontait l'Occident mécréant. Voilà une autre preuve confirmant l'obsession de nos peuples par tout ce qui concerne la question eschatologique.

---

[5] Nissabouri, *Al-Mustadrak min as-Sahihayn*, 4:563
[6] Jusqu'à maintenant les Irakiens ne parviennent pas à effacer cette expression. Un tel geste sera considéré comme un blasphème.
[7] Ar-Râssid: "*Lecture des prophéties*. [L'Anti-Christ]", N° 8, p.74

Dâbiq et la grande épopée

Le groupe EI ne représente pas une exception. Tous ses combattants sont des musulmans imprégnés de ces hadiths. Ils sont conscients qu'ils constituent le moteur-clé pour sensibiliser les pulsions émotionnelles des gens. Nos peuples sont très religieux. Leur religiosité l'emporte sur toute faculté mentale ou considération logique. Si Mahomet a prédit une confrontation entre les musulmans et les mécréants, ils vont à coup sûr croire qu'elle aura lieu. Nul ne cherche à vérifier l'authenticité de ces prédictions. Sinon, il sera considéré comme mécréant et, par conséquent, condamné par les musulmans, al-Azhar et d'autres institutions islamiques. Abou Mossaab al-Zarqawi, le père fondateur du groupe EI en Irak, a dit une fois: "L'étincelle vient de s'allumer en Irak. Sa flamme va s'attiser, avec la permission d'Allah, jusqu'à brûler les armées de la Croix à Dâbiq[8]." Cette expression figure à la première page des éditoriaux du magazine *Dâbiq*, édité par le groupe EI. L'article de Zarqawi sur Dâbiq est considéré comme une prophétie à laquelle les moudjahidines croient fermement et le groupe EI en fait une large publicité. Elle fait partie de son idéologie et de sa vision concernant la fin des temps, notamment le retour du califat et de la grande bataille à Dâbiq entre musulmans et mécréants.

Le choix du nom *Dâbiq* comme nom du magazine officiel du groupe EI est aussi loin d'être anodin. Il est le symbole des prophéties avec lesquelles nous avons grandi. Le territoire de Châm [sous-entendu la Syrie ou le Levant] jouit d'une place privilégiée pour le lancement de prophéties. La localité de Dâbiq incarne l'axe principal autour duquel pivotent toutes les prophéties. Rappelons que Damas était la capitale du califat des Omeyyades, ayant remplacé Médine, celle de Mahomet. C'est ce qui explique la myriade de hadiths qui parlent de Damas et des derniers jours avant la fin des temps. À cela s'ajoutent les grandes conquêtes musulmanes lancées à partir de cette ville, y compris la première tentative de conquérir Constantinople. On remarque que ces prophéties qui ont vu le jour dans ce contexte prédisent, entre autre, que le Christ redescendra à Damas[9].C'est de là que surgira l'Antéchrist, "symbole de la mécréance et ayant le mot *mécréant* écrit entre ses yeux"[10].

---

[8] *Dâbiq*, n° 2, p. 2

[9] Sahih Muslim, 18:54. Livre des séditions et des heures: "Mention de l'imposteur, sa qualité et ce qu'il a avec lui.". Le hadith dit: "Lorsqu'Allah va envoyer le Christ, fils de Marie, il arrivera au lieu dit al-Manara, situé à l'est de Damas."

[10] Idem, 18:49

XV ∞ "Notre rendez-vous à Dâbiq" Daech et les derniers jours _____ 351

Il apparaîtra entre la Syrie et l'Irak[11]. Le vrai Christ viendra le tuer devant la porte de Lodd en Palestine[12].

Quant à Dâbiq, il s'agit d'un village situé près d'Alep. Maints hadiths en disent qu'il sera le lieu de la confrontation entre les musulmans et les mécréants chrétiens. "Juste avant la fin des temps, les Byzantins atterriront dans al-A'mâq ou à Dâbiq. Alors surgiront des armées d'élite de cette ville…qui les combattront et finiront par conquérir Constantinople[13]." Ces deux localités sont situées près d'Alep au nord de la Syrie[14]. Certains disent qu'al-A'mâq se trouve du côté turc près d'Antioche[15]. C'est la raison pour laquelle le groupe EI donne à son magazine le nom de *Dâbiq* et à son agence d'information le nom *al-A'mâq*.

Dans la vidéo qui présente l'égorgement de l'américain Peter Kassig, le cagoulé djihadiste dit John récite les paroles d'Abou Mossaab al-Zarqawi à propos de l'étincelle qui s'est allumée en Irak et qui est destinée à brûler les armées de la Croix à Dâbiq. Puis, il ajoute à l'intention des Croisés: "Nous enterrons aujourd'hui le premier américain à Dâbiq. Nous attendons impatiemment l'arrivée de toutes vos armées pour les égorger et les enterrer ici[16]." Alors que les paroles de Zarqawi retentissent dans cette vidéo, un membre du groupe EI marche en hissant dans la plaine de Dâbiq "la bannière du messager" qui est celle du châtiment. Le djihadiste John se promène en ces lieux, en tenant à la main la tête coupée de l'américain.

Dans la vidéo qui relate la décapitation des chrétiens coptes égyptiens en Lybie, le djihadiste John commente lui-même la scène:

> Ô gens, vous nous avez vus sur les collines du Levant et dans la plaine de Dâbiq, en train de scier les têtes de ceux qui ont longtemps cru à l'utopie de la Croix, alors qu'ils étaient imbibés de haine envers l'islam et les musulmans… Aujourd'hui nous nous trouvons au sud de Rome, en Lybie, cette terre bénie de l'islam. À partir de là, nous adressons un autre message aux Croisés: votre sécurité n'est que pur mirage. Vous nous combattez tous! Donc, nous vous combattrons aussi, jusqu'à ce que la guerre prenne fin, que Issa (le Christ) revienne pour casser la Croix, tuer le cochon et vous imposer la *Jizya*[17].

---

[11] Idem, 18:53
[12] Idem, 18:55. Le hadith dit à propos du Christ: "Il le (l'Antichrist) poursuit, jusqu'à l'atteindre devant la porte de Lodd. Il le tuera là."
[13] Idem, 18:18-19. Livre des séditions et des heures: "La conquête de Constantinople et l'apparition de l'Antéchrist, et le retour du Christ, fils de Marie."
[14] Nawawi, Explication de Sahih Muslim, 18:18
[15] CNN en arabe, *Dâbiq*, magazine de Daech, est le nom d'un village syrien cité dans *Sahih Muslim*, "il verra à la fin des temps une grande guerre."
[16] Al-Furqân pour la Production médiatique, Vidéo "Même s'il déplaît aux mécréants".
[17] Centre Al-Hayât pour l'Information, Vidéo "Message signé avec du sang à la nation des Croisés".

À la fin de cette vidéo, et une fois la décapitation des ouvriers coptes achevée, le même coupeur de tête ajoute: "Nous conquerrons Rome avec la permission d'Allah, c'est la promesse de notre Messager[18]." Donc, le retour du Christ, la confrontation contre la nation des Croisés, la plaine de Dâbiq, sont des paroles et des expressions idéologiques que le groupe EI n'a pas inventées, puisqu'elles font partie intégrante de la doxa islamique. Des générations musulmanes en sont imprégnées. Les doctes de l'islam ont, à cet égard, publié des centaines d'ouvrages. Si le groupe EI cherche à les mettre en application sur le terrain, sera-t-il alors un groupe qui ne représente pas l'islam?

Dâbiq et le rêve de l'invasion de l'Occident

La plaine de Dâbiq est la plus proche de Constantinople, fief des chrétiens. L'objectif du califat des Omeyyades de conquérir cette ville et de l'annexer à l'État omeyyade, était très clair dès le début de l'islam. Mahomet expulsa de la steppe de l'Arabie les chrétiens et les juifs. Après lui, ses successeurs envahirent l'Irak et le Levant [*Bilâd ach-Châm*], puis l'Égypte, l'Afrique du Nord et même l'Andalousie. Ilst contraignirent, par la suite, leurs populations à se soumettre à l'islam. Et pourquoi pas Constantinople qui constituait un rempart bien fortifié face aux musulmans? Le calife Moawiya fut le premier à installer son armée dans la plaine de Dâbiq[19]. Il tenta, lui et son fils Yazid, à plusieurs reprises, d'attaquer Constantinople, mais chaque fois ils subissaient un flagrant échec[20]. Pas loin de cette ville, un des compagnons de Mahomet, Abou Ayoub al-Ansari, fut tué et même enterré[21].

Plus tard, un autre calife omeyyade, Suleyman ibn Abdelmalik ibn Marwan, tenta de conquérir Constantinople et "jura qu'il ne s'en retournera pas avant de la soumettre[22]." Alors, il s'installa dans la plaine de Dâbiq très longtemps. Mais il y décéda avant d'atteindre son but[23].

C'est durant cette période, semble-t-il, que les hadiths relatifs à la conquête de Constantinople furent fabriqués. Les califes étaient décidés à y parvenir, et certains ont juré de le faire. Alors, pour pouvoir mobiliser et sensibiliser les combattants, il fallait que les doctes de l'islam et les religieux

---

[18] Idem
[19] Ibn Assâkir, *Târikh Dimashq*, 2:230.
[20] Ibn Kathir, *Al-Bidâya wal-nihâya*, 8:229
[21] Idem, 8:58-59
[22] Ibn Assâkir, op. cit., 24:74
[23] Al-Hamaoui, *Mu'jam al-buldan*, 2: 16

XV ❧ "Notre rendez-vous à Dâbiq" Daech et les derniers jours

composent des textes qui les incitent à conquérir Constantinople. Il n'ont donc trouvé rien de mieux que d'inventer des hadiths allant dans ce sens, en les attribuant, bien entendu comme d'habitude, au Messager. Par contre, cette métropole résista durant sept siècles à toutes les invasions des musulmans. Enfin, l'Empire Ottoman parvint à l'assiéger et à l'occuper du temps du Sultan Muhammad II en 1453 après J.-C..

Cependant, les musulmans continuent toujours à croire que Mahomet avait prédit la confrontation des musulmans avec les mécréants dans la plaine de Dâbiq, même si cet endroit n'a plus d'importance militaire ni stratégique, comme du temps des Omeyyades. Ce qui est étrange c'est qu'à l'époque des satellites et des fusées transcontinentales, les musulmans persistent à rêver d'utiliser un jour leurs sabres et épées à Dâbiq comme du temps des califes omeyyades et abbassides. Quelle est la raison de cette attente? C'est uniquement parce que les textes exercent un pouvoir magique, quasi absolu, sur l'esprit de *l'homo islamicus*, mais aussi sur les seigneurs de guerre à la tête du groupe EI.

Les hadiths qui évoquent les questions de la fin des temps galvanisent la fougue des musulmans et les conduisent à combattre les prétendus mécréants. À titre d'exemple, les hadiths relatifs à la conquête de Constantinople motivaient même les califes. Un hadith rapporté par Abdallah ibn Bishr, dit: "Vous conquériez Constantinople! Heureux sera son émir! Heureuse sera l'armée qui l'accompagnera! Maslama ibn Abdelmalik m'a appelé et je lui ai transmis ce hadith. Par la suite, il a envahi Constantinople[24]."

Les mêmes hadiths parlent de la conquête de Rome après Constantinople. L'un des rapporteurs dit: "On a interrogé une fois Mahomet: Laquelle des deux villes faut-il conquérir d'abord, Constantinople ou Rome? Le messager répondit: La ville d'Hercule d'abord, c'est-à-dire Constantinople[25]." Pour cette raison, les combattants du groupe EI profèrent régulièrement leur menace et leur intention de conquérir Rome ensuite, car les paroles de leur prophète sont véridiques et devront un jour se réaliser. Sinon, ses prophéties s'avèreraient obsolètes et mensongères.

Ces prétendues prophéties sont, en effet, fabriquées sur mesure et en cas de besoin. C'est comme celui qui modifie la cible afin que sa flèche puisse l'atteindre. On invente des textes, on s'efforce de les appliquer et

---

[24] Musnad Ahmad, 5:441
[25] Idem, 2:369

de les prendre ensuite comme preuve authentique de la prophétie. C'est comme celui qui prédit la mort d'un autre, alors qu'il vient d'envoyer discrètement un agent pour le tuer, et prétendre, ensuite, que sa prophétie était véridique. Le groupe EI agit de la sorte. Croyant fermement à l'authenticité des prophéties, ses militants s'efforcent de les réaliser sur le terrain. Une de ces prophéties dit que l'armée des musulmans affrontera quatre-vingts pavillons (ou étendards), sous-entendus quatre-vingts ennemis confédérés en une seule armée.

Mahomet aurait dit, en s'adressant aux musulmans, qu'il y aurait à la fin des temps une trêve "entre vous et les gens de race jaune [les Byzantins] qui vous prendront par perfidie sous quatre-vingts étendards, un par brigade de douze-mille combattants"[26]. Pour cette raison, le groupe EI aperçoit dans la coalition qui bombarde ses positions une simple concrétisation de cette prophétie. Dans les séances consacrées au débat sur le djihad, certains membres du groupe EI comptent le nombre de pays ayant déjà adhéré à la coalition contre eux. Ils souhaitent même que leur nombre atteigne vite les quatre-vingts, afin que la prophétie se concrétise et que la véritable confrontation s'impose. Le nombre de pays coalisés contre eux s'approche jusqu'à présent des soixante[27]. Plus leur nombre augmente, plus les membres du groupe EI se réjouissent. Il leur manque encore vingt pays pour annoncer l'authenticité de la prophétie, conquérir Rome et hisser leur étendard sur le Vatican. C'est à cette fin que le groupe EI a diffusé, dans son magazine *Dâbiq*, (n°4) un reportage illustré avec l'étendard du châtiment hissé au-dessus de la place Saint-Pierre au Vatican[28], accompagné d'un article intitulé: *Réflexions sur la dernière Croisade*[29]. Son auteur énumère tous les "hadiths prophétiques" et analyse, en conséquence, les faits sur le terrain et d'autres perspectives. Rappelons que le groupe EI croit fermement que le combat décisif avec l'Occident chrétien sera le prélude de son combat écrasant contre les juifs, une victoire que tous les musulmans attendent avec impatience.

Les textes des prophéties islamiques font partie de la propagande de Daech

Les questions eschatologiques représentent une autre raison idéologique qui conduit les jeunes à rejoindre le groupe EI et à combattre dans ses

---

[26] Sahih Bukhari, 3:1159. Livre de la jizya et d'al-mouada'a: "Mise en garde de la perfidie."
[27] CNN en arabe, "Voici sur la carte les noms des pays associés à la coalition contre Daech".
[28] *Dâbiq*, N° 4, porte le titre: "La déroute de la Croisade".
[29] Idem, p.32-44

rangs. Ils sont, en effet, convaincus qu'aucune armée, autre que celle de ce groupe ne combat actuellement les mécréants. Ils constatent aussi que les gouvernements des autres pays musulmans trahissent l'islam, puisqu'ils ne respectent pas les *"hadiths prophétiques"* qui évoquent une guerre permanente contre les mécréants. En outre, la migration de nombreux combattants musulmans des pays occidentaux vers le territoire occupé par le groupe EI, accorde du crédit aux prophéties qui parlent du *Bilâd ach-Châm* [Le levant], comme territoire sacré et béni en islam. Mahomet aurait dit dans un hadith: "Bienheureux est Bilâd ach-Châm! Pourquoi? lui demanda-t-on. Parce que les anges du *Rahmân* [Allah] étendent leurs ailes au-dessus[30]." Mahomet aurait conseillé aux musulmans d'y aller lors des derniers jours: "Vous devez prendre soin du *Bilâd ach-Châm*! C'est là qu'on découvre la pureté d'Allah! Il m'a garanti la protection du *Bilâd ach-Châm* et de ses habitants[31]." C'est dans cette région que les musulmans doivent se réunir pour combattre les mécréants. Mahomet aurait aussi dit: "Le jour de la grande épopée, le champ de bataille se situera sur un territoire dit al-Ghoutha près d'une ville nommée Damas, où les musulmans auront les meilleures demeures[32]."

Le groupe EI utilise ainsi ces hadiths dans sa propagande. Il semble que son message passe bien. Le musulman qui lit ces hadiths dans des livres religieux, se trouvera devant un choix difficile: soit rejeter sa religion, soit accepter leur application littérale et rejoindre les rangs des moudjahidines au *Bilâd ach-Châm*.

Le cas du musulman britannique d'origine yéménite, Nâssir al-Muthanna est l'exemple-type qui illustre l'emprise de ces textes sur les esprits des jeunes musulmans en Occident. Dans une vidéo diffusée par le groupe EI, il incite ses frères à rejoindre le *Bilâd ach-Châm*:

> Frères et sœurs! Pour savoir qui a raison, vous devez méditer le *hadith* du messager d'Allah qui dit: 'Le *Bilâd ach-Châm* est la pureté de la terre'. C'est Allah qui l'a choisie, en a fait la plus belle. Il a choisi aussi les meilleurs des humains pour y aller. Donc, vous voyez bien où se trouvent les *Muhajiroun* (les migrants). Et c'est la meilleure preuve qu'ils ont raison[33].

Tout musulman qui croit à ces *hadiths,* se trouvera alors contraint à mettre le cap vers la Syrie, à s'installer dans les meilleures demeures des

---

[30] Musnad Ahmad, 6:236
[31] Bayhaqi, *Al-Sunan al-kubra*, 13:579
[32] Nissabouri, op. cit; 4:532-533. Livre des séditions et des épopées: "Le jour de la grande épopée..."
[33] Centre Al-Hayat pour l'Information, Vidéo: "Pas de vie sans djihad."

musulmans. Le jour de la *Grande épopée*, il sera heureux d'avoir fait le bon choix, puisqu'il sera sur le territoire des musulmans pour combattre les mécréants conformément aux ordres et aux prophéties de son messager.

Quant au meurtre perpétré par les membres du groupe EI contre ceux qui sont considérés en apparence comme musulmans, mais qui sont, en réalité, mécréants, il est aussi lié aux jours des derniers temps. Mahomet n'ordonne-t-il pas aux vrais musulmans de tuer les faux musulmans, même s'ils mémorisent le Coran et lisent les hadiths? Ne dit-il pas aussi que ces gens seront là au dernier jour:

> A la fin des temps sortiront des gens jeunes et idiots. Ils diront des mots bien choisis… Ils liront le Coran, mais l'impact de ses préceptes ne dépassera pas leur gorge. Ils s'écarteront de la religion comme une flèche. Si vous les rencontrez, tuez-les. Celui qui les tue, Allah le récompensera le jour de la Résurrection[34].

Si le fait de tuer des musulmans constitue une preuve confirmant que le groupe EI n'a rien à faire avec l'islam, que dire alors de Mahomet qui a ordonné de les tuer? Tout au long de l'histoire, ce hadith a été appliqué et utilisé pour justifier la persécution et l'extermination de groupes islamistes, comme al-Khawaridjs, en vertu de textes similaires.

Bref, le musulman qui n'applique pas ces hadiths, ignore leur existence, feint de les ignorer ou en sélectionne ce qu'il veut. Par contre, les combattants du groupe EI prennent au sérieux ces textes, exploitent leur sacralité pour persuader les jeunes à les rejoindre et à mourir pour sa cause. En vérité, c'est le messager d'Allah qui dit et promet tout cela. Ses paroles et ses promesses ne peuvent être que crédibles. Celui qui le contredit est un menteur. C'est ainsi que les membres du groupe EI observent et interprètent les textes islamiques.

Les lionceaux du califat et le djihad

Avant de conclure, nous ne pouvons pas occulter ni ignorer les lionceaux du califat qui font partie intégrante de l'avenir, notamment de la grande épopée qu'attend le groupe EI. C'est à cette fin qu'il les endoctrine et les entraîne au combat, à l'audace, à la manipulation des armes, voire à l'égorgement. Pour comprendre, dans ce cadre, la mentalité de ce groupe, force est de pénétrer au fond de son contexte islamique. L'islam nous apprend dès l'enfance que la puissance de l'État islamique réside dans la multiplication de ses membres.

---

[34] Sahih Muslim 4:141. Livre de Zakat: "Incitation à tuer les Khawaridjs."

Mahomet ordonne: "Épousez les femmes fécondes et aimantes. Je serai fier de votre grand nombre devant les nations[35]." C'est pour cette raison que le groupe EI encourage et incite ses adhérents au mariage, à se multiplier par la procréation, ce que font aussi toutes les autres organisations islamistes. La finalité est identique: "Notre fécondité démographique en tant que musulmans représente notre puissance pour envahir les mécréants qui s'affaiblissent par le taux bas de leur natalité." D'ailleurs, le colonel Kadhafi s'en est enorgueilli dans un discours à Tombouctou transmis par Al-Jazeera, en disant que l'Europe va devenir musulmane sans guerre ni épée, mais par la migration des musulmans et leur démographie galopante[36].

Lorsque j'étais étudiant à l'Université Hassan II à Casablanca, le cheikh marocain Abou Zayd al-Muqri' al-Idrissi, fut invité par une amicale estudiantine affiliée au *Parti Justice et Bienfaisance* (parti islamiste marocain). Il donna une conférence et incita les étudiantes à faire beaucoup d'enfants, afin de pouvoir un jour libérer la Palestine. Aussitôt les applaudissements se multiplièrent pour approuver son argument. D'ailleurs, Mahomet lui-même interdisait à ses compagnons d'épouser des femmes stériles[37]. Donc, les enfants en islam constituent une force pour la guerre et le djihad, une raison pour laquelle le groupe EI insiste beaucoup dans sa guerre sur la formation d'une nouvelle génération de lionceaux pour le califat, destinés à porter l'étendard du djihad dans l'avenir. C'est la même idéologie qu'on trouve chez l'organisation d'al-Qaïda. L'une des épouses de Zawahiri recommandait à ses sœurs musulmanes: "Je vous conseille d'élever vos enfants dans l'idéologie du djihad et du martyr et de semer dans leurs cœurs l'amour de la religion et de la mort[38]." Ce phénomène n'est-il pas quasi identique à l'éducation donnée à la jeunesse hitlérienne [Hitler Jugend], formée et endoctrinée pour l'aimer et lui obéir? Les enfants musulmans sont formés dès leur tendre âge à cette idéologie de la mort dans la voie d'Allah qui leur promet, en contrepartie, une place confortable au paradis coranique avec les martyrs qui les ont précédés. Excellente opération de lavage de cerveaux!

---

[35] Bayhaqi, op.cit., 10:243. Réunir les différentes motivations pour le mariage: "La préférence d'épouser la femme féconde et aimante."
[36] MEMRI TV, "Libyan Leader Mu'ammar Al-Qadhafi: Europe and the U.S. Should agree to Become Islamic or Declare War on the Moslims."
[37] Ibn Daoud, Sunan, 6:47. Le hadith dit: "Un homme vient voir le messager et lui dit: - Je suis tombé sur une femme très belle mais elle n'enfante pas. Faut-il que je l'épouse? – Non! L'homme lui repose la question une deuxième et une troisième fois. Alors, le messager dit: - Épousez les femmes fécondes et aimantes, je serais fier de votre grand nombre parmi les nations."
[38] *BBC* en arabe, "L'épouse de Zawahiri: Apprenez à vos enfants l'amour de la mort."

D'ailleurs, nous pouvons voir dans une vidéo comment le groupe EI initiait les enfants à tuer, à Palmyre en Syrie, en juillet 2015. On y voit 25 soldats syriens tués par des enfants[39]. L'une des photos les plus réputées de Daech est celle du fils de Khalid Chrouf, un australien d'origine libanaise. L'enfant porte dans sa main une tête coupée, tandis que le père manifestait sa fierté de voir son petit garçon devenu *mudjahid*[40]. Si un enfant s'habitue tout petit à porter des têtes décapitées, que fera-t-il en devenant adulte? Je me souviens des chants patriotiques qu'on apprenait à l'école pour chanter en faveur de la Palestine dans les manifestations scolaires et les fêtes nationales. Quelques strophes sont restées incrustées dans ma mémoire, comme celle du poète égyptien, Mahmoud Taha, qui disait:

> "Frère, les tyrans ont dépassé les normes!
> "À nous incombe le devoir du djihad et du martyr!
> "Retire ton épée de son fourreau!
> "Tu n'as plus besoin de la rengainer!"

On appelait à porter l'épée contre les juifs pour libérer la Palestine, alors que nous étions encore en deuxième et troisième année à l'école primaire. On ne savait de la vie que ce que les grands nous enseignaient. Nous étions effectivement les lionceaux du Califat islamique sans le savoir. Et cela se passait au Maroc, le pays musulman le moins extrémiste.

Quant aux imams ou dignitaires religieux, ils participent fortement à incruster le concept du djihad dans l'éducation des enfants et à formater leur esprit. Des chaînes TV satellitaires, comme *Kanârî* (Mon rossignol), ou *Touyour al-Janna* (Les oiseaux du paradis), sont créées pour diffuser une formation religieuse solide aux petits enfants. Parmi les chants qu'ils apprennent, figurent ceux qui incitent au djihad contre nos ennemis traditionnels. Le cheikh saoudien, Sleiman al-Audi[41], y présente régulièrement des émissions sur la véritable éducation islamique des enfants. Dans l'introduction de l'une de ses émissions, il conseille à tout père musulman la manière d'éduquer ses enfants, lui disant: "Apprends-leur à la maison la haine des mécréants et leur combat. Initie-les aux nouvelles du djihad et des moudjahidines. Apprends-leur ce qu'Allah leur a préparé au paradis. Aide-les à mémoriser les chants du djihad dans

---

[39] L'information du Wilayat Homs, Vidéo: "Il guérit les cœurs des croyants."
[40] CNN en arabe, "Un australien de Daech filme son fils portant une tête coupée."
[41] C'est un cheikh connu comme l'un des symboles du réveil islamique. Il est docteur ès Sunna. Membre de l'UMOM. Le guide général des sites "L'Islam aujourd'hui".

la voie d'Allah⁴². " Puis il ajoute qu'il incombe à la *oumma* de former de bonnes mamans musulmanes, des mamans compétentes, de les nourrir de l'amour de l'enfantement, d'éduquer les enfants à obéir à Allah et à les instruire avec les valeurs du djihad⁴³." Comme illustration de tous ces conseils, il donne un exemple palpable, les enfants en Palestine: "Nous voilà devant une scène réaliste, celle qui nous permet de voir et d'entendre les *enfants des pierres*. Ceux qui combattent maintenant en Palestine sont des enfants âgés entre six et huit ans. Dites-moi: Qui a semé dans les esprits de ces enfants la haine des juifs? Qui a semé dans leurs cœurs l'amour du djihad dans la voie d'Allah⁴⁴?"

Hélas! On instrumentalise toujours la Palestine pour mobiliser les jeunes musulmans, du Maroc à l'Indonésie, au service de l'islam. Nous grandissons petit à petit avec la haine, la violence ainsi que l'amour du djihad. Et puis, tout le monde s'interroge: D'où vient Daech? A-t-il vu le jour sur une terre inconnue? Est-il à l'origine une graine tombée du ciel? N'avons-nous pas semé ses graines depuis belle lurette?

Ce qui encourage les enfants au djihad se trouve dans le patrimoine islamique. Nous lisons dans l'un de ses livres que ceux qui ont tué, dans la bataille de Badr, *Aba al-Hakam* (le père de la sagesse) – [nous l'appelons *Aba Jahl*, père de l'ignorance, un surnom que Mahomet lui a donné pour le diffamer] – étaient deux petits enfants. "Ils se sont approché de lui avec leurs épées et l'ont frappé à mort⁴⁵." Ensuite, ils vont voir Mahomet pour lui annoncer la bonne nouvelle. "Il leur demande: - Qui l'a tué. Chacun des deux répond: - C'est moi. - Avez-vous essuyé vos deux épées? - Non, répondent-ils. Alors Mahomet regarde les deux armes et dit: - Effectivement, vous deux, vous l'avez tué⁴⁶."

Ce récit est une grande source de fierté en islam... Deux petits enfants, ne pouvant pas tolérer qu'on offense le nom de leur messager, tuent avec leurs épées l'un de ses grands ennemis, sans se soucier de leur vie. C'est ainsi que doivent être les lionceaux de l'État Islamique, abominables envers les ennemis, surtout bien formés à égorger, "durs avec les mécréants et miséricordieux entre eux⁴⁷."

---

⁴² Islamweb, "L'éducation au djihad"
⁴³ Idem
⁴⁴ Idem
⁴⁵ Sahih Bukhari, 3:1144. Livre de l'imposition du cinquième: "Celui qui ne divise pas le butin en cinq parts, et celui qui tue quelqu'un aura ses biens sans division en cinq parts et sans consulter un imam."
⁴⁶ Idem
⁴⁷ Le Coran 48,29

Tout cela nous montre donc que le groupe État Islamique n'applique que les préceptes de l'islam, puisque les grands font apprendre le djihad aux petits, les éduquent à porter l'étendard de l'islam, les préparent à la *Grande épopée*, le grand combat auquel ils vont participer à Dâbiq contre les ennemis d'Allah, les mécréants. Même si la génération actuelle disparaît, une autre surgira à sa place ou ailleurs. Si le groupe EI est totalement écrasé, d'autres groupes émergeront, tant qu'on n'extirpe pas le cancer de ses racines.

XVI

Paris avant Rome
Les attentats suicides sont-ils licites ou illicites?

Le terrorisme frappe Paris

Au moment où j'achevais la rédaction de ce livre, le terrorisme islamique a frappé encore une fois la ville Lumière. Depuis les attentats de Madrid, c'est la plus grande opération terroriste perpétrée par Daech en Europe. Le vendredi 13 novembre 2015, Paris a connu la nuit la plus sanglante de ce siècle. Des attaques sont lancées quasi simultanément à plusieurs endroits: explosions, fusillades à l'aveuglette, cadavres déchiquetés. C'est la guerre. Daech vient de commettre un crime de guerre contre des innocents qui assistaient à un concert, qui regardaient une compétition de football ou qui mangeaient dans des restaurants. Préparée avec beaucoup de soin, cette opération visait à tuer le plus grand nombre de personnes. Frapper Paris, c'est frapper toute l'Europe. Pour transmettre un message à leurs adversaires, les groupes terroristes ont choisis leurs cibles de façon précise. "Ils ont ciblé les valeurs et les symboles." En effet, si New York représente la grandeur américaine et le succès de l'oncle Sam, Paris incarne la liberté européenne et la fierté française. Donc, les terroristes de l'islam viennent de frapper l'Europe en ce qu'elle a de plus cher, "la liberté", dont Paris est le meilleur symbole. Ils cherchent à transformer l'Europe en enfer pour ses habitants et les forcer à vivre obsédés et traumatisés par cette terreur, dans l'insécurité permanente dans les lieux publics: stades sportifs, théâtres, cafés, restaurants, partout. Ainsi expriment-ils leur haine à l'encontre de cet Occident de la manière la plus barbare. Ils lui "portent des coups mortels", selon le langage coranique[1]. Et comme d'habitude, au lieu de s'interroger sur la relation entre ces opérations et l'idéologie islamique, les hommes politiques occidentaux se dépêchent d'innocenter l'islam pour la énième fois. Ils le défendent en distinguant entre ces actes barbares et le dogme islamique, en dépit des liens inséparables et bien articulés qui les réunissent[2].

Au lendemain de ces attentats, le groupe EI les revendique dans un communiqué écrit et audio en arabe et en français, intitulé: "Communiqué sur l'invasion bénie de Paris contre la France croisée." Le titre seul suffit pour chatouiller la sensibilité du musulman ordinaire, puisque l'expression "invasion" lui rappelle les invasions du messager d'Allah et que le groupe EI ranime sous le nouveau califat. L'expression "la France croisée" est une allusion au christianisme et son lien avec la France. Donc, il ressort qu'il y a la guerre entre les musulmans d'un côté, et les mécréants de l'autre. Comme Mahomet avait envahi les tribus chrétiennes et juives de son temps, les moudjahidines du groupe EI envahissent maintenant la France croisée. C'est la conception des auteurs de cette opération, mais aussi d'une très large frange de musulmans.

Le communiqué de Daech à propos des attentats de Paris

Ce communiqué commence par la *basmala* [Au nom d'Allah, le clément, le miséricordieux] ainsi que par des versets coraniques qui s'inspirent de l'événement. Le groupe EI ne trouve rien de meilleur que le verset 2 de la sourate "L'exode"[3], qui parle de la tribu juive des Banou Nadhir qui ressemble à "l'invasion de Paris":

---

[1] Le verset 67 de la sourate 8 dit: *"Un prophète ne devrait pas faire de prisonniers avant d'avoir asséné [mis les mécréants hors de combat] sur la terre. Vous voulez les biens d'ici-bas, tandis qu'Allah veut l'au-delà. Allah est puissant et sage."*
[2] Dans son discours prononcé le 16 novembre 2015 à Antalia en Turquie, le président américain Obama a déclaré que "quiconque associe l'islam aux opérations terroristes se trompe". Une telle vision ne peut avoir que des conséquences inverses.
[3] C'est la sourate 59 dans le Coran actuel.

> *C'est lui [Allah] qui a expulsé de leurs maisons, ceux parmi les gens du Livre qui ne croyaient pas, lors du premier exode. Vous ne pensiez pas qu'ils partiraient, et ils pensaient qu'en vérité leurs forteresses les défendraient contre Allah. Mais Allah est venu à eux par où ils ne s'attendaient point, et a lancé la terreur dans leurs cœurs. Ils démolissaient leurs maisons de leurs propres mains, autant que des mains des croyants. Tirez-en une leçon, ô vous qui êtes doués de clairvoyance[4].*

Les juifs des Nadhir menaient une vie tranquille. En dépit de leurs fortifications contre les agressions extérieures, Allah les surprend et leur envoie, – *par où ils ne s'attendaient pas* -, les croyants musulmans, pour les envahir, les terroriser, les chasser de chez eux. Avant de partir, ils détruisent eux-mêmes leurs demeures avec l'aide des envahisseurs. Ce qui est d'ailleurs étonnant ici, c'est que le groupe EI voudrait que cette invasion soit le début de la destruction de la France, que les Français eux-mêmes commencent à détruire leurs demeures et que les moudjahidines les aident à accélérer le rythme de cette destruction. Ne croient-ils pas que la France les aide déjà indirectement depuis qu'elle a donné libre cours aux fondamentalistes d'agir sur son territoire, d'ouvrir des mosquées salafistes et de les protéger juridiquement? Ne croient-ils pas qu'ils vont pouvoir utiliser les lois françaises contre la France et, par conséquent, détruire ce pays avec le concours de ses enfants et ses lois? Ne croient-ils pas qu'ils se sont infiltrés en France par les mêmes chemins empruntés par les migrants, et qu'aucune fortification ni point de contrôle à la frontière ne les dissuadent d'y pénétrer? Maintes questions nécessitent encore des réponses. Ce qui est cependant certain, c'est que l'action du groupe EI est complètement identique à ce que faisait Mahomet dans ses invasions au VIIe siècle.

Le communiqué décrit Paris comme "la capitale des abominations, de la luxure, de la perversion, celle qui porte la bannière de la Croix en Europe." Ce sont ces descriptions et ces accusations qui ont accompagné notre enfance et notre éducation et qui se transmettent d'une génération à l'autre. Nous sommes les meilleurs et les plus nobles, alors qu'ils [les mécréants chrétiens et juifs] sont les pires créatures et la source de tous les maux. L'Occident mécréant, c'est l'alcool à flot, la corruption, l'adultère et la débauche. Ses grandes capitales s'engouffrent dans "la fornication et la perversion". Le groupe EI rappelle ici, à travers ces expressions, ce que

---

[4] Le Coran 59,2

pensent tous les musulmans grâce à l'éducation qu'on leur inculque. Ainsi s'adresse-t-il à la conscience des musulmans "pour guérir leur rancœur". Dans ce communiqué, les noms des assaillants ne sont pas mentionnés[5], mais évoqués: "Un groupe de croyants de l'armée du Califat,... ayant renoncé à la vie d'ici-bas, a foncé sur l'ennemi, à la recherche de la mort dans le sentier d'Allah, pour défendre leur religion, leur prophète, et humilier leurs ennemis." Ces expressions résument la leçon que le monde doit en tirer. Ce sont effectivement des jeunes qui ont renoncé à tous les plaisirs de ce monde. Personne ne peut donc justifier leurs actes par l'appât de bénéfices matériels qu'ils ont abandonnés. Ils sont venus pour se faire exploser et mourir avec le plus grand nombre possible de mécréants. Ils ne sont pas là pour gagner un butin ni pour mener des négociations, mais uniquement pour "mourir dans le sentier d'Allah." Ils cherchent à rendre service à leur religion, en scandant haut et fort qu'ils veulent mourir pour leur croyance. Par contre, les hommes politiques occidentaux n'entendent pas leur message ainsi, mais persistent à leur dire: "Non, vous ne mourez pas pour votre croyance. Nous savons mieux que vous quels sont vos objectifs."

Ne soyons pas aveugles ni stupides. La simple logique des choses nous impose tout de même à prendre au sérieux leurs déclarations. Nous devons croire qu'ils meurent pour leur religion. Sinon, que les prétendus contestataires daignent dire au monde entier pour quelle raison ces gens se suicident!

Paris avant Rome

Suite à ces attentats, les membres du groupe EI qui sont très actifs sur les réseaux sociaux, ont utilisé le slogan: "Paris avant Rome". Ce qui signifie que la conquête de Paris doit précéder celle de Rome. Celle-ci figure déjà dans leur stratégie et leur victoire définitive sur la chrétienté dans son propre fief. Mais d'abord, il faut soumettre Paris. Avant l'objectif final, d'autres cibles doivent être atteintes comme préalables indispensables. Le slogan "Paris avant Rome" a été antérieurement scandé par le porte-parole du groupe EI dans un enregistrement audio, dans lequel il est dit:

---

[5] Leurs noms n'ont pas été dévoilés dans ce communiqué, mais dans une vidéo diffusée le 25.01.2016 et intitulée "Tuez-les partout où vous les trouverez", on révèle l'identité de neuf combattants.

> "Ô croisés! Puisque vous avez voulu défier Saladin, vous rêvez aussi de récupérer Mossoul, Sinjar, al-Holl, Tikrit, Houwayja, Mayâdîn, al-Karma, Tal Abiad, al-Qâ'im ou Derna, mais aussi reconquérir la jungle du Nigéria ou occuper des niches au Sinaï, sachez que nous sommes déterminés, avec la permission d'Allah, *d'occuper Paris avant Rome*, et même avant l'Andalousie. Mais nous allons d'abord obscurcir votre mode de vie. Nous détruirons, si Allah le veut, votre Maison Blanche, votre Big Ben, votre Tour Eiffel, comme nous avions déjà démoli le trône de Kisra, le roi des Perses. Nous sommes décidés à conquérir Kaboul, Karachi, le Caucase, Qom, Riad, Téhéran, Bagdad, Jérusalem, Sanaa, Doha, Abou Dhabi, Oman. Les musulmans seront les seigneurs et les leaders du monde. Voici Dâbiq, Ghoutha, Jérusalem. Voici Rome, nous y entrerons. C'est la promesse de notre prophète. Il ne ment pas. Nous y tiendrons!⁶"

Adnani a exprimé clairement que l'EI est décidé à détruire la Maison Blanche, Big Ben et la Tour Eiffel. Ce sont des cibles privilégiées et attractives pour leurs moudjahidines capables de le faire. Le rêve de la souveraineté de l'islam et de la mainmise des musulmans sur le monde n'est qu'un des mobiles fondamentaux de ce groupe. Leur tentative de réaliser le souhait de leur prophète n'est qu'une de leurs cibles privilégiées. Ils sont persuadés qu'ils vont occuper Rome, avant de récupérer l'Andalousie. Mais d'abord, ils cherchent à dévaster Paris, Washington et Londres. C'est pourquoi, les attentats à Paris ne m'ont pas surpris. Je ne le serai pas non plus si d'autres attentats surviennent dans d'autres capitales occidentales. Auparavant les musulmans ordinaires qui *tweettaient* sur les réseaux sociaux, manifestaient leur enthousiasme pour le slogan *Paris avant Rome*. Maintenant, après les attentats de Paris, ils l'échangent, avec fierté et arrogance, pour confirmer que la promesse d'Adnani est bel et bien respectée.

Les réactions des musulmans

La myriade de justifications de ces attentats dans les commentaires des musulmans en arabe sur les différents réseaux sociaux, notamment Facebook et Twitter, ne m'a pas du tout surpris. Ils jugent normal que la France, qui a colonisé des pays musulmans, mérite de telles opérations. Certains précisent: "Que la France goûte à ce qu'elle a fait goûter à nos pays!" La joie de la vengeance est bien manifeste dans les débats. Certains musulmans interdisent même à leurs coreligionnaires d'exprimer leur solidarité avec la France ou de porter le drapeau français. Ils ne peuvent pas

---

[6] Al-Furqan pour la production médiatique du groupe EI, "Ils tuent et seront tués".

tolérer leur compassion à l'encontre d'un pays qui avait tué des musulmans en Algérie, au Mali, au Maroc et ailleurs et qui interdit actuellement le *niqâb* pour confirmer son hostilité à l'islam et aux musulmans… En général, les commentateurs notent que la France est un pays qui mérite les coups terribles que lui afflige le groupe EI. En revanche, le problème surgit chez d'autres musulmans, dit modérés ou "doués de lumières", qui condamnent les attentats, mais finissent toujours par les justifier. L'un d'entre eux dit, à titre d'exemple: "Oui! Je suis contre ces explosions, mais il faut que la France cesse de provoquer les musulmans." Même les théories du complot n'épargnent pas ces attentats. "Où sont les photos des victimes?", demande quelqu'un sur mon site. D'autres attribuent ce drame au Service des Renseignements français, au prétexte de pouvoir frapper l'islam.

Même, dans le monde musulman, les réactions n'ont pas été différentes. Elles favorisent davantage le dédouanement de l'islam que la solidarité avec les victimes. Par exemple, al-Azhar, cette prétendue "éminente" institution de l'islam sunnite, a publié un seul communiqué très succinct condamnant les attentats terroristes à Paris. Mais son patron, Ahmad at-Tayyib, a déjà critiqué, à trois occasions, l'Occident et l'a mis en garde contre toute atteinte portée aux musulmans et à leurs lieux sacrés. Il a assimilé toute action de ce genre comme un acte terroriste aussi grave que les attentats survenus à Paris. Trois jours plus tard, al-Azhar "a exigé des gouvernements occidentaux la protection des musulmans, la défense de leurs mosquées et le respect de leur sacralité[7]", comme si les Européens étaient les terroristes et les musulmans les victimes que le monde doit protéger, au moment même où la France se trouvait encore sous le choc et cherchait les criminels.

Le lendemain, al-Azhar récidive et exhorte les communautés européennes

> à prendre toutes les mesures nécessaires pour la protection des musulmans dans leurs pays contre toute agression et d'éviter l'amalgame entre les actions commises par une minorité de musulmans délinquants et les enseignements de l'islam qui appellent à la paix, à la tolérance et à la coexistence avec l'autre[8].

Son objectif est de protéger le patrimoine islamique de toute critique, afin que l'islam ne soit pas une cible d'accusation. Car l'accuser de

---

[7] Bawwabat Al-Azhar, "Le noble al-Azhar condamne l'incendie des mosquées en Occident."
[8] Idem, "Al-Azhar condamne les scènes de violence qui se multiplient contre les musulmans en Occident, et confirme que la provocation des musulmans favorise et sert le terrorisme."

connivence avec la violence et le terrorisme serait un amalgame que les pays occidentaux doivent éviter, selon le communiqué. Face à cette absurdité, je m'interroge: Quel est le nombre de victimes tombées à cause de cet amalgame? Combien de personnes sont tuées à cause de cette haine à l'encontre des musulmans en France après les attentats terroristes? Les islamistes ont assassiné 130 innocents en criant "Allah akbar", tout simplement pour imiter Mahomet, leur "beau modèle", qui fut le premier à scander ce slogan avant de tuer[9]. Malgré tout, al-Azhar consacre tous ses communiqués pour mettre en garde les gouvernements européens contre toute agression à l'égard de l'islam et des musulmans. L'Occident ne doit pas mettre l'islam dans le box des accusés, même s'il perd des centaines de ses concitoyens à cause des enseignements islamiques. Voilà la finalité et le processus de réflexion chez les "savantissimes" seigneurs d'al-Azhar.

Pourquoi cette institution ne consacre-t-elle pas un peu de son temps et de ses compétences pour corriger les croyances des musulmans si elle croit qu'elles ont été déformées? Pourquoi ne procède-t-elle pas à une révision complète de la jurisprudence islamique au lieu de gaspiller son temps à critiquer l'Occident?

Une semaine après les attentats de Paris, le même cheikh d'al-Azhar a prononcé un discours devant le "Conseil des Sages des musulmans" dont il est le président. Il s'y est concentré sur une défense acharnée de l'islam et sur la justification du terrorisme islamique en lui cherchant des excuses en dehors de l'islam. "Les motifs du terrorisme, souligne-t-il, ne se limitent pas à la déviation en matière de religion vers une conception trompeuse et frelatée, mais le terrorisme émerge très souvent de certaines doctrines sociales, économiques et même politiques[10]." Or, ce cheikh d'al-Azhar commet ici une falsification logique dans sa justification, une falsification de "Toi aussi". Il veut dire aux autres: Vous aussi, vous avez du terrorisme dans votre histoire. Donc, le terrorisme émerge aussi suite à d'autres facteurs. Ainsi l'islam se trouve exempté de tout reproche aujourd'hui.

Il a ajouté dans son discours que les pays musulmans sont aussi victimes du terrorisme occidental:

---

[9] Mahomet est le premier qui a dit: "Allah akbar". C'était lors de l'invasion de Khaybar (v. chapitre 10). Il attaqua cette localité un matin au moment où les gens se rendaient à leur travail. Il se dirigea alors vers ses compagnons et cria: "Allah akbar, khorribat Khaybar" (Allah est plus grand, Khaybar est déjà détruite). Voir: Ibn Hicham, op. cit., 4: 69. "La fuite des gens de Khaybar à la vue du Messager."
[10] Bawwabat al-Azhar, "Le grand imam: Le terrorisme est une maladie intellectuelle et psychique sans religion ni identité."

> Nous autres musulmans, nous avons subi et nous subissons encore le quintuple de ces attaques terroristes lancées par des armées et des bandits contre nous sous couvert religieux. Notre sang continue à couler au moment même où je vous parle[11].

Puis, il a qualifié de terrorisme l'incendie d'exemplaires du Coran et de mosquées. En généralisant ce phénomène, il accuse tout le monde de terrorisme et innocente l'islam.

> Ceux qui ont commis le crime en brûlant une copie du Coran et les maisons d'Allah en Occident doivent savoir que leurs actions sont aussi terroristes dans le plein sens du mot. Leurs actes constituent plutôt de l'huile à feu pour alimenter la pensée terroriste que nous subissons. Ne ripostez pas au terrorisme par un terrorisme analogue. On n'attend pas du tout de ceux qui prétendent détenir la civilisation et le progrès qu'ils insultent le patrimoine sacré des autres au su et au vu du monde entier[12].

Celui qui brûle une copie du Coran est un terroriste dans l'optique du patron d'al-Azhar. Il serait du même acabit que celui qui tue 130 personnes à Paris. Toute insulte des choses sacrées est du terrorisme.

Personnellement, je considère que l'incendie des mosquées est un acte terroriste. Mais je suis conscient que les lois occidentales pénalisent de tels actes, tout en sachant que des faits de ce genre sont isolés et très rares et ne font aucune victime humaine. Je suis aussi contre l'autodafé de copies du Coran, mais je ne peux pas dire que c'est un acte terroriste. Le patron d'al-Azhar cherche à accuser tout le monde de crimes terroristes, adoptant ainsi la logique de: "si on généralise, alors tout s'arrange". Dans cette optique, le terrorisme islamique paraîtra sans aucun lien avec l'islam, ses enseignements et ses textes sacrés. Tout le souci d'al-Azhar, c'est d'en innocenter l'islam:

> La leçon que nous devons tous en tirer, notamment en ces circonstances difficiles que traverse le monde, c'est de savoir que le terrorisme n'a ni religion ni identité. Il est clairement injuste et scandaleux de faire endosser à l'islam les crimes et destructions qui se produisent, uniquement parce que leurs auteurs crient le slogan *Allah akbar* en perpétrant leurs actes abominables[13].

J'aurais bien voulu approuver le patron d'al-Azhar si ceux qui scandent le slogan *Allah akbar*, avaient changé ou falsifié les enseignements de l'islam. Or, celui qui a lancé ce slogan pour la première fois, c'était

---

[11] Idem
[12] Idem
[13] Idem, "Le terrorisme est une maladie mentale et psychique, sans religion ni identité."

Mahomet, le messager de l'islam. Que le patron d'al-Azhar révise son histoire et sache que le modèle des terroristes c'est Mahomet en personne. Toute condamnation du groupe EI est une condamnation des actes que Mahomet avait commis. Ils sont consignés dans sa biographie écrite par les premiers musulmans et enseignés même aujourd'hui dans al-Azhar et toutes les institutions islamiques dans le monde.

L'Islam se répand-t-il davantage après chaque attentat terroriste?

L'autre phénomène bizarre qu'on observe après les attentats terroristes, c'est la propagande médiatique insensée dans le monde musulman. Après chaque attentat, ses médias lancent aussitôt une campagne d'information pour annoncer que l'islam se propage davantage. Ils rabâchent aux gens un adage devenu classique: *"Ces attentats font partie d'un complot pour frapper l'islam, mais avec la grâce d'Allah, c'est l'effet inverse qui se produit."* Un des commentateurs sur ma page Facebook m'a signalé une fois: "Hommage soit rendu à Allah! Après chaque attentat terroriste, les Américains et les Européens se ruent vers les librairies et achètent le Coran. C'est ainsi que se multiplie le nombre de musulmans.". Ne pouvant pas me retenir face à cette analyse saugrenue, je lui réponds: "Alors dois-je en conclure qu'il incombe aux terroristes de multiplier leurs attentats afin que l'islam se propage de plus en plus dans le monde?"

Voici, dans ce contexte, des exemples relevés dans la presse arabe:
- *Hespress*: "Les Français s'empressent d'acheter le Coran après l'attentat de Charlie Hebdo[14]."
- *Al Youm as-Sâbi'*: "La vente du Coran quintuple après Charlie Hebdo[15]."
- *Islamweb*: "Augmentation du nombre des convertis à l'islam au lendemain des attentats du 11 septembre[16]."
- *Bawabat Veto*: "L'islam après le 11 septembre en vogue: multiplication des convertis à l'islam en Amérique[17]." Ce site avance même des statistiques quant au nombre des convertis sans mentionner une seule référence crédible. Cet article fait savoir que "certains experts américains estiment le nombre de leurs compatriotes qui se convertissent à l'islam chaque année à plus de 25.000[18]."

---

[14] *Hespress*, premier journal en ligne au Maroc
[15] *Al-Youmm al-Sâbi'*, quotidien égyptien très lu dans le monde arabe
[16] *Islamweb*, site Qatari
[17] *Bawabat Veto*, électronique égyptien.
[18] Idem

Le seul souci de ces journalistes n'est pas l'arrêt des opérations terroristes, mais la défense de l'islam, sa glorification, et de dire au monde que les attentats ne dissuaderont pas les non-musulmans d'aimer l'islam et de s'y convertir. Bien entendu, les gens simples dans le monde arabo-musulman qui lisent ou entendent ces palabres, ne peuvent que croire à cette propagande médiatique bien orchestrée. Une telle information devient pour eux un postulat absolu qui nécessite d'être dénoncée et démasquée, parce qu'elle encourage à commettre encore plus d'attentats terroristes. Si le terrorisme favorise la conversion à l'islam et l'augmentation de la démographie musulmane, il incombera donc aux musulmans de remercier les terroristes du 11 septembre, ainsi que ceux de Daech et d'al-Qaïda, puisque leur méthode semblerait plus efficace pour la diffusion de l'islam que toutes les autres méthodes traditionnelles.

Des interrogations doctrinaires concernant les attentats-suicides

Il semble inévitable de réponde à trois questions relatives aux opérations-suicides survenues à Paris, si on veut comprendre la mentalité de leurs auteurs. À titre personnel, je ne crois pas qu'elles vont s'arrêter à court terme. D'où l'urgence de traiter leurs racines idéologiques, de détruire leurs sources de base, si nous voulons y mettre un terme définitif.

Première question: *L'islam autorise-t-il les opérations suicides?*

Oui! L'islam autorise tout croyant musulman, dit *mudjahid*, à foncer sur l'ennemi et à causer dans ses rangs le plus grand nombre de victimes même s'il doit être tué, raison pour laquelle on qualifie un tel acte d'"opération-suicide". Son auteur est conscient qu'il n'y survivra pas. L'histoire de l'islam est parsemée d'exemples et de preuves que les juristes et les doctes de la charia utilisent pour légitimer, sous conditions, ce genre d'opérations. D'abord, ils se réfèrent tous au verset coranique qui dit: *"Certes, Allah a acheté des croyants, leurs personnes et leurs biens en échange du paradis. Ils combattent dans le sentier d'Allah: ils tuent, et ils se font tuer. C'est une promesse authentique qu'il a prise sur lui-même dans la Thora, l'Évangile et le Coran. Et qui est plus fidèle qu'Allah à son engagement? Réjouissez-vous donc de l'échange que vous avez fait: et c'est là le très grand succès*[19].*"* Donc, ils tuent et se font tuer. Alors, Allah loue leur courage et leur accorde le paradis coranique comme récompense.

---

[19] Le Coran 9,11

XVI Paris avant Rome Les attentats suicides sont-ils licites ou illicites?

Les doctes de l'islam précisent les conditions des opérations-suicides. Elles doivent être menées dans le sentier d'Allah, pour la victoire de sa religion et des musulmans, pour infliger des pertes terribles à leurs ennemis. C'est l'avis qu'exprime l'un des exégètes modernes, al-Albani:

> Les opérations-suicides commises par des jeunes musulmans contre les ennemis d'Allah, sont licites à condition que leur auteur agisse dans le sentier d'Allah et pour la victoire de sa religion[20].

Son avis n'est pas une exception. Avant lui, Qurtubi donnait plus de détails:

> Si un seul homme s'attaque à mille polythéistes, rien ne lui est interdit s'il cherche à survivre ou à défier l'ennemi. Si ce n'est pas le cas, son acte sera répréhensible, car il s'expose à la mort sans être utile aux musulmans. Mais si son intention consiste à terroriser l'ennemi, à manifester l'attachement solide des musulmans à la religion, alors son action sera licite. Au cas où son acte s'avère utile pour les musulmans et son âme périt pour renforcer la religion d'Allah et combattre la mécréance, il faut reconnaître que c'est le plus noble acte de dignité qu'Allah ait accordé aux croyants[21].

Cette base normative est bien connue et défendue par les doctes de l'islam, mais elle demeure inconnue de la part de ceux qui étudient l'islam en Occident et observent le comportement des mouvements djihadistes. Cette norme porte un nom dans le djihad, c'est "la règle de l'immersion dans l'ennemi". De nombreux exégètes en parlent, notamment Ibn Taymiya dont l'un de ses livres publié il y a déjà sept siècles et intitulé: *La règle de l'immersion dans l'ennemi et si c'est licite?* Ce qui prouve que cette règle n'est ni récente ni inventée par Daech. Elle est très ancienne et bien connue de tous les doctes de l'islam. Ibn Taymiya la définit ainsi:

> L'homme ou le groupe combattra plus que le double d'entre eux, s'il y a dans ce combat un intérêt pour la religion. D'autant plus s'ils [les moudjahidines] croient la plupart du temps qu'ils vont être tués, comme c'est le cas de celui qui attaque seul les rangs des mécréants et s'y enfonce. Les oulémas appellent son acte *l'immersion dans l'ennemi*, puisqu'il disparaît dans ses rangs comme quelque chose qui se noie[22].

---

[20] Al-Albani (Muhammad Nasiruddin, né en Albanie et mort en 1999 en Jordanie). Il est cité dans "*Sahih mawarid al-zaman fi zawa'id Ibn Hayyân*", p. 119
[21] Qurtubi, op. cit., Explication du verset 2, 195
[22] Ibn Taymiya, "*Qaidat al-inghimas fi al-▨adouw wa-hal youbah▨?*", p.23

En vertu de cette règle, les auteurs de l'attentat du 11 septembre se sont enfoncés dans l'ennemi et lui ont infligé des dégâts terribles. Leur unique objectif était la victoire de l'islam et des musulmans, ainsi que l'écrasement de l'ennemi. D'ailleurs, ils savaient bien qu'ils allaient mourir dans ce but, croyant fermement aux versets coraniques qui leur miroitent le paradis, s'ils sont tués dans le sentier d'Allah avec ses ennemis les mécréants.

C'est dans ce même contexte que les auteurs des attentats de Paris ont déclenché leurs ceintures explosives, non pas pour se suicider, mais pour se venger de l'ennemi qu'est "la France". Ce pays attaque l'État islamique, fait partie de la coalition qui bombarde ses positions en Syrie et en Irak. Les auteurs de ces attentats, qualifiés de "fonceurs", ont respecté "la règle de l'immersion dans l'ennemi" dont parlent les doctes de l'islam. Ils se sont fait exploser après avoir tiré aveuglément sur la foule, avec le même objectif: la victoire de l'islam et des musulmans, ainsi que l'écrasement de l'ennemi. Dans ce cas, leur opération était licite, *halal*, et ne s'opposait en rien aux préceptes élaborées et enseignées par les doctes de l'islam.

D'ailleurs, ce phénomène n'est pas nouveau en islam. Des actes similaires ont eu lieu depuis plus de 1400 ans. Un des moudjahidines a foncé seul vers l'ennemi, lui infligeant des pertes terribles, en sachant qu'il n'avait aucun espoir d'en sortir vivant. Certains compagnons de Mahomet ont aussi mené des opérations-suicides au milieu de leurs ennemis. Le Prophète s'en réjouissait et les considérait comme des victoires divines. Selon Ibn Taymiya, "même devant le Messager, un homme seul était capable de foncer sur l'ennemi. Il en tuait jusqu'à ce qu'il soit tué. Cette tradition était pratiquée à l'époque du Mahomet et ses compagnons[23]." Les auteurs des opérations-suicides au XXIe siècle ne font qu'imiter leurs ancêtres du VIIe siècle. Ils s'en distinguent seulement par les outils employés. Les anciens utilisaient les épées et les armes traditionnelles, alors que ceux d'aujourd'hui ont recours aux kalachnikovs et aux ceintures explosives.

Cet avis n'est pas l'apanage des wahhabites ni des fondamentalistes, mais celui des quatre écoles juridiques sunnites (majoritaires aujourd'hui). Ibn Taymiya l'approuve dans une fatwa: "Les quatre imams ont validé l'action d'un musulman qui fonce dans les rangs des mécréants dans l'intérêt des

---

[23] Idem, p. 46

musulmans, même s'il sait qu'il va y laisser sa vie[24]." La condition liée à l'intérêt est relative. Tout individu peut trouver son bonheur dans le déclenchement d'une ceinture explosive au milieu des mécréants. Daech estime que les explosions dans les rangs des Français leur feront peur et les dissuaderont de ne plus mener des raids militaires contre ses positions à Raqqa, à Bosra et ailleurs. Un tel acte serait même susceptible de remonter le moral de ses combattants. Il affaiblira la sécurité et l'économie de la France et provoquera des problèmes innombrables pour l'Union européenne et les pays membres de la coalition contre Daech.

N'y a-t-il pas là un grand intérêt pour l'islam et les musulmans? Il faut rappeler que l'organisation d'al-Qaïda considère que les attentats de New-York représentaient un grand intérêt pour les musulmans. Ils ont affaibli l'Amérique, créé l'horreur au sein de sa population, détruit son économie. Donc, la condition de l'intérêt était respectée dans ces attentats. Cependant, chacun envisage à sa manière le sens de cet intérêt.

De son côté, l'Arabie Saoudite a condamné les attentats terroristes à Paris estimant qu'ils n'avaient aucun lien avec l'islam. Et pourtant, on trouve en même temps des oulémas saoudiens - très proches du pouvoir, jouissant d'un grand respect au sein de la population et ayant de nombreux disciples et adeptes -, qui parlent des opérations-suicides et les approuvent sans ambages ni réserves. C'est ainsi que l'Arabie Saoudite exerce l'hypocrisie politique. Elle vend un discours politique très modéré à l'Occident, mais elle autorise un discours excessif et même extrémiste au sein de son peuple ainsi qu'à l'intention de tous les musulmans. Les opérations-suicides sont légales selon les grands dignitaires religieux de ce pays. Le cheikh Selman ben Manih, un membre de l'Instance des Grands Oulémas en Arabie Saoudite et conseiller royal, dit clairement et sans détours:

> Sans nul doute, les opérations-suicides contre les ennemis d'Allah, son Messager et les ennemis des musulmans, sont une démarche très noble permettant au musulman de s'approcher de son seigneur. Elles sont également la meilleure expression du djihad pour la cause d'Allah. Celui qui meurt dans ces opérations sera un martyr avec l'approbation d'Allah[25].

Quant au cheikh saoudien Selman al-Oudah, inspecteur général du site islamique, *al-islam al-youm,* et membre de l'UMOM, il estime

---

[24] Ibn Taymiya, Recueil de Fatwas, 28: 501
[25] *Al Mawsu'a ach-châmila*, Livre des Fatwas relatives aux opérations suicidaires ; p. 12

que celui qui accomplit une opération-suicide conformément aux conditions légales, sera un véritable martyr si son intention est bonne. Les actions se mesurent en fonction des intentions. On implore pour lui la miséricorde d'Allah... Il est licite que ces opérations soient financées par le trésor public ou par la zakat, puisqu'elles sont effectuées dans le sentier d'Allah[26].

Un autre cheikh saoudien, Hammoud ben Aqlâ' ach-Chou'aybi, (m. en 2002), a participé aux attentats du 11 septembre. Très estimé dans les milieux djihadistes, il avait un avis très clair sur ce type d'opérations:

Les opérations-suicides sont des actions légales et font partie du djihad dans le sentier d'Allah, si les intentions sont bonnes. C'est un des moyens les plus efficaces dans le djihad contre les ennemis de notre religion. Elles permettent de tuer et de blesser un grand nombre d'entre eux, mais aussi de semer la terreur, l'inquiétude et l'anxiété au sein des groupes ciblés. Elles soulagent les cœurs des musulmans, expriment leur courage face à leurs ennemis... Les preuves de leur légalité se trouvent dans le Coran, la Sunna et le consensus des oulémas[27].

Dans le même contexte, Qaradawi, "le guide spirituel d'al-Jazeera" et président de l'UMOM, autorise les opérations-suicides en tant que djihad dans le sentier d'Allah. Il met surtout l'accent sur son aspect sacrificiel:

C'est un sacrifice héroïque du martyr et pas un suicide, déclare-t-il. L'état d'âme de son auteur se révèle totalement différente de celui qui cherche à se suicider. Ce dernier tue son âme, alors que le *Fidâ'î* se sacrifice pour sa religion et sa communauté. Il combat les ennemis d'Allah avec une arme nouvelle que la destinée a mise entre les mains des faibles face à l'omnipotence des puissants et des orgueilleux[28].

Donc, ces opérations ne sont pas assimilées ni qualifiées dans les pays musulmans de suicides, mais de martyres, puisque l'exécutant est un martyr pour Allah. Il meurt pour défendre l'islam et les musulmans. Il sait d'avance que sa récompense sera le paradis et les houris. Que ceux qui tentent donc de séparer l'islam des opérations-suicides ou de l'en dédouaner, veuillent bien s'informer et répondre aux fatwas des dignitaires religieux, qui se réfèrent et s'inspirent des textes coraniques et de la sunna.

---

[26] *Al-islam al-youm,* Fatwa répliquant au débat sur les opérations-suicides.
[27] *Islamweb,* Un ouléma saoudien: "Les opérations-suicides sont un jihad dans le sentier d'Allah".
[28] *Aljazeera.net,* Qaradawi: "les opérations-suicides sont des moyens efficaces dans le djihad."

Deuxième question: *Qu'en est-il des innocents parmi les victimes?*

Notre définition du mot *innocent* n'est pas différente de celle des musulmans. Donc, c'est un terme relatif qui nous oblige à nous interroger pour savoir pour qui et par rapport à quoi on est innocent. En islam, les mécréants représentent pour nous [musulmans] une seule communauté. Ils sont les ennemis d'Allah, et subsidiairement, ennemis des musulmans[29]. S'ils sont en outre des combattants, ils seront alors les pires ennemis d'Allah. L'Amérique est au regard d'al-Qaïda et Daech un double ennemi, d'abord par sa mécréance, et ensuite par sa guerre contre l'islam. La France l'est aussi, d'abord parce qu'elle est un fief de mécréance, et ensuite à cause de sa guerre contre l'État islamique. Donc, il est légal et licite pour les moudjahidines du groupe EI de leur faire la guerre. Par conséquent, les Français ne sont pas innocents, car ils ont élu leur gouvernement et approuvé sa politique et ses actions. Les fonds dépensés pour mener cette guerre viennent de leurs impôts, c qui les impliquent directement ou indirectement. Les pilotes qui mènent des raids mortels contre les positions du groupe EI sont leurs enfants. C'est pourquoi, tuer des Français de façon arbitraire ne peut en aucune façon être considéré par les moudjahidines comme un crime contre des innocents.

Nous autres [non musulmans], nous considérons que ceux qui étaient au théâtre du Bataclan étaient innocents, mails ils ne l'étaient pas selon les critères du groupe EI. Le même syllogisme s'applique à l'attentat du 11 septembre. Les victimes n'étaient pas innocentes. Elles ont contribué à la guerre de l'Amérique contre l'islam. En outre, le peuple américain en général soutient Israël et son armée dans toutes ses guerres. Ses enfants y participent. Par conséquent, les moudjahidines n'éprouvent aucun regret même pour la mort d'un simple citoyen qui travaillait dans son bureau en ce jour du 11 septembre. Il était d'abord un mécréant, ensuite un ennemi, puisqu'il participait, du moins de façon indirecte, à la guerre contre l'islam.

Un autre aspect de ce débat peut être évoqué. Si, par hasard, un innocent, fût-il un opposant à la politique américaine ou française, un djihadiste ou un soutien discret du djihad, se trouve parmi les victimes de l'attentat, sa mort ne constitue pas un problème pour les moudjahidines, car le grand intérêt prime et efface le scandale de sa mort. Parvenir à tuer

---

[29] Le Coran dit: *"Ô vous qui avez cru! Ne prenez pas pour alliés mon ennemi et le vôtre, leur offrant l'amitié, alors qu'ils ont nié ce qui vous est parvenu de la vérité."* (60,1)

le plus grand nombre possible de mécréants est plus important que la mort de quelques innocents, en raison de textes sacrés qui approuvent cette logique. Certes, tout acte commis par les moudjahidines s'appuie sur une référence. "Tuer des innocents" est licite dans une opération qui vise à tuer les cerveaux de la mécréance ou à infliger des dégâts horrifiants aux ennemis de l'islam.

Les textes sacrés de l'islam évoquent les attaques des premiers musulmans contre les tribus mécréantes pendant la nuit. Ils tuaient les femmes et les enfants, qui étaient innocents et ne participaient pas à la guerre. Mais on ne pouvait attaquer les tribus que la nuit. Par la force des choses, les attaques nocturnes faisaient de nombreuses victimes innocentes parmi les "civils". Alors, les compagnons de Mahomet l'ont interrogé pour savoir si c'est *halal* ou *haram*, licite ou illicite? Alors, il autorisa que les enfants et les femmes soient tués, si c'est dans l'objectif de pouvoir tuer les chefs de la mécréance et infliger à leurs tribus des dégâts moraux et matériels[30]. *Sahih Muslim* consacre un chapitre à la légitimité de tuer indirectement des enfants et des femmes innocents. Il signale comment Mahomet autorisait cet acte, pour autant que le but est d'éliminer les grands responsables, surtout s'il n'y a pas moyen d'y parvenir sans tuer tout le monde, y compris les innocents. C'est sur la base de cette règle que les moudjahidines se dédouanent et se blanchissent de la tuerie "des innocents", lorsqu'ils ciblent les grands et les "non innocents" parmi eux.

Troisième question: *Qu'en est-il des musulmans parmi les victimes?*

Des musulmans figurent parmi les victimes à Paris et au World Trade Center à New York, mais aussi dans les opérations-suicides en Irak, en Syrie et ailleurs. Que dire à leur sujet? Est-il licite de tuer des musulmans?

En islam, il est autorisé de tuer des musulmans si l'ennemi se cache derrière eux et pas moyen de faire autrement. Cette licence s'inscrit en islam sous une rubrique bien connue par les doctes de l'islam et tout particulièrement par les moudjahidines. Elle s'appelle *Qâidat at-tatarrus*, ou la règle de chercher protection. C'est le cas des ennemis qui trouvent refuge chez les musulmans ou chez d'autres qui ne sont pas visés par les moudjahidines. Dans ce cas, il sera légal de tuer tout le monde. Le

---

[30] Sahih Muslim, 12:41. Livre du jihad: Tuer des femmes et des enfants la nuit de façon non délibérée. "On interroge le Prophète quant à la progéniture des polythéistes, lorsqu'ils sont attaqués la nuit et qu'on tue leurs femmes et leurs enfants. Alors il répond: Mais ils en font partie." Dans un autre récit, il dit: "Ils sont les produits de leurs pères."

jour de la Résurrection, Allah jugera les victimes musulmanes selon leurs intentions. Ibn Taymiya reconnait dans ce contexte que

> les oulémas ont unanimement autorisé de tuer des musulmans derrière lesquels se cachent des mécréants ou des otages musulmans utilisés comme bouclier humain pour se défendre[31]. Si ces musulmans sont tués, écrit-il, ils seront considérés comme des martyrs. Le djihad n'ignore pas le devoir envers celui qui est tué comme martyr. Lorsque certains musulmans se tuent en combattant les mécréants, ils seront des martyrs. Quiconque d'entre eux est tué, alors qu'il croit en son for intérieur qu'il ne mérite pas d'être tué pour l'intérêt de l'islam, il sera également considéré comme martyr[32].

Ibn Taymiya n'a rien inventé. Tous les juristes et les doctes de l'islam ont approuvé cette règle. Cependant, le problème réside ici dans le fait que les moudjahidines sont beaucoup mieux informés quant à la jurisprudence du djihad que les musulmans ordinaires. Ils sont plus en contact avec le djihad sur le terrain. Ils sont forcés d'en connaître toutes les arguties. Qurtubi est encore plus explicite:

> Certes, écrit-il, on peut tuer le bouclier, surtout si c'est totalement nécessaire. *Nécessaire* signifie qu'on ne peut accéder aux mécréants sans détruire le bouclier. Et *totalement* signifie une nécessité absolue, lorsqu'on cherche l'intérêt de tous les musulmans en tuant le bouclier protecteur[33].

Les musulmans ont établi leur règle de base en vertu de ces textes et des références fondamentales attribuées à Mahomet. La première, déjà évoquée, autorise qu'on tue les enfants et les femmes en vue de tuer les hommes adultes mécréants. La seconde se réfère à un autre texte dans lequel Mahomet dit qu'Allah éclipsera de la terre beaucoup de gens à cause d'une armée qui envahira la Kaaba dans les derniers jours. Alors, en l'écoutant, son épouse Aïcha lui a rappelé qu'il y aura des innocents parmi les victimes de cette attaque. Alors Mahomet lui a fait savoir qu'Allah englobera tout le monde dans cette destruction et c'est au jour de la Résurrection qu'il ressuscitera ceux qui étaient de bonnes intentions[34].

---

[31] Ibn Taymiya, Recueil des Fatwas, 28:546
[32] Idem, 28:547
[33] Qurtubi, Exégèse 16: 288. Explication du verset 25 de la sourate 48 (La Conquête)
[34] Sahih Bukhari, 2: 746. Livre des Ventes: "Ce qui a été dit sur les souks." Un hadith rapporté par Aïcha dit: "Aïcha rapporte le hadith suivant: Mahomet a dit ceci: "Une armée attaquera la Kaaba. Si elle arrive à Baïda' [un endroit entre la Mecque et Médine], elle sera exterminée [par Allah], de son avant-garde à son arrière-garde. Je demandai: Ô messager d'Allah! Comment son avant-garde et son arrière-garde seront-ils exterminées, alors que ceux qui viennent faire des affaires dans leurs souks s'y trouvent ainsi que des étrangers

Si Allah lui-même ne distingue pas entre le tyran et l'innocent et supprime tout le monde de la terre sans faire la différence qu'au jour de la Résurrection, alors les moudjahidines ont le droit d'imiter l'action d'Allah et de provoquer des massacres sur terre, en ayant la certitude que la catastrophe touchera plus de mécréants que de musulmans, et qu'Allah distinguera lors du jugement dernier entre un musulman et un mécréant.

Bref, contester qu'il puisse y avoir des victimes musulmanes lorsqu'on tue des mécréants, ne constitue pas un argument de taille. L'exégète Yaacoub al-Qachmiri (XVIe s.) le confirme:

> À propos des musulmans pris par des mécréants comme boucliers de protection, il faut les éliminer pour pouvoir atteindre les mécréants. Car si nous cessons de combattre, nous serons défaits, et si nous combattons, nous serons forcés de tuer aussi des musulmans. Dans ce cas, nous n'avons pas d'autres choix que le plus facile. Alors, nous ciblons les mécréants et non pas les musulmans[35].

Les musulmans autorisent donc légalement la tuerie d'autres musulmans, si c'est le moyen inévitable pour tuer les mécréants, leur infliger des dégâts et accorder la victoire finale à l'islam et aux musulmans. C'est le cas de l'avion russe abattu au-dessus du Sinaï par Daech, bien que des passagers russes et musulmans s'y trouvaient. Les bénéfices sont pour le groupe EI supérieurs aux pertes. La défaite des ennemis de l'État islamique est plus importante que la mort de quelques musulmans.

En effet, les avions vont demeurer des cibles privilégiées pour les terroristes. Le magazine *Inspire* explique clairement comment fabriquer artisanalement des bombes à la maison et les infiltrer sans problèmes dans les avions[36], dans le cadre du "djihad ouvert" (Open Source Jihad), qui permet aux "loups solitaires", comme à tout individu musulman, d'accomplir son devoir sans avoir besoin d'être en contact avec un centre de commandement. C'est un processus qui octroie des informations relatives au djihad à tous les musulmans dans le monde et les incite à exécuter des opérations contre les ennemis d'Allah et du Messager. Malheureusement, maintes opérations de ce type auront inévitablement lieu, si les pays occidentaux ne prennent pas des mesures préventives dissuasives.

---

qui ne sont pas des leurs? Il répondit: Son avant-garde et son arrière-garde seront exterminées. Ensuite, ils seront ressuscités, selon leurs intentions»."

[35] Al-Qachmiri, *Fayd al-bâri*, 4: 225
[36] *Inspire*, N° 13.

Les auteurs des attentats de Paris et l'identité religieuse

Les auteurs de ces attentats, à leur tête Abdelhamid Abaoud, sont d'origine marocaine et algérienne. Bien que nés en Europe, leur mentalité a été façonnée, par une éducation musulmane traditionnelle - exactement comme moi - en vertu d'une logique claire qui dit: "Nous… et eux" "nous musulmans… et eux mécréants". De nombreux musulmans ont vécu et subi le même endoctrinement. La famille ne cesse jamais de répéter à chacun de ses enfants de ne pas imiter les mécréants, de s'en éloigner, de s'accrocher à son identité islamique. Nous sommes les croyants musulmans et ils sont les mécréants. Nous sommes meilleurs qu'eux. Un jour, nous les dominerons.

C'est ainsi que la famille musulmane contribue très largement à formater la personnalité du terroriste. De nombreuses familles musulmanes immigrées ne se sont jamais adaptées ni intégrées dans la culture européenne ou occidentale. Elles se sont isolées. Leurs enfants vivent dans des milieux étroits, même au sein des sociétés européennes. Elles n'ont aucun lien avec l'Europe et vivent séparées et même éloignés culturellement et temporellement de l'Europe. Les jeunes sont frustrés à cause de l'identité. Il est malheureux de dire que l'islam nous apprend que lui seul est notre identité, et que c'est de la mécréance d'appartenir à une autre patrie ou à une autre identité. Un musulman n'est fier que dans son islam, raison pour laquelle il doit détester toutes les autres identités. Mahomet lui-même enjoint ses partisans d'abjurer celui qui s'enorgueillit de sa tribu ou de sa lignée généalogique ou d'une autre identité que celle de l'islam[37].

Ces terroristes, comme Salah Abdeslam, son frère Ibrahim, Abdelhamid Abaoud et tant d'autres, sont les victimes de l'éducation islamique qu'ils ont subie au sein de la famille, à la mosquée et dans leur milieu social. Tous ces facteurs puisent leur substance dans les enseignements islamiques qui incitent à haïr le mécréant, ce qui vient de lui et ce qui lui appartient. Ils se nourrissent du sentiment lié à la suprématie musulmane, à la glorification du passé islamique, et à l'aspiration fougueuse d'établir un gouvernement islamiste appliquant la charia d'Allah. Tout cela a largement contribué à l'émergence de cet échantillon de jeunes qui se considèrent en conflit avec la société dans laquelle ils sont nés, tout en consommant ses biens,

---

[37] An-Nisâ'î, *As-Sunan al-kubra*, 5: 272. Il cite le hadîth suivant: "Celui qui manifeste sa fierté à propos de sa jâhiliya, comme son origine généalogique ou son appartenance à un clan, à une tribu ou à autre chose de l'époque préislamique, nous devons lui dire: Va mordre le sexe de ton père. C'est conforme à ce que le prophète a dit: Celui qui se console avec des traditions préislamiques qu'il aille mordre le sexe de son père."

profitant largement de l'argent des contribuables de cette société qui a accueilli leurs parents et leurs familles. Ils ne voient dans cette société que mécréance, débauche, vanité, corruption. Ils croient qu'il leur incombe de la corriger et de la soumettre à la charia d'Allah. Ils doivent y mener le djihad pour imposer la vérité et combattre la vanité.

Notons que la procédure ayant conduit à abattre Abaoud et facilité la fuite d'Abdeslam est pertinemment significative. Elle prouve la solidarité indéfectible entre musulmans, notamment celle des Maghrébins entre eux. Les autorités françaises n'auraient jamais réussi à trouver si vite Abaoud sur son territoire sans l'aide du Service des Renseignements marocains[38]. C'est une preuve que "les yeux du Maroc" à l'intérieur des mosquées en France – pour la protection de son régime et pas pour la protection de la France – ont bien localisé la présence d'Abaoud dans le quartier de Saint-Denis. D'ailleurs, aucun des habitants de ce quartier, - en majorité d'Afrique du Nord – n'a aidé les autorités françaises, bien que nombre d'entre eux savait où il se cachait. En vérité, la solidarité avec un *frère* dans la religion est plus forte que l'appartenance à la France, sa sécurité et sa défense. Quant à Salah Abdeslam, il a été épaulé par des maghrébins dans sa fuite de Paris à Bruxelles. Il a facilement trouvé l'aide dans un quartier de Bruxelles pour se cacher loin de la vigilance et des recherches faites par les services de sécurité[39]. La cause réside dans la solidarité religieuse qui exhorte à soutenir les musulmans contre les ennemis de leur religion, [conformément au principe islamique qui dit: "Soutiens ton frère, fût-il oppresseur ou opprimé."]

Aussitôt, la France a déclaré qu'elle va fermer les mosquées salafistes et expulser les imams fondamentalistes[40]. Une mesure positive, mais hélas, trop tardive. En plus, elle se révèle insuffisante. Déjà de nombreuses familles et maints enseignements infusent et continuent à infuser le poison de la haine envers l'Occident au sein des communautés musulmanes. La cause essentielle réside dans les enseignements religieux qu'on inculque dans nos cerveaux depuis notre enfance. Ce dont nous avons besoin, c'est de diffuser les valeurs de la tolérance, de la fraternité et de la coopération. Or, ce qui est fort regrettable, c'est que l'islam n'utilise pas cette logique relationnelle. En tant que religion, il divise les gens entre croyants et

---

[38] CNN en arabe, "Le Service des Renseignements marocains a informé la France quant à la présence d'Abaoud sur son territoire…"
[39] *Hespress*, "Ainsi est arrivé Salah Abdeslam en Belgique après les attentats de Paris…"
[40] *Aljazeera.net*, "La France menace de fermer les mosquées qui incitent à la haine."

mécréants, entre "Nous" et "Eux", et scande le slogan: "Nous allons un jour les vaincre". C'est ce que j'ai appris comme de nombreux jeunes musulmans l'apprennent toujours. L'islam nécessite impérativement une révision générale et un changement radical. Il incombe aux musulmans d'affronter leur patrimoine avec un esprit critique et une vision constructive. La clôture de quelques mosquées n'est qu'un palliatif éphémère administré à un malade atteint de métastases.

L'attentat de San Bernardino en Californie

Le 2 décembre 2015, Sayyid Radwan Farouq et son épouse Tashfin Malak ont mené une opération terroriste faisant quatorze tués et 22 blessés. Les deux époux étaient des musulmans engagés. L'opération n'a pas été commanditée par le groupe EI, mais les deux époux ont prêté allégeance à ce groupe sur Facebook. Cette opération est l'une des opérations les plus spectaculaires dans le monde que le groupe EI ait encouragée. Ces deux "loups solitaires" ont réussi une tuerie contre ceux qu'ils considèrent comme mécréants parmi les Américains. L'opération eut lieu durant une cérémonie festive lors de la fête chrétienne de Noël. Donc, le choix du temps et de l'occasion est pertinemment significatif. La fête de Noël est une manifestation de croisade aux yeux des musulmans. Les imams et les prédicateurs dans les mosquées mettent régulièrement les musulmans en garde contre une participation à ces fêtes. D'ailleurs, le terroriste Omar al-Farouq Abd al-Mottalib a tenté une opération terroriste contre un avion américain au-dessus de l'État de Michigan la veille de Noël 2009. Donc, tuer les mécréants à l'occasion de leurs fêtes est une des stratégies suivies par les organisations terroristes islamiques. Une telle initiative leur donne le sentiment de vaincre l'Occident croisé dans ses cérémonies et de les transformer en chagrins. Donc, les joies et les festivités de l'Occident sont destinées à devenir des occasions d'horreurs, de tristesse et de destruction.

Le nom de l'époux est "Farouq". C'est l'un des noms du second calife des musulmans, Omar Farouq Ibn al-Khattab. C'est lui qui a expulsé les chrétiens et les juifs de la Péninsule arabique. C'est lui qui a envahi Jérusalem et imposé aux chrétiens son fameux pacte, connu sous le nom du "Pacte d'Omar". Quant au prénom de l'épouse, "Tashfin", c'est le nom de famille du commandant musulman maghrébin "Youssef Ibn Tashfin", fondateur de Marrakech au XIe siècle. On l'appelait "l'émir des musulmans". C'est lui qui a annexé l'Andalousie au Maroc, comme il a vaincu le roi Alfonso VI dans la bataille de Sagrajas en octobre 1086, après lui avoir proposé l'islam, la *jizya* ou la guerre. Donc, les noms ou les prénoms des terroristes permettent de dire qu'ils ont été élevés dans des familles conservatrices, qui cherchent à s'accrocher au patrimoine islamique, à son histoire, mais surtout à inculquer à leurs enfants une éducation similaire à celle des premiers musulmans. Certes, les deux noms en question ont indéniablement un lien important avec l'hostilité antichrétienne.

Les motivations de ces attentats entre religion et décence politique

L'objectif de l'attentat à San Bernardo était le même que celui de "l'invasion de Paris": provoquer un carnage et tuer le plus grand nombre possible. Les enquêteurs ont trouvé trois bombes artisanales dites "bombes à tube" en possession des deux assaillants lors de l'attaque à San Bernardino et douze bombes similaires à leur domicile. Ce genre de bombes explosives fait partie des armes qu'on peut fabriquer à domicile en suivant à la lettre les explications bien détaillées dans le magazine *Inspire*. L'objectif c'est d'encourager les "loups solitaires" à exercer le djihad ouvert (*Open Source Jihad*). Alors, les bombes pour avion, les bombes à tube et les attentats font partie de la stratégie qu'al-Qaïda a déjà développée et même utilisée. Maintenant les terroristes les appliquent. Al-Qaïda initie et enseigne, tandis que Daech récolte les fruits. Or, la finalité demeure la même en dépit de l'hostilité entre les deux organisations. L'Occident doit donc s'attendre à maintes opérations de ce genre dans les jours qui viennent[41]: cibler les avions avec des bombes artisanales, les rassemblements avec des bombes à tube, assassiner des personnalités bien choisies. L'essentiel c'est de terroriser l'Occident et d'épuiser ses ressources.

Ce qui est curieusement étrange c'est que les médias américains s'interrogeaient quant aux mobiles de l'attentat de San Bernardino, comme si l'assassinat et la terreur ne faisaient pas partie des objectifs des groupes islamistes. Les analystes en Occident, cherchent à d'identifier les objectifs matériels, ignorant ainsi que l'assassinat en soi est l'objectif fondamental des islamistes: provoquer un grand nombre de pertes dans les rangs des ennemis, les terroriser, et stimuler le moral des musulmans à travers le monde.

---

[41] Ndt: Effectivement, les différents attentats qui ont eu lieu en France, en Belgique, en Allemagne, depuis la parution de la version arabe de ce livre début 2016, confirment la vision prémonitoire de l'auteur.

Rappelons que Mahomet a récompensé la gratitude des chrétiens par le mal. Ils ont accueilli ses compagnons et ses partisans en Éthiopie et leur ont accordé la liberté et la protection nécessaires. Par contre, Mahomet les a remerciés en chassant leurs coreligionnaires de la Péninsule arabique. Sayyid Farouq est né en Amérique et jouit de sa nationalité. Il y a fait ses études sur le compte du contribuable américain. Il a profité de tous ses biens. Ses amis et ses collègues de travail ont organisé une fête pour célébrer la naissance de sa fille. Et lui, il leur a exprimé sa (in)gratitude par l'assassinat. Tout ce qu'ils ont fait pour lui, ne mérite aucune reconnaissance de sa part, puisqu'ils sont des mécréants et obligés de le faire. Quoiqu'ils fassent, c'est pour lui la volonté de son Allah qui les a assujettis à lui rendre service et à l'honorer. Voilà le cadre-type de son raisonnement. Le cas de son épouse, Tashfin Malak, n'en diffère pas. Elle a obtenu un visa pour l'Amérique bien qu'elle ait de l'aversion pour ce pays. Elle n'est pas allée en Amérique par amour, mais pour se venger de ce qu'on appelle "le leader de la mécréance et le Grand Satan". De nombreux musulmans sont, hélas, élevés dans la haine des pays occidentaux où ils vivent, avec cette idéologie islamique meurtrière et ingrate.

Encore faut-il sans cesse réaffirmer que le mal réside dans l'éducation inculquée au sein des familles, mais aussi dans les enseignements donnés dans les mosquées, les livres et les programmes scolaires. Les textes sacrés de l'islam demeurent leur unique source d'inspiration.

Toutefois, il faut avouer que les gouvernements occidentaux sont largement responsables dans ce contexte. Jusqu'à maintenant ils n'ont pas identifié ni osé prononcer le nom de leur véritable ennemi. Ils n'ont jamais cherché à connaître ses idées ni ses objectifs. L'Amérique, par exemple, s'efforce de ne pas cibler les musulmans en les contrôlant sans les autres, de peur d'être accusée de racisme. Or, il n'y a aucune autre solution que le profil (Profiling). C'est une mesure appliquée dans tous les domaines. Il n'est pas possible, par exemple, d'aller contrôler des chrétiens syriens ou irakiens, alors que toutes les opérations terroristes sont l'œuvre de musulmans. Il sera absurde d'éviter de contrôler une catégorie particulière lorsque tous les indices la ciblent et la démasquent. Cette décence politique finira par détruire la sécurité de l'Occident et des Occidentaux. Un musulman intégriste comme Sayyid Farouq, qui a bien mémorisé le Coran, va acheter des armes et suivre des stages de formation au tir, sans qu'il ne soit jamais contrôlé ni signalé. C'est une sorte de stupidité sans frontières. Rien que ces faits auraient dû susciter l'attention de l'armurier qui lui a vendu les armes, mais aussi du directeur du centre de tir où il s'est entraîné, et les incitaient à le dénoncer. Les services de sécurité auraient dû être informés de son extrémisme, de sa possession d'armes. Ces deux facteurs ne sont-ils pas des indices suffisants pour stigmatiser cet individu? Hélas! Les Américains comme les Européens s'enlisent toujours dans une naïveté inouïe à l'égard de l'islam, alors qu'ils en sont les victimes et le seront encore pour longtemps. Le prix qu'ils paieront un jour sera malheureusement très lourd s'ils ne se réveillent pas très vite.

XVII

Croisement de routes
Justifications et solutions

Un dieu sans cœur

L'annonce de mon abandon de l'islam a déclenché un conflit terrible avec mon père et toute la famille. Nos relations se sont détériorées. Certains proches m'ont renié, d'autres m'ont tourné le dos ou souhaité mon exclusion du clan familial. Des altercations et des discussions se multipliaient avec mes parents. Mon père, l'imam de notre village, devait dorénavant affronter les habitants qui l'insultaient à cause de moi. Comment pouvait-il encore leur enseigner l'islam, alors que son propre fils venait d'apostasier et de rejoindre les mécréants. J'étais devenu pour lui un sujet de honte, moi, fils d'imam, qui a abandonné le corps de l'*oumma* pour adhérer à celui de ses ennemis.

"Pourquoi m'as-tu fait cela? me demanda une fois mon père. Tu me donnes envie de mettre ma tête sous terre? Qu'ai-je fait pour mériter cet affront à cause de toi?"

Très ému et agité, les motivations qui m'ont conduit à quitter l'islam, me faisaient pleurer. Mon action a fait souffrir mes parents et ma famille. Que pouvais-je faire? Fallait-il trahir mes convictions uniquement pour leur faire plaisir? Ou bien devais-je rester fidèle à mes convictions intimes et déplorer le trauma causé à mes parents? Je ne pouvais plus voir ni supporter mon père dans cette angoisse. J'ai pitié de lui comme de moi-même.

Et ma mère, profondément choquée, se trouvait perdue, déboussolée. Elle ne savait plus quoi faire. Elle pleurait parce que j'étais devenu la risée des gens. Tout père et toute mère voudraient être fiers de leur fils, alors que je les privais de cette fierté, en devenant, de surcroît, source d'insultes et de cynisme pour eux. Quelle honte de voir mon père ridiculisé par les gens du village, par ceux qui avaient l'habitude de se précipiter pour lui embrasser la main, chaque fois qu'ils le croisaient dans la rue! Et tout cela à cause de moi.

Au cours d'une discussion tumultueuse, mon père m'interrogea:
– Que dois-je faire de toi?

Sans savoir quoi lui répondre, je lui demandai:
– Que te recommande ta religion?

Il s'est tu et m'a regardé droit dans les yeux, mais profondément angoissé, avant de me demander:
– Que veux-tu savoir?

Je lui ai réitéré la même question:
– Que te recommande ta religion de faire à mon égard?

– Toi, me répliqua-t-il, tu connais bien la réponse. Mais pourquoi me la poses-tu encore?

– Père, je voudrais entendre la réponse de ta bouche, lui ai-je dit.

– Oui! répondit-il. L'islam m'enjoint de te tuer, puisque tu es devenu apostat, mécréant[1]. Mais tu sais bien que je ne le ferai jamais.

– Je te supplie, père, tue-moi et laisse-moi tranquille! J'en ai marre de cette vie et de cette situation! Tue-moi! Je n'ai plus envie de vivre!

Cette scène était affreuse tant pour lui que pour moi. Aussitôt, il sanglota avant de me dire:
– Tu sais bien que je ne peux pas, parce que tu es mon fils. Veux-tu que je te tue?

– Toi père, tu as un cœur, mais le dieu que tu adores n'en a pas.

---

[1] Tuer le *murtadd* (l'apostat), une sentence approuvée par les quatre écoles islamiques de jurisprudence qui se réfèrent à un célèbre hadith de Mahomet qui dit: "Tuez celui que change sa religion!". Ces écoles se réfèrent aussi à un autre hadith qui dit: "Le sang d'un musulman n'est licite que dans trois cas: (entre autre) celui qui abandonne sa religion et sa communauté."

XVII ∽ Croisement de routes Justifications et solutions

Si j'évoque ce récit, c'est pour résumer le drame que nous vivons dans le monde musulman. De nombreux musulmans sont, comme mon père et ma mère, aussi bons et affectueux. Ils ont un cœur tendre. Ils aiment les gens et s'adonnent généreusement à faire du bien. Mais ils suivent une doctrine qui leur ordonne de piétiner leurs sentiments pour la cause d'Allah et pour défendre la sacralité de leur croyance. Ils ont des cœurs, mais "leur Allah" leur demande de les écraser. Si quelqu'un m'interroge: si les musulmans sont bons, comment l'islam peut-il alors être si violent? Je lui répondrai tout simplement que le bon musulman est celui qui favorise son humanisme avant sa croyance et que la majorité des musulmans agit heureusement de la sorte. Sinon, nous subirons une catastrophe universelle terrible. Beaucoup de musulmans choisissent quelques rituels de leur religion et ignorent ou souvent feignent d'ignorer les autres.

Ma mère choisissait dans l'islam la prière, le jeûne, le voile et quelques notions simples, et ignorait tout le reste. Lorsqu'elle entendait parler d'assassinat, elle me disait: ce n'est pas l'islam, notre religion n'incite pas à tuer. Or, ma mère n'a jamais étudié la doctrine de l'islam en détail pour aboutir à ce résultat. Vu sa nature humaine et sa bonté, elle haïssait toute sorte de violence. Elle croyait que l'islam devait être ainsi. Autrement dit, elle projetait son sens humain dans sa religion. Tout le bien qu'elle aimait, elle croyait qu'il venait de l'islam. Elle ne cherchait pas, mais elle supposait qu'il devrait y être ainsi. Et cela lui suffisait.

En revanche, mon père savait très bien que, dans l'islam, le combat est un devoir, que tuer un apostat est un ordre qu'il faut accomplir, mais il a reconnu qu'il ne pouvait pas le respecter. Pour apaiser sa conscience et s'en esquiver habilement, il se référait toujours au verset (2,286) qui dit: *"Allah n'impose à aucune âme une charge supérieure à sa capacité."* C'est ainsi qu'il trouvait une issue lui permettant de se dispenser de tout ce qui est incompatible avec ses sentiments paternels et humains.

Des millions de musulmans partout dans le monde sont bons, aimables, affectueux, comme mes parents. Leur bonté signifie-t-elle que l'islam n'ordonne pas la haine et le combat des juifs et des chrétiens? Non, jamais. C'est pourquoi je fais toujours la distinction entre l'islam et les musulmans. Chacun d'entre nous a le droit de critiquer une croyance ou une idéologie sans qu'il soit accusé de haine à l'encontre de ses adeptes. Critiquer ou même haïr une idée, ne signifie pas haïr ses partisans. Je ne peux pas du tout haïr mes parents musulmans, mais je rejette leur croyance qui est susceptible de transformer, subitement, un père très tendre, en animal sauvage, prêt à tuer son fils pour satisfaire son idole Allah et son gourou Mahomet.

Les bons musulmans et l'islam

Les musulmans qui ne font pas le djihad ne constituent pas une preuve tangible que l'islam ne l'ordonne pas. Le musulman qui n'épouse pas quatre femmes, ne signifie pas que l'islam ne le recommande pas[2]. Mon père n'a épousé aucune autre femme que ma mère, contrairement à ses frères et ses amis les imams, ce qui n'exclue pas l'inexistence de cet enseignement en islam. Son amour pour ma mère et sa fidélité conjugale étaient éventuellement pour lui plus importants que sa doctrine. Mais il est aussi probable que ses conditions de vie ne lui permettaient pas de faire autrement. De même, le fait de ne pas amputer la main du voleur, ni de lapider l'adultère ou de le fouetter dans certains pays musulmans, ne signifie pas que l'islam ne recommande pas ces préceptes. Les musulmans dans certains pays ne les appliquent pas à cause des pressions internationales. D'ailleurs, beaucoup de musulmans les rejettent. Ils font primer leur humanité sur leur croyance. Donc, nous ne pouvons pas juger le taux de musulmans qui ne commettent pas des actes terroristes comme preuve de l'absence du terrorisme en islam. Si, par exemple, un grand nombre de musulmans ne prie pas cinq fois par jour, peut-on dire que l'islam ne leur ordonne pas de le faire? Alors, l'islam n'est pas ce que les musulmans font ou ne font pas. C'est une doctrine fondée sur les textes du Coran, du Hadith, de la Sira, mais aussi sur leurs interprétations et applications au cours des premiers siècles. C'est ainsi que nous mesurons et jugeons le comportement des musulmans à la lumière de ces textes, dont ils dépendent exclusivement et de rien d'autre.

Daech représente-t-il un milliard et demi de musulmans?

Les défenseurs de l'islam avancent régulièrement un autre argument pour dire que Daech ne représente pas l'islam, puisqu'il est impossible à un milliard et demi de musulmans d'être représentés par quelques dizaines de milliers de terroristes. Est-il alors possible d'accuser tous les musulmans de terroristes à cause des actions commises par un petit groupe? En effet, il s'agit ici d'une falsification logique, car la question elle-même est erronée dès le début. Elle ne doit pas être - *Qui représente les musulmans?* -, mais

---

[2] Le Coran ordonne au verset 4,3: *"Épousez autant qu'il vous plaît des femmes, par deux, par trois, par quatre et ce que vos mains droites possèdent."*

plutôt - *Qui représente l'islam?* Jamais les musulmans ne sont parvenus à dire qui les représente. Les chiites ne reconnaissent pas les sunnites et vice versa. Au sein même de chaque groupe l'on trouve des divisions et des sous-divisions. Les salafistes ne reconnaissent pas les soufis et vice versa. Par conséquent, le fait de parler de Daech et l'islam, ne signifie pas que Daech représente les musulmans. La question qu'il faut poser, c'est: *Daech applique-t-il l'islam ou non?* Si l'on constate que les adhérents à ce groupe font les cinq prières, jeûnent, appliquent les châtiments légaux, comme l'amputation de la main, la lapidation, le fouettage, l'assassinat des homosexuels et de ceux qui insultent ou critiquent Mahomet, etc., tandis que la majorité des pays islamiques prie et jeûne, mais n'applique pas les châtiments légaux, il ressort alors clairement et sans aucune ambiguïté que Daech est plus fidèle dans son application de l'islam que plusieurs pays musulmans. Les Émirats, par exemple, n'amputent pas la main du voleur, bien que ce châtiment soit prescrit dans le Coran comme nous l'avons vu[3]. Alors, qui est pratiquement plus fidèle au texte sacré: les Émirats ou Daech? Qui applique la règle de la sentence comme les califes et les compagnons de Mahomet l'ont appliquée? Qui met les chrétiens devant trois options: la conversion à l'islam, la jizya ou la guerre[4]? Qui réactive l'esclavage (la capture des femmes et des enfants) comme il est prescrit dans le coran[5]? Le fait que tous les pays musulmans feignent d'ignorer le contenu des textes coraniques et ne les appliquent pas, ne signifie pas l'absence de ces préceptes dans l'islam, mais que les pays musulmans se trouvent très gênés de les appliquer dans la période actuelle. En fait, Daech s'impose comme étant plus fidèle dans son application des textes sacrés que les pays dits musulmans. Donc, il est temps de cesser la multiplication des justifications obsolètes et de trouver des solutions, car de telles tergiversations ne font que perdurer le drame.

Le bon diagnostic est le début des solutions

Le bon remède nécessite d'abord un bon diagnostic, puisque le mauvais n'amène qu'à un pire traitement. La solution dépend inévitablement de l'identification de la cause fondamentale du mal. Sans un diagnostic sérieux et précis, les solutions proposées et appliquées conduiront à

---

[3] *"Le voleur et la voleuse, à tous deux coupez la main, en punition de ce qu'ils se sont acquis, et comme châtiment de la part d'Allah. Allah est puissant et sage."* (La Table 5,38)
[4] Le Coran 9,29
[5] Le Coran 4,3

la catastrophe. Il est regrettable que l'Occident n'ait pas encore saisi l'ampleur et la gravité du grand danger de la doctrine quant à ce qui se produit au Proche Orient. Si la religion est déjà encadrée chez lui, le monde arabo-musulman ne règle rien si ce n'est dans un cadre purement religieux. Les conflits qui déchirent l'Égypte, l'Irak, la Syrie, le Yémen, la Lybie, ne peuvent être dissociés de la doctrine religieuse qui régit nos sentiments, nos émotions, nos esprits, et téléguide nos peuples. Tout parti politique peut gagner les élections s'il utilise l'expression "Allah a dit" ou "le Prophète a dit". Il sera capable de mobiliser les masses à descendre dans les rues, s'il leur fait comprendre, même de façon erronée et sournoise, que leur prophète est en danger. Les chaînes satellitaires et l'internet ont permis aux imams et aux doctes de l'islam de mettre leurs fatwas et leurs discours à la portée de tout le monde. Certaines chaînes de télévision, comme "Les oiseaux du paradis"[6], représentent pour les nouvelles générations, et dès leur petite enfance, un danger terrible. La dite chaîne enseigne aux petits enfants, nuit et jour, des chants religieux incitant à la haine et exhortant au djihad et au sacrifice[7], de telle sorte qu'on entend maintenant des petits enfants chantonner inconsciemment les hymnes du djihad à la maison, à l'école et dans la rue. En un mot, la religion n'est pas un simple facteur parmi tant d'autres, mais le plus déterminant. L'idéologie du groupe EI ne sera jamais vaincue toute seule. Il faut trouver les solutions adéquates et efficaces en fonction d'un diagnostic sérieux et authentique.

Le terrorisme et la théorie du choix rationnel

Des politiciens et des analystes favorisent différentes théories pour interpréter le phénomène du terrorisme de façon générale, et le terrorisme islamique en particulier. L'une de ces théories se base sur le choix rationnel qui dit: "Les gens sont motivés par les récompenses et les dépenses pour leur action, mais aussi par les bénéfices qu'ils vont récolter[8]." Ce qui veut dire que tout individu fait son compte, compare les dépenses et la récompense. S'il constate qu'il aura un bénéfice clair et net, alors il y va. Sinon, rien ne peut le motiver. Or, il ne s'agit pas ici de bénéfices matériels seulement, mais aussi de bénéfices moraux.

---

[6] Chaîne religieuse pour les enfants, fondée en 2008, et dirigée par le jordanien Khâlid Meqdad.
[7] *Al-Jazirah*: "La chaîne, *'Les oiseaux du paradis'*, est une bombe minutée dans chaque famille."
[8] *"Understanding Contemporary society"*, by Gary Beowning, Abigail Haldi, Frank Webster. Iowa State University, Sage Publications, 2000

XVII ∞ Croisement de routes Justifications et solutions

Chacun fait son compte à sa manière. Mais parfois, le bénéfice matériel se mélange aussi au bénéfice moral. Si l'on compare le comportement des terroristes de façon générale et celui des terroristes islamiques de façon particulière, nous constaterons que la théorie du choix rationnel explique leur comportement de façon réaliste. En effet, ils ne sont pas des gens stupides, fous ou bornés. Ils ont déjà bien réfléchi, fait leur compte, comparé les dépenses. Ils sont parvenus à une conviction que la perte est réduite par rapport aux bénéfices. Pour cette raison, ils jugent que le risque en vaut la peine.

Celui qui se fait exploser avec une profonde conviction qu'il vivra éternellement au paradis, se libèrera des souffrances de ce monde, son comportement paraîtra rationnel et son raisonnement logique. Si les dépenses sont limitées à la mort, les bénéfices sont, en revanche, beaucoup plus nombreux. Primo, il vivra éternellement au paradis avec tous ses précieux avantages. Secundo, il se débarrassera des tracasseries et des souffrances sur cette terre. Tertio, il infligera des pertes énormes aux ennemis de l'islam. Quarto, il contribuera à la victoire de la véritable religion. Cince, son nom restera commémoré comme martyr parmi ses amis, au sein de sa famille et sa communauté.

Donc, lorsque tous ces facteurs sont pris en compte, il ressort que la religion joue un rôle fondamental et décisif dans ce processus. Le bénéfice matériel ne constituera jamais une motivation pour convaincre une personne à se faire tuer. Même le désordre mental ne saura jamais entraîner tous ces suicidaires missionnés par le groupe EI pour se faire exploser dans un bulldozer appartenant à l'armée irakienne, afin d'accéder à une région. En fait, c'est un choix rationnel basé sur une équation de perte et de bénéfice. Quant aux promesses qui mettent l'accent seulement sur des avantages matériaux (argent, terrains, maisons, mariages) octroyés par le groupe EI aux combattants, elles paraissent insensées pour expliquer et justifier le phénomène des suicidaires qui se font exploser. En effet, ils se préparent pour tout cela jour après jour, en priant avec leurs frères, en mangeant du kebab, en fredonnant des chants djihadistes. En somme, l'élément religieux demeure le facteur fondamental et déterminant dans la prise de décision. C'est le même facteur qui conduit ceux qui émigrent de leurs pays, quittent leurs familles et leurs proches, que ce soit en Orient ou en Occident, pour rejoindre le groupe EI. Rien ne peut expliquer ce phénomène que le facteur religieux.

Les moudjahidines sont sans doute des gens piétistes, soit depuis longtemps, soit à cause d'un changement religieux survenu à un moment donné de leur vie. Parmi les 155 cas de moudjahidines ayant fait l'objet de l'étude de Mark Sageman, il s'est avéré qu'ils étaient tous des musulmans pratiquants assidus avant de s'engager dans le djihad, à l'exception d'un seul cas[9]. Si nous voulons comprendre le groupe EI, nous n'y parviendrons jamais sans revenir à la religion. Par conséquent, si nous voulons trouver une solution, il faut commencer à étudier des textes religieux et avec cette idéologie qui va conduire à la destruction de millions d'êtres humains. En tout état de cause, je n'exclue pas ici le recours à la force militaire pour achever l'existence de Daech sur le terrain, mais ce groupe n'est qu'un épiphénomène, un des symptômes d'une maladie chronique. Comme ses consorts, al-Qaïda, Boko Haram, les Shabab, les Talibans, etc., ils sont tous des épiphénomènes symptomatiques de la même maladie. Le recours à la force militaire est nécessaire. Les renseignements de tout genre sont des moyens indispensables pour lutter contre le terrorisme. Cependant, le besoin le plus urgent c'est de trouver des solutions plus efficaces et radicales pour extirper la maladie de ses racines, et non pas pour se débarrasser seulement de ses symptômes. Donc, un remède et pas de palliatifs.

Forcer les États islamiques à respecter les droits de l'homme

Il incombe à l'Occident d'user de sa supériorité militaire, économique et politique pour contraindre les pays musulmans à respecter la Charte des Droits de l'Homme dans sa totalité, y compris la liberté d'expression et de croyance. Son silence face aux transgressions répétées, à la violation des droits de l'homme, représente une partie fondamentale du problème. Jusqu'à quand les pays occidentaux vont-ils continuer à traiter avec l'Arabie Saoudite, lui vendre leur silence, uniquement pour sauvegarder de bonnes relations diplomatiques et des intérêts économiques? C'est honteux de voir les pays occidentaux s'imposer un silence ignominieux face à un État qui n'accorde même pas un permis de conduire à la femme, qui persécute tout individu qui ose dire un mot contre un membre de la famille régnante, ou qui exprime son opinion ou son droit de changer sa croyance ou de rejeter une autre. L'Arabie Saoudite n'est qu'un exemple, mais la liste de pays similaires est longue. Les cas de Ra'if Badaoui en Arabie Saoudite et de Mohammed el-Cheikh Ould Mekhaytir en Mauritanie

---

[9] Idem p. 93

en sont des preuves frappantes. Si les pays démocratiques et influents encouragent la liberté de croyance et d'expression, les défendent, et si l'Organisation des Nations Unies force ces pays à respecter les traités et les accords internationaux relatifs aux Droits de l'Homme, alors la première et la plus importante démarche vers la solution sera effectuée.

En contrepartie, les voix des laïques, des non religieux, des athées, des agnostiques, des intellectuels au sein de notre peuple devront être encouragées, car ce sont les seuls capables de créer un rapport de force plus équilibré face aux groupes politiques existants, mais aussi un test pour un débat rationnel autour des idées avec les islamistes. C'est ainsi que ces derniers ne seront plus protégés par un gouvernement qui guette et persécute toute voix discordante et incompatible au sein du troupeau. De même, il faut combattre la loi du blasphème des religions et réclamer son abrogation, une loi dégainée pour réprimer la liberté de croyance et d'expression.

En effet, le silence des pays occidentaux dans ce domaine ne fait qu'encourager des pays comme les Émirats Arabes Unis, le Maroc, le Koweït, à proposer l'adoption de telles lois qui ne faisaient pas partie jusqu'alors de leur arsenal juridique. Ce silence est un signe de consentement, de complicité ou plutôt de complaisance dans notre monde arabo-musulman.

Refonte des programmes d'enseignement dans les pays musulmans

La deuxième solution qui s'impose, c'est l'urgence de reformer les programmes d'enseignement dans presque tous les pays musulmans. Ils doivent adopter des programmes qui s'appuient sur la logique et le sens critique et non sur la mémorisation. Or, les autorités religieuses ne veulent pas accorder aux élèves la liberté intellectuelle ni les encourager à développer l'esprit de créativité ni la réflexion libre et critique. Elles ne s'intéressent qu'à favoriser chez eux la faculté de mémoriser les textes et d'imposer le pouvoir de ces textes. L'Occident doit saisir l'occasion et hypothéquer sa coopération et son assistance aux pays musulmans en réclamant, en contrepartie, des signes positifs concernant le respect des droits de l'homme et un changement de bon sens dans les programmes scolaires. De plus, un besoin urgent s'impose pour réduire dans ces programmes le quota des matières religieuses, et favoriser celle des matières scientifiques qui incitent à la réflexion, l'expérimentation et la créativité, y intégrer les théories modernes des sciences physiques et naturelles, encourager la philosophie et la logique. Sans une réforme structurelle du système éducatif, nous continuerons à tourner en rond dans un cercle vicieux. Sinon, au lieu d'affronter un seul groupe islamiste, nous serons contraints de faire face à plusieurs dans un proche avenir, lesquels émergeront de la même source. Également, le discours da la haine doit être banni de toutes les matières d'enseignement. Celui du respect de la culture de l'autre et de sa différence encouragé. Toute réforme ne peut réussir sans s'ouvrir à la littérature universelle et les autres cultures, sans promouvoir l'échange culturel, les voyages, sans respecter les autres civilisations, abstraction faite des différences religieuses et ethniques, sans favoriser l'égalité entre les hommes même s'ils sont d'une autre religion ou sans religion.

Faire face à la politique ambivalente dans les pays musulmans

La troisième solution, c'est de forcer les pays musulmans à se conformer aux exigences de leurs relations avec les autres. Il ne suffit pas que l'Arabie Saoudite soit officiellement un allié des pays occidentaux seulement, mais il faut qu'elle le soit de façon sérieuse et séquentielle à l'intérieur. Ce qui veut dire que l'hypocrisie politique ne sert à rien, lorsqu'elle accorde la liberté à ses doctes, à son système éducatif, à ses sites officiels, de diffuser le wahhabisme et la culture de la haine à l'encontre de l'Occident qualifié de mécréant, et qu'elle se détourne de tout cela dans ses relations diplomatiques pour exprimer totalement le contraire. Il ne suffit pas qu'elle condamne l'assassinat des journalistes de Charlie Hebdo, sans interdire toute incitation à les tuer. Cette ambivalence doit être combattue. Un pays ne peut mener deux politiques contradictoires à la fois. Le Qatar, par exemple, ne peut pas être, d'un côté, un allié de l'Amérique, et de l'autre, lâcher la bride à la télévision *Al Jazeera*, financée par l'émir du pays, pour mobiliser et inciter le monde arabo-musulman à haïr l'Amérique, l'Occident et tout ce qui est juif et chrétien. Il n'est pas possible ni logique que le prêche du vendredi dans une mosquée à Riyad ou à Casablanca soit une imprécation contre l'Amérique, qualifiée de tête de Satan, au vu et au su du Ministère des Biens religieux et des Affaires islamiques, et qu'en même temps leurs rois soient photographiés avec le président américain à la Maison Blanche. Il est temps de mettre un terme à cette schizophrénie politique comme à cette farce médiatique.

Encourager la réforme religieuse

La grande et la plus urgente solution c'est la réforme religieuse. Il incombe aux pays musulmans de s'investir de courage pour se débarrasser de cet orgueil, de cesser de sanctifier le passé au détriment du présent. L'Église européenne, notamment catholique, a reconnu les périodes sombres dans son histoire, et s'en est repentie. Elle les considère déjà du passé. Mais le monde musulman ne cesse encore de sanctifier les invasions, le pillage, le vol, et les qualifie de conquêtes islamiques. Et personne ne veut reconnaître cette déviation. Ils veulent sacraliser le passé afin d'empêcher toute tentative d'exhumer ses horreurs. Il est vrai que le président égyptien, Abdelfattah Al-Sissi, ait appelé à une réforme religieuse face à un patrimoine islamique très lourd[10], mais il n'a rien fait sur le terrain pour faciliter ou pour déclencher cette réforme. Aucune initiative ni commission n'a été lancée ou constituer à cet effet. Il s'est contenté de propulser l'idée, comme s'il s'agissait d'un discours politique bien accueilli en Occident, mais sans aucun impact sur le terrain en Égypte même. C'est l'illustration de l'ambivalence déjà évoquée. En revanche, certains programmes diffusés sur des chaînes satellitaires, lesquels débattaient autour des textes religieux, ont été suspendus sous la présidence d'Al-Sissi. Par exemple, le programme "Avec Islam" que présentait le journaliste Islam Bahiri, est suspendu, bien que l'animateur soit musulman. La raison, c'est qu'il a osé débattre des Hadiths du Prophète et défier l'institution d'al-Azhar. Alors, il a été inculpé, traduit devant la justice et incarcéré[11]. En fait, la pression d'al-Azhar sur le pouvoir politique et le taux très élevé d'analphabètes en Égypte, retardent toute réforme. À cela s'ajoute l'absence de toute volonté politique chez les responsables. Si c'est la situation qui prévaut et domine en Égypte, que dire alors des autres pays musulmans, comme l'Arabie Saoudite?

Assainir l'information dans les pays musulmans

Réformer l'information est également une des mesures qu'il faut appliquer. L'information doit être responsable et non pas utilisée comme moyen pour propager les théories des complots, la *satanisation* de l'Amérique et de l'Occident, et la manipulation des émotions des gens au lieu de clamer la vérité. L'information dans les pays arabo-musulmans n'est

---

[10] *Aljazeera.net*, "Al-Sissi appelle à une révolution religieuse contre des textes sacralisés depuis des siècles".
[11] *Alyoum al-Sâbi'*, "Le Caire et les gens: Suspension du programme télévisé qu'anime Islam Bahiri, par respect pour les Égyptiens et pour éviter la sédition."

pas soumise à la rigueur professionnelle comme dans les pays occidentaux. Le système n'est pas tenu à rendre compte à une autorité supérieure ni à s'assurer de la véracité du contenu. Il s'intéresse à la primauté seulement, même si c'est au détriment de la nouvelle annoncée. On trouve des déclarations attribuées à Clinton, à Obama ou à d'autres sans vérification des sources. L'essentiel pour les médias c'est de condamner et de diffamer l'Amérique et l'Occident. Sans présenter de preuves, on trouve encore des médias qui prétendent que le groupe EI est une production purement américaine, au prétexte de contribuer à notre sous-développement, de telle sorte que certains sites et même des chaînes satellitaires occidentales très réputées pour leur professionnalisme, soient transformés, dès qu'ils ont créés des sections en langue arabe, en bouc-émissaires en faveur de l'islam, comme *Al jazeera* et *Al Arabiyya*. Voici une chaîne comme *Sky News* dans sa version arabe. Elle appuie l'Arabie Saoudite contre les Houtis, de telle sorte qu'elle devienne un copié-collé du site saoudien *Alarabiyya.net*. On n'y trouve ni neutralité ni objectivité. De même, la section arabe de la BBC s'attaque à l'évangélisation et aux évangélistes et poursuit les traces de ceux qui ont abandonné l'islam ou se sont convertis au christianisme[12]. En présentant de tels reportages, on remarquera aussitôt que ce media se soucie de la défense de l'islam et des musulmans et cherche à punir ceux qui les critiquent. Il y a encore d'autres chaînes, comme celle d'*Alhurra* en Amérique, où travaillent des gens qui ont de l'aversion envers ce pays et le maudissent. Ce qui est drôle, c'est que cette chaîne fut créée pour améliorer l'image de l'Amérique dans le monde arabo-musulman, mais aussi pour créer un contrepoids face à la propagande que diffuse *Al Jazeera* contre l'Amérique. Or, beaucoup de fonds sont investis sans rien changer sur le terrain. L'image de l'Amérique, dit *le Grand Satan*, est toujours bien imprégnée dans les esprits des musulmans et surtout des Arabes. Si l'Occident veut réaliser quelque chose de positif, il faut qu'il aide les laïcs à créer des chaînes indépendantes qui œuvrent pour la réflexion critique, scientifique et éclairée. Les pays du Golfe se sont bien investis pour créer des chaînes islamistes et anti Occident durant les dix dernières années, pourquoi ne créé-t-on pas des chaînes alternatives pour faire face à celles qui diffusent un discours de haine et conduisent les jeunes à plus d'enfermement, d'isolement et de marginalisation. En

---

[12] Reportage de la BBC, réalisé par Abdelrâziq, "Ce qui n'est pas dit: Convertis au christianisme…" Un film complet diffusé le 26 mai 2010.

même temps, il est urgent d'accorder aux jeunes éclairés et réfléchis des tribunes alternatives télévisuelles propres à eux.

Incrimination du *"takfîr"*

L'une des solutions urgentes c'est d'interdire juridiquement la *mécréanisation* (takfîr) et de prévoir des mécanismes pour juger et condamner quiconque *mécréanise* un autre et rend licite l'effusion de son sang. L'incitation à la haine n'a rien à voir avec la liberté d'expression, puisqu'elle conduit à la discrimination et au meurtre. Les minorités dans les pays musulmans ont droit à la protection. Elles sont assujetties à la *mécréanisation*, à la discrimination et à l'humiliation. D'autres minorités comme les convertis de l'islam à une autre religion, les chrétiens, les homosexuels, les laïcs, les Yézidis, les Druzes, et d'autres, sont persécutés et discriminés au Proche Orient comme en Afrique du Nord. Les convertis sont souvent traduits devant les tribunaux, condamnés et menacés. On condamne aussi ceux qui critiquent l'islam en vertu d'une loi dite *blasphème des religions*. La communauté internationale est censée assumer ses responsabilités en forçant les pays musulmans à protéger ces minorités. Il n'est pas raisonnable qu'on puisse les *mécréaniser*, ignorer leurs droits ou les violer sous prétexte qu'il y a une majorité musulmane. Le discours de *mécréanisation* représente l'un des outils les plus productifs du terrorisme. Il faut le combattre avec un arsenal juridique solide qui protège le citoyen sans distinction de religion ou d'ethnie.

L'intolérance avec les terroristes à cause de leur Islam

D'autres mesures sont à envisager. Les pays musulmans doivent mettre un terme définitif à leur complicité avec les terroristes qui portent atteinte à l'Occident plus qu'à eux-mêmes. L'exemple saoudien dans ce contexte est frappant. Au lieu de maintenir les peines sévères à l'encontre des terroristes de Guantanamo que l'Arabie Saoudite accueille, on les soumet à un régime dit *al-munâssaha*, un programme d'encadrement qui consiste à les recycler, rééduquer, réorienter et enfin à les amnistier avant leur réintégration dans la société. Offre-t-on aussi un tel programme aux criminels et aux assassins en Arabie Saoudite? Ou bien cette catégorie de moudjahidines bénéficie-t-elle d'un statut spécial et privilégié dans ce pays, qui les considère comme un groupe égaré ayant besoin seulement d'une rééducation particulière? En effet, il y a manifestement une sympathie partagée et réciproque, bien visible, avec cette catégorie. Quel contraste et quelle logique! On condamne un blogueur comme Ra'if Badaoui à dix ans de prison et 1000 coups de fouets, alors qu'on élabore un système de rééducation et de recyclage pour un terroriste qui a adopté la logique du meurtre et de la terreur, avant de le libérer? N'est-ce pas un signe clair qui montre que l'Arabie Saoudite ne traite pas ces gens comme terroristes? À un terroriste, on n'octroie pas de conseils, mais on le juge et le condamne pour assumer la responsabilité de ses actes terroristes et criminels. Ce qui est choquant, c'est que certains de ceux qui ont suivi ce programme ont rejoint le camp du terrorisme et occupent des postes-clefs au sein d'al-Qaïda, comme c'est le cas de Saïd al-Chahri, devenu commandant adjoint de l'Organisation d'al-Qaïda dans la Péninsule arabique[13]. Les données statistiques confirment que 59 individus parmi ceux qui ont suivi le programme saoudien de rééducation ou de *déradicalisation*, ont rejoint l'action terroriste ou une organisation terroriste. Cherchant à minimiser la gravité de ces chiffres, l'Arabie Saoudite se félicite du succès du programme, en comparant le nombre de ceux qui ont rejoint le terrorisme avec celui de ceux qui ont suivi ce programme[14]. Certains doutent de son succès et s'interrogent quant à son échec, même lorsque le nombre des terroristes ayant rejoint le terrorisme était beaucoup plus réduit[15].

Voici encore le cas de la Turquie, un autre pays qui accorde beaucoup de largesses au groupe EI, dont les combattants entrent et sortent librement de son territoire. Il facilite même la collecte des dons pour ce groupe[16]. Sa politique à son égard n'a changé que le jour où des attentats l'ont touchée. Celui qui joue avec le feu, il lui est difficile d'en échapper[17]. De nombreux pays musulmans ferment les yeux lorsque des terroristes agressent l'Occident mécréant, ce qui révèle en fin de compte qu'ils sont des frères et bénéficient d'une sympathie réciproque. Les attitudes politiques ne changent que lorsque le terrorisme sévit à l'intérieur d'un pays musulman. C'est ce qui s'est produit en Arabie Saoudite avec al-Qaïda. La même chose eut lieu au Maroc qui fermait les yeux dans les années 90 du siècle dernier, sur le départ des moudjahidines marocains en Afghanistan. D'autres pays musulmans, comme le Soudan, avaient adopté la même politique. Tous ces exemples illustrent l'étendue de la

---

[13] Aljazeera.net, "Saïd al-Chahri est tué en 2013".
[14] *Okaz*, "Le retour de 59 individus à l'égarement après le programme de rééducation, ne signifie pas l'échec de cette initiative".
[15] *Alarabiyya.net*, "Est-ce que le programme *al-munâssaha* a-t-il déjà échoué?"
[16] *Aljazeera.net*, "les calculs turcs dans la guerre contre Daech"
[17] *Deutsche Welle* en arabe, "La Turquie participe effectivement dans des raids de la coalition contre Daech".

sympathie avec les enfants de la communauté musulmane dans leur haine vis-à-vis des mécréants.

Contrôle des fonds des associations musulmanes

L'une des mesures possibles qui s'impose à court terme, c'est le contrôle des fonds des pays du Golfe qui sont mis à la disposition de la prédication islamique. En apparence, ces fonds se révèlent destinés à la prédication et aux œuvres caritatives, mais, en réalité, ils aident le terrorisme, soit pour diffuser ses idées, soit pour multiplier ses cellules, soit pour le soutenir directement. Les mosquées en Occident qui favorisent la diffusion des concepts de "la mécréanisation", de l'alliance et du désaveu, sont financées par l'étranger, et plus précisément par les pays du Golfe. Le même groupe EI reçoit régulièrement de l'aide de riches sympathisants vivant dans ces pays. Les Services de Renseignement américains ont dévoilé les noms de certains bailleurs de fonds au Golfe[18]. Toutefois, de nombreux donateurs parviennent à échapper à toute poursuite judiciaire dans leurs pays. Par sympathie, les pays musulmans ferment les yeux sur des personnalités ayant des liens avec le financement des moudjahidines. Même des États, comme l'Arabie Saoudite et le Qatar, soutiennent financièrement des mouvements islamistes en Syrie contre Bachar el-Assad. Pourquoi l'Arabie Saoudite n'aide-t-elle pas les réfugiés, n'investit-elle pas dans des projets socio-économiques pour aider les gens au lieu de favoriser les organisations islamiques? Pourquoi les pays occidentaux acceptent-ils la présence d'imams saoudiens dans leurs mosquées, alors que leurs discours et leurs prêches sont truffés d'incitation à la haine de l'autre et à sa "mécréanisation"? Il est dans l'intérêt des pays occidentaux d'être vigilants face aux pétrodollars qui risquent de détruire la civilisation occidentale que l'islam a en aversion.

Cesser de défendre l'Islam

L'une des solutions les plus simples, c'est que les responsables politiques cessent de défendre l'islam et de l'innocenter. Le faisant, ils n'honorent pas les musulmans en louant leur religion, mais ils entretiennent la culture du silence et de l'hypocrisie, et neutralisent toute tentative de réforme. Si l'islam était si bon et innocent, il n'aurait donc nul besoin de se réformer, et que l'erreur se trouve seulement dans sa pratique et chez ceux qui le

---

[18] *Alhurra TV*, "Des sanctions américaines à l'encontre de trois koweïtiens qui financent des fondamentalistes".

mettent en application. Les déclarations de certains politiciens en Europe ou en Amérique quant à l'islam ne risquent pas seulement le report de la possibilité de sa réforme, mais surtout sa disparition définitive. Pourquoi le rôle des politiciens ne se limite-t-il pas à exprimer leur posture quant aux opérations terroristes? Pourquoi cherchent-ils à se dédouaner de leur haine envers l'islam? Croient-ils ainsi pouvoir modifier l'attitude du monde musulman à leur égard? En réalité, ils ne réussiront jamais à changer la vision du monde musulman envers eux, en tant qu'ennemis de l'islam, et ne laisseront pas ceux qui critiquent cette croyance accomplir leur rôle dans le calme, la sérénité sans perturbation. Après chaque attentat ou agression barbare commis par des musulmans et revendiqué par un groupe islamiste, aussitôt ils se dépêchent pour en dédouaner l'islam.

Messieurs les responsables politiques, soyez responsables et laissez l'islam parler de lui-même. Vos citoyens ne vous ont pas élus pour jouer le rôle d'avocats du diable, ni de prédicateurs, ni de réformateurs religieux, mais pour assumer vos responsabilités politiques et les protéger de tout danger qui les menace! Votre défense de l'islam ne sert pas du tout vos concitoyens, même s'ils sont musulmans, mais uniquement la croyance ou plutôt la dangereuse idéologie islamique. Il incombe à tout État, -notamment à l'État français, chantre de la laïcité - que vous représentez de se tenir à égale distance de toutes les religions. Or ce qui est malheureux c'est de voir des présidents ou des chefs de gouvernements transformer en imams qui parlent des "splendeurs de l'islam et de sa grandeur", au lieu de se concentrer sur les crimes commis au nom de cet islam et encouragés par ses textes qualifiés de sacrés.

La vérification et le choix des migrants

Enfin, il incombe aux pays occidentaux de choisir et de vérifier le cas de chaque individu qui veut émigrer ou visiter l'un de leur pays. Ils ne peuvent pas se permettre avec une naïveté si ridicule, d'accorder le droit d'émigration ou de permettre à ceux qui haïssent l'Europe et l'Amérique de s'y rendre en visite. En revanche, de nombreux chrétiens, athées, agnostiques et convertis de l'islam à d'autres religions, au Proche Orient et en Afrique du Nord, ne peuvent pas obtenir un visa. Les consulats rejettent leurs dossiers, alors qu'ils sont dans le besoin le plus urgent à cause des risques qu'ils encourent et des persécutions qu'ils subissent. Par contre, les prédicateurs de la haine, comme cheikh al-Arifi et d'autres islamistes et fondamentalistes, entrent facilement dans ces pays et prononcent des discours et des prêches dans les mosquées contre les mécréants et incitent les jeunes contre les principes et les valeurs occidentaux. Des islamistes fondamentalistes qui obtiennent le droit d'émigration, croient que les pays européens et américains sont des pays croisés, donc ennemis, qui doivent payer le prix tôt ou tard.

Ce n'est pas du racisme si on choisit ceux qui aiment l'Europe et l'Amérique pour devenir citoyens de ces pays ou avoir le droit de s'y rendre en visite. Ce n'est pas du racisme non plus de refuser un visa à ceux qui incitent le monde contre l'Amérique et l'Occident en général. Le cheikh marocain, Mohamed al-Fazari, prêchait dans une mosquée à Hambourg contre la démocratie occidentale mécréante[19], enseignait aux jeunes comment détruire le visa, piller les magasins. Or ce qui est curieusement ridicule, comment l'Allemagne octroie un visa à un tel individu et ne l'expulse pas aussitôt de son territoire. Quant au cheikh Abdallah al-Nahari qui appelait à tuer les soldats américains en Irak et à ce que ce pays soit un clou dans le cercueil de la tyrannie américaine[20], obtient un visa du Consulat américain en 2012 pour entrer aux États-Unis, prêcher durant le mois de Ramadan dans le Centre islamique de Boston, et y collecter des dons. Que prêchait-il aux croyants? Est-ce l'amour de l'Amérique leur patrie ou celui de l'islam et la lutte contre les ennemis d'Allah?

Les pays occidentaux doivent prendre aussi des mesures très fermes à l'encontre des demandeurs d'asile. Il y a des clercs musulmans qui haïssent l'Occident et en même temps jouissent de leur installation sur son territoire, comme le cheikh égyptien Hani al-Sibahi qui vit à Londres, soutient astucieusement les terroristes et défend leurs discours. Il profite de toutes les largesses de l'Occident, et en même temps le maudit nuit et jour. Pour quelle raison a-t-il donc obtenu le droit d'asile à Londres? Pourquoi ne l'expulse-t-on pas vers son pays l'Égypte? Doit-on donner à nos ennemis une arme à l'intérieur de notre maison?

Ce ne sont que de simples échantillons de cette calamité qui illustre comment les consulats occidentaux à l'étranger ne distinguent pas entre amis et ennemis. Les critères d'accorder des visas de visite ou d'émigration nécessitent une réévaluation très sérieuse.

---

[19] Cheikh al-Fazari dans une série de cours, "La démocratie, cet idole", le 12 août 2000."
[20] "Moroccan cleric Abdallah al-Nhari in 2005: May Allah Turn Iraq into a Nail in the Coffin of American Tyranny."

Quant aux vagues de migration de la Syrie et de l'Irak vers l'Europe et l'Amérique, une vérification minutieuse s'impose d'urgence. Il n'est pas possible d'autoriser tout le monde d'entrer en Europe sous prétexte humanitaire. Certes, ils ne sont pas tous des réfugiés terroristes, la plupart d'entre eux cherchent à fuir la guerre et ses fléaux, mais nombreux sont ceux qui saisissent l'occasion et s'y infiltrent pour exécuter des objectifs et des plans destructeurs. Les organisations terroristes ne sont pas stupides. Ils ne laissent pas cette occasion en or leur échapper pour faire passer sans entraves leurs agents en Europe et y constituer des cellules dormantes capables de perpétrer ultérieurement des opérations terroristes de grande envergure. On pourrait répliquer et nous dire que leur nombre serait relatif par rapport à celui des vrais migrants. Effectivement, c'est vrai, mais il ne faut pas oublier que cent terroristes sont capables de créer un séisme dans toute l'Europe. Que chaque responsable politique se rappelle en permanence la catastrophe des attentats du 11 septembre provoqués par 19 terroristes islamistes en Amérique, mais aussi le carnage dans la nuit du 13 au 14 décembre 2015 perpétré encore par neuf terroristes islamistes du groupe EI à Paris. Est-il possible et raisonnable de laisser détruire un pays tout entier et terroriser sa population sous prétexte d'accueillir des réfugiés pour des raisons humanitaires?!

Les motivations humanitaires sont, en effet, nobles et très appréciables. Cependant, si elles risquent d'exposer tout un pays à l'insécurité, il est temps de les réviser. L'Europe doit d'abord garantir sa propre sécurité avant d'accueillir des migrants, d'autant plus que les cartes d'identité de nombre d'entre eux sont souvent falsifiées ou inconnues. Certains ont réussi à falsifier leurs passeports au nom d'autres nationalités que les leurs. Combien de Nord-Africains ont prétendu être syriens pour pouvoir pénétrer en Europe? Ne trouve-t-on pas des vidéos sur Youtube qui expliquent comment obtenir des passeports falsifiés, où peut-on avoir une réduction auprès des passeurs, comment retenir les noms des provinces, comment changer les données relatives à l'identité, comment mentir aux enquêteurs sans être remarqué? L'accueil des migrants en Allemagne selon les normes actuelles constitue une grande aventure pleine de risques qui apporteront un jour à ce pays des malheurs et des catastrophes. On souhaiterait qu'une telle situation reste limitée à l'Allemagne seule, mais des pays avoisinants connaîtront, tôt ou tard, le même sort.

∽ Mon conseil au lecteur musulman ∽

Au terme de ce livre, je voudrais m'adresser au lecteur musulman qui va s'interroger: Quelle est la solution? Que dois-je faire?

Je lui réponds: Tout individu qui apprend quelque chose, devient responsable. Tout musulman est en mesure de trouver une solution pour lui-même. Le monde est vaste. Il n'est pas limité ni conditionné par une seule conception concernant notre univers. Ne permettez pas à la société et ses traditions ni à l'islam de vous emprisonner dans un seul coin.

Personnellement, je suis parvenu à trouver une solution et à sortir du cocon de l'islam. J'ai trouvé des raisons valables pour me libérer de cette religion, qui me prive de mon humanité, qui tue mes sentiments et mes sensations, qui me force à sanctifier une idéologie au détriment de l'homme ainsi qu'à obéir aveuglément sans avoir le droit de poser une question. L'islam m'a privé de toute faculté de réflexion et l'a remplacée par le devoir de mémoriser, de répéter des textes et d'en être esclave. Cette tradition meurtrière et destructrice ne reflète que des coutumes tribales, sanctifiées et imposées comme normes de vie. Il est vrai qu'il n'est pas si facile de les briser, depuis qu'elles sont devenues une véritable prison d'idées, de concepts et d'entraves à la liberté.

J'ai affronté mon père, l'imam de notre commune, mais aussi toute ma communauté. Cet affront m'a coûté cher. Depuis, il m'est quasi impossible de revoir mon pays que j'ai tant aimé. Je ne peux même pas fouler le sol d'aucun pays arabo-musulman, sans être immédiatement conduit en prison ou tué, parce que j'ai osé m'opposer à leur sacré et dire NON. J'ai décidé de devenir chrétien, en découvrant dans le message du Christ, notamment dans son célèbre serment à la montagne, un exemple à suivre, l'amour de l'autre, le sacrifice en faveur de l'autre, un amour sans conditions. Aux yeux de mes parents, j'ai commis un acte de mécréance condamnable et une déviation grotesque du droit chemin. Comment alors adhérer aux rangs des mécréants, des ennemis? Comment devenir nasrâni (chrétien), alors que les Chrétiens sont contre l'islam? Comment abandonner ma religion et me convertir à une autre? Un déversement d'accusations abjectes s'est abattu sur moi: tu es suppôt, traître, vendeur de ta religion... J'ai été chassé de leur maison, devenu sans abri, condamné à vivre dans la rue, persécuté par les services marocains de renseignements et forcé de fuir mon pays. Aujourd'hui je vis presque déguisé, privé d'une vie normale comme tout le monde. Pourquoi? Parce que j'ai rejeté l'islam, cette culture de la mort. Je l'ai critiqué publiquement. D'ailleurs, je ne suis pas le seul dans cette situation. Des milliers d'ex-musulmans subissent le même sort au Maroc, en Algérie, en Tunisie, en Égypte, et même en Arabie Saoudite, le berceau de Mahomet et de tous les symboles sacrés de l'islam. Pour devenir libres, certains ont choisi le Christianisme, d'autres l'athéisme ou l'agnosticisme... L'essentiel pour l'être humain, c'est de se libérer des carcans, des entraves, devenir maître de soi-même, capable de choisir en vertu de ses convictions et sans contrainte.

Enfin, à tous mes lecteurs, musulmans ou non, je souhaite qu'ils sachent que la véritable raison m'ayant conduit à écrire ce livre, c'est l'amour qui jaillit en moi pour mes parents, mes amis, mon peuple et mon pays où je suis né et j'ai grandi. Je suis profondément convaincu qu'ils sont, dans leur majorité, des gens bons qui méritent beaucoup mieux que ce que l'islam leur offre. Je suis affligé de voir l'état dans lequel nous vivons aujourd'hui. L'islam n'a offert à mes "bons" amis ni à mon peuple que la destruction, le sous-développement et la culture de la mort. Ils croient profondément qu'ils servent un dieu et une cause grandiose, alors qu'ils ne servent, en réalité, qu'une culture rouillée et mortifère depuis plus de 1400 ans. Cette culture ne les aide point à progresser, mais plutôt à régresser et à sombrer dans l'absurde. Au lieu de pouvoir rivaliser avec les grandes puissances dans les différents domaines scientifiques, nous excellons comme grands pays producteurs du terrorisme. Les autres peuples ont peiné pour construire des avions, alors que nous apprenons à les faire exploser avec leurs passagers. Tandis que les autres s'investissent pour inventer régulièrement différentes sortes de véhicules, nous nous ingénions dans la manière la plus astucieuse de les piéger. Ils construisent des gratte-ciels, et nous apprenons à les bombarder, à les aplatir au raz du sol. Au moment où ils réussissent un atterrissage spectaculaire sur la lune, nous rêvons des houris au paradis coranique. Ils envoient des robots sur la planète Mars pour sonder les méandres de l'inconnu, alors que notre seul souci consiste à distinguer entre le mécréant et le croyant, à s'enliser dans les illusions. Mon seul souhait, c'est le réveil de mon peuple tant qu'il en est temps.

Quant à la question qui nécessite une réponse: "Daech a-t-il un rapport avec l'islam?", c'est à vous, chers lecteurs, d'y répondre maintenant.

BIBLIOGRAPHIE

Ouvrages en langue arabe

Abu Bakr al-Maliki (Abdallah ben Muhammad), *Riyâd an-nofous fi tabaqat oulama' al-Qayrawan wa Ifriqya wa zuhadihim wa nusakihim wa siyar min akhbarihim wa faa'ilihim wa awssafihim* (Les sources spirituelles chez les oulémas d'al-Qayrawan et de l'Afrique). 2ᵉ éd., Beyrouth, Dar al-gharb al-islami, 1994, 2vol.

Abu Daoud (Sulayman ben al-'Ach'ath), *Sunan Abu Daoud* (Recueil de hadiths), revu par Muhammad Muhieddine Abdelhamid. Beyrouth, Dar ihya' at-turath al-'arabi, 1985, 4 vol.

Abu Hanbal (Ahmad ben Muhammad), *Musnad al-Imam Ahmad* (Le fondé du Hadith). Beyrouth, Dar ihya' at-turath al-'arabi, 1993, 7 vol.

Al-Absi (Abdallah ben Muhammad ben Abi Chibat), *Al-Mussannaf fil-ahadith wal-'athar* (Classificatin du Hadith et des oeuvres). Beyrouth, Dar al-fikr, 1994, 9 vol.

Al-Albani (Muhammad Nassiruddin),
— *Silsilat al-ahâdith as-sahîha*, (Collection des Hadiths authentiques). 1ʳᵉ éd., Ar-Riyad, Maktabat al-ma'arif lil-nachr wat-tawzi', 1995-2002, 7 vol.
— *Sahîh mawârid al-zama'an ila zawâ'id Ibn Hayyan* (L'Authentique des ressources de l'assoiffé pour les provisions d'Ibn Hayyan).1ʳᵉ éd., Ar-Riyad, Dar as-Sami'i, 2002, 2 vol.

Al-Asqalani (Ibn Hajar Ahmad), *Fath al-bari charh sahih al-Bukhari* (Commentaire de l'Authentique de Bukhari). Revu par Abdelaziz ben Baz et Muhieddin al-Khatib. Beyrouth, Dar al-fikr, 1993, 15 vol.

Al-Balazhuri (Ahmad Ibn Yahya), *Futouh al-buldan* (La conquête des pays). Annoté par Abdelqader Muhammad Ali. 1ʳᵉ éd., Beyrouth, Dar al-kutub al-'ilmiyya, 2000, 2 vol;

Al-Bayhaqi (Ahmad ben al-Hussein), *As-Sunan al-kubra* (La grande collection de Hadith). 1ʳᵉ éd., Beyrouth, 1996, 17 vol.

Al-Bukhari (Muhammad ben Ismâ'ıl), *Sahih al-Bukhari* (L'Authentique de Bukhari). 1ʳᵉ éd., Beyrouth, Dar Ibn Kathir, 1993, 6 vol.

Al-Chafi'i (Muhammad ben Idriss), *Al-Umm* (La mère). Beyrouth, Dar al-kutub al-'ilmiyya, 2002, 9 vol.

Al-Halabi (Ali ben Burhan ad-Din), *As-Sira al-halabiyya fi sirat al-Amine al-Ma'moun* (La biographie du Prophète). Beyrouth, Dar al-ma'rifa, 1980, 3 vol.

Al-Hamoui (Abu Abdallah Yaqout Chihabedddine), *Mu'jam al-buldan* (l'Encyclopédie des pays). Beyrouth, Dar Sader, 1977, 5 vol.

Al-Hariri (Abdelrahman), *Al-Fiqh 'ala al-mazahib al-arba'a* (La jurisprudence selon les quatre écoles). 1re éd., Beyrouth, Dar al-fikr, 1997, 3 vol.

Al-Kachmiri (Ya'cub ben Hassan al-'Assimi), *Fayd al-bari ala sahih al-Bukhari* (Explication de l'Authentique de Bukhari). 1re éd., Beyrouth, Dar al-kutub al-'ilmiyya, 2004, 6 vol.

Al-Maqrizi (Ahmad Abu Muhammad), *Mawaiz wal-'i'tibar bi dhikr al-khitat wa al-'athar*. Revu et annoté par Khalil al-Mansour. 1re éd. Beyrouth, Dar al-kutub al-'ilmiyya, 1998, 4 vol. (Ouvrage traduit en français par Urbain Bouriant sous le titre: *Description topographique et historique de l'Égypte* (Paris, 1895–1900)

Al-Mubarakfouri (Safielrahman), *Ar-Rahiq al-makhtoum* (Le Nactar pur). Une étude sur la biographe du Prophète) 19e éd. Beyrouth, Dar al-wafa, 2007, 1 vol.

Al-Mubarakfouri (Muhammad Abdelrahman), *Tuhfat al-Ahwazi, Charh Sunan at-Tirmizi* (Exégèse de la collection des Hadith par at-Tirmizi). Revu et commenté par Sidqi Jamil al-Attar. Beyrouth, dar al-fikr, 1995, 11 vol.

Al-Munawi (Muhammad Abd al-Ra'ouf), *Fayd al-qadir Charh jami' as-saghir* (Exégèse de la petite compilation du Hadith). Revu et corrigé par Ahmad Abd as-Salam. 1re éd., Beyrouth, Dar al-kutub al-'ilmiyya, 1994, 6 vol.

Al-Munziri (Abu Muhammad Zakieddine), *At-Targhib wat-tarhib min al-hadith ach-charif* (La séduction et l'intimidation dans le noble hadith). Beyrouth, Dar al-kutub al-'ilmiyya, 1996, 4 vol.

Al-Qurtubi (Muhammad ben Ahmad), *Tafsir al-Qurtubi al-jami' li akkam al-qur'an* (L'exégèse de Qurtubi). 3ème éd., Beyrouth, Dar ihya' at-turath al-arabi, 1985, 20 vol.

Al-Waqidi (Abu Abdullah Muhammad Ibn Omar), *Kitab ar-ridda* (Livre de l'apostasie). Revu par Yahya al-Jabburi. 1re éd., Beyroyth, Dar al-gharb al-islami, 1990.

Ali (Jawwad), *Al-Mufassal fi tarikh al-'arab qabl al-islam* (L'histoire détaillée des Arabes avant l'islam). 1re éd., Arabie Saoudite, Maktabat Jarir, Ond Danch lit-tiba'a wal-nachr, 2006. 10 vol.

Amara (Muhammad), *Izalat ach-chubuhat 'an ma'ani al-mustalahat* (Dissipation des incertitudes dans l'interprétation des idiomes). 1re éd., Le Caire, Dar as-salam lit-tiba'a wal-nachr, 2010, 1 vol.

An-Nawawi (Yahya), *Charh an-Nawawi ala Sahih Muslim* (Explication de l'Authentique de Muslim par an-Nawawi). 1re éd., Le Caire, al-maktaba at-tawfiqiyya, 1995, 18 vol.

An-Nisa'i (Ahmad Ibn Ali Ibn Chu'ayb),
— *Sunan an-Nisa'i as-sughra wa hachiat as-Sindi* (Petite collection de Hadith). 3e éd., Beyrouth, Dar al-ma'rifa, 1994, 8 vol.
— *Sunan an-Nisa'i al-kubra* (Grande collection de Hadith). Revu par Abdelghaffar Sulayman al-Bandari et Sayyid Kisrawi Hassan. 1re éd., Beyrouth, Dar al-kutub al-'ilmiyya, 1991 6 vol.

Bibliographie

An-Nissaburi (Muhammad Ibn Abdallah), *Al-Mustadrak ala as-sahihayn* (L'essentiel des deux Authentiques). Revu par Mustafa Abdelqader Ata. 1ère éd., Beyrouth, Dar al-kutub al-'ilmiyya, 2002, 5 vol.

At-Tabari (Muhammad Ibn Jarir), *Jami` al-bayan fi Tafsir al-Qur'an* (Exégèse du Coran). Beyrouth, Dar al-ma'rifa, 1992, 30 vol.

At-Tirmizi (Muhammad ben Issa), *Sunan at-Tirmizi* (La collection du Hadith par at-Tirmizi). Revu par Ahmad Chaker et Abdelbaqi Fouad. Beyrouth, 1991, 10 vol.

Az-Zahabi (Muhammad ben Ahmad), *Siyar A'lam an-Nubala'* (Biographie des nobles érudits). Beyrouth, Dar al-fikr, 1997, 18 vol.

Collectif, *Al-Mufid fit-tarbiya al-islamiya* (L'utile dans l'éducation islamique). Livre scolaire, Première année du primaire. 1re éd., Le Maroc, Dar ath-thaqafa, 2014.

Ibn Abd al-Birr (Yussuf ben Abdallah), *Al-Istizkar* (La remémoration). Revu par Salem Muhammad Ata et Ali Muawaad. Beyrouth, Dar al-kutub al-'ilmiyya, 2000, 9 vol.

Ibn Abi Chîba (Abdallah), *Mussannaf* (Le Classificateur). Librairie Ar-ruchd, ar-Riyad, 2012, 15 vol.

Ibn al-Qayyim (Muhammad ibn Abi Bakr),
— *Ahkam ahl al-dhimma* (Les préceptes propres aux dhimmis). Revu par Yussuf Ahmad al-Bakri et Chaker Toufic al-Arouri. 1re éd., Beyrouth, Dar Ibn Hazm, 1997, 3 vol.
— *Zad al-ma'ad fi huda khayr al-'ibad* (Provisions pour l'au-delà). Revu par Chu'ayb al-Arna'out et Abdelqader al-Arna'out. 1re éd., Beyrouth, Mu'assasat ar-risala, 1996, 6 vol.

Ibn Assakir (Ali ibn Hussayn), *Tarikh Dimaschq* (Histoire de Damas). Beyrouth, Dar ihya' at-turath al-arabi, 2003, 70 vol.

Ibn Bâz (cheikh Abdulaziz ben Abdallah), Subbul as-salâm: charh nawaqidh al-islam (Les voies de la paix dans l'explication des arguments annulatifs de l'islam). N. éd., n. l., 2011.

Ibn Dhuwayyan (Ibrahim), *Manar as-sabil fi charh ad-dalil* (L'éclaireur de la méthode d'explication du guide), Beyrouth, al-maktab al-islami, 1989. 2 vol.

Ibn Habban (Al-Bisti Muhammad), *Al-Ihsan bitartib sahih Ibn Habban* (La bonne distribution de l'Authentique d'Ibn Hayyan). Revu par Kamal Youssef al-Hout. Beyrouth, Dar al-Fikr, 1996, 6 vol.

Ibn Hicham (Abdelmalik), *As-Sira an-nabawiyya* (La biographie du Prophète). Revue par Taha Abdelra'ouf Saad. Beyrouth, Dar al-jil, 1990, 4 vol.

Ibn Kathir (Ismaïl Ibn Omar),
— *Tafsir al-qur'an al-azim* (Exégèse du grand Coran). Beyrouth, Dar ihya' at-turath al-arabi, 1985, 8 vol.
— *Al-Bidaya wan-nihaya* (Le début et la fin). Beyrouth, Maktabat al-ma'arif, 1988, 14 vol.

Ibn Khaldoun (Abdelrahman), *Tarikh Ibn Khaldun* (Histoire d'Ibn Khaldoun). 1re éd., Beyrouth, Dar al-kutub al-'ilmiyya, 2002, 8 vol.

Ibn Khallikan (Ahmad ben Muhammad), *Wafiyat al-a'yan wa-anba' abna' az-zaman* (Abrégé d'histoire). Présnté par Muhammad Abdelraman Mir'achli. Beyrouth, Dar ihya' at-turath al-'arabi, 1997, 3 vol.

Ibn Majah (Abu Abdallah Muhammad), *Sunan Ibn Majah* (Collection de Hadith). Revu par Muhammad Fouad Abdelbaqi. Beyrouth, Dar ihya' at-turath al-arabi, 1975, 2 vol.

Ibn Manzour (Muhammad Ibn Makram), Lissan al-'Arab (Encyclopédie des Arabes). 3ème éd., Beyrouth, Dar ihya' at-turath al-arabi, 1993, 16 vol.

Ibn Muflih (Chamseddin), *Kitab al-furou'* (Livre des branches). Revu par Abdessattar Ahmad Faraj. 4ème éd., Beyrouth, Dar 'alam al-kutub, 1985, 6 vol.

Ibn Qudama (Abdallah Ibn Ahmad), *Al-Mugni ala mukhtassar al-kharqi* (Le suffisant). Revu par Abdallah ben Abdelmohsen at-Turki et Abdalfattah Muhammad al-Hilu. 3ème éd., Ar-Riyad, Dar 'ilm al-kutub, 1997, 15 vol.

Ibn Qudama (Abdelrahman Ibn Muhammad), *Ach-Charh al-kabir* (La grande explication). Beyrouth, Dar al-fikr, 6 vol.

Ibn Saad (Abu Abdallah Muhammad), *At-Tabaqat al-kubra* (Les hautes classes), revu pas Ihsan 'Abbas. 1re éd., Beyrouth Dar Sader, 1968, 8 vol.

Ibn Taymiya (Ahmad ben Chihab),
- *As-Sarim al-masloul 'ala chatim ar-rassoul* (L'épée dégainé contre quiconque insulte le Messager). Revu par Muhammad ben Abdalla ben Omar al-Halwani et Muhammad Kabir Ahmad Choudri. 1re éd., Arabie Saoudite, Dar Ramadi lin-Nachr, 1997, 3 vol.
- *Qa'idat al-inghimas bil-'adou wahal yubah?* (La règle de l'immersion dans l'ennemi. Est-ce licite ?). 1re éd., Ar-Riyad, Maktabat adwa' as-salaf, 2002, 1 vol.
- *Majmou' fatwa Ibn Taymiya* (Compilation de fatwas), Beyrouth, 1986, 9 vol.
- *Minhaj as-sunna an-nabawiyya.* (Réfutation du chiite Al-Mutahhir). Revu par Muhammad Rachad Salem; 1re éd., Arabie Saoudite, 9 ,1986 vol.

Malik (Ibn Anas), *Al-Muwatta* (Collection de Hadith); 1re éd., Beyrouth, Dar al-kitab al-'arabi, 1988, 4 vol.

Muslim (Ibn al-Hajjaj), *Sahih Muslim* (Collection de Hadith). 1re éd. Beyrouth, Dar al-kutub al-'ilmiyya, 1992, 2 vol.

Naji (Abou Bakr), *Idarat at-tawahhuch. Akhtar marhala tamurru biha al-umma.* Document publié sur Internet en 2004 [Livre traduit en français sous le titre *Gestion de la barbarie,* et publié aux Éditions de Paris en 2007]

Robin (Daniel), *At-Turath al-Masihi fi Chamal Ifriqya min al-qarn al-Awwal ila al-quroun al-wusta* (Le Patrimoine chrétien en Afrique du Nord du premier siècle au Moyen Âge), traduit par Samir Malik. 1re éd., Beyrouth, Dar manhal al-Hayat, 1999, 1 vol.

Ouvrages en langue anglaise

Sageman (Marc). Understanding Terror Networks. Philadelphia: U of Pennsylvania P, 2011. Kindle Edition.

Scott (John), "Rational Choice Theory." In Understanding Contemporary Society: Theories of the Present. Ed. Gary Browning, Abigail Halcli and Frank Webster. London: SAGE Publications, 2000. 126-138. Print.

Articles et sites en arabe

Aafaq, site électronique http://aafaq.org
- "L'épouse da Zawahiri: Apprenez à vos enfants l'amour de la mort." 16 février 2014

Ach-Charq al-Awsat (Quotidien) http://archive.aawsat.com
- "Ismaïl Haniyé: Nous sommes un peuple qui adore la mort, comme nos ennemis adorent la vie." 24 mars 2014

Bibliographie

- "Reprise du débat à propos d'une dame copte disparue après sa conversion à l'islam il y a quatre ans." N° 10866, 28 août 2008
- "Les Talibans sont déterminés à détruire les statues de Bouddha en dépit des médiations et des craintes internationales de voir disparaître par conséquent des monuments du patrimoine architectural islamique." 29 mars 2001
- "Le massacre de Spyker: le gouvernement tente d'occulte ses détails. Les parents des victimes en font une cause commune." 6 septembre 2014 http://aawsat.com/article/176296

Alarabiya Net http://www.alarabiya.net
- "La veuve de l'enseignant américain à ses tueurs en Libye: Je vous aime et je vous pardonne." 20 décembre 2013
- "Libération des otages turcs chez Daech." 20 septembre 2014
- "Les 20 grands responsables au sein de Daech: des Irakiens et un seul syrien." 18 septembre 2014
- "Vidéo: Trois exécutions par Daech avec de *nouvelles méthodes.*" 23 juin 2015
- "Vidéo: Daech exécute 28 chrétiens éthiopiens en Libye." 19 avril 2015
- "Vidéo: Daech lapide une femme dans la province de Hama pour adultère." 21 octobre 2014
- "Vidéo: Daech fait exploser le tombeau du prophète Jonas en Irak." 23 juillet 2014
- "Vidéo: Lorsque des éléments du Front An-Nosra tombent entre les mains de Daech." 9 décembre 2014
- "Deux femmes britanniques de 16 ans combattent au sein de Daech." 8 août 2014
- "Le groupe de l'État islamique *grille* des éléments du *Hashd* populaire pour venger Abou Izrâ'il." 23 août 2015
- "Tunisie: Daech revendique l'attentat terroriste de Soussa." 25 août 2015
- "Daech brise les crois sur les églises de Raqqa et incendie leur intérieur." 26 septembre 2013
- "Daech arrête un pilote jordanien après la chute de son avion." 24 décembre 2014
- "Daech déclare l'Etat du Califat islamique et prête allégeance à Bagdadi." 29 juin 2014
- "Le leader de Daech aux Américains: Notre rendez-vous à New York." 15 juin 2014
- "Le secret de Daech derrière le secret de sa préférence des combattants étrangers." 11 décembre 2014
- "Arabie Saoudite: *L'Instance* prend d'assaut des charlatans qui ont abusé du Coran pour s'approcher du diable." 17 mai 2009
- "L'Arabie Saoudite condamne l'attentat sur Charlie Hebdo." 7 janvier 2015
- "Vidéo barbare: Daech conduit des soldats syriens come des moutons." 28 août 2014
- "Le tueur du cinéaste hollandais: S'il revenait à la vie je le tuerais de nouveau et je ne présente jamais des excuses à une nation *mécréante.*" 12 juillet 2005
- "L'arrestation d'un sorcier à Riyad." 30 décembre 2014
- "Le récit d'une mobilisation populaire sans précédent face aux caricatures danoises." 8 mars 2006
- "Meurtre d'un chef d'al-Qaïda, Harith an-Nazari, l'architecte des attentats de Paris." 5 février 2015
- "*Al-Munassaha* a-t-elle échoué ?" 13 février 2009

— "Hollande : Les auteurs des attentats de Paris n'ont rien à faire avec l'islam." 9 janvier 2015
— "Le père d'un combattant au sein de Daech décrit son fils de *Satan*." 23 juin 2014

Al-Hayat (quotidien) http://alhayat.com
— "Un Tribunal de Première Instance condamne pour apostasie un citoyen ayant insulté Allah." 23 février 2015
— "Djedda : le fondateur d'un site est fouetté en présence des forces de sécurité." 10 janvier 2015

Al-Hiwar al-mutammadin http://www.ahewar.org
— "Un article conduit son auteur à la guillotine. A propos de l'auteur mauritanien Muhammad Elcheikh ould Amekhaytir." 28 décembre 2014

Al-Hurra http://www.alhurra.com
— "Tunisie : *L'incrimination de Takfir* retarde l'approbation de la nouvelle Constitution." 23 janvier 2014
— "Daech revendique l'explosion de la mosquée As-Sadiq au Koweït ;" 26 juillet 2015
— "Sanctions américaines contre trois koweïtiens qui soutiennent des extrémistes." 6 août 2014
— "La justice mauritanienne condamne un jeune accusé d'apostasie." 25 décembre 2014
— "Un nouveau livre sur Salman Ruchdi qui vit caché depuis sa condamnation par une fatwa." 19 septembre 2012
— "Des tentatives islamiques pour décréter une loi internationale incriminant *l'insulte des religions*." 20 septembre 2012

Al-Jazirah (quotidien saoudien) http://www.al-jazirah.com
— "Les oiseaux du paradis… une bombe minutée dans chaque foyer." 26 avril 2009

Aljazirah.net http://www.aljazeera.net
— "La Jordanie prend des précautions face aux œuvres d'Ibn Taymiya." 8 juin 2015
— "Condamnation à mort au Koweït de l'insulteur d'Allah et du Prophète." 3 mai 2012
— "Les Emirats incriminent la critique des religions." 20 juillet 2015
— "Les calculs turcs dans la guerre contre Daech." 15 septembre 2014
— "La Constitution tunisienne et la crise du chapitre 6." 24 janvier 2014
— "Saïd al-Shahri." 23 octobre 2014
— "Al-Sissi appelle à une révolution religieuse contre des textes sacralisés depuis des siècles." 2 janvier 2015
— "Les cheikhs des tribus à Fallouja prêtent allégeance à Bagdadi et attaquent le gouvernement." 3 juin 2015
— "Qaradawi : Les opérations suicides représentent le plus grand moyen dans le jihad." 28 avril 2011
— "Considérez-vous l'incursion du groupe de l'État islamique en Irak et en Syrie dans l'intérêt de la région ?" Sondage effectué entre le 22 et le 28 mai 2015

Al-Mawsou'a al-chamila http://islamport.com
— "Livre des fatwas concernant les opérations-suicides." L'avis du cheikh Sulayman ben Manih

Bibliographie

Al-Quds al-Arabi http://www.alquds.com.uk
- "Entre le Congrès de Londres et Paris, le Groupe Etat Islamique connait une croissance dans le nombre de ses combattants." Rima Cherri, 6 juin 2015
- "Rapport américain: Les combattants étrangers constituent la majorité de l'état-major de Daech." 29 juin 2014
- "Le Groupe Etat Islamique continue de répandre la terreur sur Internet et mobilise le monde occidental." 17 janvier 2015
- "Famine, dispersion et génocide – Les Yézidis fuient l'épée de Daech vers l'enfer de la montagne de Sinjar." 16 août 2014
- "Qaradawi considère la déclaration du califat en Irak légalement caduque." 5 juillet 2014

Al-Youm (Site électronique) http://www.alyoum.com
- La mort est la sanction des crimes de magie et de charlatanerie ou 15 ans de prison." 6 janvier 2013

Al Youm al-Sâbi' http://www.youm7.com/
- "La vente du Coran en français quintuple au lendemain de l'attentat contre Charlie Hebdo." 14 février 2015
- "En vidéo. Un militant de Daech avoue: Nous sommes des gens qui adorent boire le sang." Nahid Al-Gindi et Ibrahim Hassân. 16 septembre 2014
- "En vidéo. Dans son premier discours, le président Morsi dit: Sans le sang des martyrs de la révolution, on n'aura pas de liberté. Je serai à égale distance de tout le monde. Aidez moi à obéir à Allah dans ma gouvernance." 24 juin 2012
- "L'Arabie Saoudite réclame l'incrimination de ceux qui insultent les religions célestes, les prophètes et les livres saints." 23 mars 2015
- "Le Caire et les gens: suspension de l'émission d'Islam Bahiri par respect des Égyptiens et pour éviter la sédition." 22 avril 2015
- "Site américain: L'émir de Daech est un agent du Mossad israélien, son nom est Eliot Chamoun." 7 août 2014.

Annahar (quotidien libanais)
- "Quel est le secret de l'incursion inattendue de la commune d'Arsal ? Hilary Clinton: Nous avons créé Daech !" Samir Mansour, 6 août 2014

Ar-Riyadh (quotidien saoudien) http://www.alriyadh.com
- "Exécution d'un Yéménite qui a tué un Pakistanais et commis un acte abject." 28 mars 2013
- "Le Ministère de l'Intérieur exerce la sanction *d'al-Hiraba* à l'encontre de deux citoyens." N° 16951, 2& novembre 2014
- "Lapidation d'une somalienne jusqu'à la mort suite à son mariage secrètement avec quatre hommes." 8 septembre 2014
- "La sanction de fouettage atteint une proportion astronomique." N° 13895, 5 avril 2009
- "Arrestation d'un Yéménite accusé de sorcellerie, il tentait de s'infiltrer à travers les frontières." 15 mai 2014
- "Le Ministère de l'Intérieur: Application de la sanction relative au vol à l'encontre d'un suspect à Riyad." 23 décembre 2011

Archives
- Acte d'accusation contre Ra'if Badawi (une décision légale) n°341843394, prononcé par le Tribunal pénal à Djedda, (Rabih II 1434 h) 20 février 2013. http://tinyurl.com/z9lzj5t
- Acte d'accusation contre Ra'if Badawi (un avenant à la décision légale), n°341843394, prononcé par le Tribunal Pénal à Djedda, (Rabih II 1434 h) 20 février 2013. http://tinyurl.com/jzxvw5e

Archives de la Maison Blanche http://georgewbush-whiyehouse.archives.gov
- "Le visage de l'islam n'est pas la véritable foi en islam. Ce n'est pas l'islam. L'islam est *salam* (paix). Ces terroristes ne représentent pas l'islam, mail le mal et la guerre." Déclaration de l'ex-président George W. Bush, le 17 septembre 2001.

Ar-Rassed http://alrassed.net
- "Une lecture sur les prophéties du *Faux-Christ*." N° 8, 11 septembre 2006

As-Sabah (quotidien tunisien)
- "De "Ilius" le devin à Abu Zakariya "le terroriste". Il a tué Ahmed al-Roueissi. A-t-on enterré avec lui la caisse noire du terrorisme ?" 17 mars 2015

As-Sumaria News http://www.alsumaria.tv
- "Les Droits de l'Homme: Le nombre total des disparus des massacres de Spyker et Badosh atteint 1997." 1 novembre 2014

At-Tawhid wal-jihad http://www.tawhed.net
- "Explication des arguments annulatifs de l'islam." Bibliothèque du cheikh al-Maqdisi

Bawaba News http://www.albabawabahnews.com
- "La vérité sur 'l'égyptien zhoul-qarnayn', le numéro 2 de Daech." Rida Siam, 14 décembre 2014

Bawabat al-Azhar http://www.azhae.eg
- "Al-Azhar condamne l'incendie des mosquées en Occident." 16 novembre 2015
- "Al-Azhar condamne les scènes de violence en croissance contre les musulmans en Occident… Il confirme que l'incitation contre les musulmans favorise le terrorisme." 16 novembre 2015
- "Le grand imam: Le terrorisme est une pathologie intellectuelle et mentale, sans religion ni identité." 21 novembre 2015

Bawabat al-Fagr http://www.elfagr.org
- "L'archevêque de Mossoul s'étonne de la position tiède d'al-Azhar face à Daech." 20 décembre 2014
- "Pourquoi le président américain s'incline-t-il devant les rois saoudiens ?" 28 janvier 2015

Bawabat Veto http://www.vetogate.com
- "L'islam après les attentats du 11 septembre: le nombre des convertis à l'islam en Amérique a quadruplé." 11 septembre 2014
- "Les symboles des tribus irakiennes prêtent allégeance publiquement à Bagdadi." 1ᵉʳ avril 2014

BBC (arabe) http://www.bbc.co.uk/arabic
- "Excuse libyenne pour l'attentat contre les tombeaux des soldats britanniques à Benghazi." 4 mars 2014

Bibliographie 415

- "Le groupe de l'Etat islamique propose aux chrétiens de Mossoul la conversion à l'islam, la jizya ou la mort." 19 juillet 2014
- "Le groupe de l'Etat islamique détruit des statues anciennes en Irak." 26 février 2015
- "Le groupe de l'Etat islamique menace les chrétiens." 30 novembre 2010
- "Le dessinateur suédois qui a mis en colère les musulmans vient d'être attaqué." 11 mai 2010
- "Le dessinateur danois du prophète Mahomet craint l'égorgement." 20 janvier 2011
- "Un satellite montre la destruction du temple da Baal Shamin à Palmyre en Syrie." 28 août 015
- "L'homme armé à Copenhague est né au Danemark et a un passé violent." 16 février 2015
- "Qui est Abou Bakr al-Bagdadi, le chef du groupe État islamique ?" 30 juin 2014
- "Une notice sur Omar al-Chichani, chef des combattants tchétchènes en Syrie." 13 novembre 2013
- "La mère de l'otage américain supplie le groupe de l'Etat islamique de libérer son fils." 28 août 2014
- "Unesco: La destruction du temple de Baal Shamin à Palmyre en Syrie est un crime de guerre." 24 août 2015

Centre Aljazeera pour les études http://studies.aljazeera.net/ar
- "Le salafisme saoudien au cœur du pouvoir." 11 avril 2013

Chabakat Abu Nawwaf http://abunawaf.com
- "Obama s'incline devant le roi Abdallah." 3 avril 2009

Chabakat al-meshkat al-islamiyya http://www.meshkat.com
- "Le non-musulman qui assume le poste du président ou du vice-président."
- "Les Républicains considèrent-ils le *Groupe de Mahmoud Muhammad Taha*' comme hérétique ? Est-il licite de manger ou de se marier avec eux ?" Fatwa du cheikh Abdelhayy Yussuf, réponse à ces questions.

Club du Signal Net http://www.indexsignal.com
- "Obama s'incline devant le *Serviteur des deux Lieux Saints*." Au cours d'un débat sur les transactions commerciales, 4 avril 2009

CNN (en arabe) http://arabic.cnn.com
- "Les nouvelles concernant la captivité par Daech des femmes yézidies indignent un membre du Conseil saoudien… Des activistes ripostent avec un enregistrement d'al-Fawzan." 12 août 2014
- "Daech tue un homme accusé d'homosexualité. Il est jeté d'un immeuble très haut puis lapidé." 10 décembre 2014
- "En vidéo: un Australien filme son fils portant le crâne d'un homme." 12 août 2014
- "La déclaration d'Obama sur la non-islamité de Daech ranime la polémique sur Twitter." 11 septembre 2014
- "Dabiq", un magazine de Daech, est le nom d'un village syrien mentionné dans *Sahih Muslim* prédisant qu'il sera le théâtre d'une guerre du *dernier temps*. Daech y combattra 80 bannières avant la *conquête* de Constantinople et *la descente du Messie*." 14 octobre 2014
- "Daech, les bandes de Saddam ou un tiers-parti. Qui est l'instigateur de l'assassinat de 1700 soldats à Spyker en Irak ?" 10 septembre 2014

- "Daech revendique sa responsabilité de l'attaque contre l'exposition des caricatures du Prophète au Texas." 5 mai 2015
- "Danemark: Un tué dans l'attaque sur une réunion contre Lars Filks, l'auteur des caricatures du prophète Mahomet, et ses amis." 17 février 2015
- "Al-Arifi appelle les Égyptiens à soutenir la Syrie: Le califat est déjà établi, je le vois de mes propres yeux." 14 juin 2013
- "Sur la carte: Les principaux États qui participent à la coalition internationale contre Daech." 17 février 2015
- "Une source du CNN: Les renseignements marocains ont informé la France de la présence d'Abdelhamid Abaoud sur son territoire après les attentats de Paris." 1 juillet 2015
- "L'Observatoire: 12 cas de *lapidation à mort* pour cause d'adultère en cinq mois." 20 décembre 2014
- "Égypte: Vaste condamnation du film *insultant* et sa parution en ce moment suscite les suspicions." 9 janvier 2015
- "Le marocain Ahmed Assid: Je ne changerai pas ma conviction laïque à cause d'une menace de Daech." 4 avril 2015
- "Le mufti saoudien: Daech et al-Qaïda sont des khawaridjs qui autorisent l'effusion de sang. Nous ne les considérons pas comme musulmans." 19 août 2014
- "Le producteur du film *Fitna* attaque l'islam et le Prophète et tourne en dérision l'enseignement en Arabie Saoudite." 31 décembre 2013
- "Les théoriciens de Daech répliquent à Maqdisi: Vous avez déjà pris la défense de Zarqawi à propos des décapitations et de l'égorgement." 18 août 2014
- "Qui sont les frères Kouachi, les deux suspects qui ont attaqué Charlie Hebdo à Paris ?" 9 janvier 2015
- "Qui est Omar Abdelhamid Hussayn, l'auteur de l'attentat à Copenhague ?" 17 février 2015
- "Le délai se termine samedi… Daech met les chrétiens de Mossoul devant trois choix: se convertir à l'islam, payer la jizya ou la mort." 18 juillet 2014
- "Un porte-parole de la famille Sotlov défie al-Bagdadi en arabe: *Malheur à toi… je suis prêt à débattre avec toi sur le Coran. Où est ta miséricorde ?*" 4 septembre 2014
- "Des activistes: Daech impose le *niqab*, interdit le tabac et les chansons insolentes dans la province de Raqqa." 10 janvier 2015

Copts United http://-copts-united.com
- "La magie de l'église de Atfîh", par Marie Abdo, 12 août 2011

Daawat al-Haqq (Site du Ministère marocain des Biens et des Affaires islamiques) http://www.habous.gov.ma
- "Le futur de l'islam au Maroc." N° 47
- "L'attitude belliqueuse des juifs face au Messager." N° 153

Dabiq (Revue publié par le Groupe de l'État Islamique)
- N° 2, chawwal 1435 / juillet 2014
- N° 3, chawwal 1435 / août 2014
- N° 4, zoul-hijja 1435 / octobre 2014 Article: "Allah a mis ma subsistance à l'ombre de mon épée", par Ibn Rajab al-Hanbali, p. 10
- N° 7, rabih II 1536 / janvier-février 2015
- N° 8, jamadi II 1436 / mars-avril 2015

Bibliographie

Deutsche Welle (en arabe) http://www.dw.com/ar
- "Une forte condamnation arabe de l'attentat contre Charlie Hebdo." 7 janvier 2015
- "Le Parlement européen réclama de l'Arabie Saoudite l'abolition de la peine de flagellation." 23 janvier 2015
- "La Turquie participe officiellement aux raids aériens des alliés contre Daech." 24 juillet 2015
- "Une séance historique du Conseil de Sécurité à propos de la persécution des homosexuels par Daech." 25 août 2015
- "Daech arrête un pilote jordanien mais il n'a pas abattu son avion." 24 décembre 2014
- "Qaradawi: Le califat déclaré par Daech ne remplit pas les conditions nécessaires." 26 août 2014
- "Les assaillants de Charlie Hebdo ont crié: *Nous avons vengé notre prophète*." 7 janvier 2015

Elaph (Site électronique) http://www.elaph.com
- "Les imams et les cheikhs en Tunisie se révoltent pour rejeter la nouvelle constitution." 26 janvier 2014
- "L'archevêque de Mossoul s'étonne de la position tiède d'Al-Azhar face à Daech." 20 décembre 2014

Elwatan News http://www.elwatan.com
- "Al-Azhar condamne l'expulsion des chrétiens du Mossoul; c'est incompatible avec l'islam." 27 juillet 2014
- "Vidéo: Daech force des centaines de Yézidis à embrasser l'islam." 23 août 2014
- "Le mystère de l'enlèvement des otages: des Égyptiens ont participé à leur identification ; un chauffeur les a livrés à Daech." 17 février 2015

Europressarabe http://europressarabia.com
- "Des renseignements sur le chef de Daech, le terroriste Abou Bakr al-Bagdadi, dévoilés pour la première fois." 20 février 2015

France 24 http://www.france24.com
- "La séduction *sexuelle* pour inciter les jihadistes à perpétrer des opérations-suicides." 22 avril 2015
- "Les déclarations d'un chercheur amazight sur le Prophète soulèvent les salafistes contre lui et déclenche une polémique au Maroc." 1 mai 2013
- "Séance historique au Conseil de Sécurité sur les crimes abjects du Groupe Etat Islamique à l'encontre des homosexuels." 25 août 2015
- "Condamnation à mort du jeune mauritanien Muhammad Cheikh Ould Muhammad pour apostasie." 25 décembre 2014
- "Danemark: Qui est l'auteur de l'attentat de Copenhague ?" 15 février 2015
- "Condamnation de l'américaine Jihad Jane à 10 ans de prison dans l'affaire des caricatures du prophète Mahomet." 7 janvier 214
- "Arabie Saoudite: Le tribunal de Grande Instance confirme la condamnation du bloggeur Ra'if Badawi." 7 juin 2015
- "Vidéo: L'un des auteurs de l'attentat contre Charlie Hebdo avoue avoir reçu de l'argent d'al-Qaïda au Yémen." 10 janvier 2015

- "Vidéo : Le Groupe Etat Islamique force les Yézidis emprisonnés chez lui à embrasser l'islam ?" 20 janvier 2015
- "Les chrétiens quittent Mossoul avant la fin du délai fixé par le groupe Etat Islamique." 20 juillet 2014
- "Les détails sur l'attentat sanguinaire contre Charlie Hebdo au cœur de Paris." 7 janvier 2015

Hespress http://www.hespress.com
- "Grand empressement des Français pour acheter le Coran au lendemain de l'attentat contre Charlie Hebdo." 30 janvier 2015
- "L'intervention française au Mali entre le retour du colonisateur et l'humiliation du colonisé." Zhoul-Fiqar Belouaydi, 5 mars 2013
- "Les messages du Prophète adressés aux Rois de son temps et Assid." Ibrahim Bidoun, 2 mai 2013
- "Les caricatures font sortir Mizwar de la manifestation de Charlie." 11 janvier 2015
- "Le roi du Maroc ordonne la révision des programmes de l'enseignement religieux." 6 février 2016
- "Des activistes sur Internet doutent de la vérité du *massacre en France*." 10 janvier 2015
- "Ainsi Salah Abdeslam est arrivé en Belgique après les attentats à Paris." 12 janvier 2016

Indice de la Transparence Internationale http://www.transparency.org
- "Rapport de l'année 2014."

Inspire (Revue publiée par al-Qaïda)
- N° 10, Printemps 2013
- N° 13, Hiver 2014

Instance de Recherches et d'Ifta. (Groupe de l'État Islamique)
- "Quel est la sentence de l'autodafé du mécréant jusqu'à la mort ?" fatwa n°60, 19 janvier 2015

Institut Al-Furqan pour la production médiatique
- "Le prêche du vendredi à la Grande mosquée de Mossoul par le calife de l'État islamique, Abou Bakr al-Bagdadi, alias Ibrahim Awwad." 4 juillet 2014

Institut *Al-Arabiya* pour les Études http://studies.alarabiya.net
- "La gestion de la barbarie et les abris sécurisés pour le terrorisme entre le régime d'Assad et l'émirat de Daech." 26 mai 2014
- "Les chrétiens en Irak : les indices de la dernière disparition." Saad Salloum, 10 août 2014

Islam : Question et réponse. Cheikh Muhammad Saleh al-Munajjid http://islamqa.net
- "Félicitation des chrétiens à l'occasion de leurs fêtes." Fatwa n°106668
- "La sanction de celui qui insulte le Prophète." Fatwa n°22809 (Supprimée après le 13 janvier 2015
- "La sanction de l'homosexualité." Fatwa n°38622, 14 mars 2006
- "Doit-il retourner vivre dans le pays de la mécréance ?" Fatwa n°27211, 14 juin 2015

Islam Today http://www.islamtoday.net
- Une fatwa répliquant à la polémique concernant les opérations-suicides, 21 avril 2002. http://www.islamtoday.net/fatawa/quesshow6964-60-.htm

Islamweb Articles http://articles.islamweb.net Site du Ministère qatari des Affaires islamiques
- "L'éducation au djihad", par cheikh Selman al-'Awda

Bibliographie

- "La croissance des conversions à l'islam en Amérique après le 11 septembre 20001." 23 octobre 2001
- "Les sanctions concernant la sorcellerie et le sorcier." 19 mars 2006
- "Un ouléma saoudien: les opérations-suicides sont un jihad pour la cause d'Allah." 30 avril 2001

Islamweb Fatawa http://fatwa.islamweb.net Site du Ministère qatari des Affaires islamiques
- "Le rétablissement du califat est un devoir légal qui incombe aux musulmans." Fatwa n°1411, 27 août 1999
- "Les avis des oulémas sur la lapidation de l'adultère marié." Fatwa 268741, 24 septembre 2014
- "Abou Bakr as-Siddiq fait brûler Iyass ben Abd Yalil." Fatwa n° 71480, 7 février 2006. Elle existait avant d'être effacée.
- "Les détails des sanctions à l'encontre de celui qui délaisse la prière." Fatwa n° 1145, 21 janvier 2001
- "La sanction légale à l'encontre de quiconque insulte le Messager." Fatwa n° 268741, 25 janvier 2006
- "Le précepte relatif à la félicitation des chrétiens dans leurs églises à l'occasion de leurs fêtes." Fatwa n° 105164
- "Le niveau du hadith: Je suis venu à vous avec l'égorgement." Fatwa n° 220189, 18 septembre 2013
- "Celui qui a dit: Je suis venu vers vu avec des gens qui aiment la mort comme vous, vous aimez la vie." Fatwa n° 97623, 10 juillet 2007
- "Il est interdit à un non musulman d'accéder à la Mecque." Fatwa n° 3225
- "Le sens de 'ce qui est connu de la religion par nécessité'." Fatwa n° 78151
- "La prophétie du Messager concernant l'obligation de combattre les juifs." Fatwa n° 16494
- "L'obligation de détruire les idoles." Fatwa n° 7458, 19 mas 2001
- "La sentence relative au vol et sa valeur en riyal qatari." Fatwa n° 71704, 15 février 2006

Just paste it http://justpaste.it/gmmr
- "*Aflahat al-wujuh*" [Les visages ont excellé] à propos de "l'invasion bénie de Paris", un message oral. Production de la fondation "Al-Malahim" . 10 janvier 2010
- "La réponse claire à ceux qui nient les mécréants et les apostats", par Abu Aïcha al-Gharib. 14 août 2014

Librairie Al-Himma, Groupe État islamique http://archive.org
- "Question-réponse sur la captivité et la décapitation." Dossier, Mahram 1436
- "L'allégeance à l'islam et non à la patrie." Dossier

Ligue des Pays Arabes http://www.carji.org/sites/files/united-arab-criminal-law-part2.pdf
- "La loi pénale arabe unifiée."

Majallat al-Buhouth al-Islamiya (Revue de la présidence des Recherches islamiques et de l'Ifta' en Arabie Saoudite) http://www.alifta.net/
- "La sentence de ceux qui mangent des sacrifices de ceux qui appellent au secours Al-Hassan et Al-Hussein en cas de détresse." Fatwa n° 1661
- "La sentence de lapidation est-elle immobile ?" Fatwa n° 1883

— "Quelle est l'attitude de l'islam face à l'édification de statues pour différentes raisons ?"
— "Quels sont les arguments annulatifs de l'islam ?" Fatwa n° 16487
— "Qui se moque du grand messager", une série de fatwas et d'article par cheikh Ibn Baz.
— "Les juifs et les chrétiens ne seront jamais satisfaits de vous." n° 23, p. 201

MBC http://www.mbc.net
— "Le président de l'Instance *Ordonner le convenable et interdire l'abominable* au programme de 'huit heure'." Le programme de la huitième heure, 6 décembre 2012
— "Un ministre saoudien: Daech exécute le plan du *'nid de frelons'* et les khawaridjs ne sont pas *'une plante des compagnons'*." Déclaration officielle du ministre saoudien des Biens religieux, de la Prédication et de la Guidance, cheikh Saleh Âl al-Cheikh, 9 février 2015

Menara http://www.menara.ma
— "Abu an-Naïm *mécréanise* Assid, autorise l'effusion de son sang et met en garde ses défenseurs." Ridha Siam, 19 juillet 2014

Middle East Online http://middle-ast-online.com
— "Le réseau infernal qui a assassiné Farag Fouda." Magdi Khalil, 22 février 2014

Ministère marocain de Justice et des Libertés http://adala.justice.goc.ma
— "La loi pénale marocaine, collection des lois pénales." Version actualisée au 1er juin 2015

Observatoire syrien des droits de l'homme http://www.syriahr.com
— "Le Groupe État islamique *lapide* une dame accusée d'adultère." 28 juillet 2015
— "Le Groupe État islamique exécute la première opération *jeter un condamné d'un haut endroit* à Palmyre." 24 juillet 2015
— "Décapitation et condamnation à mort de 170 enfants et d'une citoyenne parmi plus de 3000 individus liquidés par le *Groupe État islamique* durant 13 mois de son *califat*." 29 juillet 2015

Okaz (Quotidien saoudien) http://www.okaz.com.sa
— "Le retour de 59 individus égarées ne signifie pas l'échec du programme d'*al-munassaha*." 5 septembre 2014
— "La peine de mort puis la crucifixion du chef d'une bande de trafic d'or, *al-hiraba* et la prison pour 22 autres." N° 2971, 5 août 2009

On islam http://www.onislam.net
— "Al-Qaïda: 100 mille dollars pour celui qui tuera le dessinateur qui a insulté le Messager." Rida Siam, 17 septembre 2006

Organisation de la Conférence Islamique http://www.sesrtcia.org
— "L'enseignement et le développement dans les pays membres de l'Organisation de la Conférence Islamique, 2010."
— "Le rapport économique annuel sur l'état des pays membres de l'Organisation de la Conférence Islamique, 2912."

Radio Sawa http://www.radiosawa.com
— Mariya la yézidite raconte son récit: Voici ce que Daech a fait avec nous." 13 juin 2015

Reuters http://www.ara.reuters.com
— "Le Groupe de l'État Islamique confirme la mort du jihadiste John." 19 janvier 2016

Bibliographie 421

Rose alyoussef (hebdomadaire égyptien)
- "Ceux qui ont assassiné Farag Fouda avec des fatwas." Hoda al-Misri, 13 juin 2015

Russiya al-youm http://arabic.rt.com
- "L'émir du Koweït rejette la sanction de la peine de mort à l'encontre d'un insulteur d'Allah et du Messager." 6 juin 2012
- "En photos: Daech liquide 1700 soldats-étudiants de l'Académie militaire aérienne à Tikrit." 16 juin 2014
- "Texas: Daech revendique l'attaque contre une exposition des caricatures du prophète Mahomet." 5 mai 2015
- "Le cheikh de Bounemer à RT: Daech a tué 500 des membres de notre tribu." 2 novembre 2014
- "Le pasteur Terry Johns brûle de nouveau une copie du Coran et diffuse la scène sur Internet." 30 avril 2012
- "Des marches collectives contre Charlie Hebdo dans des pays arabes et musulmans." 16 janvier 2015

Sabq (Site électronique) http://sabq.com
- "Deux saoudiens ont subi la peine de mort, un pour sorcellerie et l'autre pour le meurtre de son fils." 5 août 2015
- "Exécution d'un trafiquant de drogue syrien à Riyad." 30 juillet 2015

Saïd al-Fawa'id http://www.saaid.net
- "Explication des arguments annulatifs de l'islam", par cheikh Abdelaziz al-Rajihi. http://www.saaid.net/minute.m51.htm
- "L'instance de l'ordonnance du convenable et de l'interdiction du blâmable, par Noura Khalid al-Saad.

Service des fatwas en Jordanie http://aliftaa.jo
- "La sanction de lapidation concerne-t-elle le veuf et le divorcé ?" Fatwa n° 240752, 24 mai 2010

Shanghairanking http://www.shanghairanking.com
- "La classification académique des universités dans le monde."

Site de la Constitution de la République tunisienne http://www.marsad.tn
- 26 janvier 2014

Site du cheikh Safar al-Hawali http://www.alhawali.com
- Conférence intitulée "Cette religion" .

Site du Ministère mauritanien de Justice http://www.justice.gov.mr
- "La loi pénale mauritanienne." Publiée le 9 juillet 1983

Site du professeur Ahmed El-Raissouni, un cheikh marocain http://www.raissouni.ma
- "Fatwa historique de l'érudit cheikh Muhammad Rachid Ridha: Le califat, le calife et le degré d'habileté du chérif de la Mecque." 22 septembre 2015

Site officiel du cheikh Abdelaziz ben Abdallah ben Baz http://www.binbaz.org.sa
- "Fatwa: L'obligation d'expulser les mécréants de la Péninsule arabe."
- "Le sens de l'alliance et du désaveu."
- "Les arguments annulatifs de l'islam."

Site officiel du cheikh Qaradawi http://www.qaradawi.net
- "La sentence de celui qui délaisse la prière." 15 novembre 2014

Tariq al-Islam, site du cheikh Muhammad ben Salih al-'Uthaymin http://at.islamway.net
- "Avertissement des monothéistes contre les fêtes des adorateurs de la Croix." 30 décembre 2014
- "Qu'est-ce que l'alliance et le désaveu."

The Guardian http://www.theguardian.com
- "Le médecin de Daech, Tareq Kamleh: Je m'en fous de la citoyenneté australienne." 29 juin 2015

Union Mondiale des Oulémas Musulmans (UMOM)
- "Confirme que la déclaration du califat par le groupe de l'État islamique est privée de toutes les normes légales et réelles." 3 août 2014

Université Umm al-Qura http://www.uqa.edu.sa
- "Le mérite de la langue arabe sur les autres langues est comme celui de la pleine lune sur les étoiles." Muhammad Ibn Yusuf Fajjal

Wikipédia des Frères Musulmans http://www.ikhwanwiki.com
- "Notre conflit avec les juifs… Quand a-t-il commencé ? Quelles sont ses motivations et ses causes ? Quelle est sa nature et sa vérité ? Quand se terminera-t-il ?"

Références en anglais

Arts and Social Sciences Journal https://www.omicsonline.com
- "Stoning Women in the Islamic Republic of Iran: Is It Holy Law or Gender Violence." January 02, 2014. https://www.omicsonline.com/open-access/stoning-women-in-the-islamic-republic-of-iran-is-it-holy-law-or-gender-violence-2151-6200.1000063.php?aid=23034

BBC News http://www.bbc.com
- "Syria crisis: Omar Shishani, Chechen jihadist leader." By Murad Batal al-Shishani. 3 December 2013. http://www.bbc.com/news/world-middle-east-25151104
- "Douglas McAuthur McCain: From American kid to jihadi in Syria." By Holly Yan, Sonia Moghe and Greg Botelho. 2 March 2015. http://edition.cnn.com/2014/08/27/us/who-was-douglas-mccain/

CNN, http://www.cnn.com
- "After four years, American cartoonist Molly Norris still in hiding after drawing Prophet Mohammed." By Steve Almasy. 14 January 2015. http://edition.cnn.com/2015/01/13/us/cartoonist-still-in-hiding/
- "Douglas McAuthur McCain: From American kid to jihadi in Syria." By Holly Yan, Sonia Moghe and Greg Botelho. 2 March 2015. http://edition.cnn.com/2014/08/27/us/who-was-douglas-mccain/

Daily Mail, http://www.dailymail.co.uk/
- "'I love the name Terror Twin…I sound scary' What schoolgirl who fled to Syria and married an Isis fighter said after hearing her nickname." By Martin Robinson. 7 AAugust 2014. http://www.dailymail.co.uk/news/article-2718746/I-love-Terror-Twin-I-sound-scary-What-schoolgirl-fled-Syria-married-Isis-fighter-said-hearing-nickname.html

Bibliographie

- "Is ISIS running out of suicide bombers? Terror group suffers shortage of martyrs after dozens of fighters desert or defect to rival militias." By Robert Verkaik and John Hall. 9 February 2015. http://www.dailymail.co.uk/news/article-2945724/ISIS-experiencing-shortage-suicide-bombers-dozens-fighters-desert-terror-group-defect-rival-militias.html
- "Pictured: Islamic militants stone man to death for adultery in Somalia as villagers are forced to watch."15 December 2009. http://www.dailymail.co.uk/news/article-1235763/Pictured-Islamic-militants-stone-man-death-adultery-Somalia-villagers-forced-watch.html
- "Prisoners convert to Islam to win perks and get protection from powerful Muslim gangs." 8 JJune 2010. http://www.dailymail.co.uk/news/article-1284846/Prisoners-converting-Islam-protection-powerful-gangs.html
- "Will Saudi Arabia MOVE the remains of Prophet Muhammad? Controversial plan for 'anonymous' burial to prevent the site itself being worshipped." By Richard Spillett. 2 SSeptember 2014. http://www.dailymail.co.uk/news/article-2740307/Controversial-plan-calls-Saudis-tomb-Prophet-Muhammad-Fears-idea-stoke-religious-divisions.html

Fox News, http://www.foxnews.com
- "Oklahoma beheading suspect likely radicalized behind bars, say experts." 30 September 2014. http://www.foxnews.com/us/2014/09/30/oklahoma-beheading-suspect-likely-radicalized-behind-bars-say-experts.html
- "Sources: Former Guantanamo detainees suspected of joining ISIS, other groups in Syria." By Justin Fishel, Jennifer Griffin. 30 October 2014. http://www.foxnews.com/politics/2014/10/30/sources-former-guantanamo-detainees-suspected-joining-isis-other-groups-in.html

Global Fire Power, http://www.globalfirepower.com
- "Countries Ranked by Military Strength." 2016

The Guardian, http://www.theguardian.com
- "Baghdad church siege survivors speak of taunts, killings and explosions." 1 November 2010. https://www.theguardian.com/world/2010/nov/01/baghdad-church-siege-survivors-speak
- "Isis doctor Tareq Kamleh: I don't care about losing Australian citizenship." 21 June 2015.https://www.theguardian.com/australia-news/2015/jun/21/isis-doctor-tareq-kamleh-i-dont-care-about-losing-australian-citizenship
- "Who is Mohammed Emwazi? From shy, football-loving boy to Isis killer." 2 March 2015. https://www.theguardian.com/uk-news/2015/mar/02/who-is-mohammed-emwazi-from-lovely-boy-to-islamic-state-executioner
- "World's top 100 universities 2014: their reputations ranked by Times Higher Education." 6 March 2014. https://www.theguardian.com/news/datablog/2014/mar/06/worlds-top-100-universities-2014-reputations-ranked-times-higher-education

ICSR, International Centre for the Study of Radicalisation and Political Violence, http://icsr.info
- "UK ministers have started to defend Saudi Arabia's flogging of Raif Badawi–it's breathtaking." By Francis Wheen. 16 June 2015. http://www.independent.co.uk/voices/comment/saudi-arabia-is-teaching-isis-a-lesson-in-cruelty-yet-the-uk-continues-to-defend-them-10324161.html

Independent, http://www.independent.co.uk
- "UK ministers have started to defend Saudi Arabia's flogging of Raif Badawi–it's breathtaking." By Francis Wheen. 16 June 2015. http://www.independent.co.uk/voices/comment/saudi-arabia-is-teaching-isis-a-lesson-in-cruelty-yet-the-uk-continues-to-defend-them-10324161.html

Iowa State University, http://www.soc.iastate.edu/
- "Rational Choice Theory." By John Scott. http://www.soc.iastate.edu/sapp/soc401rationalchoice.pdf

The Legatum Prosperity Index, http://www.prosperity.com
- "The Legatum Prosperity Index". http://www.prosperity.com/download_file/view_inline/2833. http://www.prosperity.com/rankings

MEMRI TV, http://www.memritv.org
- "Malaysian Cleric Hussein Ye Explains Why the Jews "Have Incurred the Wrath of Allah" and Why "The Christians Have Gone Astray."" 16 October 2006. https://www.memri.org/tv/malaysian-cleric-hussein-ye-explains-why-jews-have-incurred-wrath-allah-and-why-christians-have

Mirror, http://www.mirror.co.uk/
- "Paris terror attack: Jewish schools and police on high alert amid terror target fears." By David Collins. 11 January 2015. http://www.mirror.co.uk/news/world-news/paris-terror-attack-jewish-schools-4961800

New York Magazine: News & Politics, http://www.nymag.com
- "These 10 People Were Also Named Al Qaeda's Most Wanted." By Katie Zavadski. 14 January 2015. http://nymag.com/daily/intelligencer/2015/01/who-are-inspires-10-other-most-wanted.html

The New York Times, http://www.nytimes.com
- "Dutch Filmmaker, an Islam Critic, Is Killed." By Marlise Simons. 3 November, 2004. http://www.nytimes.com/2004/11/03/world/europe/dutch-filmmaker-an-islam-critic-is-killed.html?_r=0
- "ISIS Finances Are Strong." By Sarah Almukhtar. 19 May 2015. https://www.nytimes.com/interactive/2015/05/19/world/middleeast/isis-finances.html?_r=0

Pew Research Center, http://www.pewforum.org
- "The World's Muslims: Unity and Diversity," 9 August 2012, Chapter 2: "Religious Commitment." http://www.pewforum.org/2012/08/09/the-worlds-muslims-unity-and-diversity-2-religious-commitment/
- "The World's Muslims: Unity and Diversity," 9 August 2012, Chapter 4: "Other Beliefs and Practices."http://www.pewforum.org/2012/08/09/the-worlds-muslims-unity-and-diversity-4-other-beliefs-and-practices/

RT, http://www.rt.com
- "'ISIS commits mass murder, advertises it': Iraq executions detailed." 27 June 2014. https://www.rt.com/news/168916-isis-iraq-war-crimes/

The Sunday Morning Herald, http://www.smh.com.au/
- "Australian Islamic State doctor Tareq Kamleh's sudden change after mystery trip in 2013." By Tammy Mills, Patrick Hatch and Rachel Olding. 28 April 2015. http://www.smh.com.au/national/australian-islamic-state-doctor-tareq-kamlehs-sudden-change-after-mystery-trip-in-2013-20150427-1mui3m.html

The Telegraph, http://www.telegraph.co.uk/
- "Shocking footage emerges of Taliban stoning couple to death." 27 January 2011. http://www.telegraph.co.uk/news/worldnews/asia/afghanistan/8287154/Shocking-footage-emerges-of-Taliban-stoning-couple-to-death.html

The Wall Street Journal, http://www.wsj.com/
- "French Prosecutors Investigate Whether Gunman Targeted Jewish School." By Noémie Bisserbe and Inti Landauro. 12 January 2015. https://www.wsj.com/articles/french-prosecutors-investigate-whether-gunman-targeted-jewish-school-1421064200

The Washington Post, http://www.washingtonpost.com
- "How Douglas McAuthur McCain became the first American to die fighting for the Islamic State." By Terrence McCoy. 27 August 2014. https://www.washingtonpost.com/news/morning-mix/wp/2014/08/27/how-douglas-mcarthur-mccain-became-the-first-american-to-die-fighting-for-the-islamic-state/?utm_term=.c8da22edc846
- "Map: How the flow of foreign fighters to Iraq and Syria has surged since October." By Swati Sharma. 27 January 2015. https://www.washingtonpost.com/news/worldviews/wp/2015/01/27/map-how-the-flow-of-foreign-fighters-to-iraq-and-syria-has-surged-since-october/?utm_term=.b54652b515a7
- "What we know about Alton Nolen, who has been charged with murder in the Oklahoma beheading case." By Abby Ohlheiser. 30 September 2014. https://www.washingtonpost.com/news/post-nation/wp/2014/09/30/what-we-know-about-alton-nolen-who-has-been-charged-with-murder-in-the-oklahoma-beheading-case/?utm_term=.f7ba37341d8f

The Washington Times, http://www.washingtontimes.com
- "Book Reviw: 'Marked for Death'." By Ray Hartwell. 13 June 2012. http://www.washingtontimes.com/news/2012/jun/13/how-free-speech-led-to-jihad/

The World Post, A Partnership of The Huffington Post and Berggruen Institute. http://www.huffingtonpost.com
- "How ISIS Is Using Marriage as a Trap." By Maria Bloom. 3 February 2015. http://www.huffingtonpost.com/mia-bloom/isis-marriage-trap_b_6773576.html

Liste des vidéos

Barnamj bila Hodoud (Programme sans frontières), http://www.aljazeera.net/
- "Accusation de l'Église Copte d'insurrection contre l'État et la loi" . Interview avec Mohammad Salim al-'Awwa. 15 septembre 2019

Centre Al-Hayat pour l'Information [Un des médias du groupe de l'État Islamique]
- "Message signé avec le sang à l'intention de la nation de la Croix", 15 février 2015
- "Pas de vie sans jihad", 19 juin 2014

Prêche du cheikh Adnan Ibrahim, https://vimeo.com/129147313
- "Take revenge for Muhammad", 16 septembre 2012

Sou'âl jarî' (Question audacieuse),
- "Mahomet était-il une miséricorde pour le monde ?" épisode 370, https://www.youtube.com/watch?v=V6RM-M6t47M
- "Raïf Badawi, prisonnier de la liberté en Arabie Saoudite", épisode 583, https://vimeo.com/112539463

Vidéos du Groupe de l'État Islamique

Information du Wilayet al-Raqqa
— Production visuelle: "Rencontres à propos des attentats bénis en France", 14 janvier 2015

Information du Wilayet Homs
— Production visuelle: "Et il guérit les cœurs des croyants", 4 juillet 2015

Institution "Al-Furqan" pour la production médiatique
— "Guérison des poitrines"
— "Alors ils tuent et seront tués", 12 mars 2015
— "C'est la promesse d'Allah", htttps://isdarat.wordpress.com/03/02/2016/wa3dallah/
— "Même s'il déplaît aux mécréants", 16 novembre 2014

Institution "Al-I'tissam" pour la production médiatique
— "Briser les frontières", 29 juin 2014

Institution "Al-Malâhim"
— "Message à propos de l'invasion de Paris", 13 janvier 2015

Youtube en arabe

— "Basma al-Khalfaoui: La mécréance est un crime qui a conduit à l'assassinat de Chekri Belaïd", 22 janvier 2014 ? https://www.youtube.com/watch?v=yec1RX8mmqw
— "La mécréance-terrorisme: les têtes de Chekri Belaïd et Najib al-Châbi sont réclamées à Guirguis. Les criminels n'ont pas été jugés." https://www.youtube.com/watch?v=kakHZMdFBnk
— "Le plaidoyer de Hani al-Sibâ'ï en faveur des moudjahidines en Irak", traduit de l'anglais, 1426 h. https://www.youtube.com/watch?v=YmYRpNGMzow
— "Un message à l'Amérique", de la part du groupe EI, 19 août 2014
— "Un message aux alliés de l'Amérique", de la part du groupe EI, 13 septembre 2014
— "Un deuxième message à l'Amérique", de la part du groupe EI, 2 septembre 2014
— "Un autre message à l'Amérique et ses alliés", de la part du groupe EI, 3 octobre 2014
— "La vie du Prophète", 7ᵉ épisode, par le cheikh Nabil al-'Awadhi, Al-Watan TV (Koweït), 2011 https://www.youtube.com/watch?v=NWg2gMfHzxs
— "Cheikh al-Azhar, Ahmad at-Tayyib: Les chrétiens sont des mécréants et nous aussi nous sommes pour eux des mécréants", 6 octobre 2011 https://www.youtube.com/watch?v=gzq1OBOfj38
— "Fi as-Samîm avec cheikh Adnan Ibrahim", épisode 14, Rotana Khalijiyah, 23 juillet 2013 https://www.youtube.com/watch?v=ps7pdeKDwjU
— "C'est la Palestine, quelle est la solution ?", cheikh Mohammad al-Fazazi, 14 avril 2002 https://www.youtube.com/watch?v=qGIi5AkPq_I
— "Waël al-Abrachi au cheikh Yasser Burhami: Les chrétiens sont-ils mécréants ?", 22 septembre 2011, Dream TV, https://www.youtube.com/watch?v=3tE6QDhIIkk

www.ingramcontent.com/pod-product-compliance
Lightning Source LLC
Chambersburg PA
CBHW032014230426
43671CB00005B/79